U0934429

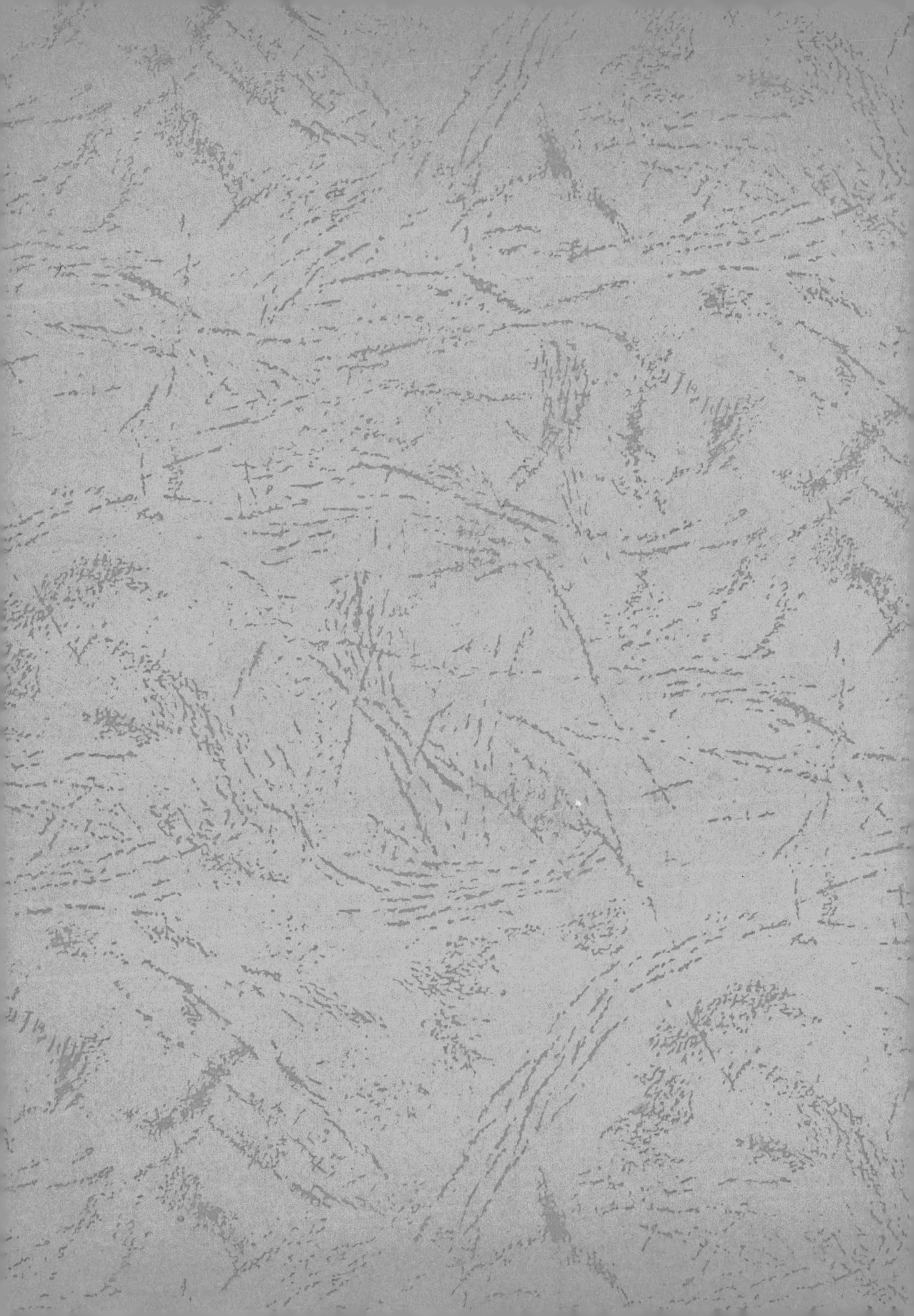

故宫博物院资深专家精心打造

紫禁城

皇家生活全记录

秦国经
苑洪琪 ◎主编

时事出版社

本书由故宫博物院资深专家精心打造，其主要撰稿人及执笔章节（以下按姓氏笔划为序）

刘若芳（第十四章）

杨永战（第十五章第二节）

罗文华（第十二章）

陈英华（第一章）

苑洪琪（第四、八、九、十章）

胡忠良（第三章第四节）

唐益年（第十一章）

秦国经（第二章、第三章第一、二、三节、第五、六、七、十三章）

高换婷（第十五章第一节）

引　　言

朋友，当你走进紫禁城后，你一定会对这一片金碧辉煌的宫殿建筑赞叹不已！是的，作为明清两代的皇宫，它集中国历代宫殿建筑之大成，体现了中国宫殿艺术和古代建筑技术的最高成就，理所当然地于 1987 年被联合国教科文组织列为世界文化遗产。

在你对我国现存规模最大、保存最完整的古代宫殿建筑群赞叹不已的同时，你会进一步了解到，在占地七十二万平方米的紫禁城中，在这九千九百多间宫殿建筑中，每一座宫殿的制式，宫殿内每一处的装修和陈设，都是中国传统礼制的体现。它作为明清两代王朝发号施令的地方，历经五百八十多年的风风雨雨，又上演了多少悲壮动情的戏剧和乐章。

紫禁城实是一部中国传统文化的百科全书。朋友，你想读这本厚重的书吗？我们撰写这本书的目的，就是要为你进入这座宝库，提供一把钥匙。朋友，借助这把钥匙，去打开宝库的大门，探索博大精深的紫禁城文化吧！

目录

第一章

巍峨辉煌的紫禁城

第一节　紫禁城宫殿的诞生

北京紫禁城是中国封建社会最后两个朝代明朝和清朝的皇宫。为什么把皇宫称为“紫禁城”呢？这是因为中国传统观念认为天上紫微垣是天帝所居之处，皇帝是地上的“天帝”，所以将皇宫喻为“紫宫”，表示是帝王的居所；皇宫是禁卫森严的地方，又称为“禁中”，于是皇宫称为紫禁城，表示君权受命于天，象征皇权犹如北极星一样永居天中，恒久不变。由于紫禁城是前朝的皇宫，所以现在被人们称为北京故宫。

一、紫禁城与北京城

紫禁城坐落在中国的首都北京。北京是中国的政治、文化中心和国际交往的中心，作为一座世界历史文化名城，具有悠久的建城史。

1. 燕都蓟城

据历史学家考证，北京城距今已有3050余年历史。它起源于商代后期，当时在北京地区有燕和蓟等自然生长的方国。公元前1045年周武王伐纣灭商后，封帝尧之后于蓟，封召公奭于燕。东周初年燕并蓟，迁都蓟

城，遂北京又有燕都蓟城之称。战国时期燕为齐、楚、燕、韩、赵、魏、秦七个诸侯国中的七雄之一，燕都蓟城既是名城，又有富冠天下之誉。

北京地处华北大平原北端。古代，从华北大平原北上，只能沿太行山东麓经永定河上渡口（卢沟桥所在地），进入北京小平原。北京小平原三面环山，出西北的南口，经居庸关可达内蒙古高原；出东北的古北口可至承德；沿燕山南麓东行出山海关可到东北平原。古人曾以“北枕居庸、西峙太行、东连山海、南俯中原”来说明北京地理位置的重要。因此，北京地区自古就是兵家必争之地。秦朝灭亡六国，建立了统一的专制主义的中央集权的封建国家后即以都城咸阳为中心，修筑驰道直达蓟城，又把战国时秦、赵、燕等分别修筑的长城连接为举世闻名的万里长城。蓟城便成为华北平原北端通向西北、朔北和东北地区的要冲，也成为居庸、古北、山海三条通道关隘的交汇点，自此至唐一直是北方军事重镇，称雄中原。从公元 938 年开始，辽以北京（时称燕京）为陪都，以后金、元、明、清各代以至民国初期，北京一直是中国的首都，在华夏文明史上占有特殊的历史地位。

2. **辽代南京**

五代初，居住在内蒙昭乌达盟辽河上游一代的契丹族在耶律氏贵族阿保机的领导下于公元 916 年建立辽国，其势力进入华北。辽会同元年（938 年），在燕地蓟城建南京作为陪都。据《契丹国志》记载：辽南京城“户口三十万，大内壮丽，城北有市，陆海百货，聚于其中。僧居佛寺，冠于北方，锦绣组绮，精绝天下。”辽还创制契丹大字、小字，在南京开科取士，辽南京成为中国北方的文化教育中心。

3. **金代中都**

公元 1115 年，居住在东北的女真族在阿骨达（完彦旻）的领导下，举兵抗辽，建立金朝，定都上京（今黑龙江阿城白城子）。贞元元年（1153 年），金海陵王完彦亮从上京迁都燕京，称为中都。中都由都城、皇城、宫城三重组成，布局、设计博采内地都城建筑精华，“宫阙壮丽，延亘阡陌，上彻霄汉，虽秦阿房、汉建章不过如是。”此外还大建离宫别馆，燕京八景：西山积雪、玉泉垂虹、居庸叠翠、太液秋风、琼岛春阴、蓟门飞雨、道陵夕照、卢沟晓月，最初就是在金代见称于世的。著名的卢沟桥亦建于金章宗明昌三年（1192 年），该桥身两侧各有石雕护栏望柱

140 根，柱头上雕有卧伏的石狮 492 个，神形兼备甚为可爱，被《马可·波罗游记》称为："是世界上最好的独一无二的桥。"金中都的建立，使北京城在历史上第一次成为国都，也是北京城作为封建王朝统治中心的开端。

2003 年 9 月 20 日北京市政府为纪念北京建都 850 周年，在北京市宣武区滨河公园金中都大安殿遗址上竖起纪念阙。纪念阙上雕刻着五个金色大字——"金宫殿故址"。

紫禁城

4. 元代大都

继金中都之后，北京史翻开了新的篇章，这就是元大都。蒙古族是一个有着悠久历史的民族，生活在我国北部。公元 13 世纪初在成吉思汗的领导下建立了蒙古汗国，至元八年（1271 年）十一月，忽必烈采用刘秉忠的建议，取《易》"大哉乾元"之意，改国号为大元。进一步遵用汉法，组成封建式的正统王朝。至元九年（1272 年）改中都为大都。此间元朝灭亡了西夏、金和南宋，统一了中国。这是从唐朝以后我国历史上出现的一次规模空前的统一。由于元朝首都上都（今内蒙古正黄旗上都郭勒）远离中原

不利统治，而大都位于华北平原其地势冲要，南下可控制全国，北上又可接近原来的根据地，故于公元 1272 年正式迁都大都。

金代于公元 1153 年正式迁都到中都。到了元朝，忽必烈放弃金代中都旧址，在金中都东北一带风景秀美、水源丰富的地区另辟新址。从至元四年（1267 年）开始营建到至元二十二年（1285 年）建成，历经十八年时间，宫室城邑巨丽宏深雄视八表。元大都城规划吸取了宋汴京和金中都布局形制及建设经验，是继隋唐大兴、中都二城之后中国古代最后一座按完善规划平地新建的都城，也是唯一的按街巷制创建的新都城。大都城的规划者刘秉忠和阿拉伯人也黑迭儿在按照古代汉族传统进行都城设计的同时，融汇蒙古及其他民族文化，因地制宜，极富创造性。第一，大都城是以湖泊为中心规划的城市。首先以金代中都东北部风景如画的琼华岛湖泊为中心布置宫城。湖泊东岸兴建皇宫“大内”，西岸北部建兴圣宫由太子居住，南部建隆福宫由太后居住。湖泊命名为太液池。太液池中琼岛以南有瀛州，上建木桥连接太液池东西两岸。环三宫修建皇城，俗称红门拦马墙。然后以积水潭为中心布置城市。以大面积水域为中心的城市规划构想，不仅从深层揭示了蒙古草原游牧民族“逐水草而居”的传统习惯，也客观地反映了实际生存需要的自然观。第二，大都城是以皇城为中心的城市。元大都以宫城“大内”为中心确定城市中轴线，有力地烘托出帝王统治高于一切的规划主题思想。从此中轴线向北设定全城平面布局的几何中心点，该点在积水潭东北岸上，并建中心台。以中心点为据以外廓四至确定整个城市街道坊巷布局，极具科学性。第三，城市内街道分布为棋盘形方格网式布置。据元末熊梦祥所著《析津志》载：“大街制，自南以至于北谓之经，自东至西谓之纬。大街二十四步阔（一步约合 1.54 米），小街十二步阔，三百六十四火巷，二十九衖通（胡同）”，全城街道整齐划一。南北主干道两旁筑有水渠。城内居民聚居地称为坊，取《周易》“大衍之数五十”，分为五十坊。居民区为东西横向，称胡同，居民住宅均坐北朝南。第四，开凿通惠河繁荣大都经济。由著名科学家郭守敬主持设计建造的通惠河工程始于公元 1292 年春，完成于公元 1293 年秋，该河通船后使船只可由大运河或由海道经通州直抵大都城内积水潭。当时积水潭范围广大，北至太平湖，东南至北海，汪洋如海，水天一片，舳舻敝水，粮船如织。主要的商业中心就在积水潭东南钟鼓楼地区，黄仲文曾作《大都赋》描绘了当时的景象：“华区锦市，聚万国之珍异；歌棚舞榭，选九州之秾芬。”

元大都城规模宏大、规划严整，全城呈长方形，面积 49 平方公里。有 11 座城门，东西南三面各有三座，北面两座。城门外筑有翁城，城四隅有角楼。环城有护城河。城内有皇城，位于南部中央，宫城在皇城内。仿《周礼·考工记》中所载“左祖右社，面朝后市”之制。以宫城“大内”为中心的中轴线贯穿全城，以方格网街道系统为主，左右对称的布局形式，对明清北京城乃至现在的北京城的格局及发展产生了深刻的影响。

5. **明代北京**

洪武元年（1368 年）正月，朱元璋在应天府（今南京）称帝，国号“明”。同年八月，大将军徐达率明军攻克元大都，元朝统治者退回漠北，元大都改称北平。永乐元年（1403 年）北平改称北京顺天府。永乐十八年（1420 年）宣布迁都北京，永乐十九年（1421 年）正式迁都北京以南京为留都。

明代北京是在元大都的基础上进行改建和扩建的，既有继承又有发展。街道、胡同沿用大都之旧，皇城、宫城和宫殿全部新建。

首先是城址变迁。元朝是个实力强大的朝代，虽被明朝推翻，但其残余势力仍很顽强。明军占领大都之后为防御元军侵袭，保证北部安全，把离大都城北五里较荒凉的部分划出城外，在其南另筑新墙并辟二门。为增加皇城南部面积以安排官署，将南城墙向南移二里并辟三门。改造土城墙，全部用砖砌筑内外两侧，门洞也为砖砌筑，城门上建城楼。城门外护城河上木桥改为石桥，石桥间各有水闸，九桥九闸。内城设九门（北面两门：德胜门、安定门；东面两门：东直门、朝阳门；西面两门：西直门、阜成门；南面三门：正阳门、崇文门、宣武门），此北京城九门名称延续至今。

明代中叶，蒙古族骑兵多次南下侵扰，迫近北京城郊，构成强大威胁。嘉靖三十二年（1553 年）修筑外城（外城亦用砖砌），并开挖护城河，河水自西便门护城河流经东便门，最后流入通惠河。原计划环绕内城四周一律加筑外垣，但由于物力所限只修成正南一面，使北京城平面呈现为“凸”字形状。然而这独特的“凸”状构图，寓于这个城市一种超强的稳定感，无不令当今世界上的城市规划者们称奇。

明朝北京是一座典型的封建王朝都城，有着完整的规划。由于元大都是以皇宫“大内”为中心规划的城市，为明朝都城的布局奠定了良好的基础。明朝继续沿用元大都的城市中轴线，以皇宫紫禁城为核心，建有宫

城、皇城、内城和外城四重城垣，城套城层层展开。宫城居中，左祖右社，面朝后市。全城中轴线全长约八公里，南起永定门，北止钟鼓楼，紫禁城就坐落在轴线的中心。这组金碧辉煌的宫殿群在周围整齐且低矮的以浅灰色调组成的城市中显得格外亮丽宏雄，屹然耸立，犹如北京城的脊梁。纵贯北京凸形构图中央的中轴线，淋漓尽致地渲染出皇权至上和封建王朝家天下一统中国的城市主题。

6. 清代北京

清朝是满族贵族建立的王朝。崇德元年（1636 年），太祖努尔哈赤的儿子皇太极改国号为“清”。崇祯十七年（1644 年）三月十八日，明末农民战争攻破了明朝皇帝坚固的城池，推翻了明朝的统治，起义军领袖李自成于四月二十九日在紫禁城武英殿即皇帝位。清朝在明朝降臣的指引下夺取了农民起义的胜利果实，清军于五月二日进入北京，顺治元年（1644 年）九月从沈阳迁都北京。十月初十日，清顺治皇帝登临皇极门（今太和门），颁诏天下，定都北京。

清定鼎北京后沿用明代都城和宫室。建筑方面的卓越成就是在北京西郊三山五园兴建大片园林、宫殿，如圆明园、颐和园（清漪园）和承德避暑山庄，它们代表中国古代造园艺术的最高水平。

公元 1911 年（宣统三年）10 月 10 日辛亥革命爆发，推翻了清朝的统治，结束了中国两千多年的封建帝制，从此中国社会进入了新的历史阶段，北京史册由此翻开了新的篇章。作为中国古代城市规划和建设的典范，古老的北京城成为永久的纪念；作为北京城市中心雄伟壮丽的紫禁城，更是成为人类最宝贵的文化遗产而享誉全球。人们从世界各地络绎不绝地前来领略这座帝王宫殿的风采，掀开它沉睡了五百八十多年的神秘面纱。

二、紫禁城宫殿的营建

1. 审慎选址

明朝开国皇帝朱元璋在洪武元年（1368 年）在南京称帝，开始考虑建都问题。由于当时的军事威胁在西北部，而南京地处东南，不利于控制全国，于是想到在中原北宋首都汴梁（今河南开封）建都。洪武元年五月徐达率兵攻占汴梁后，朱元璋便亲临汴梁视察，于八月下诏“以金陵为南

京，大梁为北京”。随后又二次审视，终因此地“民生凋敝，水陆转运艰辛”而放弃。同年八月明军攻克大都后，曾有人建议在元大都建都，但考虑元朝实力仍有威胁不便建都而予以否定。后来朱元璋陡生衣锦还乡之念，于洪武二年九月决定在祖籍安徽临濠（今凤阳）兴建宫殿，名曰：“中都”。中都工程由左丞相李善长全面负责，大将汤和等人督领大批军队与工匠修建。宫殿以凤凰山为城市中心，作为皇城背后的依靠，使皇城处于北依山，南临涧，东有独山，西有凤凰嘴山，藏风聚气的良好形势之中。宫殿中轴线自南而北，在规划上采用“三朝五门”、都城、皇城、宫城三重城垣的形制，开明代都城和宫殿制度的先河，也是后来南京和北京两处宫殿的母本。用了六年之久即将完工时，朱元璋在中都视察了二十多天，巡察中看到中都交通条件较差，而且以农业为基础的经济条件亦差，又有刘基的建言“凤阳是帝乡不是帝都”等种种原因，于洪武八年四月以“劳废罢之”为由陡然下令放弃中都宫殿建设，改南京为京师，仿中都宫殿方案营建南京宫殿。朱元璋定都南京后，把临濠中都部分宫殿拆掉移建龙兴寺，以纪念龙兴之地。

然而北部国土始终不得安宁，蒙古贵族集团在北方建立地方割据政权时常南下侵扰，朱元璋曾先后多次派明军征伐，始终没有解决根本问题，是否应迁都到关中的思虑始终困扰着他而举棋不定。在此期间为了保持朱姓皇室的长治久安，朱元璋采取中央集权制与分封制并存的办法，把自己的 24 个儿子分封在全国各地“夹辅王室”，其中四子燕王封于北平。燕王朱棣在参加对蒙古的作战中屡获胜利而势力强大被朱元璋授予“节制沿边士马”的权力。公元 1403 年，朱棣取得帝位，是为明成祖。此时蒙古族的鞑靼、瓦剌和兀良哈部仍不断南扰，朱棣考虑到北京是他的发祥地，又是辽、金、元的故乡，便于控制全国，特别是有利于加强北方——东北地区的管辖，遂于永乐十九年（1421 年）把首都正式从南京迁到北京。朱棣从永乐八年（1410 年）到永乐二十二年（1424 年）先后五次出征蒙古，稳定了北方局势，巩固了对北方的统治，在朱元璋经营东北的基础上继续加强对该地的管理，完成了明朝对东北地区的统一。从根本上说，朱棣将首都迁到北京营建北京宫殿有着积极的意义。

2. 科学规划

永乐四年（1406 年），朱棣下诏开始营建北京皇宫。北京皇宫是以南京皇宫为蓝本，中都凤阳宫殿为母本，在元代皇宫大内基础上建造的。明

朝是一个高度中央集权的、由汉族执政的封建王朝，其开国建制魄力极大。在营建宫室之初，朱元璋曾派专员到长安、洛阳、开封、北平等地对唐、宋、元的宫殿、都城建设作详细的勘察，严格遵循古制《周礼·考工记》的规划思想，在宫殿规划布局上充分体现了几千年来中国奴隶社会、封建社会中宫殿的传统建置。北京紫禁城即是在取得了营建凤阳中都、南京两处宫殿营造经验的基础上进行设计施工的，因而比南京宫殿更宏敞，比中都、南京宫殿的布局更完整。

首先是继续沿用元大都的城市中轴线作为宫城中轴线。中国社会科学院考古研究所经考古勘探确定：元大都中轴线与今天的地安门南北大街是重合的，景山寿皇殿前的基础是元宫城北门厚载门的基址，证明元朝大内建在这条轴线上，同时也证明继明初放弃元朝北部较空旷处，大都城墙向南迁移后，永乐四年（1406 年）在元大内基址上兴建北京宫殿时，又将宫城南北城墙向南推移，东西城址用元之旧。

宫城基址南迁后，元代后宫延春阁旧址处在宫城北墙以外，亦使宫城外部有了足够的空间，于是利用此间空地环宫城四周挖掘护城河，把护城河土方运至延春阁旧址上堆起 49 米高的万岁山。万岁山五峰叠起，气势雄伟，成为紫禁城的保护屏障，形成“背山面水”的风水佳境，又可压胜前朝称为“镇山”。更可称道的是万岁山的中峰，代替了原元大都城的“中心台”，成为北京城的几何中心点，从而确定了以宫城为城市中心的建筑主题，使二者融为一体，把皇宫和整个城市有机地组织起来。

宫城中轴线继续南伸并拓展南部，仿南京规划在紫禁城前方建左祖右社。天安门前修建千步廊，形成“T”字形宫廷广场，这是继元旧制的进一步发展，也是继唐、宋以来宫廷广场发展的最后形式。广场南端保留东西往来的孔道，称“棋盘街”，也是商贾荟萃的地方。沿中央御道继续南行是正阳门，正阳门向南行是天坛和山川坛（今先农坛），再向南是永定门，是为中轴线的最南端。这条中轴线的中央部位即是皇宫紫禁城。

紫禁城宫殿分南北两部分，南部是前朝，北部是后寝和东西六宫，形成众星拱月的布局，体现了中国古代的最高营造法式。布局严谨，空间紧凑，把中央集权帝王独尊的主题渲染到极致。

紫禁城建筑规划的卓越成就之一是供水与排水的设计。紫禁城护城河水源于北京西部玉泉山，流入积水潭，经北海入濠洞，向东经景山西墙而下，从紫禁城西北角入护城河。其泄水口有三个，其中明代建有两个：一

个在护城河西南角，经社稷坛（今中山公园）流入外金水河；另一个泄水口在护城河东南角，经太庙（今文化宫）流入御河。与护城河一脉相承的是金水河。《古今事物考》记载："帝王之阙内置金水河，表天河银汉之意也，自周有之。"金水河为宫廷苑林服务，与宫阙规划有密切关系。明代金水河分内金水河和外金水河。在太液池南端扩大湖面新凿南海，其北为中海，通过金鳌玉蝀桥是北海，此后太液池又称三海。从太液池南端新凿的南海引水东下，绕过皇城门前，流经天安门后流入通惠河的一段称为外金水河。从北海北口东岸开渠引水南下，经景山西墙外，流入紫禁城西北角护城河城垣下地沟流入紫禁城的是内金水河。内金水河为紫禁城内河，《明宫史》记载："自玄武门之西，从地沟入，至廊下家，由怀公门以南，过长庚桥，裹马房桥，由仁智殿西，御酒房东，武英殿前，思善门外，归极门北，皇极殿前，会极门北，文华殿西，而北而东，自慈庆宫之前徽音门外，蜿蜒而南，过东华门里古今通集库南，从紫禁城墙下地沟，亦自巽方出，归护城河，或显或隐，总一脉也。"这条仿凤阳中都设计、按古制设置的内金水河，河水从金方（西方）来，至巽方（东南方）出，曲折蜿蜒，或隐或现，穿流整个紫禁城。

内金水河和护城河连成一体，是护卫紫禁城的重要设施，又有防洪排涝功能。明初建造紫禁城时勘察设计科学而精确，紫禁城的地面北高南低，相差 1.22 米，平均落差为千分之一，地面形成的自然坡降给排泄雨水创造了条件。同时在规划初具规模时，即全面做好水系涵洞、雨水干沟，据著名古建专家于倬云先生考证："明代的墙角与暗沟交叉处均用整齐的条石做出沟帮和沟盖或同法式的'券辇水窗'均无掏凿乱缝之处。"紫禁城内排水网络由内金水河、明暗排水沟构成纵横交错的地下排水沟，将水汇入几条干沟，一一注入内金水河，通过内金水河流入护城河。紫禁城内一百余座院落，均为木结构建筑砖石铺路，而雨后很少积水，证明其排水功能优良。同时还具有消防、宫内用水、点缀景观的功能。

3. **精心施工**

从明永乐四年（1406 年）下诏开始营建北京宫殿到永乐十八年（1420 年）九月竣工，先后进行了两个阶段。第一阶段是备料期（永乐四年至十五年）；第二阶段为施工期（永乐十五年至十八年）。由此可知紫禁城宫殿的营建经过了长达 15 年的长期准备和 3 年快速施工的过程。

《明史·陈圭传》记载："泰宁侯陈圭董建北京，柳升、王通副之。"

"永乐四年，董建北京宫殿，经画有条理，甚见奖重。"从永乐四年（1406年）下诏开始，即由陈圭主事经画并派员开始筹备建筑材料。同年征集天下各色工匠集中北京开始营建。当时参与施工的各工种技师计10万人、辅助工为100万人。紫禁城近万间宫殿房屋都为木骨架结构。所用木材以川、广、闽、浙所产的巨大上好金丝楠木或香楠为主要木材。殿内铺设澄泥金砖为苏州制造，殿基用的澄浆砖为临清烧造，烧的尺寸、厚度均严格要求。金砖由1.7尺至2.2尺，临清砖每块长1.5尺、宽0.75尺、厚4寸。金砖分正砖、副砖，均需要体坚质腻棱角周备。据统计，紫禁城地面墁砖3—7层，全部庭院需用砖2000万块。城墙、宫墙及三台用城砖约8000万块以上。太和殿填厢、背底工程一律用城砖满砌满填，仅此一项实用的城砖就达169774块。石料中的艾叶青、青白石做宫殿台基用，三台前后雕龙御路石板每块长16.57米、宽3.07米、重250吨，按采石加荒计算每块重约300吨以上。汉白玉作栏板、石柱。琉璃瓦料有黄、蓝、紫、绿翡翠、黑等多种颜色。还有大量的其他用料如彩画贴金用的金箔、宫殿红色墙壁用的红土子等等。

在施工组织方面，为保证施工进度、加工质量、现场整洁，采用场外加工办法。据《日下旧闻考》记载，明初曾设五大厂，即：神木厂、大木厂、台基厂、黑窑厂和琉璃厂。神木厂设在崇文门外，大木厂设于朝阳门外，台基厂位于神木厂附近，黑窑厂设在陶然亭一带，琉璃厂在今正阳门与宣武门外。厂外加工既缩短了加工周期又减少了交叉作业，避免了在紫禁城内施工时的相互干扰，施工现场井然有序。尤其在第一阶段备料期时就做好了雨水干沟、水系涵洞，宫墙与宫门均做齐并在宫墙处留出进料的砖券，可见筹划工作甚为周密。紫禁城宫殿建筑地基坚实牢固、工艺精细。1993年北京市勘察院采用地质勘探和地球物理勘探手段，对紫禁城宫殿建筑地下地质基础情况进行全面勘探与调查。勘探证明："在紫禁城范围内普遍分布有人工构筑的地基垫层，可以说紫禁城建在一个完整的人工地基垫层上，最浅处为3—3.5米，最深处可达8—8.5米，三大殿及周围地区垫层较厚，其他地段相对较薄。""月台基础下垫层采用砖层与夯土层交互成层构筑。砖层填入深度与月台高度相对应，即月台高度大者，填入砖层深度亦大，反之亦小。""太和殿、保和殿三台人工夯筑层达16—16.5米厚。"

营建紫禁城宫殿的过程中涌现出许多著名的工匠，如：石工陆祥在钦安殿白石钩栏上的雕刻，精美绝伦；瓦工杨青擅长估算、配料，有条不紊

地调度现场工作；木工蒯祥既能设计、绘图又有操作技术，人称蒯鲁班，据说他能以两手画龙合之如一，能目量意营准确无误，曾位居工部左侍郎。梁九在明末清初参加宫廷营建事务，为总领工程。“样式雷”是明末到清代世代相传的建筑专业世家，前后历时七世主持宫廷建筑各种工程，共240年之久。始祖雷发达在北京工作三十多年，一直担任皇宫设计工作并传授后人。“样式雷”的设计是根据总地盘图（实际测量的带尺寸的图）进行设计，先出章图（粗图），再绘详图（精图）。详图分为：平面图、局部平面图、总平面图、透视图、局部放大图、装修花纹大样图等。图样按尺寸规格有三种：一分样（百分之一比例）、二分样（二百分之一比例）、三分样（三百分之一比例）。最大的装修图样与实物相等。“样式雷”在图样的基础上制作“烫样”。“烫样”用草板纸做成，可拆装。著名的规划设计师还有泰宁侯陈圭、工部侍郎吴中、太监阮安以及具有多项才能的蔡信等人，均为紫禁城的规划和营建立下卓越的功勋。

第二节 紫禁城宫殿的特点

北京紫禁城宫殿是我国及全世界目前保存最为完整、规模最大的古建筑群。它不但是我国明、清两代社会历史的实物例证，也是中华文明上下五千年历史发展史的缩影，是我国最重要的历史文化遗产之一。1987年联合国教科文组织颁布《〈世界文化遗产公约〉实施守则（草案）》。守则中指出：

“每件登录的文物应该：

A.

1. 代表一项特殊的艺术和审美成就，一件创造性天才的杰作，或

2. 在一段时间里或在世界的一个文化区内，对建筑、大型纪念性雕刻、园林和风景设计、有关的艺术、城市规划或人类定居点发展发生过重大影响的，或

3. 是独一无二的，十分稀有的，或者非常古老的，或

4. 是一种结构物的最有特征性的构件之一，这一种结构物

代表着一个重要的文化、社会、艺术、科学、技术或工业的发展，或

5. 是一种有意义的建筑风格、一种结构方法，或在城市规划或传统居民总的形式中的特征性实例。它又是很易于破坏的或者在不可逆的社会文化或经济的文化冲击下变的易于破坏，或

6. 与有重大的历史重要性或意义的思想、信仰、事件或人物有重要联系的。

B.

它在设计、材料、工艺和环境各方面的真实性都要经得起考查。真实性不仅仅关系到文物初始的形式和结构，而且也要关系到文物存在过程中有艺术和历史价值的后加的修改和增添。”

鉴于此标准，我国向联合国教科文组织递交申请，由联合国教科文组织和世界遗产基金会组织了代表团对故宫进行实地考察。考察报告指出：“北京故宫的确是一个极其动人的地方，它理应列入世界人类文化遗产名单。”对紫禁城的历史价值、科学价值和艺术价值予以充分的肯定。毫无疑问，代表东方建筑的中国古代建筑体系在世界建筑史上独树一帜，紫禁城宫殿建筑是中国古代建筑的杰出代表。

一、以木结构为体系的宫殿建筑群

中国古代建筑活动已有七千余年可考的历史，且连绵不绝延续至今，形成以木结构为主要结构的建筑体系。这个建筑体系恰与西方古代砖石结构体系形成强烈的对比，展示出了中国古建的迷人风采。

1. 崇高庄严的台基

中国古代建筑具有独特的性格和鲜明的特征，从紫禁城宫殿建筑中可看出，其建筑从下至上由台基、柱框、屋顶三部分组成。每座房屋都有自身的台基。台基是根据水往低处流的客观规律及防止水流入室内引起木结构受潮而建置的，台基用砖瓦石条砌筑，根据建筑的大、小和等级的高、下来决定台基的高度。紫禁城内规格最高的是前朝三大殿（太和殿、中和殿、保和殿）的台基，称为“三台”。台高 8.13 米，面积 25000 平方米，由三层重叠的须弥座构成。台基把建筑物衬托得崇高而壮丽，达到了实用

与美观的双重功效。

2. **工整精致的构架**

木结构建筑的第二部分是柱框。其方法是在台基上码放石础，石础上立柱。为使柱稳固，在柱子之间用木方子纵横相连，形成整体框架，梁枋上铺设屋顶。屋顶的重量由梁枋传到柱子上，再由柱子传到地面，柱子之间的墙壁只起阻隔内外的防护作用而不承重。因此木结构建筑施工具有先做屋顶后砌墙、从上往下交活的特点。又由于木结构各个结构之间都由榫卯连接而富有韧性，产生墙倒屋不塌的构架特性。木构架结构的特点是用梁、柱、桁、枋等大木承担建筑上部的全部荷重。宫殿建筑主要使用抬梁式构架，这种构架是沿着房屋的进深方向布置排架，在柱上架梁，梁上立瓜柱，柱上再架梁，层层按步叠架，最上一层的梁上再立脊瓜柱，构成一组排架，排架的数量根据房屋的面宽而定，排架之间用横向的枋子联系，然后再在梁上架檩构成骨架。

由于结构功能的需要，立在台基上的柱子不是竖立笔直与等高的，还有“侧脚”和“升起”，原本是为了满足建筑的稳固和坚实的需要，在实践中形成了优美和谐的弧线构架，在结构上具备了内力分析的科学成分。

紫禁城宫殿建筑作为中国古代建筑最高形式的殿宇式建筑，还少不了斗拱，即在下层柱框层之上，屋顶之下加筑起过渡作用的铺作层。

斗拱是中国建筑特有的一种制度，也是建筑等级的标志，只有在高等级的建筑上才允许安装。斗拱层数越多、出檐越深远，建筑等级也越高。它由方斗和曲拱层层累叠升跳而构成。因其所在部位、作用、构造不同而有六十多种，每攒斗拱还有几十个构件极其复杂，基本由斗、拱、昂、枋四个主要部分组成。斗拱运用杠杆与天平的平衡原理进行设计，在梁下可增加梁在同一净跨下的荷载力，在屋檐之下用多层曲木承托，既有抗弯、抗压、抗震的功能又极具装饰性，是中国木结构处理技术独具匠心的发明创造，是我国古代建筑的重要贡献，也是中国古代建筑的精髓所在。在唐朝，已用斗拱的高度作为梁枋比例的基本尺度，后来匠师门将这种基本尺度逐步发展为周密的模数制，宋《营造法式》称其为“材”。根据建筑类型定材的等级，确定建筑构件的大小长短，屋顶举折都以材为标准确定，既简化了建筑设计，又便于估算工料，并可进行预制加工，使多座房屋齐头并进，提高了施工进度，满足了统治者们在短时间内建造大房子的要求，这种方法由唐、宋延续到明、清，前后千余年。

3. 优美飘逸的屋顶

大屋顶是中国古代建筑特有的最显著标志之一。其造型飘逸而流畅，在形式上有很强的表现力。由于这些古代建筑属于木结构体系，用木料构成的屋顶显得硕大而骄傲。殿堂越高大，屋顶也随之增大。经过曲面、曲线的处理，从屋脊到屋檐没有一处不是曲线，“如鸟斯革，如翚斯飞”，具有排水流速快而远的效果，达到保护建筑基础、檐下木结构和纳光与遮阳的功能。著名古建专家于倬云先生指出：“明代宫殿的屋檐尺度完全改变出檐深远的规制，使宫室中的北房在冬季能得到充足的日照，在夏季午间能遮挡烈日强光进入房中，起到遮荫作用。这个冬暖夏凉的两好现象是人们在长期实践中对日影在一年四季中的变化与屋檐遮光关系的总结。早在汉代已有反宇纳光的记载，但是由于土坯墙需用屋檐遮雨，直至唐、宋仍斗拱雄大、出檐深远。元代宫殿由于位于北方，冬季严寒，很需阳光入室，屋檐深度略减，斗拱用材也随之减小。明初肇建北京时，由于砖的大量生产，土坯墙一律改为砖墙，无需考虑遮挡雨水淋墙的问题。根据冬夏日影的角度（今称太阳高度角，北京地区冬至中午太阳高度角为27°，夏至中午太阳高度角为76°）设计出檐的尺度，恰好使冬至前后阳光满室，夏至前后屋檐遮荫；加以墙壁、屋顶的导热系数低，故宫的房屋颇有冬暖夏凉之感。这样改进出檐与檐高的比例关系，收到了较好的效果。明代以后的建筑术语明确规定了‘檐部五举，飞椽三五举；柱高一丈，平出檐三尺，再加拽架’，或采用按柱高的三分之一的惯用做法。”经过改进紫禁城宫殿建筑屋顶，在工程上做到既发扬传统做法的优势又符合实用的目的，在外观上达到既保持优美壮丽的风格又凸显宫廷的威严性。紫禁城宫殿建筑屋顶类型有庑殿顶、歇山顶、攒尖顶、十字脊、盝顶、硬山顶、悬山顶等，建筑造型有单檐、重檐、多檐。最高等级的庑殿顶是把屋顶做成四面流水的四大坡，又称“四阿顶”，有四个屋面和五条脊，显得庄严肃穆。这种建筑造型多用在尊贵的大殿上，而这种类型的屋顶历史可追溯到新石器时代，它是一种古老的屋顶形式。

二、院落式组群布局

院落式组群布局源于中国传统哲学观、价值观和中国社会宗法血缘制度。其布局方式采用以单层房屋为主体，以间为单位，若干间合并为座，

几座房屋组合为庭院，重要建筑坐落在中心位置，四面围合成方正的封闭式院落，这种形式又称为四合院。北京城是四合院化的城市，大量民居四合院犹如城市的细胞群，城市中宫殿、庙宇、官署无不采用四合院的布局方式。紫禁城前朝三大殿的布局即为两进四合院的形式，凡宫殿院落皆为四合院布局。可以说紫禁城是中国最为壮观的四合院院落群。连同北京城市规划均以宫城为核心，外套皇城、内城、外城。城市用城墙围合，以南北中轴线为主轴，形成世界最大的院落式组群布局的局面。在这由院落构成的城市中，紫禁城宫殿群则是院落空间组合的杰出代表。

1. 纵横双向扩展的组群

紫禁城宫殿群占地七十二万平方米，有八千七百余间房屋，九百八十余座建筑，组成一百余座院落。宫殿院落以紫禁城中轴线为核心，将体现帝王皇权的行政区和体现皇族家天下的居住宫殿院落分别安排在主轴线上，其他次要院落按功能分区排列在主轴线东西两侧，形成纵轴为主，横轴为辅，左右对称，布局均衡的巨大建筑组群。

2. 起伏错落的空间组合

紫禁城宫殿建筑群以天安门为序幕，以外朝三大殿为高潮，以景山为尾声，通过不同院落空间尺度变化产生不同的氛围，沿中轴线组成一个接一个纵深布置，一个连一个空间序列展开，产生开合、收放的不断变化，以各种附属建筑为衬托，犹如一幅浓重的水墨画层层展开。这种建筑群与院落空间变化的艺术使紫禁城的宫殿建筑群具有举世无双的壮美与震撼力。

三、以礼为指导思想的宫室

宫室是帝王的政治堡垒，是象征宗法血缘的基地，因而历代帝王无不严格宫室的营建制度。明朝是继唐以后由汉族建立的唯一的全国统一政权，立国气魄甚大，尤为重视制度的建立。在宫殿的营建上依儒家经典为理论指导，遵循古制继而发展完善。《周礼·考工记》“匠人”一节指出：“匠人营国，方九里，旁三门。国中九经九纬，经涂九轨。左祖右社，面朝后市。市朝一夫。”这一王城规划主体方案是：择中立宫，左边是太庙，右边是社稷坛；宫城前面是朝廷，后面是市场。这些充分显示了皇权至上的规划主题思想。

1. **以宫城为中心的城市中轴线**

以皇宫为中心的南北中轴线为主导城市建设的中轴线，从外城永定门起穿过内城、皇城、宫城的正门和皇宫的主要殿宇直抵城北部的钟鼓楼，全长约8公里，全城的主要建筑均建在这条轴线上。从南向北、永定门至内城南门正阳门大道的南端两侧建天坛和先农坛两组建筑。由正阳门向北与皇城正门天安门相距800米，天安门（明代称承天门）前开辟了“T”字形宫廷广场。沿广场东、西、南三面修红色宫墙，把宫廷广场围合成一个全封闭的空间，这个“T”字形的部分为皇城的“外郛”。大明门内有御路直抵天安门。御路两侧建连檐通脊的东西向廊庑，南北长110间，北端又向东西外侧转折，各长34间，俗称千步廊。千步廊背向御路，在御路上只能看到它的后檐墙。它的北端东西部分与天安门形成东西向的广场，东端建有长安左门、西端建有长安右门。广场中间正南方是大明门。大明门与正阳门之间有十字型的“棋盘街”，是内城南部连接东西的唯一道路，东西侧建有商店，是商家云集的地方。千步廊东西宫墙外有东、西江米巷（今东、西交民巷）是主要衙署区：东侧有宗人府、户部、吏部、礼部、兵部、工部以及鸿卢寺、钦天监等，西侧是五军都督府。天安门与端门之间是一个尺度较小的方形广场。天安门建在砖砌的红色墩台上，门外有华表和外金水河，周围石栏杆雕镂精美，是永乐皇帝始建时原物。天安门北是皇城。再北为端门，端门以北是午门，在端门和午门之间的东西两侧分别是社稷坛和太庙。端门至午门是一条长350米、宽110米的御街，形成1∶3的狭长格局，压抑而沉闷。继续前行，迎面而来的是气势威严雄壮的午门城楼。午门以北是宫城。从午门进入太和门，是一个大气磅礴而疏朗的庭院，优美的金水河缓缓流过，白色须弥座上高耸着殿宇式宫门太和门，人们仿佛进入天上宫阙。再向前行，进入中轴线前三殿和后三宫等重要殿堂和广场。气宇昂然的太和殿庭院营造出至高无上的大朝气氛。为了充分体现皇权的威严和震撼力，宫殿的设计者们进行了精确的计算，从大明门到万岁山总长5里，大明门至太和殿庭院中心是3.09里，3.09∶5＝0.618，恰与黄金分割线比值相合，充分体现出我国古代建筑规划的辉煌成就。沿轴线穿过宫殿建筑群，出北门神武门直抵万岁山（景山）。万岁山主峰上有万春亭，是全城最高点，也是全城几何中心点。从万春亭上俯视宫城，那是一片壮观的金灿灿的宫殿之海。万岁山之后，中轴线北端抵达钟鼓楼。钟鼓楼是北京中轴线的终点。从而有组织、有层次

地构成了整个北京城的城市空间轮廓线。美国的 E. N. Bacon 盛赞这一城市主体思想："可能是地球表面上人类最伟大的个体工程……它的平面设计是如此杰出，这就为今天的城市建设提供了丰富的、可供参考的实例。"丹麦的 S. E. Rasmussen 也称赞说："北京城乃是世界的奇观之一，它的布局匀称而明朗，是一个卓越的纪念物，一个伟大文明的顶峰。"

2. 以礼制来制定建筑规制

早在春秋战国时期，政治家子产（郑国人，人称"春秋第一人"）就指出："夫礼，天之经也，地之义也，民之行也。"以孔子为代表的儒家，把礼提到国家兴亡的高度，礼成为中国古代社会伦理道德、准则行为规范和典章制度的中心思想，并为历代帝王所用，以达到以礼来定国家、定社稷、序人民，以礼序来别贵贱尊卑，维护封建帝王的专制统治。明朝规定：庶人房舍不得超过三间五架；六至九品官员住宅的厅堂为三间七架；三至五品官员住宅的厅堂为五间七架；一、二品官员住宅的厅堂为五间九架。房屋面阔九间则为皇帝专用，不可逾越。中国古代还认为"以刚处中，得其正位，居九五之尊"，"九五"象征帝位，是皇帝的尊称。

儒家礼制的实质是秩序，就是帝王至尊和严格的等级制度。遵循礼制，明清宫殿建筑有帝、后、妃、嫔的等级。紫禁城宫殿像天立宫，天人合一，设五门三朝，皇帝为天子位九五之尊，居中而坐，面南而王。建筑形制尤以高为贵，以大为贵，以多为贵。采取前朝后寝的布局，根据礼序的要求分区规划。各单体建筑的形制尺度用材、色彩都有严格的要求和级差。如：主体建筑大，次要建筑小；以中轴线上建筑为主，其他方位建筑为辅。就拿房屋的开间来讲，天安门、端门、午门城楼、太和殿（清朝太和殿改为面阔十一间）、乾清宫、皇极殿，都是面阔九间、进深五间的"九五之尊"的大殿，其余依次递减。屋顶形式最高等级的是庑殿顶，其次是歇山顶，按等级还有悬山、硬山等依次递降。连彩画和装饰也有等级区别。

著名建筑学家傅熹年先生经研究后发现了紫禁城设计的规律，他指出：紫禁城外朝主体"前三殿"是国家大典之处，是国家政权的象征。内廷主体"后两宫"是帝后的正式寝宫、皇帝的家宅，象征家族皇权。"在规划紫禁城宫殿时，其主要部分之长宽都是'后两宫'之宽深的倍数，'后两宫'之宽深各增至1倍即为'前三殿'，它的宽度增至3倍即为天安门外'外郛'（天安门外至大明门凸的部分）之宽，它的长度增至3倍即为'外郛'之长，而东西六宫与乾东西五所合起来又与它的面积相等，这

里的‘后两宫’之长宽是规划紫禁城宫殿时使其各部分之间保持一定关系所采用的模数。这种手法的采用也含有一定的象征意义。‘后两宫’是皇帝的家宅，代表一姓皇权，‘前三殿’代表国家政权，‘后两宫’扩大4倍即为‘前三殿’就是用建筑手法来表现一姓皇权的，‘化家为国’和‘君临天下’的意思。”同时他还发现紫禁城规划中为控制宫院内部关系，视建筑规模大小使用了方10丈、5丈、3丈三种方格网为基准。其外朝部分和宫前御道全部以10丈网格为基准安排，后两宫和太上皇的宁寿宫用5丈的方格网，东西六宫和皇太后住的慈宁宫等用3丈网格为基准。由此可知紫禁城宫殿建筑群有着精确的规划设计模数，同时也反映出深刻的等级观念和传统理念。

四、阴阳五行和风水形势说在紫禁城中的体现

中国传统哲学宇宙观认为：人是宇宙自然的一部分，人法地、地法天、天法道、道法自然，追求天时、地利、人和的居住环境，讲究天人合一的至高境界，是传统建筑的文化特质。

1. 阴阳五行说的运用

阴阳五行和风水形势说是紫禁城规划理论的依据。《皇帝内经》中指出“阴阳天地之道也，万物之纲纪也”。认为世界是由金、木、水、火、土五种元素组成；地上的方位分东、西、南、北、中五方；天上星座分东、西、南、北、中五宫；颜色分青、黄、赤、黑、白五色；声音分宫、商、角、徵、羽五音。明、清两朝把皇家宫殿称为紫禁城，是因为紫微垣处于中宫之中，位于最中心的位置，为天帝居住的地方。地上的宫殿称为紫微宫。明朝朱元璋皇帝在南京宫殿建筑时，就非常讲究天人感应、奉天承运和礼制秩序。如外朝三大殿，“三”指天、地、人。“道生一，一生二，二生三，三生万物”。“三”亦为阳数。三大殿定名为奉天殿（清太和殿）、华盖殿（清中和殿）、谨身殿（清保和殿）。奉天殿为奉天命统治天下，华盖是星名，谨身要求人加强自身修养。内廷后两宫定名为乾清宫、坤宁宫，这是因为后两宫为阴数，“乾”代表天，“坤”代表地。乾、坤两宫布置内廷中央，代表皇族一统天下。东设日精门，西设月华门，意为天地日月明；两侧布置东西六宫，象征十二星辰拱卫乾坤；东西六宫之后为乾东西五所，奇数为阳，是阴中求阳。在宫廷布局上，外朝为阳，内廷为

阴；外朝建筑疏朗，内廷建筑纤巧；外朝体现阳刚之气，内廷展现阴柔之美。在方位上东方属木，为青，主生长，所以太子视事之所的文华殿和清代皇子居住的南三所安排在东华门内，建筑屋顶用绿色琉璃瓦。西方属金，主收，太后居住在宫室的西部。南方属火，为赤色，午门采用独特的红色彩画。北方属水，中轴线北端的钦安殿北面中部石栏板采用水文雕饰。中央属土，土意为社稷，王者居中，天子择天下之中而立宫，所以三台形制为“土”字形。土为黄色，为显示皇宫是天下之中，大面积使用黄色琉璃瓦。五行中还有相生相克说：水生木、木生火、火生土、土生金、金生水，木克土、土克水、水克火、火克金、金克木。故而外朝中轴线上很少用绿色油饰，也不种树木，以防木的色彩克土。由于火生土，火为土之母，所以宫城内墙壁油饰成赤红色。故而红墙黄瓦形成了紫禁城的一大特点。

2. 风水形势说的运用

风水形势说是中国古代传统的环境科学和环境美学。形与势是对建筑空间环境、客观空间形体关系的抽象概括。“形”具有个体、局部、细节、近观等涵义；“势”则有群体、总体、宏观、远大的意义。形势说的核心是建立在远近两极的视觉感受效果和远观处理上，对中景强调形式的变化，以“百尺为形，千尺为势”为尺度，既是空间尺度的划分标准又是视距的限制值。“驻远势以环形，聚巧形而展势”，风水形式说对紫禁城建筑群整体立意和外部空间设计产生了极为深刻的影响。著名建筑学家王其亨先生研究发现：在单体建筑构成上，紫禁城建筑群的各个单体建筑，其空间尺度遵循“百尺为形”的原则，以23－35米为率来控制单体建筑的平面及竖向尺度，除午门和太和殿总高稍超一点外，其余均在35米限下，庭院、月台、广场围合空间、平面尺度、观赏视距，凡近观者皆以“百尺为形”控制。而远观者间距最大为350米左右，不超过“千尺为势”的限制。风水形式说参与紫禁城内部、外部空间形象的塑造，追求真、善、美的统一，在行走中展现不同空间之中景色的变化和转化，把整个过程纳入总的程序中。由于视觉的冲击产生情感变化且层层推进，使人感受到威慑灵魂的力量，进而使紫禁城宫殿建筑群具有震撼人心的气势。

五、构造功能与装饰艺术的巧妙结合

紫禁城宫殿建筑以结构构件为基础，在实用的基础上进行大胆的艺术

加工，从而形成了既有构造功能又具装饰艺术的建筑构件，它们大多用色鲜明且对比强烈的色彩以及敢于暴露的结构而不作掩饰，极富感染力。例如：殿堂屋顶最高峰的两端和屋檐四角都有吻兽等构件。正脊和垂脊交接处安装大吻。太和殿的大吻由16块构件组成，重7300斤。大吻又称龙吻，由古建上的鸱尾演变而来，“鸱乃海兽，水之精也。水能克火，故用鸱尾”，后来向龙吻过渡。为防止垂脊或岔脊下滑，还装有塑成立体形象的琉璃人物和飞禽走兽，这些走兽均称为神兽，拱卫着宫殿。房屋檐椽是屋顶荷重的挑檐构件，在圆椽上画龙眼宝珠、虎眼宝珠、圆寿字等图案；在方椽上多为寿字、栀子花等图案。重点建筑的椽肚上用沥粉贴金的灵芝或卷草等装饰，以此来突出大殿金碧辉煌的气派。内外檐建筑彩画是为保护木结构而施用的彩绘装饰，也是建筑等级制度的标志之一。紫禁城内奉先殿（建于公元1656年）内檐彩画全部为浑金做法，把大殿装饰成一座清一色的黄金殿；而太和殿内的玺彩画则采用赤金与库金互变与蓝色和绿色互变相结合，蓝地上做赤龙与库金火焰宝珠，绿地则相反，其间缀五彩叠翠流云，华贵而庄重。为了增加出廊建筑的额枋与柱头结合点的稳定性，把许多雀替做成半圆形的曲线轮廓，中间施以卷草纹和龙纹，使建筑外观增添美感。上下两架之间的驼峰是以承压为主的构件，在“彻上明造”时均做成曲线圜和，并雕有花饰的构件，使人抬头即可欣赏到古建筑中构件艺术的直率。在宫殿转角处，为了防止角柱外闪，须以螳螂头式的榫卯卡牢柱头。由于柱上出瘤不美观，于是做成多弧状的榫头，具有很强的稳固性，被称为霸王拳。被视为奇特而神秘的屋顶曲线是在做屋架时做出举折而形成的艺术效果。宫殿建筑中实塌大门的门板很厚，且用多块原板钉在门穿带和抹头上。因铁钉外露不美观，于是做成铜质镏金的门钉，使门板和穿带结合牢固。为体现皇宫崇高的地位，于是最高等级宫门用纵横均为九的最大奇数（个位数内）九九八十一个门钉，以显示金碧辉煌至高无上的豪华气派。太和殿门扇边挺与抹头接榫处加钉双拐角页，双人字页，以防脱榫歪斜。这些面页是用紫铜轧成薄板、锤出凸地，镌出花纹后鎏金而成，扣在边挺上，四周用鎏金的铜钉钉牢，十分富丽，当时称为金扉金锁窗。紫禁城内石台周边的玉石栏杆是为防止行人走时坠落而装置的安全措施，也以其精美的雕刻工艺而成为赏心悦目的艺术珍品。

第三节 紫禁城宫殿建筑

紫禁城筹建于明朝永乐四年（1406年），建成于永乐十八年（1420年），历时14年之久，距今已有580余年的历史。宫城平面呈长方形，南北长961米，东西宽753米，占地面积72万平方米，建筑面积16.3万平方米，现存建筑980余座，房屋8700余间。先后有明朝14位皇帝、清朝10位皇帝在这里居住，并发号施令统治全国达491年之久。1911年辛亥革命推翻了清朝的统治。1924年11月5日清逊帝溥仪被逐出紫禁城。1925年10月10日故宫博物院正式成立，昔日的皇宫以及宫中的藏品成为文物而被博物院保护、珍藏。1961年故宫被国务院列为全国第一批重点文物保护单位，1987年故宫被联合国教科文组织列入“世界文化遗产”名录。

一、宫 城

紫禁城有严密的防卫系统，由护城河、城垣、角楼、城门及守卫值房（清朝乾隆年间改为围房）组成。护城河是宫城的第一道防线。护城河环绕

护城河角楼

城垣四周，俗称筒子河。河岸距城墙 20 米，河宽 52 米、长 3840 米、深 5 米，平均蓄水量 542880 立方米。护城河两岸河帮均用厚 50 厘米、宽 70 厘米、长 120—200 厘米的花岗岩条石灌白灰浆码砌，河帮陡直。河帮背后有 1.5 米宽的金刚墙，用长 44 厘米、宽 22 厘米、厚 11 厘米的城砖铺浆做法砌筑。河帮上砌有平均高 1.5 米、宽 0.5 米的矮河墙，用长 44 厘米、宽 22 厘米、厚 11 厘米的城砖糙淌白做法砌筑。护城河水面自明天启年间栽种荷花并延续到清代，有诗云："河流细绕禁墙边，疏凿清流胜昔年。好是南风吹薄暮，藕花香拂白鸥眠。"

城墙高 9.9 米、底面宽 8.6 米、顶面宽 6.6 米，高与顶宽之比为 3∶2。城全长为 3400 米。墙体内为夯土，外包砌临清生产的大城砖。这种大城砖是特制的细泥澄浆砖，每块长 48 厘米、宽 24 厘米、厚 12 厘米、重 24 公斤，均有五面经过砍磨，采用磨砖对缝砌法使城墙既陡峭又平整坚固。城墙的顶部外侧筑雉堞形成垛口，内侧砌宇墙，墙下每隔 20 米左右留一个返沟道嘴以排雨水，工艺精湛。城墙外侧护城河内侧河帮东、西、南三面建守卫围房 732 间。围房联檐通脊，犹如一条长龙把紫禁城团团围住，加强了皇宫的安全守卫，作为宫城禁地真可谓"金汤城池，深沟高垒"。

城垣的四边各有一座城门。城门均为红色城台，下肩白石须弥座。城门上都设有重檐门楼。南面称午门、北面称神武门、东面称东华门、西面称西华门。城墙四角各耸立一座角楼。

午 门

角楼随城墙的转角设计而成，

在中国古代曾是防御性建筑。到明清时已成为显示豪华为主题的建筑。角楼平面为十字形，主体是一个三重檐的方亭，四面分别为深浅不同的抱厦，沿城身的较深，面向城外的较浅。主体建筑上覆十字脊歇山屋顶，十字脊上有闪闪发光的镀金宝顶。角楼设计精巧，每一角都上下攒聚了7个翼角，总共28个翼角，10面山花，俗称9梁、18柱、72条脊，如此复杂的结构都是用木材榫卯互相咬合而成，而且经过多次剧烈地震不散、不落、不变形，屋顶不论从哪个方面看都是正面，构造奥妙奇巧，造型玲珑秀丽。尤为重要的是角楼构造的中线与空间组合的轴线不在一个角度，十字脊为子午、酉卯正方位的垂直交叉，对称的轴线则为城墙转角的分角线，有力地强调了“四维”的特点，是中国古代高超的建筑技术和艺术成就的代表作之一。

午门是紫禁城的正门，体态雄伟、端庄、威严。墩台平面成“凹”字型，高12米。采用古代城门与阙相结合的形制，是城门的最高等级。城台正面开三个门洞，两翼又各开一掖门，形成明三暗五的五座门洞，这是为举行大的典礼活动时官员按文东武西分流而设的。平时，文武百官出入东门，宗室王公出入西门。左、右掖门只有在朝会时才会打开，按文东武西出入；其次是殿试时贡士们出入，按会考名次单数走左掖门，双数走右掖门。中门是皇帝专用的“御道”。这条“御道”就是北京中轴线，南至永定门，北到钟鼓楼，全长约8公里。中门除皇帝专用外，特例可通行的是：皇帝结婚时，皇后乘坐的喜轿进京从中门入；每三年一次的进士考试在太和殿殿试宣布结果后，一甲三名进士（即：状元、榜眼、探花）从中门出宫。午门城台东、西、北三面相连，环抱广场；东西两面城台上各有13间庑房，从门楼两侧向南展开，犹如雁翅，俗称雁翅楼；台上有四座崇楼与正楼合为五座，故又称五凤楼。彩画绘西番草三宝珠图案，具有满族特点。午门正楼为重檐庑殿顶，从地面到屋顶正吻通高37.95米，是紫禁城内最高的建筑。正楼左、右设钟鼓亭，门前御路左设嘉量、右设日晷，门内两侧有马道连接城垣上下。城楼面阔九间，进深五间，意为“九五之尊”。中间设宝座，每逢朝会或庆典活动都要鸣钟击鼓，大的战争凯旋后，皇帝亲自到午门正楼接受献俘礼，体现出威慑天下的壮观场面。民间曾有“推出午门斩首”的传说，实无此事，明代曾作为廷杖的场所（廷杖是皇帝惩罚大臣的一种杖罚）。午门外是官员们等候上朝的地方，每逢上朝日，官员在五更时分

即在此等候，明代曾在午门外左右盖松棚为官员遮风挡雨。清代顺治九年正式规定每月逢五为常朝日，皇帝御太和殿，在京文武百官穿朝服入朝行礼，群臣在太和殿前行礼奏事。若皇帝不御殿或不在京，则规定王公到太和门外分东西向坐班；官员在午门外朝房前分东西坐班，如无大事，则待纠仪官查班后、王公等出午门，百官即可退去。

二、外　朝

紫禁城宫殿总体布局分为外朝和内廷两部分。外朝是皇帝举行朝会大典颁布政令的地方，属行政区，在宫殿建筑的前半区，由太和殿、中和殿、保和殿组成前三殿以及东西两翼的文华殿、武英殿两组建筑组成。内廷为皇帝处理日常政务及其家眷的居住区，在宫殿建筑后半区，由乾清宫、交泰殿、坤宁宫和东西六宫等组成。主要建筑都坐落在南北中轴线上，纵向排列，两侧建筑纵横交错，形成疏密相间、错落有致的空间组合艺术，体现了中国古代建筑宏伟而幽深的独特风格。

三大殿

1. 太和殿

进入午门，是一个开阔规整的广场，该广场是横向矩形，东西宽 200 米，南北宽 130 米。一条象征银河之水的内金水河形同弓形，自西向东蜿蜒流过，与屋顶一起调剂着由直线构成的建筑环境。跨过雕栏玉砌的五座金水桥，便是宫中最大的太和门和两旁的侧门（东为昭德门，明代称弘政门；西为贞度门，明代称宣治门）。

太和门是前朝的大门，为重檐歇山顶的殿宇式宫门，面阔九间，进深三间，坐落在高3.44米的白石须弥座上，左右各一尊威猛而又憨态可掬的青铜狮子拱卫着，象征着权力和威严。庭院两侧排列直属朝廷的办事庑房，东庑房设稽查钦奉上谕处和内阁制敕房，西庑房设翻书房和起居注馆。中部东西各有门通向文华、武英两殿和内阁。明代这里是皇帝举行早朝和处理政务地方。

太和殿

太和门内是一个空间更为广阔的庭院。巨大的汉白玉台基上承托着与天际相接的太和殿，以令人屏息的壮美和压倒一切的力量显示着皇权至上的建筑主题。这里就是举行皇帝登基、寿辰、大婚、册立皇后、命将出征等大典的地方，也是明清两代皇帝发布政令的政治统治中心。太和殿前陈列的日晷是古代标准的计时器，嘉量是古代音律、度、量、衡的标准量器，都是最高权力的象征。铜鹤、铜龟、铜炉等举行典礼时在其中点燃香料或松柏枝，香烟缭绕充满神秘气氛，寓意君权神授、江山永固、万寿无疆。

太和殿面阔十一间（明代称奉先殿，面阔九间，进深五间，用金丝楠木建造，符合建筑布局中“九五之尊”的最高等级。清代康熙三十四年翻

修时因无此巨材，把面阔改为十一间），进深五间，建筑面积 2377 平方米，是中国现存最大的木结构建筑。从庭院建筑到正脊高度是 35.05 米，比北京城正阳门城楼还高 1 米多，加上大吻的卷尾，通高 37.44 米，也是最高的单层建筑。

太和殿内景

太和殿内外檐装饰也是紫禁城中等级最高的。殿内明间正中有雕镂蟠龙金漆宝座，坐落在七层台阶的台上，后围以雕龙髹金屏风，宝座周围设置象驮宝瓶、香炉等寓意国家太平、君主圣明、长寿安康。六根蟠龙金柱排列左右，每根金柱绘金龙一条，缠绕金柱腾云而上，基柱绘海水江崖、击浪拍岸，气势非凡。殿内共有木柱 72 根，高 12.7 米，排列成行，庄严富丽。天花中部有突入顶部很深的蟠龙藻井。藻井寓意克火，形制为上圆下方，分上、中、下三层，上层为圆井、中层为八角井、下层为方井，以斗拱承托。穹隆顶内盘龙俯首，口衔宝珠。该宝珠被称为“轩辕镜”，寓意皇帝的正统性。太和殿的门窗别具特色。正面七间和背面中间三间满装六抹大槅扇，只在前面尽间和梢间安装四抹槛窗。当朝会大典时，把前后檐十扇大槅扇全部敞开，使殿堂和庭院融为一体。门窗装饰鎏金或贴金，称为金扉和金锁窗，构成一个金光灿灿的空间，也是金龙腾跃的世界。

我国古代建筑由屋顶、梁架和台基三部分组成。屋顶形式是最显著的等级特征之一。太和殿屋顶采用重檐庑殿顶，柔和庄重是最尊贵的屋顶形式。木构造最怕火灾，因此在屋顶两旁装有“大吻”，传说这种动物能激

浪降雨以压火，实际起加固脊瓦和装饰的作用。脊角上小兽排列在垂脊上，起固定瓦件防止下滑的作用，一般以单数设置，最多放九个，而这里檐角小兽实是十个，排列顺序是龙、凤、狮子、海马、天马、狻猊、押鱼、獬豸、斗牛、行什（猴），在紫禁城内仅此例。

檐下斗拱是柱与屋顶之间的过渡构件，太和殿上层檐用单翘三昂九踩鎏金斗拱，下层檐为单翘重昂七踩鎏金斗拱，出跳最多，因而成为等级最高的斗拱。为保护构件，梁上都涂以油饰，绘以彩画，并具有强烈的装饰效果。彩画按等级画在不同的建筑上，根据花纹和用金多少通常把它分为和玺彩画、旋子彩画、苏式彩画三大类。外朝三大殿和内廷后三宫都绘和玺彩画，周围门庑绘旋子彩画，花园里亭台楼阁等多处绘苏式彩画。这些具有使用功能的装饰艺术，不仅是中国古代建筑区别其他建筑的显著特征之一，也是中国优秀的建筑体系中卓越的部分。太和殿绘金龙和玺彩画，以行龙、坐龙、升降龙为主题，贴赤金和库金，缀蓝、绿两色显得绚丽多彩；室内地面铺墁金砖显得富丽堂皇。

2. **中和殿**

太和殿后的中和殿从平面上看是方形，单檐四角攒尖鎏金宝顶。殿内沥粉贴金，云龙纹天花彩画，内外檐为金龙和玺彩画。该殿是明代遗物，其大木均为楠木。中和殿是皇帝亲临太和殿大典暂坐的地方，也是皇帝祭祀天地、太庙、孔庙、朝日、夕月等审阅“祝版”（祭文）的地方。

中和殿

3. **保和殿**

保和殿屋顶是稍低于庑殿顶等级的重檐歇山顶。殿内前檐减去六根金柱，为减柱造式，是明代建筑。在清朝每年除夕，皇帝在这里宴请蒙古王公；乾隆以后，也在这里举行三年一次的清代科举考试。

外朝三大殿依次坐落在三台上，分别为重檐庑

殿顶、四角攒尖顶和重檐歇山顶三种形式，构成优美飘逸的天际轮廓线。环绕外朝三大殿是廊庑和楼阁，在清朝时是内务府存放银、缎、皮、茶、瓷器的库房和武备院的甲、毡、鞍库。文华殿和武英殿是外朝的一部分，三大殿的东、西两翼是三大殿的左辅右弼。

4. **文华殿**

文华殿在三大殿东侧，明初是太子活动的东宫，明代中叶以后至清朝末年皇帝在此举行经筵，由特定的大臣为皇帝讲述四书五经等，讲毕赐宴。

文华殿后的文渊阁是清宫廷的藏书楼，是专为存放全国最大的丛书和类书，即为《四库全书》和《古今图书集成》而建造的。

文渊阁外观为两层，内部结构为三层。屋顶采用歇山式黑琉璃瓦绿剪边，这是中国古代思想中阴阳五行学说的具体运用。五行中代表物质的有水、火、木、金、土，方位有东、西、南、北、中，色彩有青、黄、赤、白、黑。五行中水属于黑色，文渊阁是藏书阁，为防止火灾所以用黑色。紫禁城的宫殿均为三、五、七、九等阳数开间，独文渊阁用六开间，是根据《易经》里的“天一生水”、“地六承之”而确定的。琉璃屋脊绘海水和龙的图案，彩画绘海马驮书，柱子绘为绿色，单拱石桥两侧水池的栏杆上绘水族动物栏板。

5. **武英殿**

武英殿在三大殿西侧，明代是皇帝斋戒和召见大臣的地方。明代李自成曾在此登基称帝；清初多尔衮在此办事，后来作为修书处，《四库全书》等1200多种殿本图书就是在这里编辑的。

横跨在武英殿东侧内金水河上的断虹桥是紫禁城内最古老、最精美的桥。栏板上刻有形象生动的龙纹，二十四个柱头上雕刻的狮子神态各异、活泼喜人。断虹桥北御路两旁有著名的十八槐，是紫禁城内园林景色之一。

三、内　廷

外朝的北面是内廷区域，是明清两代皇帝办事和皇后及子女们居住的地方。

保和殿后面的小型广场就是外朝与内廷的分界地，又称乾清门广场。这是一个狭长的空间，南北宽 50 米、东西长 200 米。广场的东端是景运门，西端是隆宗门，也是进入内廷的两道禁门。在清朝，除了值班大臣和皇帝召见的人以外，即使是王公大臣也不许私自进入，戒备森严。嘉庆年间，天理教农民起义军由宫内太监做内应攻进皇宫，受到火枪队的镇压，隆宗门匾额上至今还有当时遗留的弹头。

隆宗门内北面的一排房屋是辅佐皇帝处理君国要事的军机处，该建筑没有斗拱，充分显示了建筑等级制度的高下。军机处内有雍正皇帝的亲笔题写的匾额“一堂和气”。景运门内北有蒙古王公及九卿值房。

1. **乾清宫、交泰殿、坤宁宫**

乾清门是内廷的正门，面阔五间进深三间，单檐歇山黄琉璃瓦顶。饰金龙和玺彩画。门两侧有高 8 米、长 9.7 米、厚 1.5 米的八字琉璃影壁，两端接宫墙。门前有一对鎏金狮子，与前朝庄严气氛浑然不同，显得柔美而温和。清朝自康熙皇帝起就在这里举行御门听政。御门听政是皇帝接见大臣、处理政务的一种形式。

坤宁宫洞房

乾清门内是乾清宫、交泰殿和坤宁宫，又称后三宫，是皇帝办事、起居和皇后居住的地方。古代的中国传统观念认为：乾代表天，坤代表地，乾清、坤宁正表达了历代帝王希望天下长治久安的美好愿望。所以，这两宫的名称在明清两代一直未变。

乾清宫是内廷等级最高的建筑，也是内廷的主要宫殿，建筑形式为重檐庑殿顶，垂脊上有9个小兽，梁枋上绘金龙和玺彩画，殿正中设金漆雕龙宝座，宝座后设缂丝屏风，屏风上有清代乾隆皇帝集录古人治国的名言，宝座上方的“正大光明”匾是清顺治皇帝的御笔。自清代雍正帝开始，在匾后放秘密建储匣，殿内安排紧凑，富丽堂皇。此殿在明朝和清初是皇帝的寝宫，清代雍正皇帝即位后将寝宫迁到西部养心殿，这里就作为皇帝办理典礼性事务的专用宫殿。每逢元旦、中秋、除夕、万寿节等多在这里举行内朝礼和赐宴。乾隆皇帝还在此举行过千叟宴。乾清宫也是皇帝死后停灵柩的地方。

乾清宫内景

乾清宫后面的交泰殿也是四角攒尖顶，与中和殿相似。绘龙风和玺彩画。殿内悬挂康熙御笔“无为”扁额，设有乾隆御制《交泰殿铭》。此殿藻井由密集而精巧的混金斗拱构成，十分瑰丽夺目，是皇后节日受朝拜的地方。乾隆皇帝以后，这里一直存放行使权力的二十五方宝玺。

交泰殿北面是坤宁宫。坤宁宫采用重檐庑殿顶，饰以龙凤和玺彩画。明代和清初，坤宁宫是皇后居住的地方。东西梢间过道内天花素白糊饰，粘贴簇花龙凤双喜图案，富有生活气息。清朝顺治十三年（1656年），按满族习俗把明代的菱花隔扇改为窗户纸糊在外面的直棂吊搭窗，把中间正门

移到东次间改为双扇木板门。殿内分作两部分：门的东部是皇帝结婚时的洞房，清朝康熙、同治、光绪帝大婚时都在这里住过，现在仍保留着光绪帝大婚时的样子；西部改为满族萨满教的祭祀场所。

交泰殿内景

2. **养心殿**

养心殿在后三宫的西面。清代从雍正到宣统有 8 位皇帝在这里居住，是他们处理政务和居住的地方。前殿办事，后殿就寝，舒适华丽。东暖阁在同治、光绪年间是太后垂帘听政的地方，现在陈列的是清末西太后慈禧垂帘听政时的景象。西暖阁宝座前有文房四宝，是批阅奏章的用具，雍正至咸丰时经常在这里召见军机大臣处理政务。西头有个仅四平方米的小房间，这就是著名的小书房“三希堂”。

养心殿三希堂

养心殿内景

3. **东西六宫**

后三宫的东西两侧对称地分布着十二座院落，被称为东西六宫，它们是后妃们居住的地方。这十二座院落大小相当，由举行典礼仪式的前殿、配殿和后院的寝殿、配殿组成。每个庭院都是自成体系的封闭式院落。院落之间有纵横的街巷联系，四周都是高高的宫墙。东六宫分别是景仁宫、承乾宫、钟粹宫、延禧宫、永和宫、景阳宫。西六宫分别是永寿宫、翊坤宫、储秀宫、太极殿、长春宫、咸福宫。清朝末年慈禧太后的大半生就是在西六宫内度过的，她的儿子同治皇帝载淳就出生在储秀宫的后宫。现在储秀宫殿内的陈设是按照庆贺慈禧太后 50 岁生日时的原状陈列的。储秀宫外装饰豪华富丽。外檐檩枋绘苏式彩画，题材有花鸟鱼虫、山水人物和神话传说，绮丽多彩。长春宫在明朝曾是天启皇帝李妃的住所，清朝慈禧太后在同治帝亲政后曾移居这里。院内戏台是为她演戏的地方。

4. **东西五所**

东西五所各由五组并列的三进院落组成，位于御花园东西两侧、东西六宫的北端。因为皇子的住所不能称为宫，只能称为所，所以，东西五所就成为皇子们的居室了。因紫禁城后寝部分以乾清宫为主座宫殿，故东西五所又称为“乾东五所”和“乾西五所”。由于清代不立太子，诸皇子集中住在一两处，因此当其中一位皇子继承皇位后，他原来所居之处就成为“潜龙邸”，而且也不能再作为后代皇子的居所，以免生觊觎之心、非分之想，所以一般升格为宫。乾隆本来住在西五所，继位之后将西五所升为宫。乾隆将祖父康熙比作古代圣帝尧，自比明君舜。舜字重华，因此乾隆在改造“潜龙邸”的时候就将此处命名为重华宫。

5. **外西路**

太后太妃宫位于紫禁城西北部。慈宁宫是皇太后的宫殿，每遇庆典时皇太后在这里受贺礼。宫中佛堂供奉三世佛，太后太妃们在这里祝愿自己延年益寿、修好来世。

另一座太后的佛堂是英华殿。殿内有九莲菩萨，殿前有菩提树和乾隆皇帝御题《英华殿菩提树诗》。

雨花阁是宫中喇嘛教建筑，结构精巧、形制别致。阁分三层，阁顶为四角攒尖上覆鎏金铜瓦。第一、二层腰檐分别装饰蓝绿琉璃瓦，阁的垂脊上有四条立体鎏金行龙，是紫禁城中有明显西藏特点的阁楼。

6. **外东路**

紫禁城东北部为宁寿宫区，是太上皇宫殿。清乾隆中期大规模改建这一区建筑，是为乾隆皇帝准备在位60年后归政养老的处所。建筑规模和建筑布局为紫禁城外朝、内廷建筑的综合模式，建筑等级仅次于中轴线建筑，代表了清代社会鼎盛时期建的筑技术和建筑艺术水平。

九龙壁

宁寿宫区前面有一座琉璃瓦砖砌成的九龙壁，雕刻工艺极精，色彩艳丽，九条巨龙在江海中飞舞，形态极为生动。

宁寿门前广场明朗开阔，虬蟠古松点缀两侧，气度非凡。

进宁寿门白石甬路直达皇极殿月台。皇极殿是太上皇举行重大节庆活动的地方。面阔九间，进深五间，以示太上皇的“九五之尊”。殿内空间高大，一排排朱红色柱子布满殿堂。明间有六根蟠龙金柱，上置藻井，下设宝座，体现了太上皇的至尊。

皇极殿后是宁寿宫。它是仿坤宁宫建造的。

养性殿位于宁寿宫后半部，前檐右侧出抱厦，仿养心殿建造。室内饰金毗卢帽下，万福流云描金双板门流光溢彩。西头也有一个小书房名曰墨

云室，恰与三希堂相对应。

养性殿之东是畅音阁。畅音阁是为皇帝演戏的三层大型戏楼。上层称“福台”，中层称“禄台”，下层称“寿台”，福、禄、寿三者寓意幸福、有财、长寿，这是皇帝们的最大满足。畅音阁对面的阅是楼是皇帝看戏时坐的地方，院内的庑房是皇帝赏赐大臣们看戏的地方。

养性殿后的乐寿堂的内外装饰经过精心处理。室内隔扇、裙板的饰件或錾铜镀金、或嵌玉、嵌螺钿，或镶掐丝珐琊。殿宇屋檐绘西番莲椽子、灵芝飞头神采奕奕。大殿的左右廊子绘苏式彩画，清秀而典雅。

清朝乾隆皇帝在位六十年后归政时已 85 岁，作为太上皇区的这组宫殿的殿名多有祈望健康长寿的美好愿望。

7. **花园**

紫禁城中现保存有四座花园：御花园、慈宁宫花园、建福宫花园和宁寿宫花园。

(1) 御花园

御花园与紫禁城同时建成，是坤宁宫的宫后苑，位于紫禁城中轴线北端，占地1.2万平方米，也是紫禁城内最大的花园，不少殿宇和树木是明代遗物。院内苍松翠柏、奇花异石、楼阁亭台、池塘斋馆，景色缤纷。院内有大小二十多座建筑，十几种类型，按宫殿主次辅以左右对称格局，布局紧凑、建筑富丽，散发着浓郁的宫廷气氛。院中建筑正中偏北是钦安殿。钦安殿是全园中央的主体建筑，面阔五间，殿前出抱厦，构成凸字型平面，殿的上项是平顶四面坡式的盝顶，黄色琉璃瓦，围脊当中安镏金宝顶，四角吻兽斜出四条垂脊，形式极其优美。该殿是宫廷内供奉道教神像的地方。钦安殿后左方矗立着高大的堆秀山，山用太湖石堆砌而成，此地原是观花殿旧址，后改为堆秀山，重阳节在此登高，山顶有御景亭，可眺望宫内景物。院内东南部有绛雪轩，梁栋间绘绿色竹纹，门窗装饰为楠木本色，窗格是万寿无疆的花纹，颇显素雅，堂前砌方形五色琉璃花坛，内植太平花、牡丹花。由绛雪轩向东是琼苑东门，由此可进入东六宫的东一长街。

院内西路北部与堆秀山遥相呼应的是延晖阁，为重檐两层楼。西南部是养性斋。养性斋西南是琼苑西门，由此可进入西六宫。

(2) 慈宁宫花园

慈宁宫花园建于明代，位于紫禁城西北慈宁宫南，是皇太后、太妃休养活动的场所。院内种植花木点以湖石，绿荫葱郁，古树参天，建筑布局

疏朗而清冷，主要用于宗教活动。

（3）建福宫花园

建福宫花园位于紫禁城西北侧，始建于乾隆五年（1740年），坐北朝南，东西长67米，南北长64米，占地面积3850平方米，规模仅次于中轴线上的御花园。其原址为明代的乾西四、五反。因其主体建筑为建福宫，故称为建福宫花园。又因该花园地处内廷西侧，亦称西花园。以延春阁为中心，周围散布有敬胜斋、碧琳馆、凝晖堂等建筑。它们大小不一，高低错落，内以游廊相连，并配有山石树木，虚实得当，堪称融皇家园林与江南私家园林艺术特色于一体的佳作。不幸的是，1923年的一场大火将花园内的所有建筑焚毁殆尽。

（4）宁寿宫花园

宁寿宫花园区位于宁寿宫西路。由于这座花园是清乾隆皇帝准备在位六十年后作为退休养憩的地方，所以后来人们把这座花园称为乾隆花园。

花园建在南北长160米、东西宽40米的狭长基地上。采取“聚锦式”方法布局。自南而北分成四进院落，合理地解决了基地狭长的问题。四进院落景色各异，把整座花园布置得丰富多彩。

第一座院落从衍祺门进入景区。古华轩坐北居中，轩内是楠木本色天花，花纹图案古朴淡雅。庭院布置山石亭台构成一个自由的院落组合。西面禊赏亭抱厦中设“流杯渠”，是效仿王羲之《兰亭序》中“曲水流觞，修禊游乐”的故事而来的。

古华轩北，进垂花门是第二景区。垂花门前一对石狮子两侧磨砖细砌的清水墙下面衬托着彩色石片，镶贴着冰裂纹台帮，仿佛来到山村院墙之外，清新怡人，别具一番风味。这是个典型的三合院，遂初堂坐落其中，院内湖石点景花木三五处。

遂初堂北是第三景区。这一区以山景为主，庭院中央峰峦叠嶂，洞壑相连，环山建造楼阁，山势幽深陡峭。主峰上建有挺拔秀丽的耸秀亭。遂初堂后檐保存有精美的苏式彩画，是始建时原作。

萃赏楼北面是第四景区。以符望阁（从落于宁寿宫花园）为主体，阁底层面阔进深各五间，是院内最高的建筑，阁外观两层，四角攒尖顶，气象崇宏。阁的四周以游廊、短墙等隔成几个似隔非隔的小院，别具一格。阁前山上有一重檐五瓣梅花形小亭，名叫碧螺亭。此亭为翠蓝色琉璃屋顶、绛紫色琉璃剪边、翠蓝地白色冰裂梅图案、琉璃宝顶，下部柱间安装折枝

梅花图案的石栏板，亭体形态别致、色彩丰富，是极少见的亭式建筑。

倦勤斋是符望阁的后罩房。东五、西四，共九间。出前廊，斋前左右设回廊与符望阁相通。西廊之西，有八角形小门，门上题额“映寒碧”。门两侧有弓形曲墙和漏窗。门内假山上有竹香馆，高为二层，南北两端有斜廊可通倦勤斋和玉粹轩。

乾隆花园内虽然分为四进，由于各建筑物组合形体高下疏密远近都力求其富于变化，再加以轻廊相接、山石树木掩映，各处布局显得毫无雷同之处。

乾隆花园

紫禁城是明清两代的皇宫，融汇了历代宫殿建筑艺术和技术的成就并使其继续发展，是中国古代建筑的最高成就。紫禁城是一本百科全书，是中国五千年优秀文化的结晶，如同镶嵌在地球上的一颗璀璨的明珠。它代表着东方文化的深沉博大与繁富，是全世界人类宝贵的文化遗产，是中华民族的骄傲。

第 二 章

紫禁城里的皇帝

第一节 谈谈“皇帝”

“皇帝”作为国家君主的名称，自秦始皇始。“六王毕，四海一。”公元前 221 年，秦王嬴政统一了韩、赵、燕、楚、魏、齐，结束了长期的封建割据，建立起中国历史上第一个封建君主专制的国家。完成统一大业的嬴政自认为“德兼三皇，功高五帝”，意思就是说他的功德比中国历史上天皇、地皇、人皇（三皇）和黄帝、颛顼、帝喾、唐尧、虞舜（五帝）的功德还要大。因此，他的帝号应取“三皇”和“五帝”的兼称，名为“皇帝”，称为“始皇帝”。嬴政想以此来传至二世、三世以至万世，希望秦朝的统治能万世一系地延续下去。这当然是秦始皇的一厢情愿，秦朝传至二世胡亥后，便被陈胜、吴广为首的农民起义军推翻了。

秦朝灭亡后，继之汉、唐、宋、元、明、清各朝，两千多年来，虽改朝换代，政权更易，但“皇帝”作为国家君主的名号，却始终沿用不变。从秦始皇开始，到清朝末代皇帝溥仪，在长达 2132 年的封建社会中，共有大大小小的皇帝 332 个，这是现代人的统计。据清朝康熙皇帝说，在他之前共有皇帝 211 个。那么加上以后的雍正、乾隆、嘉庆、道光、咸丰、同治、光绪、宣统 8 位皇帝，则共有 220 个。

康熙帝的原话是这样说的：“始皇元年至今，一千九百六十余年，称

帝而有年号者，二百一十有一。朕何人斯，自秦汉以下在位最久者，朕为之首。”那么为什么会出现古今人认定皇帝的数字不统一呢？这主要是古今人各自取舍的标准和断限上存在差异的结果。

第二节　皇权与相权的斗争

皇帝是国家的君主，实行专制独裁统治。皇帝的地位是至尊、至贵的，皇帝的权力是至高、至大的。不过皇权的增长也有一个变化过程，其中皇权与相权的消长是这一变化的标志。中国在明朝以前，历代王朝在皇帝之下，设有宰相。“宰相者，上佐天子理阴阳、顺四时，下随万物之宜，外镇抚四夷诸侯，内亲附百姓，使卿大夫各得任其职焉。”《宋史·职官志》中说得更为明确：“宰相之职，佐天子，总百官，平庶政，事无不统。”所以宰相一职位极人臣，居于“一人之下，万人之上”。他对上辅弼皇帝，参掌朝廷机务。对下总领百官，综理全国的政务。所以皇权往往要受到相权的制约。例如：在汉代，如果皇帝发布的诏令不合适，宰相有“封还诏书”的权力，即所谓“封驳”之权。另外，经皇帝批准的臣下奏请的事项，如果宰相不同意，则可拒绝签字，即所谓“不肯平署”之权。这样，皇帝的权力往往要受到宰相权力的制约。历代皇权与相权的斗争，不知演出了多少历史悲剧。但历史发展的趋势是皇权越来越大，而相权则逐渐削弱。到了明代，皇权与相权的对比，发生了根本性变化。

明朝初期，仍沿袭元朝的旧制，在中央设有中书省，总揽全国的政务。中书省“置左、右丞相。平章政事、参知政事，以统领群职”。丞相的权力过大，这对于雄才大略的开国皇帝朱元璋来说，是绝对不能容忍的。所以明初的几位丞相没有一个是善终的。到了胡惟庸任丞相的时候，胡居功自傲，专权跋扈，“生杀黜陟，或不奏径行。内外诸司上封奏事，必先取阅，害己者匿不以闻。四方躁进之徒，及功臣武夫失职者争走其门，馈遗金帛名马玩好，不可胜数”。这样等于架空了皇帝，所以相权和皇权的矛盾发展到了极点。洪武十三年（1380 年），朱元璋以“谋反”罪名杀了胡惟庸，并从此取消了中书省，且诫告以后继位嗣君，永远不准再设立“丞相”一职。洪武二十八年谕群臣说：“国家罢丞相，以后嗣君，

毋得议置丞相。臣下有奏请设立者，论以极刑。”

第三节 明清皇帝专制独裁统治与中央国家机关

明太祖废除丞相后，把原来中书省下的六部品秩提高，使其分理朝廷政务。各部尚书直接对皇帝负责。与此同时，朱元璋改大都督府为中、左、右、前、后五军都督府。每府设左、右都督，各领所属都指挥使和卫所，使军事大权不致专于一司。五军都督府只管军籍、军政。只有领兵权，没有调兵权。如果战争需要调动军队，只有皇帝才能做出决定。皇帝授命兵部颁发调兵令，都督府长官奉令带兵出征作战，战后交还将印，统帅的军队也各回卫所。这样形成了“将不专军，军不私将”的局面，军事大权由皇帝牢牢掌握。

洪武十三年，朱元璋又将中央监察机构御史台改为督察院，设左、右都御史，专司纠察百官，辩明冤枉，提督各官，为天子耳目风纪之司。其下设十三道监察御史，负责监视、纠察各级文武官员。都察院、刑部和大理寺合称三法司，凡是重大案件，由三法司会审，再报皇帝裁决。这样，皇帝把司法大权也掌握在自己手中了。

明太祖朱元璋在诛杀丞相胡惟庸后，废除了中书省，又进一步改革了军事、司法等机构，使行政、军事、监察三权分立，直接对皇帝负责，皇帝独揽一切，正所谓“乾纲独断”，封建君主专制统治由此达到了空前的高度。朱元璋认为只有皇帝“自操威柄”，皇朝的统治才能“稳当”，并能万世一系地延续下去。他说：“自古三公论道，六卿分职，并不曾设立丞相。自秦始置丞相，不旋踵而亡。汉、唐、宋因之，虽有贤相，然其间所用者多有小人，专权乱政。今我朝罢相，设五府、六部、都察院、通政司、大理寺等衙门，分理天下庶政，彼此颉颃，不敢相压，事皆朝廷总之，所以稳当。”

朱元璋虽然“神圣英武”，但他每事独断了一段时间以后，也自我感到精力有限，“焉能事事躬亲”。据吴晗先生统计，朱元璋在八天之内，要看内外诸司的题奏 1660 件，共计 3391 事，那么平均每天要看或听 200 多

件大臣的奏疏，处理400多件事。这样繁重的工作是无法持久的。所以不得不设四辅官，以助理政务。但不久，又废除四辅官，置殿阁大学士，常侍天子左右，以备顾问。实际上大学士是帮助皇帝做一些文书处理工作。成祖即位后，命官品较低的翰林院编修、检讨等官员入午门内的文渊阁当值，参预机务，称为"内阁"。

清沿明制，仍不设丞相。清乾隆皇帝说过："夫宰相之名，自明洪武时已废而不置，其后置大学士。我朝亦相沿不改，然其职权仅票拟诏旨，非如古所谓之宰相也。"

清朝是我国最后一个封建王朝。它继承历代封建王朝的统治经验，特别是吸收了明朝亡国的教训，进一步加强封建专制主义统治。清朝是以满洲贵族为主体的封建国家，在经济、文化方面较汉族落后。因此，在1644年清朝定鼎北京后，仍沿用明朝的国家制度。在中枢机关仍设有内阁，以之"表率百僚"，"掌仪天下之政，宣布丝纶，厘治宪典，总均衡之任"。大学士名额不定，地位较明代高，官秩为正一品，位列百官之首，但实权远不及明朝，实际上大学士每天的工作只是阅读臣工的题本，草拟批答谕旨，以候皇帝裁定，大学士不过是皇帝的高级秘书。

清朝在中央设有吏、户、礼、兵、刑、工六部，但各部的权力较明代更小，而且使其互相牵制。"名为吏部，但可签挚之事，并无铨衡之权；名为兵部，但司绿营兵籍、武职升转之事，并无统御之权"。清帝还有意识地把一件事分几个机关共管。如：关税由户、工二部分管。户部所属的叫户关，工部所属的叫工关。而内务府和顺天府也派员参加，这样使重要的事务不致专于一司。各部尚书、侍郎也就是各部正、副长官，直接对皇帝负责。如果尚书与侍郎的意见不一致，可分别上奏，候旨裁定，便于皇帝从中操纵。清朝仍沿袭明制，设都察院，与刑部、大理寺合称三法司。一些重要刑事案件，要经三法司会审。遇有大政、大狱事件，还要有六部尚书、都察院都御史、通政史和大理寺卿组成的九卿会议或会审，最后由皇帝裁决执行。雍正元年，又将历来掌封驳权的六科合并于督察院。这样，"台"、"谏"合一，科道官员只是充当皇帝的耳目而已。

一般来讲，清朝的国家机关是沿袭明朝旧制建立起来的，但清朝只是沿袭明代国家机关的形式，来办理日常例行事务，以便于统治以汉族为主体的偌大国家。至于国家的核心权力和军国机密要务，清朝统治者却另设有一套机构去办理。如：清初由满洲贵族组成的议政王大臣会议。"凡军

国要务不由阁臣票发者，皆交议政大臣会议”。贵族掌握过多的权力，对皇权也是一个很大的威胁。因而清帝以后采取了一系列的措施，来限制满洲王大臣的权力。康熙时曾设南书房，拣词臣优者入值。一些机密重要谕旨，不经王大臣会议，径交南书房撰拟。这时议政王大臣会议只是徒有虚名。雍正八年（1730年），以办理西北用兵的名义，设立了军机处。军机处的职掌是“掌书谕旨，综军国之要，以赞上治机务”。军机处不同于议政王大臣会议。议政王大臣是从满洲贵族遴选的，而军机大臣则由皇帝随意指定，人数不限。军机处只设有军机大臣和军机章京，有官而无吏，机构简练，办事速密，所以一切军机要务，都由军机处办理。赵翼在《檐曝杂记》中说：“康熙中，谕旨或命南书房翰林院撰拟。是时南书房为最亲切地，如唐翰林学士掌内制也。雍正年间，用兵西北，以内阁在太和门外，儤值者多虑漏泄事机，始设军需房于隆宗门内，选内阁中书之谨密者入值缮写。后各军机处，地近宫廷，便于宣召，为军机大臣者皆亲臣、重臣，于是承旨、出政皆在于此矣。”其实军机大臣也无决策权，如“承旨”，“只供传述缮撰，而不能稍有赞画于其间”。嘉庆皇帝曾说：“军机大臣承旨书谕，并非将臣工翊赞之职，尽责之此数人也。……况我朝列圣相承，乾纲独揽……大权从无旁落。”清朝皇帝具有至高无上的地位，拥有无限的权力，大而军国政务，小而节妇旌表，都要经皇帝批准才能施行。“虽微如芥子，细若茧丝”，也必须“一一关白上宪，闻诸中枢”。自从朱元璋废除宰相实行独裁统治以来，历经明清各帝，皇帝的权力达到了最高峰。

军机处内景

清朝是以满洲贵族为主，联合汉族地主阶级而建立的一个封建政权。因此，清朝的国家制度虽沿袭明制，但又不同于明朝的国家机关。清朝国

家机关的特点是具有明显的民族统治特色。清朝对汉族官僚地主阶级采取了既联合又防范的政策。清廷为确保满洲贵族在国家政务活动中的统治地位，在国家政权机关中实行按民族分配官缺的办法。清朝的官缺，有满官缺、蒙古官缺、汉军官缺和汉官缺四种。在重要的国家机关中，各种官缺都有明显的规定和固定的比例。例如：清初的议政王大臣会议、中央的理藩院、内务府、宗人府及掌握钱粮府库、火药库等要害部门的官员，基本上为满洲官缺。御前大臣及侍卫全部为满、蒙官缺。各省驻防将军、都统、参赞大臣、盛京五部侍郎也全部是满洲官缺。有的机关虽然是满、汉复职，但实权都掌握于满官之手。如中央各机关，大部分是满官主政，汉官“相随画诺，不复可否”。

清朝是一个多民族的疆域辽阔的国家。清朝统治者特设理藩院以管理边疆和民族事务。理藩院原叫蒙古衙门，崇德三年改为理藩院。设尚书一人，左右侍郎各一人，全由满人或蒙人担任。内部设有旗籍、王会、典属、柔远、徕远、理刑六个清吏司。理藩院的设立，对于笼络各少数民族上层人物，调解各民族纠纷，维护多民族国家团结方面起了积极作用。清朝国家政权中民族统治特色还表现在军事制度方面。清朝以八旗兵起家，八旗兵是按民族进行编制的。最先有满洲八旗，以后又建立蒙古八旗和汉军八旗。八旗兵，尤其是满洲八旗，是清朝最亲信的武装力量，分别驻防京师和全国重镇要塞。八旗都统直接受皇帝指挥，形成了对全国的严密军事控制网。

第四节 国家统治机器运转的纽带——文书档案制度

明清皇帝统治着偌大的国家，靠的是各级国家行政机关以及军队、法律等强力国家机器。而整个国家机器的运转是由文书这条纽链带动的。文书是传达政令的工具，是国家机关上传下达的纽带。文书办理完毕之后，将对以后施政有参考的文件保存起来，便谓之档案。明清王朝为巩固封建统治和提高施政效率，都建有系统完整的文书档案制度。

一、明代的文书档案制度

明初承元旧制，设中书省并置左、右丞相。丞相的职权很大，六部及臣民奏事，都须经丞相审阅或处理。明太祖朱元璋为限制宰相的专权，于洪武十年六月（1377 年）下令：“天下臣民凡言事者实封直达御前。”同年七月又谕令建立通政使司，设有通政使一人，左、右通政各一人，掌“出纳帝命，通达下情，关防诸司出入公文”。凡内外大臣的奏章，必须由通政使司传达给皇帝。皇帝批示的旨意，再经通政使司抄送给有关机关和官员执行。此外，百姓如有陈情上言，申诉冤屈或告不法等事，也可以密封交通政使司直接奏达皇帝，从而剥夺了丞相审阅或处理章奏的权利。翌年，针对左丞相胡惟庸的专权跋扈，他又下令“六部奏事不得关白中书省”，进一步取消了丞相指挥六部的权利。洪武十三年（1380 年），朱元璋废中书省罢丞相以后，他亲自参加章奏的审阅处理。“中外奏章皆上彻御览，每断大事，决大疑，臣下唯面奏取旨”。然而皇帝一人的精力总是有限的，以后不得不设立内阁大学士以协助处理日常的文书政务。内阁初设时，只是皇帝的一个秘书机构，大学士秩五品，仅遵旨办事而已。但明朝中后期的皇帝多昏庸无能，不亲理政务，多依靠辅臣处理文书，于是有票拟制度的产生。宣德时，命内阁杨士奇及尚书兼詹事蹇义、夏元吉在内外各衙门所进的章奏上用墨笔在小纸票上先拟初步处理意见，贴于各疏以进呈，当时称这种做法为“条旨”，“条旨”即票拟制度的开始。正统以后，才规定内阁专掌“条旨”。由于大学士掌“票拟批答”之权，往往弄权掌政。例如：首辅严嵩、张居正曾权倾一时。“六曹之长，咸唯之听命”。“遂赫然为真宰相”。以后宦官专权，内阁票拟之权要受宦官批红的限制。明宫内司礼监协助皇帝批答章奏，他们手握王命，口衔天宪，逐渐从执掌“章奏文书，照阁票批朱”，发展成内阁的实际领导和皇帝的代表。《明史》职官志中说：“内阁之票拟，不得不决于内监之批红，而相权转归之寺人，朝廷纪纲，贤士大夫之进退，悉颠倒于其手。”武宗时，司礼监刘瑾权势显赫，首辅大学士票拟，须先“至瑾处请明，然后下笔”。阁臣弄权，宦官参政，这是专制主义统治下，皇帝昏庸无能的必然结果，也是明朝文书处理制度的一个特色。赵翼在《廿二史札记》中说：“究而论之，总由于人主不亲政，故事权下移，长君在御，尚以票拟归内阁。至荒主童

昏，则地近者权益专，而阁臣亦听命矣。”

明朝在使用文书上曾规定了严格的等级制度。明朝为加强封建统治，显示统治者的威严，规定：“诏、诰、制、敕、册、谕、书、符、令、檄”为皇帝专用诏令文书。“凡上之达下，曰诏、曰诰、曰制、曰册文、曰谕、曰符、曰令、曰檄”。皇帝宣布大政或训诫臣民时用诏书。对某些官员有所宣告时用制书。训示某些官员或委任地方官用敕谕。在调遣或指挥军队时用符。对敌国举行征讨，进行军事动员时用檄文。封赠臣僚用诰或敕。臣工上奏的文书，规定有：题、奏、启、表、笺、讲章、书状、文册、揭贴、制对、露布、译。“下之达上，曰题、曰表、曰讲章、曰书状、曰文册、曰揭贴、曰制对、曰露布、曰译”。明初规定，臣民上疏于朝用奏，上疏于东宫用启。“凡内外各衙门，一应公事用题本，其虽系公事而循例奏报、奏贺，若乞恩、认罪、缴敕、谢恩，并军民人等陈情、建言、伸诉等事，俱用奏本”。凡有密奏及奉旨对答者，用揭贴。凡遇朝廷举行庆典，如：寿旦、元旦、冬至等，内外臣僚照例进表、笺祝贺。

洪武十五年（1382 年）颁布了《行移署押体式》和《行移往来事例》，规定了各官府文书程式和使用范围。官府上行文书有咨呈、呈状、申状、牒呈、牒上五种；下行文书有照会、札付、下帖、故牒四种；平行文书有平咨、平关、平牒三种。各衙门按规定用文行移，不得乱用，违者严惩。

二、清代的文书档案制度

清朝鉴于明代阁臣弄权和宦官批红的教训，为进一步加强皇帝的独裁统治，对中央的文书处理制度曾进行了重大的改革。清初沿明旧制，臣工奏事，公事用题，私事用奏。题本用印，奏本不用印。在封建社会里，官员的公私事务很难分清，所以在题奏用法上往往差错不一。为此，清廷于雍正七年（1729 年）曾规定：“嗣后举劾属官及钱粮兵马命盗刑名，一应公事，照例用题本外，其庆贺表文，各官到任接印，离任交印，及奉到敕谕，颁发各直省衙门书籍，或报日期，或系谢恩，并代通省官民庆贺陈谢，或原题案件未明奉旨回奏者，皆属公事，应用题本。至各官到任升转加级纪录，宽免降罚，或革职留任，或特荷赏赉谢恩，或代所属官员请恩者，均用奏本，概不钤印。”尽管有这些规定，但题奏用法仍然十分混乱。所以到了乾隆时，便废止了奏本。“乾隆十三年谕，向来各处本章，有题

本、奏本之别。地方公事，则用题本。一己之事，则用奏本。题本用印，奏本不用印。其式沿自前明。盖因其时纲纪废弛，内阁、通政使司，籍公私之名，以便上下其手。究之同一入告，何必分别名色，著将向用奏本之处，概用题本，以示行简之意”。奏本废除后，题本便成了臣工向皇帝奏报政务唯一的正式文书了。但题本文字冗长，处理手续烦杂，不能直达御前。按规定，题本由内阁办理，分通本和部本。各省督抚提镇所上的题本，先送通政使司衙门，由通政使司再转送内阁。内阁接到本章后，由汉本房登记，并将无满文的通本照汉文贴黄译成满文，送满本房。满本房照所翻满文贴黄稿，缮成正文，校对后送汉票签处。各部院衙门的题本径送内阁，由汉票签处接收。汉票签处收到通本、部本，由侍读校阅汉文，汉中书依据规定式样，票拟汉文草签，有单签、双签，以至三签、四签之分，皆备拟而申以说帖。侍读校阅后，交满票签中书翻成满文，呈大学士阅定。然后，发满、汉票签处分别缮写满、汉文合璧的正签，各于背尾署

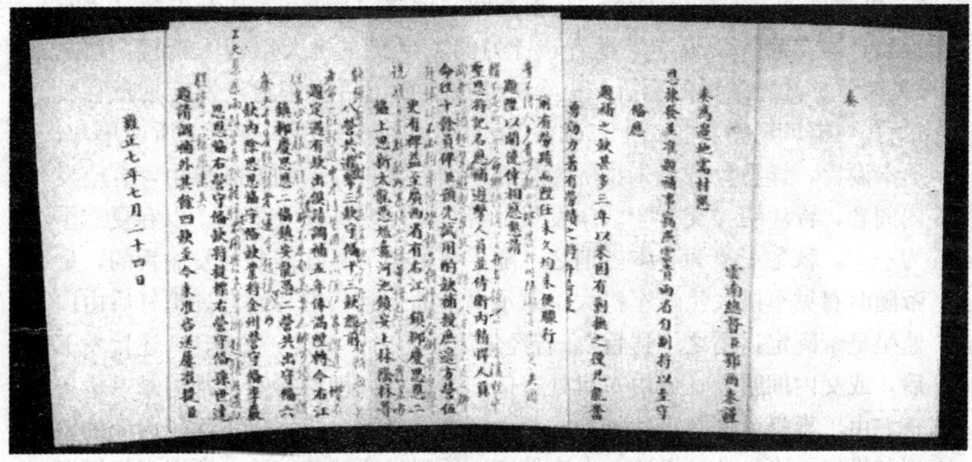

朱批奏折

雍正七年（1729 年）云南总兵鄂尔泰奏

缮者名，夹入本内。由满票签处中书送批本处。批本处按进本日期，送内奏事处。内奏事处接本后，由记档太监登记后，呈皇帝阅览。皇帝览本核准票签后，发下内奏事处，再转批本处。批本处翰林中书照皇帝批定的满文票签，用红笔批满字于本面。再交回内阁，由汉学士照票签批写汉字，至此题本经批红称为“红本”。题本批红后，即交收发红本处，每日由六科给事中赴阁领出，传抄各部。岁终由六科将红本汇齐缴回。

由上述可知，题本不但处理手续繁杂，而且要先经内阁票拟后，才能到皇帝手中，这样不能适应皇帝高度独裁统治的需要。于是自康熙前期，臣工报告机要政务，逐步使用一种机密文书——奏折。同时题本仍然使用，但大都是题报兵马钱粮刑名案件等例行公务。凡涉及机密事件，不便露章上奏，都可亲写奏折上达。例如康熙三十二年（1693年），康熙帝在苏州织造李煦的奏折上朱批："凡写奏贴，万不可与人知道。"朱批江宁织造曹寅奏折："朕体安善，尔不必来，可以密折请旨，凡奏折不可令人写，但有风声，关系匪浅，小心，小心，小心！"至雍正时，奏折已成为各省督抚及部院大臣报告政务的主要文书之一。奏折文字简要，可以密封直达御前。在京各部院衙门的奏折，先送景运门九卿房外奏事处，再转内奏事处。各省督抚提镇等官员的奏折，或由驿送至兵部捷报处，或专差送至外奏事处，再送内奏事处。内奏事处将接到京内外的奏折，由奏事太监直接送皇帝批阅。皇帝朱批后，由内奏事处发交军机处。军机处接到奏折后，"军机章京分送各军机大臣，互相翻阅，谓之'接折'。凡奉朱批'另有旨'、'即有旨'及未奉朱批者，皆另储黄匣交军机大臣转入请旨，谓之'见面'"。凡经朱批的奏折，由军机处按文登记后再密封，发交具折官员执行。《枢垣纪略》卷二十二载："值日章京将本日所接奏折，所递单片，所奉谕旨，详悉分载。朱批敬谨全载，谕旨及折片，则摘叙事由，有应发内阁者，皆注明'交'字。应发兵部者，皆注明马递及里数。以春夏二季为一本，秋冬二季为一本，谓之'随手登记档'。"凡需要另发谕旨的，皇帝随时召见军机大臣，军机大臣秉承皇帝的旨意，拟写谕旨。拟好后由内监呈皇帝阅定，谓之"述旨"。若经朱笔改定者，谓之"过朱"。述旨发下后，或交内阁明发，或由军机处寄信。军机处办理奏折时，都另录一份备查。由于奏折可密封直达御前，由皇帝亲笔批示，这不仅排除了内阁的票拟和批红，而且处理迅速，办事缜密，便于皇帝独裁统治。所以奏折逐渐取代了题本。至光绪二十七年（1901年）皇帝便下令废除题本："内外各衙门一切题本，多属繁复，现在整理庶政，诸事务去浮文。嗣后除贺本仍照常恭进外，所有缺分题本，及向来专系具题之件，均著改题为奏。其余各项本章，即一律删除，以归简易。"

由于清朝对中枢机关的文书处理制度进行了改革，不仅保证了清帝亲批奏章独裁政务的权力，而且提高了行政效率。康熙帝在用兵期间，一天曾批阅奏章多达十几件，他说："今天下大小事务，皆朕一人亲理，无可

旁贷。若将要务分任于人，则断不可行。所以无论巨细，朕必躬自断制。”雍正帝更是事必躬亲、雷厉风行，批阅折件既详且快。当时“各省文武官员之奏折，一日之间，尝至二三十件，或多至五六十件”，他都“亲自览阅批发，从无留滞，无一人赞襄于左右”。乾隆帝说：“乃本朝家法，自皇祖皇考以来，一切用人听言大权，从无旁落，即左右亲信大臣，亦未有能荣辱人，能生死人者。”又说：“朕亲阅本章，折衷酌定，特降谕旨，皆非大臣所能参与。”

清统治者吸取历代、特别是明朝文书工作的经验，建立起我国封建社会最完备的文书处理机构和制度。如：中枢机关的内阁和军机处，实际就是皇帝的两个秘书班子。通政使司和奏事处是皇帝的收发文机构。中央各部院衙门内部都设有专门的文书档案机构。如：各部设有专司收发文件的司务厅；有负责督促和稽查文书处理的督催所和当月处；有专门编修和保管档案的档房或清档房等。

清代的文书等级更加森严，文种也更为完备。皇帝下达的诏令文书，有制、诏、诰、敕、册、祭文、祝文、谕、旨、寄信、电旨等。清光绪《钦定大清会典》卷三载：“凡大典礼，宣示百寮，则有制辞。大政事，布告臣民，垂示彝宪，则有记有诰。覃恩封赠五品以上官及世爵承袭罔替者，曰诰命。敕封外藩，覃恩封赠六品以下官及世爵有袭次者，曰敕命。谕告外藩及外任官坐名敕、传敕，曰敕谕。”古代帝王的命令称制，历代有制书。清代的制辞并非一种独立的文种，而是皇帝命令言辞的意思。清光绪《钦定大清会典》卷二也载：“凡朝廷德言下逮，宣示百官曰制。”凡诏、敕、谕等一类的诏令文书，载有天子之言者，都叫制辞，其开首都弁以“奉天承运，皇帝诏曰”的话。诏是诏告的意思，凡国家大事须布告臣民用诏书，如皇帝嗣位颁即位诏，以宣布自己的施政纲领。皇帝临终时，他将自己一生的统治经验加以总结，以遗言告诫臣工，即为遗诏。诏文的格式，起首以“奉天承运，皇帝诏曰”开始，接叙诏告事由，最后以“布告天下，咸使闻知”结束，文尾书下诏的年月日，并加盖“皇帝之宝”。诰是以上告下之意，清代凡覃恩封赠五品以上官及世爵承袭罔替者，发给诰命。敕亦作刺，是告诫的意思。清代的敕分为敕命和敕谕两种，敕命也称敕书，凡覃恩封赠六品以下官及世爵有袭次者用敕命。敕谕的用途有三：（1）敕任官员，如任督、抚、学政、盐政、织造、提督、总兵等，发给坐名敕书；任布政使、按察使，道员、运同等，发给传敕；（2）敕谕臣

民；(3) 敕封或谕告外藩。皇帝册封王公后妃等用册文。祭文、祝文是皇帝祷告天地山川和祭奠大臣的文书。谕旨之分，凡“特降为谕。因所奏请而降者为旨。其或因所奏请而即以宣示中外者，亦为谕”（清光绪《钦定大清会典》卷三）。寄信是皇帝授命军机大臣寄发的机要谕旨，如：“诰诫臣工，指挥方略，查核政事，责问刑罚之不当者，谓之寄信。”行经略大将军、钦差大臣、总督、巡抚、学政、行督办军务大员、各省提督，都写“军机大臣字寄”。行盐政、关差、藩、臬，都写“军机大臣传谕”。清末开办了邮政电报，有些谕旨用电报拍发，称“电寄”或“电旨”。

朱谕是皇帝亲自用朱笔写的谕旨，大臣用朱笔誊写的谕旨也称朱谕。在清代，皇帝处理政务所下达的谕旨，一般都由大臣代拟。但有些机密要务，如：告诫臣工、指授方略、查奸除恶等，皇帝往往亲书谕旨。它不受任何格式的约束，皇帝信笔直书，密谕某臣，查办某事，是谕旨中最为尊荣的一种形式。

臣工上奏的文书有题、奏、表、笺。清朝前期多用题本，中后期多用奏折。题本的副本叫揭帖。随题本的揭帖有四份，分别送通政使司、六部、六科及起居注馆。清代题本有通本和部本之称，外地衙门所上本章须先经通政使司，再转送内阁，故叫通本。在京各部院衙门的题本，不经通政使司，径送内阁，称为部本。题本的格式，一般分幅缮写，每幅六行，每行二十字，平写为十八字，遇有皇帝、宫殿、天地、宗庙等尊敬字句须抬写。第一幅上方正中写一“题”字。第二幅首行写具题者的官衔、姓名、“谨”字，第二行抬高一格写“题”字，接写事由，再叙正文，文尾用“谨题请旨”结束，末幅正中写具题年月日，月日下写具题人的官衔姓名。最后在首尾各盖官印。在明朝及清朝前期实行公题私奏的制度，臣工上书，凡钱粮、刑名、兵丁、马匹等公务，用题本上报。凡属官员到任、升转、加级、记录、宽免、降罚、降革留任、特荷赉谢恩、代所属官员谢恩等事，概用奏本。奏本的格式，每幅六行，每行二十四格，抬头二字，平写二十二字。奏本封面正上方写一“奏”字。奏文首写具奏者官衔姓名并所奏事由，接叙全案事由。最后以“谨具奏闻”或“右谨奏闻”结束。奏文之后用大写数字写明全文的字数和纸张数，以防被人篡改。奏本不加盖官印。公题私奏制度，对当时的官员来说很难实行，以致题、奏的使用十分混乱，所以乾隆帝于 1718 年便下令废止了奏本。以后便逐渐使用了奏折。奏折始于康熙，乾隆时废除奏本后，奏折便成了大臣奏报政务主要

文书之一。奏折密封可直达御前，皇帝亲自拆封批阅，不假他人，办事既密且速。奏折的格式也是分幅折叠，每幅六行，每行二十字。平写为十八字，余二字为抬头之用。第一幅上方写一“奏”字；第二幅首行写具奏人的官衔、姓名和跪字，第二行抬高一字写奏字，接写事由，再叙正文，文尾用“谨奏”二字结束；末幅正中写具奏年月日，不用印信。每逢皇帝登极及万寿、元旦、冬至三大节，臣工表示庆贺，各省督抚进贺本，其余官员进表、笺。进呈皇帝、皇太后的叫“表”，进呈皇后的叫“笺”。

各衙署的行文，上行文有咨呈、呈文、申文、牒呈、申呈、详文、验文、禀文、状文；下行文有札文、牌文、票文、牌檄；平行文有咨文、移会、移文、关文、照会。

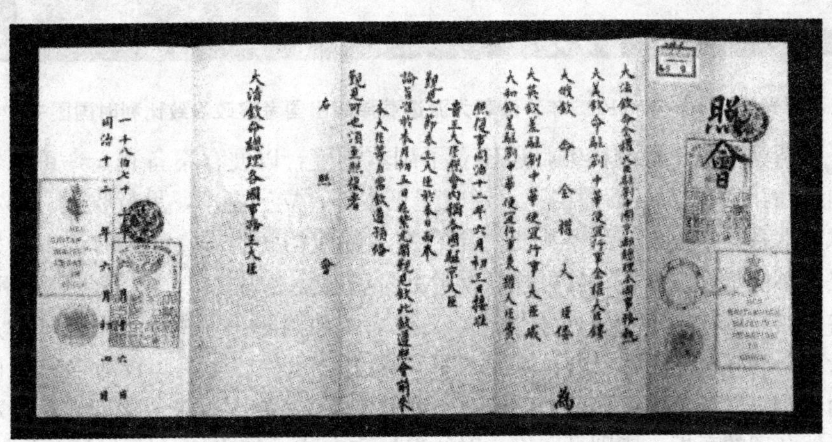

照會

各国驻京使臣致清总理各国事务衙门照会

道光二十年（1840年）鸦片战争后，中外交涉的文书有国书、条约、照会、申陈、札行、护照、电报等。

封建的等级制度不仅反映在行文体制上，而且也明显反映在文书格式上。例如：皇帝自称授命于天，以天为父，以地为母，所以又称天子。在皇帝颁发的诏诰文书中，充分体现了皇帝君权神授、至高无上的地位。例如：在制辞、诏书中，开首都是“奉天承运，皇帝制曰”或“奉天承运，皇帝诏曰”之类的话。皇帝自称曰“朕”。臣僚上书皇帝自称曰“臣”或“奴才”。凡文中涉及皇帝的地方，一律要尊称和抬写，如皇帝的命令称“圣旨”或“上谕”。皇帝批阅文件叫“圣览”或“御批”。皇帝行走称“诣”，居地称“宫阙”。皇帝生日叫“万寿”，死叫“驾崩”等等。

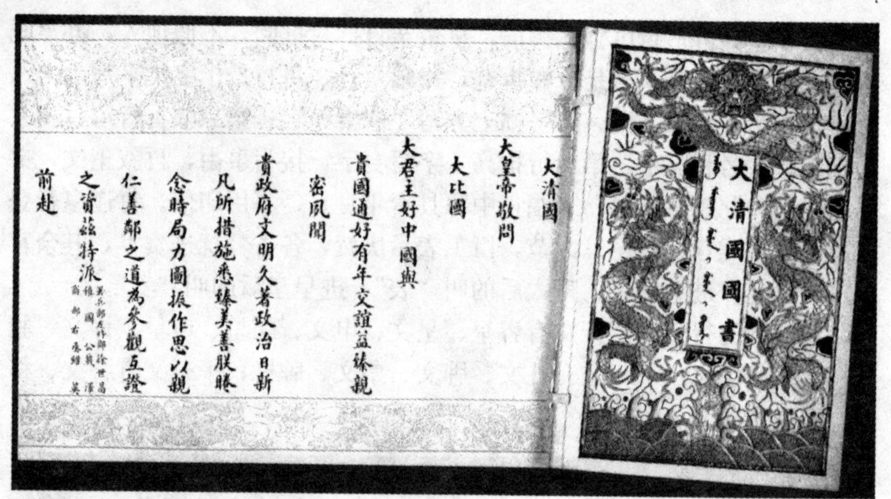

大清國
大皇帝敬問
大比國
大君主好中國與
貴國通好有年交誼益臻親
密夙聞
貴政府文明久著政治日新
凡所措施悉臻美善朕膺
念時局力圖振作思以親
仁善鄰之道為參觀互證
之資茲特派署兵部左侍郎徐世昌 鎮國公載澤 商部右丞紹英
前赴

大清國國書

清光绪三十一年（1905 年）清朝为派遣载泽等出国考察政治致比利时国国书

清朝为防止篡改档案，还建立了副本制度，以便存案备查。雍正七年谕：“内阁本章及各衙门档案，皆应于正本外，立一副本，另行收贮。如本章正本系红字批发，副本则批墨笔存案。其他档案副本，或用钤记以分别之。不但于公事有益，且可杜奸胥猾吏隐藏改换之弊。”（《大清会典事例》卷十四）例如红本交六科发抄后，又抄录两种档册：一种是史书；一种是录书。“红本发抄后，由科别录二通，供史官记注曰史书，校对钤印送内阁。储科以备编纂者曰录书，校对钤印存科”。又如奏折录付制度，凡经军机处办理的奏折，皆别录一份，以便发抄和存查。清光绪《钦定大清会典》卷三载：“奉有朱批之折，发抄不发抄，皆另录一份备案存查。”“凡交发之折片，由内阁等处交还及汇存本处者，每日为一束，每半月为一包，谓之月折。”自雍正至宣统，历八个朝代，通以朝年月日系之，形成编年体的卷包。每包折片，排比次序，不以文件构成时日为先后，而以朱批日期为准，并在封面上标明某人所奏某事的简由以及月、日、交、不交字样，称作“开面”。对谕旨的录付更为详备。经内阁记载的谕旨有三种：“凡记载纶音分为三册：每日发科本章，满、汉票签处当直中书摘记事由，详录圣旨为一册，曰丝纶簿；特降谕旨别为一册，曰上谕簿；中外臣工奏折，奉旨允行及交部议复者，另为一册，曰外纪簿，以备参考。”经军机处发出的谕旨，都抄钉成册，按日增添，按月另换一册，叫做“清档”，其名称有《上谕档》、《寄信档》、《现月档》、《明发档》、《电寄档》等。

皇史宬正殿

清朝中央各衙门还建立了汇抄存查制度。如内阁的《国史院档》、《秘书院档》、《俄罗斯档》、《行移档》等都是文件的汇抄。军机处汇抄的档册有《东事档》、《议覆档》、满文《月折档》、《西藏档》、《巴勒布档》、《金川档》、《盛京档》等。并且还规定："凡本处清汉字档，每届五年由军机大臣奏请，另缮一份，以备阙失。清字档，令方略馆译汉官缮写；汉字档，令内阁中书缮写。皆派本处章京二人校对，事竣请旨议叙。"内务府汇抄存查的档册有《奏销档》、《上传档》、《上谕档》、《来文档》、《黑图档》等。总署和外务部设有清档房，专管整理文件、汇编《清档》。在整个清代档案中，副本和汇抄存查的档案占有相当的比重。清代档案的正本，由于年代久远、流散迁播，不少被毁或遗失了，就是现存数量很大的红本和朱批奏折也不齐全。所以，史学界在使用这些档案研究某一个问题时，总感到"多而不全"。相对来讲，清代文件的副本或汇抄存查的档案还算比较系统和集中，所以现在这部分档案，如录副奏折等，在清代档案中使用率是最高的。清代的副本制度和汇抄存查制度，不仅为我们留下了丰富的史料，而且也为我们在今后档案事业的建设中提供了有益的借鉴。

清代还建立了严格的文书稽查制度。雍正八年（1730年），特设稽查钦奉上谕事件处，专门负责稽查奉旨交部议复之事，按日记档，俟各部院移会到时，分为已结、未结事件，每月汇奏一次，年终总奏一次。都察院

的六科，专门稽查催办各部院的文书处理，每月两次，以各衙门所办之册送科注销，如有逾期不完者，由科指参，月终具题。

清朝还规定有严格的文书档案保密制度，如：顺治十年（1653 年）颁布“机密及参劾本章”的实封进奏制度。雍正时规定：“密奏不许与人参酌。”皇帝批的密谕，若泄漏出去，“已经发觉，一概照泄漏军机律治罪”。并规定凡机密文书，一律密封递发。当事官员必亲自拆阅处理，不得令吏胥经手。军机处办理谕折，更为严密。各部院大小官员不得擅入军机处值房窥视。不准到军机处同军机大臣谈说事件。大员子弟不得任军机章京。皇帝召见军机大臣时，太监不得在侧。清末，又制定了《惩治漏泄军事机密章程》十五条，若有泄密、盗密者，俱按律严惩。

清朝文书制度还具有明显的民族统治特色。清朝是以满洲贵族为主、联合汉族地主阶级建立起来的一个多民族国家，各个少数民族文字的文书同时使用。原来满族的文化比较落后，在努尔哈赤以前，满族并没有自己民族的文字。“凡属书翰，用蒙古字以代言者，十之六七。用汉字以代言者，十之三四”。明万历二十七年（1599 年），努尔哈赤始命额尔德尼和噶盖两人，以蒙古文字母与女真语拼成满文，这便是老满文，也叫无圈点满文。皇太极时命达海等人，在老满文的基础上增加圈点，并创制十二字头和专记外字符号，成为有圈点的新满文。满族早期的文书是写在木牌上的，长达尺余，短的仅数寸，宽狭大约一寸左右，有孔，四五片为一组，贯以皮条或麻绳。根据杨宾《柳边纪略》载：“边外文字多书于木，往来传递曰牌子……存贮年久者曰档案。”这种木牌使用较久，直到顺治二年（1645 年）才令“各衙门奏事俱缮本章，不许复用木签”。清定都北京之后，为保持满洲贵族的统治地位，规定满语为国语，满文文书为代表国家的正式文书。凡皇帝下达的制、诏、诰、敕等文书，俱以满文为主，满汉文合璧。凡与外国的来往国书、签订的条约，也必须以满文书写。臣工上呈的题本、奏本，必须满、汉文合璧。奏折，在初期只是臣僚于公事之余向皇帝呈递的秘密报告，或用满文，或用汉文，比较随便。奏折成为政府的正式公文后，在嘉庆时曾规定：

1. 凡奉清字上谕，不许用汉字覆奏。
2. 旗员补放提镇奏谢，俱用清文。
3. 满洲大员补署各部院尚书及各省督抚等缺，在京谢恩用清字折。但抵任奏报到任日期，用汉字折。

4. 满洲提镇于公事折用清字。

5. 西北两路将军、各陵守护大臣及泰宁、马兰两镇总兵，除地方公事用汉字奏折外，其余谢恩、奏报雨水、雨雪及捕获松虫等事，均用清字折。唯清字折仍须兼用汉字。

6. 满员放总兵官，公事折前汉字后清字。在京谢恩通折，俱用清字。另汉字夹片，与清字折文义同。府、道谢简放恩亦仿此办理。

以后随着满官的汉化，使用汉字折奏逐渐增多。咸丰十一年（1861年），清廷规定："嗣后京内外各衙门遇有清字奏事折件，均用清、汉字合璧式样。"其他中央各机关同宗人府、内务府的行文可用满文的，也多采用满、汉文合璧的方式。

清廷为保持满洲贵族的统治地位，竭力阻止满人汉化，规定"国语、骑射为满洲根本"。旗人必须学会满语和骑马射箭，各旗都设有学校，教习满文，定期举行满文考试，以便科举满文人才。各衙署都设有专门的翻译机构和满文译员，以办理满文文书和翻译事务。另外，对蒙、藏、回等少数民族的文字，也允许使用。各民族王公贵族上奏的章疏及来往文书可用本民族的文字书写。现存的清代档案中，仍保存一些蒙古、唐古特、回、托忒等文字的文书。这种不同民族文字的文书同时使用，不仅是清代文书档案工作的一个特点，同时也反映了我国封建社会多民族国家的高度发展。

三、明清公文驿递制度

明清王朝为使文书上传下达得以畅通，保证国家机器的正常运转，都建立了安全、迅速的公文传递制度。

在古代社会，公文步递者叫"邮"，马递者叫"驿"，通称"邮驿"。邮驿始于西周，秦汉时称"邮"、"亭"。隋唐时称"驿"。到了元朝叫"驿站"。元朝在全国设置了比较畅达的驿站共有1383处。与驿站相辅而行的还有"急递铺"，以传达紧急的公文。

明朝因元制，于洪武二十五年设立了急递铺。凡十里一铺，每铺设铺长一名，铺兵、要路十名。每铺设十二时日晷一个，以验时刻。铺门首置牌门一座，并书匾额。挂长明灯一副，簿历二本。铺兵每名合置夹板一副、铃榉一副、缨枪一把、棍一根、回历一本。递送公文依照古法，一昼

夜通一百刻，每三刻行一铺，昼夜行三百里。每遇公文，不分昼夜，不管刮风下雨，须随时鸣铃走递。递送公文如有稽违，依律问罪。

到了清代，邮驿制度更为完备。据清光绪《钦定大清会典》卷五十一载："凡置邮，曰驿、曰站、曰塘、曰台、曰所、曰铺，各量其途之冲僻而置焉。备其夫、马、车，予其经费，以供差，以驰报，岁终则题销。"内地各省所设的邮驿叫驿。为递送军事情报所设的叫站。例如：西北、东北各站。甘肃安西厅、新疆哈密厅、镇西厅三属，特设军塘，以通文报。西北两路所设为军台。清代各地共设驿、站、台、塘 1791 个。另外，各省腹地厅、州、县皆设铺司，以急递公文。全国共有 13833 个铺所。驿站的任务：（1）供差。即官役因公出京、回京者，可持邮符到各驿站领取夫马车船和膳食口粮。邮符给官的叫"勘合"，给兵役的叫"火牌"。各站验明勘合、火牌，按规定支给。若官员过境，需要派兵护送的，驿站验以兵牌按例拨兵并护送。（2）驿递公文。在北京的捷报处和各省驻京提塘官专司官文书的收发。捷报处专门接收各省的奏折，然后递交奏事处转呈皇上。军机处交发各省的寄信谕旨及朱批奏折，由捷报处加封交驿站递送。各省驻京提塘官专门接收各省的题本，呈送通政使司转进。各省咨行各部院衙门的公文，也由其接收分送。凡马递的公文，皆加兵部火票，规定迟速之限。如军机处交出的公文，马上飞递者，定限日行三百里。遇有加急事件，以日行四百里、五百里、六百里签发。各站按兵部火票规定，接递送行。

各省督抚等寻常咨商文稿，都由塘铺兵夫递送，叫铺递。一般限日行一百里至三百里不等。外地送达京师及外地彼此互送的公文，各铺按排单（亦叫滚单）规定，签注时刻，依次递送。

发递公文用的工具有报匣、夹板、印花、印封等。凡是总督、巡抚等大臣，皇帝都要赏给报匣。遇奏事时用以封进。若督抚调到别省，则随身带往。其接任的新官未经皇帝赏给报匣，必须亲自奏请皇上赏给。凡皇帝密旨交发的事件，由宫中用匣密封颁发。受旨官员在接到密旨复奏时，必须恭缴报匣。各省督抚由皇帝先颁发钥匙一副，同时宫中留存相同钥匙一副，以便验证开启报匣。凡未经赏给报匣的官员，遇奏事时，将奏折盛以夹板，外用绵纸封固，接缝处钤盖本职印信，再以黄陵包裹发递。军机处交发各省的廷寄谕旨，要贴印花由捷报处粘贴发驿。各省督抚所发的机要文书也要粘贴印花，还要在公文封套上钤以印封。印花即以本机关的印信

钤盖纸上，剪成单个粘于折包的封口处，以防私自开折。督抚及钦差各官，平时印色用紫色，惟封包印花一律用红色。

清廷对驿递的管理十分重视，令兵部车驾司专管理邮驿事务。光绪三十二年九月，邮传部设立邮政总局，以经营电报、电话业务。清朝末年，公文的递送逐渐采用了铁路、轮船及电报、电话等近代化的传递方法。

第三章

皇帝视朝与听政

明、清两朝皇帝要处理的朝政，可以分为两大类：

一是礼仪性的朝政。如：登极大典、授受大典，这是不定期的。定期的朝政，如：每年的元旦、冬至和皇帝的诞辰，又称三大节贺朝。其他如册封皇后、妃嫔、皇太子、亲王、公主以及祭天地、宗庙、社稷等大祀活动。这些活动皇帝虽然参加，但都是礼部等衙门依礼制安排好的，皇帝依礼而行罢了。

二是处理政务的朝政。如：常朝、皇帝御殿批阅臣工的奏章。如有重要的军国要务要裁决，皇帝要召开御前会议、王大臣会议、九卿会议以及御殿听政或御门听政等。这类朝政都是关于治国安邦的大事，所以它是检验一个君主勤贤与否的标志。

第一节　礼仪性的朝政

一、登极大典

清光绪《钦定大清会典》载："凡典之巨者，曰登极。"登极大典是明、清朝政中最重要的典礼。开国皇帝的登极大典，标志着一个新王朝的开始。如明朝开国皇帝朱元璋，于1368年在应天（今南京）举行的登极大典。1644年清朝定鼎北京后，顺治帝在紫禁城举行的登极大典，这标

志着大统一清王朝的开始。嗣君的登极大典，表明新皇接替旧皇，行使最高统治权的开始。

明世宗朱厚熜，以藩王入承大统，因而登极礼仪较前有所不同。先在宣武门外建造行殿，坐北朝南。设帷幄御座，准备翼善冠服及卤簿大驾等候。朱厚熜从藩邸进京，百官出城迎接，入行殿，行四拜礼。第二天由大明门入。省定诏草，钦改年号，穿戴素服到大行皇帝几筵前谒告。礼毕，在奉天殿丹陛上设香案，再穿戴素服，告祀天地。然后到奉天殿、奉慈殿谒告，再赴灵座和慈寿皇太后、庄肃皇后前行礼，便御华盖殿。文武百官穿朝会礼服进入。传旨免贺，行五拜三叩首礼。鸿胪寺官请升殿，皇帝由华盖殿中门出，入奉天殿。鸣鞭赞拜，颁诏、册封等仪如前。

清朝皇帝的登极仪式较明代更为繁琐，主要议程有：

1. 祭告。先期皇帝亲自或分遣官员祇告天地、宗庙、社稷。

2. 陈设。典礼的当天早上，有关官员在太和殿摆好宝案、诏案、笔砚案，并将表文、诏书、笔砚置于上。在殿前陈卤簿仪仗，在太和门外陈步辇，在午门外陈大驾，大驾南陈设驯象，在丹陛中道左右陈设仗马，在丹墀内陈设黄盖、云盘。在太和殿东西檐下设中和韶乐乐队，在太和门内陈设丹陛大乐乐队，又在午门外陈设导迎乐乐队及抬诏书用的龙亭和抬香炉用的香亭。大学士等到乾清门取出皇帝的御玺，放在太和殿御座南正中案上。文武百官均朝服列于丹墀两旁等候驾临。

3. 即位。皇帝由乾清门左旁门出，乘舆前往中和殿，升座，礼部尚书请皇帝即位。在翊卫人员的导行下，皇帝至太和殿升宝座，即皇帝位。

4. 庆贺。皇帝即位后，午门鸣钟鼓、丹墀内三鸣鞭。接着在鸣赞官的带领下，丹墀上王公及丹墀内的文武百官行三跪九叩礼。

5. 宣诏。大学士自太和殿左门入，从诏案上捧过诏书放在宝案上，看内阁学士用宝后，再将诏书捧出，然后至天安门宣诏。

6. 还宫。此时，丹墀下鸣鞭，皇帝起座，至殿后升舆，由后左门至乾清门降舆，再到乾清宫东侧殿。礼毕。

末代皇帝的登极典礼

爱新觉罗·溥仪是清代末代皇帝，他三岁登极。登极大典于光绪三十四年十一月初九日（1908 年 12 月 2 日）在太和殿举

行。那天是一个雪后晴冷的日子。溥仪的父亲即摄政王载沣把他放在太和殿高大的宝座上，接受百官的朝贺。此时王公百官行三跪九叩首礼，“万岁”、“万岁”、“万岁”之声齐声响起。溥仪吓得有些坐不住，连声哭喊着：“不挨这儿，我要回家!”“我不挨这儿，我要回家!”这时单膝侧身在宝座下面、用双手扶着皇帝的摄政王急得满头大汗，一时不知所措，嘴里喃喃地说：“别哭，别……哭，一会就完了。快完了，快……完了。”典礼结束后，百官出宫后窃窃私语道：“怎么可以说‘快完了’呢。”“说要‘回家’是什么意思。咦！这不是好的兆头啊!”

二、授受大典

即老皇帝将大权授受给新皇帝，自己当太上皇。明清之际，只有一次授受大典，即清乾隆皇帝禅让帝位给其子颙琰——即嘉庆皇帝。

乾隆皇帝于丙辰年（1736 年）即位时，曾立下誓言：自己不敢上同皇祖（康熙皇帝）在位六十年之数，如在位六十年，即当传位嗣子。乾隆六十年，适逢乾隆帝周甲纪元，果符已愿，于是宣布颙琰为皇太子，并定次年元旦举行授受大典。

嘉庆元年（1796 年）正月初一，内禅大典在太和殿举行。典礼的内容包括两部分：一是太上皇向嗣皇帝亲授玉玺；二是新皇帝的登极大典。礼仪极为隆重。

太和门

虽然举行了授受大典，但乾隆皇帝仍握着大权不放，一些军政要事必

须经太上皇同意后才能施行。所以乾隆皇帝又掌握大权四年，直到嘉庆四年乾隆帝驾崩之后，嘉庆帝才真正掌握实权。所以乾隆皇帝是中国历史上执政最长的一位皇帝。

三、大　朝

明朝以正月初一、皇帝生日及冬至为大朝会。洪武时定大朝在奉天殿举行。届日皇帝御殿，接受文武百官的庆贺。届时奉天殿前彩旗仪仗、鸣鞭奏乐，皇帝御殿，接受百官的祝贺。百官正旦的贺辞为："具官臣某等，兹遇正旦，三阳开泰，万物咸新。恭维皇帝陛下膺乾纳佑，奉天永昌。"万寿圣节的贺辞为："恭惟皇帝陛下万寿圣节，臣某等诚欢诚忭，敬祝万万岁寿!"冬至节贺辞为："具官臣某等，兹遇冬至，律应黄钟，日当长至，恭惟皇帝陛下膺乾纳佑，奉天永昌。"皇帝照例颁答制辞，正旦则云："履端之庆，与卿等同之。"冬至节则云："履长之庆，与卿等同之。"万寿节皇帝无答词。传制官传制完毕，百官向皇帝三鞠躬，然后随赞礼官高呼："万岁!""万岁!""万万岁!!"皇帝退朝，礼毕。

清沿明制，规定每年的元旦、冬至及万寿节日皇帝御太和殿，受王公、文武百官及外国使臣的参拜、朝贺。百官进贺皇帝的文书叫"表文"，进皇后的文书叫"笺文"。表文的格式如下：

> 某官臣某等，诚欢诚忭，稽首顿首上贺。伏以德统乾元，首正六龙之位；建用皇极，肇开五福之先。恭惟皇帝陛下，茂育苍生，诞膺景命。羲图席瑞，百昌遂而万国来同；轩镜抚辰，四序调而万民乐利。太平有象，蕃祉无疆。臣等恭遇熙朝，欣逢（圣诞、元旦、长至），伏愿玉烛常调，庆时雍于九牧；金瓯永固，昭泰运于万年。臣等无任瞻天仰圣欢忭之至。谨奉表称贺以闻。

宣表官宣读表文后，奏乐，群臣行三跪九叩首礼。鸿胪寺官再引外国使臣行三跪九叩首礼。皇帝赐座、赐茶。然后鸣鞭、奏乐。皇帝还宫。

除大朝之外，皇帝参加的礼仪性的朝政活动，还有祭天地、宗庙、社稷、堂子祭天（清代）以及亲耕、视学、御经筵、上尊号、徽号等，这些活动一般要求皇帝亲自参加，但也有皇帝遣派王公大臣代为参加。

第二节 处理政务的朝政——常朝

常朝是皇帝处理政务的一种例行的朝会制度，犹如今天国家机关的办公会议制度一样。明代的常朝有三种形式：

一、朔望日朝参

朔望日朝参又叫“朔望日起居”。即每月的初一和十五日，皇帝御殿，百官朝服奏事。朔望日朝参，仪式比较简单，洪武时皇帝穿皮弁服御奉天殿，朝参官员二叩首，鞠躬颂呼“圣躬万福”。省府台部官员有奏事者奏事，无奏事者，皇帝还宫。

二、早 朝

早朝即皇帝早晨御华盖殿。洪武以后多御奉天门（后改皇极门）。皇帝面南就坐，文武官员四品以上，侍内殿；五品以下，于鹿项外北向立。有奏事者出班。洪武二十四年（1391 年）定朝班次序：文东武西，依次序立。东为六部、都察院、十三道御史、通政司、大理寺、太常寺、太仆寺、应天府、翰林院、春坊、光禄寺、钦天监、尚宝司、太医院、五军断事官及京县官。西班为五军都督及首领官、锦衣卫指挥、各卫掌印指挥、给事中、中书舍人等。

早朝日期无定。勤政的君主或有大事的时候，可以连续若干天早朝。若皇帝怠政，可以若干天或若干年不举行早朝。

三、午 朝

午朝又称晚朝。明朝永乐时迁都北京后，因为北京气候寒冷，早晨不便官员久立奏事，改为午间便殿奏事。永乐四年谕：“早朝四方多奏事者，午后事简，君臣之间得从容陈论，自今有事当商榷者，皆于晚朝。”永乐

七年又谕："北京气候严凝，君臣早朝奏事，立久不胜，今后朝毕，于右顺门（清代改为熙和门）内便殿奏事。"景泰初定午朝仪式：左顺门设御座宝案，文武百官在左掖门伺候驾出亲朝。待皇帝御殿后，内阁、五府、六部等官员，有奏事者，赴御前奏。

明朝的皇帝，如太祖朱元璋、明成祖朱棣比较勤政，几乎每天都上朝。穆宗时改为每旬三、六、九日视朝。到明世宗、明神宗等有二三十年不上朝者。

清代的常朝有两种：

1. **每月初五、十五、二十五日行朝参礼**

凡每月逢五为朝参日，皇帝在太和殿升座。文武百官觐见、新授官员谢恩、藩部王公来朝、外国使者来朝，随之皇帝颁赏都在此进行。常朝坐班时刻，春冬以辰正，夏秋以卯正。如遇雨雪及朝廷忌日则免。

2. **御门听政**

御门听政是清朝皇帝公开处理政务的主要形式。顺治帝每日在太和殿听政。康熙帝亲政以后，改在乾清门听政。康熙皇帝说："御门听政及御殿视朝，为勤政要务。"若皇帝到圆明园，则在圆明园勤政殿听政。有时也安排在瀛台东门听政。雍正嗣位后，多在养心殿召对大臣，处理政务。并制定乾清门听政之仪制。御门听政的一个主要内容是处理折本。凡中央各部院上报的题本叫部本，地方督抚上报的题本叫通本。无论部本、通本都要经过内阁，由大学士票拟处理意见，经皇帝批准后，即下发执行。少数关系军国政务的题本，或皇帝不同意内阁票拟的题本，往往将题本折一角，谓之"折本"，发下内阁，积若干件，待御门听政时，皇帝与有关大臣再商量处理办法。康熙皇帝说："一切政事皆国计民生所关，最为重大，必处置极当，乃获实效，朕每详览奏章，内有所疑，或积五六本、七八本，咨询尔等者，务欲得至当耳。"

在御门听政时处理折本的过程也是皇帝广开言路、征求大臣的意见和商讨解决国家大事的过程。如康熙帝在二十年六月初七日的御门听政中，就与大学士等研究和分析了福建姚启圣的题报，决定利用郑经死后郑氏家族内讧的有利时机统一台湾，采取因剿寓抚的方针，争取和平统一台湾。康熙二十二年，康熙帝令福建水师提督施琅攻取了澎湖，在大兵压境的形势下，迫使郑克爽率众投降，使台湾又回到了祖国的怀抱。康熙帝说：凡事只有一理，不可执拗。他听政五十余年，经历之事甚多，即使小事必向大学士、学士、九卿询问。如《康熙起居注》记载："康熙二十七年三月二十一日，议政王会议，左都御史马齐条奏，差往俄罗斯大臣应不分满汉，应如所请差往。其应遣汉军、汉人大臣、官员职名，着吏部开列具奏。上顾大学士等曰：'尔等之意者何？'大学士伊桑阿奏曰：'满汉皆属一体，似应差遣。'上曰：'这所议甚是。其应遣官员着九卿拟出具奏。'又如康熙五十四年九月二十五日，上又问大学士曰：'左都御史刘谦将御史任鋆奕殴打一案，尔等云何？'大学士松柱奏曰：'刘谦身为大臣，又有年纪，殴打官员，殊属不合。'"

清代历朝皇帝都把御门听证作为处理国家大事的一种主要形式，也是看一个君主勤政与否的主要标志之一。康熙帝是一位勤政有为的君主，他亲政以后，御门听政的次数每月达二十次上下，全年处理折本的数量约四百件，占当年题本总量的百分之四。康熙帝在平定三藩之前，由于军务繁忙，他把御门听政的时间都安排在大清早。乾隆帝在万家欢乐的岁末也不忘视朝，每年十二月二十四日以后，他自寝宫至乾清宫，"每过一门，必鸣炮竹一声"，使大臣"知上已视朝矣"。以便督促他们不要忙着过年而疏于政务。嘉庆帝说："天下至大，惟日孜孜，恒恐不及。若听政不勤，或勤而不加省察，则丛脞随之，流弊滋甚矣。"

清代御门听政处——乾清门

御门听政的时间，春夏以卯正，秋冬以辰初或辰正。御门听政的仪式：先期于乾清门正中设御榻及本案等。黎明时，各部院奏事大臣及陪奏官属集于庭内。皇帝升座后，侍卫左右立，起居注官列于西阶，翰詹科道官在西柱下站立。侍卫官传旨后，各部院奏事官由东阶升。奏事的次序为：户、礼、兵、工四部轮班首上，三法司常列第三，吏部值第六班。宗人府列部院前。翰詹科道及九卿会议则居部院后。奏事时，尚书一人手捧题匣折旋而进，至本案前面北跪，将题匣放于案上，然后回部首跪下，口奏某事若干件。奏事后，即率属退出。每至吏部奏事，兼带领各部引见官员，然后亦退出。各官员均退毕，大学士至御案前承旨，满学士一人读折本，皇帝降旨宣答。大学士承旨后，与起居注官并退。皇帝还宫，礼成。

雍正以后，随着军机处的设立，奏折的广泛使用。凡军国要事大臣直接具折上奏，皇帝朱批后即下发执行。而臣工题报的事多属兵马钱粮的例行公务，所以折本的数量逐渐减少，因而御门听政的次数也急剧减少。雍正时每月御门听政减为三四次，乾隆时再减至每月二次。到了道光，御门听政两个月一次，全年的折本量也只有五十余件。咸丰中后期，由于政治腐败，皇帝不再御门听政。同治、光绪年间，皇帝年幼，慈禧太后专权，实行垂帘听政，皇帝御门听政制度便消亡了。

第三节 皇帝是怎样决策的

一、辅佐皇帝决策的机构与官员

皇帝的地位至尊至贵，皇帝的权力至高至大。皇帝是一国之君，统治偌大的中国，可以说日理万机。一个皇帝再聪明能干，也不能事事躬亲，即便短期能做到事事躬亲，也不能长久坚持下去。所以说皇帝的独断决策必须有得力的辅佐臣僚。明朝开国皇帝朱元璋废除丞相以后，中央各部院衙门及五军都督府，直接对皇帝负责，听皇帝指挥。在朱元璋“独裁”一段后，也深深感到力不从心，他曾说：“人主以一身统御天下，不可无辅臣。”所谓辅臣就是皇帝的秘书和顾问。辅臣必须具备两个条件：一是“不得平章国事”，即只“参预机务”，不得侵犯皇权；二是必听命和顺从

皇帝，办事要得力、敏捷、保密。所以朱元璋为了自己更好地处理政务，曾置四辅官。以后，他又仿宋制，设殿阁大学，执掌草拟诏谕，并备皇帝顾问，但“不得平章国事”。

到了明成祖时，命翰林院编修、检讨等官员进大内在文渊阁值班，并参预机务，帮助皇帝处理大臣的题奏文书，从此便有内阁这个中枢机构。内阁设有中极殿、建极殿、文华殿、武英殿、文渊阁、东阁大学士。大学士“掌献替可否，奉陈规诲，点检题奏，票拟批答”。其实大学士的主要任务是“点检题奏，票拟批答”。就是协助皇帝阅看大臣的题本和奏本，然后提出处理意见，即“票拟批答”。处理的意见写在小字签上，即票签。一种处理意见写一签，两种处理意见写两签。然后夹在题奏内，送皇帝裁断，皇帝允准某一种意见后，即下内阁，照皇帝批准的票拟字样，用红笔批写于题奏本面上，然后颁发有关衙门执行。由于有内阁的辅助，皇帝得以从繁杂的文书事务中脱开身来，专注重要事务的决策。

清朝亦沿袭明朝的制度，设内阁以辅弼皇帝处理政务。清代内阁较明代为尊，大学士官秩正一品为百僚之首。“掌议天下之政，宣布丝纶，厘治宪典，总均衡之任”。实际内阁办理的题奏本章及宣布的谕旨，只是例行的、礼仪性的公务。而军国要务，在清初都由满洲贵族组成的议政王大臣会议办理。清朝礼亲王昭梿在《啸亭杂录》中说：“凡军国重务，不由阁臣票发者，交议政王大臣会议。”贵族掌握过多的权力，对皇帝也是一个很大的威胁，因而清廷以后采取了一系列的措施来限制王大臣的权力。康熙帝曾设南书房，拣词臣优者入值，如康熙十六年命翰林院侍讲学士张英、内阁撰文中书高士奇等人入值南书房，为皇帝讲解经史，编撰书籍并撰写一些谕旨。昭梿的《啸亭杂录》卷一中说：“本朝自仁庙建立南书房于乾清门右阶下，拣择词臣才品学兼优者充之，康熙中谕旨，皆其拟进，故高江村之权势，赫奕一时。”赵翼的《簷曝杂记》中也载：“康熙中，谕旨或有令南书房翰林撰拟。”“高江村士奇，康熙中直南书房，最蒙圣祖知眷。时尚未有军机处，凡撰述谕旨，多属南书房诸臣，非特供奉书画、赓和诗句而已。地既亲切，权势日益崇。”

康熙中南书房翰林不仅为皇帝起草一些机密谕旨，而且还是皇帝的一个秘密情报机构。如康熙二十六年冬，直隶总督于成龙在清圣祖谒陵之际，揭发了大学士明珠、余柱国贪赃卖官内幕。康熙帝回京后命南书房翰林高士奇密查证实后，随即令其密拟弹劾奏章，由御史郭琇出面参奏。结

果明珠、余柱国终被惩处。又如康熙四十四年，康熙帝第五次南巡期间，因不放心京中情况，令亲信大臣王鸿绪密缮小折，报告京中情况，到南书房密封交给管理宫报首领密达御前。康熙帝得到情报后密谕王鸿绪："京中有可闻之事，卿密书奏折，与请安封内奏闻，不可令人知道。倘有泻（泄）漏，甚有关系。小心！小心!!"王鸿绪接密谕后复奏道："永永时刻凛送，三缄其口，虽亲如父子兄弟亦绝不相告。"

雍正八年又设立了军机处。军机处机构简练，有官而无吏，只设军机大臣和军机章京两级官员，军机大臣人数不限，随皇帝的需要而定，军机章京由内阁中书中办事干练缜密者入值。军机大臣的职掌是"掌书谕旨，综军国之要，以赞上治机务"。军机大臣和章京，每天在大内隆宗门的军机处值班，皇帝在养心殿随时召对，起草谕旨，既速且密，是皇帝处理政务的一个得力助手，所以军机处自1730年设立以来，一直存在了一百七十多年，直到清朝灭亡为止。

康熙时期的南书房

二、皇帝决策的依据及信息的来源

中国历代的英明君主都主张"兼听则明，偏听则暗"，实行广开言路，纳谏亲贤，以便能作出正确的决策，达到国泰民安的目的。明、清王朝的皇帝吸取了历代的传统经验，对通达政情、了解社情民隐都十分重视。皇帝只有掌握充分、真实可靠的信息，才能做出正确的决策。明、清皇帝信息的主要来源是中央各部院及全国封疆大吏的奏疏。明、清王朝都设有通政使司，以便"出纳帝命"、"通达下情"。明朝建国伊始，曾设有察言司，设司令，"掌四方章奏"。洪武十年改设通政使司，为正三品衙门，设通政

使、左右通政、左右参议等官，专掌“出纳帝命，通达下情，关防诸司出入公文，奏报四方臣民实封建言，陈情申诉，及军情声息、灾异等事”。凡内外大臣的奏章，必须经通政使司传达给皇帝，皇帝批示的旨意，在经通政使司抄送给有关衙门和官员执行。朱元璋还下令“天下臣民凡言事者实封直达御前”，允许百姓陈情上言，申诉冤屈或告不法，通政使司都要密封呈给皇帝。

清代通政使司的职权较明代小，它只“掌纳各省之题本，以达于内阁”。不过，清代设立一个“登闻厅”，如民人有冤情，可直接击鼓，由通政使司奏报皇帝，然后依情处理。

明、清时期，内外大臣的奏疏主要是题本和奏本。凡公事，如兵马钱粮、刑名等事用题本报告给皇帝。凡官员的私事，如循例奏贺、乞恩认罪、缴敕谢恩，并军民人等陈情建言申诉等事，用奏本报告给皇帝。题本、奏本都有规定的格式。皇帝要求题奏本章：第一要如实奏报事情，不许隐瞒欺饰；第二要文字简练，禁止繁文缛节。做到“信”“达”“雅”。可是在封建社会里，文牍主义盛行，大臣的奏书往往写得又臭又长。

明朝开国皇帝朱元璋特别讨厌冗长的奏章。有一次刑部主事茹太素给朱元璋呈上了一件条陈时务的奏书，洋洋一万七千多字。其中废话连篇，朱元璋叫中书郎中王敏读给他听，当读到六千三百七十字以后，还没听到具体意见，感到莫名其妙，一怒之下，便把茹太素叫来，打了一顿。第二天深夜，又叫人读茹太素的奏章，读一万六千五百字以后，才涉及到主题，建议五件事。其中四件可行。朱元璋立即下令主管部门施行。朱元璋告诫茹太素：这五件事，有五百字就说清楚了，却铺张到一万七千字。真是繁文害人！他下令要力戒繁文：“虚词失实，浮文乱真，朕甚厌之，自今以后，繁文出入者，罪之。”

题本为明代臣工报告政务的主要文书之一，并且规定了严格的格式：题本的开头写“某衙门某官等题为某某事”。接叙题事的缘由、经过及拟办的意见。结尾用“谨题请旨”或“谨具题止”结束，后书具题时间，并加盖具题衙门官印。题本的书写，每幅六行，一行二十格，抬头二字，平行写十八字。头行衙门官衔姓名疏密俱作一行书写，不限字数。由于题本不限字数，所以臣工的题本越来越长，皇帝没有能力看完那么长、那么多题奏。明朝历代皇帝虽然采取措施禁止繁文，但效果都不大。到了崇祯时期，皇帝命内阁制作贴黄式样，令进本官员自己撮题本中的主要事情，不

过百字，贴附牍尾，以便皇帝阅览。有了贴黄，皇帝一看贴黄的摘要，便明白了本中的主旨，提高了皇帝阅文的效率。这一制度为清朝所沿用，并形成了严格的制度。

清朝的文书制度基本上都是沿袭明朝的制度，臣工奏事，公事用题本，私事用奏本。这种奏报制度的缺点是：奏章繁文缛节，格式僵化；题奏处理程序繁杂。如清代题本、奏本的处理要经过十几道程序：

1. 各省驻京提塘官投送各省衙门的题本，送至通政使司接收。

2. 通政使司经检查后封送内阁，由汉本房接受。

3. 汉本房接到通本，进行登记。并将无满文的通本照汉文贴黄翻成满文，送满本房。

4. 满本房照所译满文贴黄稿，缮成正文，送汉票签处接收。

5. 在京各衙门的题本，送往内阁，由汉票签处接收。

6. 汉票签处收到部本、通本，由侍读校阅汉文，汉中书拟写汉文草签，送满票签处。

7. 满票签处侍读等详校通本、部本的满文，满中书拟写满文草签，呈大学士总校票拟草签。

8. 大学士校订票签以后，发满、汉票签处缮写满汉合璧的正签(签背尾书缮者姓名)。

9. 满、汉文合璧的正签写好以后，夹入题本内，储于黄绫匣内，由满票签中书送批处。

10. 批本处收到题本，进行登记，于次日黎明送内奏事处接收。

11. 内奏事处收到题本，经记档太监登记，由奏事太监进呈皇帝阅览。

每年封印日期（十二月至次年正月间，封印一个月，起止日由钦天监定）及遇某种事件或节日，皇帝不阅本，不能进本。

12. 皇帝阅览题本并核定票签后，发下内奏事处。皇帝阅批题本时，一般照原签所拟，或于原签内朱笔改定，或饬改签。内阁可上单签，即一种处理意见。也可以双签、三签、四签送上，即多种处理意见，经皇帝裁定后发下。

13. 奏事处将皇帝批下的本签，即送批本处。

14. 批本处接到发下的本签，由翰林中书照核定的满文票签，在

题本满文部分面页上，批写清字，并由典籍厅汉学士照核定的汉文票签，在汉文部分面页上批写汉字。批写满汉字都用红字，因此又称红本。然后送交红本处，再转发六科。如遇有国丧，如皇帝逝世等，所有本章，百日内用蓝笔批写，皇后逝世二十七日内，本章亦用蓝笔批写。

部本进呈后，遇有票拟不合皇帝旨意，或重大军政问题须商定者，将题本折一角，谓之“折本”。俟皇帝在乾清门“御门听政”时，各衙门奏事毕，大学士将折本逐件商议，然后请旨。大学士承旨后，另缮票签，再进呈核定，谓之“进折本”。

15. 通本、部本批红后，即送收发红本处。每日六科派值日给事中一人，赴阁红本处领出红本抄发。

16. 六科领出本章，分正抄、外抄，抄发各衙门办理。原领本章各存本科，年终仍由六科缴还内阁，由红本处知会典籍厅，贮入红本库。

17. 各部接到科抄题本，需要行知各省的，即将议复原本和所奉谕旨，抄录咨行督抚衙门查照办理。

奏本的处理程序，基本上和题本一样。臣工的题奏处理程序繁琐，办理一件题本需要二十多天，造成皇帝决策效率低下。另外，这样的文书处理程序也不易保密。往往臣工题报的事情，皇帝还不知道，早已传闻于宫外市井。显然，这样传递信息的办法很不适应当时施政的需要。于是自康熙中叶起，臣工奏报机密要务开始使用一种秘密的文书，这就是奏折。奏折开始时不拘格式。例如：康熙皇帝于四十四年内巡期间，密令王鸿绪秘密探听京中官场的消息随时报告给他。这种密奏折很小，不盖官印，每件都由王鸿绪亲写，密封后通过南书房管理官报首领，送给皇帝。奏折使用初期都是由具折大臣亲自书写，然后密封直达皇帝御前。不需要经过通政使司和内阁的办理。皇帝于奏折上亲笔批阅后，封送具折大臣执行，办事既迅速且易保守机密。它很适易于皇帝了解全国政情，考核官员，进行独裁统治，对皇帝的决策起了很大的作用。如康熙帝在苏州织造李煦的奏折上朱批：“凡写奏帖，万不可与人知道。”在江宁织造曹寅的请安奏折上朱批：“朕体安善，尔不必来，可以密折请旨。凡奏折不可令人写，但有风声，关系匪浅，小心，小心，小心，小心！”

到了雍正时，出于政治斗争的需要，曾大兴密奏之风。他进一步扩大了密奏的范围，京官自翰林、科道、郎中以上；外官自知府、道员、学政以上；武官自副将以上；旗员自参领以上，皆可密封具奏。又令科道官员每日一人上一密折，轮流具奏，一折只言一事。无论大小事务，皆许据实敷陈，即或无事可言，折内亦须声明无事可言之故。

雍正帝之所以大兴密奏之风，是为了明目达聪的目的。他说："虞书曰：'明四目达四聪'。先儒注曰，广四方之视听，以决天下之壅蔽也。盖天下之患，莫大于耳目锢蔽，民情物理不能上闻。则虽有励精图治之心，而措置必未合宜，究难成一道同风之盛，是以各督抚大臣本章之外，有具折之例。盖国家之事，有不便宣露于本章者，亦有本章所不能备悉事，亦有应用密奏请旨者，是奏折之用，乃缜密周详之意。朕又以督抚一人之耳目有限，各省之事，岂无督抚所不能及知，或督抚所不肯言者？于是又有准提镇藩臬具折奏事之旨，即道员武弁等亦间有之。此无非公听并观之意，欲周知外间之情形耳。"

可见密折的使用初衷就是臣工有不便于在例行本章中报告的，或例行本章中不能详尽的事情，就用密折奏闻，以广皇帝的耳目，便于了解真实情况，察奸除私，进行正确的决策。

到乾隆时期，奏事既速且密的奏折，逐步代替了奏本。乾隆十三年便下令废除了奏本，规定奏折成为政府正式公文，臣工奏事，题本、奏折兼用。到了清末，为提高施政效率，于光绪二十七年，又进一步废除了题本，原用题本所报之事，改用折报，这样奏折就成为臣工奏事的唯一文书了。

皇帝的第二个信息来源是在接见和考察官员中得到的。明清皇帝接见官员的机会有：

1. 朝觐。每三年举行一次。明朝称"朝觐考官"。清代规定：大计之年，各省布政使、按察使及府、州、县的正职官吏，都要入京朝觐请训。

2. 陛辞。清朝规定：凡新任督抚提镇，在正式就任之前，要进京陛见请训，谓之陛辞。

3. 引见。一般的中下级文武官员，在入任选拔、升迁调补中，有吏、兵二部尚书带领引见。

4. 随时召对。遇有军国重大事务或皇帝意兴，可以随时、随地召对

臣工，询问下情，咨询对策。

在接见各级官员中，皇帝除考察官员外，还询问各种政情、吏治、社情、民隐等，以为决策的依据。

如康熙帝在康熙二十五年三月，在接见入觐的江苏布政使章钦文时，了解到他提出“厘剔江苏钱粮起解批收弊端之有效办法”，认为很好，立即批准，各省一应起解钱粮俱照江苏例实行。再如：乾隆三十六年（1771年），土尔扈特蒙古人民在首领渥巴锡的率领下，摆脱了沙俄的监视，毅然回到祖国的怀抱。当年九月，乾隆皇帝在热河避暑山庄接见他时，询问了他们回归祖国的情况。为嘉奖他们的行为，皇帝特赏赐鞍马櫜鞬韘、顶戴冠服以及大量银币，又多次宴请。这为清朝制订国家的统一和多民族团结的政策提供了重要的依据。

皇帝的第三个信息来源是言官的奏报和特务机构的密报。这一明一暗两条渠道，为皇帝提供了不少机密消息。

明、清王朝都设有都察院，以纠察百官、整饬风纪。都察院的监察御史及六科的给事中，都是朝廷的言官。凡国家政令得失，官员贪赃枉法，军民利弊，一切兴利除害、社情民隐，监察官员都可直言无隐，密封奏闻。皇帝可以得到非行政官员奏报以外的种种信息。

除了各级官员的奏报以外，皇帝还特设了一些特务机构，如明朝锦衣卫的镇抚司及东厂、西厂。这些机构大都是皇帝身边的亲信太监掌握，他们广布秘探，刺探各种情报，秘密报告给皇帝。清朝时设有三织造，即江宁织造、苏州织造、杭州织造，通称“江南织造”，其任务是承办皇室及官署所需的缎纱细绫及纺织布匹等物。织造官由内务府郎中或员外郎内点派，都是皇帝的亲信，虽然品级不高，但可专折奏事。实际上，他们都是皇帝派在江南的耳目，凡地方的政情民隐、官员好坏及知识分子情况，他们随时密报给皇帝。例如《红楼梦》作者曹雪芹的祖父曹寅曾任江宁织造，康熙四十三年七月二十九日，他曾给康熙皇帝密奏，想去北京陛见谢恩。康熙皇帝在曹寅奏折批：“朕体安善，尔不必来。明春朕欲去南方走走，未定。倘有疑难之事，可以密折请旨。凡奏折不可令人写，但有风声关系匪浅，小心，小心，小心，小心！”又如康熙帝在苏州织造李煦请安折上朱批：“朕无可以托人打听，尔等受恩深重，但有所闻，可以亲手书折奏闻。”

皇帝的第四个信息的来源是巡幸中的见闻。

皇帝自宫中外出视察称为“巡幸”。皇帝“巡幸”不仅是为游山玩水，而且也是外出调查社会情况，以便在治理朝政时能做出正确决策。因此，外出“巡幸”尤以清代的皇帝为甚。例如：大清王朝奠基者康熙皇帝，为调查黄河水患，寻求治河之策，曾六次南巡。乾隆帝也曾六次南巡、六次东巡、五次西巡，至于到天津、保定、热河、河南等地，车驾随出，记不胜记。皇帝在“巡幸”中，直接了解到社会各种情况，为治国决策获得了第一手信息。

三、决策的方式与程序

皇帝决策的方式主要有独断决策，即皇帝日常批阅臣王的奏章，然后降旨有关衙门贯彻执行；另外还有兼听决策，即遇有重要的问题，皇帝召开有关大臣会议，或阁议、廷议、御门听政、王大臣会议、九卿会议等，经过会议讨论后，然后皇帝再作决断，颁下有关衙门执行。

1. 独断

清代皇帝常日视朝多在养心殿暖阁或乾清宫西暖阁及弘德殿。皇帝日常处理政务都是通过批阅臣工的奏章以及引对官员、召见诸臣奏事，然后降旨有司执行。皇帝阅折一般先看外省奏折，次看各部院衙门奏折。皇帝批阅奏章有两种方法：一是批红。如：各地大臣的题本、奏本，通过通政使司送内阁，因此地方大臣的题奏本又叫“通本”。中央各部院衙门的题奏本章径送内阁，因此谓之“部本”。内阁大学士对通本、部本进行“票拟”之后，即提出处理意见，写在小票签上，供皇帝决策参考。皇帝在阅看经内阁票拟的题奏本章后，参考内阁票拟的办法，作为处理的决断，然后发内阁，依照皇帝允准的票拟文字，用红笔批写于本面上，谓之“批红”。“批红”虽不是皇帝亲手批写的，但代表皇帝的意见，有关衙门得到“批红”后，必须迅速贯彻施行。

明朝的开国皇帝朱元璋及成祖朱棣，清代的康熙、雍正、乾隆等皇帝都是比较勤政的，每天都要批阅很多文件。清代的题本都是满、汉文合璧的。皇帝批阅题本裁定的票签发内阁批本处后，由翰林中书在题本满文部分面页上批写清字；由典籍厅汉学士在题本汉文部分面页上批写汉字。批写满、汉文字都用红笔，因此经批红后的题本，又叫红本。红本即转发六科，颁发有关衙门执行。

清代在实行密奏制度后，题本所报的多属兵马钱粮等例行的公务，并且制订了《票签式样》。各类的题本怎么批红，都有一定的格式，如：“依议”、“知道了”、“该部议奏”、“该部知道”等。

皇帝批阅奏章的另一种方法是“朱批”，就是指皇帝在阅览臣工的奏折后，亲自用朱砂红笔批旨于奏尾，这种批阅奏章的方法就叫“朱批”。清代的皇帝比较勤政，自康熙中叶起令臣工密折奏事。雍正以后，奏折逐步成为臣工奏报军国要务的主要文书。各地方督抚等大员的奏折，一般由驿送至兵部捷报处接收。捷报处将折即送内奏事处接收。各省遣专差送来的奏折，由外奏事官接收后转送内奏事处。在京各部院衙门的奏折，直接送紫禁城内景运门九卿房外的奏事处。

每天上午约五点钟，乾清门开启，外奏事官持折入内奏事处，交奏事太监接收。皇帝御殿后，奏事太监将奏折呈皇帝批阅。皇帝折阅奏批直接在折尾或折中“朱批”意见。雍正皇帝“朱批”臣工奏折尤为勤勉，每件手批数十言或数百言，其中有指授方略，或教诲臣工为政之道，或谈私人密事。每天平均批阅奏折二三十件，有时候多达五六十件。雍正皇帝对臣工奏折随到随批，从无留滞。他白天批不完，有时直到夜间二更天还在批阅臣工的奏折。如在署直隶总督蔡珽奏折上批道：“白日未得一点之暇，将二鼓，灯下书写，不成字，真笑话。”奏折内容不分公私，即使个人生辰八字，亦可缮折奏闻。陕西总督岳钟琪曾将提督冯允中、总兵官袁继荫、张元佐、副将王刚、参将王廷瑞等人的生辰八字缮折奏闻。雍正帝批示：“王刚八字想来是好的；冯允中看过，甚不相宜，运似已过，只可平守；袁继荫亦甚不宜，恐防寿云云；张元佐上好正旺之运，诸凡协吉；参将王廷瑞、游击陈弼此二人命运甚旺好，若有行动，此二人可派入。今既数人不宜用，卿可再筹划数人，即将八字一并问来密奏。所拟将官中要用人员，不妨亦将八字送来看看。命运之理难征，然亦不可全不信。”湖南岳常道杨晏缮折奏明家产房屋数目，雍正皇帝批谕：“是何言欤？如何教朕料理起你家务来了，如此撒娇儿使不得！”

经皇帝朱批后的奏折，即刻发有关官员执行。凡朱批“另有旨”、“即有旨”及未奉朱批折件，都是涉及一些比较重要的军政事务，需要和军机大臣商量后再发谕旨。军机大臣和军机章京每日都值班于隆宗内的军机处，备皇帝随时召对。皇帝和军机大臣就某折某事进行商议，皇帝酌定后，即当面授旨。军机大臣承旨后，即刻回到军机处，面授军机章京记

录，按规定程序，拟写谕旨。谕旨拟好后，传奏事处呈皇帝阅定。然后再发下军机处。军机处将当时所接奏折，所奉谕旨，所呈片单，详细登入簿册，叫《随手登记档》，至今尚存于世的《随手登记档》有729册，现存于北京的中国第一历史档案馆。凡朱批过的奏折发下时，军机处都抄录一份，叫录副奏折，以备查用。

朱批奏折发下京内外各衙门执行后，需定期缴回宫内，此一规定自雍正时实行。现存于中国第一历史档案馆的五十多万件朱批奏折，便是这一制度的产物。

2. 兼听独断

兼听独断就是凡遇有国政、军务及皇朝继统的大事，如议立位号、立君、储嗣、建都、典礼、封藩以及重要的用人行政、战争等，皇帝都要召开百官会议，如廷议、廷推、御前会议、王大臣会议、阁议、九卿会议等，经百官讨论，提出处理意见，最后由皇帝决定。

3. 廷议

明代的廷议始于洪武二十五年，是年四月皇太子朱标卒，朱元璋在东角门召开群臣会议，讨论储君问题。朱元璋说："太子不幸至此，古云'国有长君，社稷之福'，朕意欲立燕王，如何？"当时学士刘三吾进言："皇孙年富，世嫡之子。子殁，孙承嫡统，礼也。即立燕王，置秦晋二王于何地？"（《明鉴》卷一太祖高皇帝）朱元璋听了很痛心，大哭一场。结果未立燕王，听了刘三吾之言，决定立其孙朱标之长子朱允炆为皇位继承人。

明世宗朱厚熜以藩王的世子入承大统，世宗即位后决心更定大礼仪。于是召百官会议，讨论大礼仪改革问题，群臣一议，帝不同意。命再议，帝仍不同意。结果三议、四议，"帝终不从"。可见，无论群臣有什么不同意见，结果还是皇帝说了算。

4. 廷推

凡是重要的人事任免，皇帝要群臣会议以决定之，称廷推。凡遇大臣缺员应补授、不待考满推升的时候，皇帝要召开廷推会。会议由吏部主持，会同九卿、科道官员推举数人，以备皇帝参考简用。

5. 御前会议

清朝凡重要军机要务的决断，皇帝要召开御前会议或议政王大臣会

议。如康熙时平定三藩战争的部署、兵力调配、高级军官的任免、军事设施的增添或裁撤等等，都由议政王大臣会讨论，皇帝听取了议政王大臣的意见后，再决断颁旨施行。

6. **九卿会议**

对重大刑事案件的审理，尤其是对死刑人犯的勾决，皇帝也是特别慎重的。凡各省督抚关于死刑案件的本章到达朝廷后，皇帝先交由刑部、都察院、大理寺组成的三法司核议，提出审理意见，皇帝再与阁臣核议，对一些难以决断的案件，还要发由三法司和六部尚书组成的九卿会议复审。到秋审时（这是清代集中处决死刑罪犯的时期），“情实”应予勾决之犯，先由九卿、科道官会同三法司进行廷议，并循例要刑部将廷议“情实”勾决人犯名单接连三次复奏，使皇帝有三次考虑的机会。康熙皇帝说：“凡应决重犯，朕必再三详审，求其略宽宥之处，所以宽宥者常多，亦不可不详察也。”在第三次复审死刑人犯名单时，康熙皇帝还要召开内阁大学士、学士、起居注官等进行廷议，逐案研讨，以免出错判，造成冤案。

第四节　清代帝王玺宝

一、清宫中秦传国玺的最后线索

中国古代社会发展史，实际上就是一部道与器的继承发展史。道是精神，是前人的意识形态与经验法度；器是物质，是前人生产生活的技术与产品。在社会政治学方面，人们更习惯通俗地将物质与精神结合起来思考，古人常常将自己的思想意识与法规文章刻铸在不朽的器物上，如石碑、铜鼎……这就是所谓的“道藏于器中”。这种器物叫礼器。

礼器当然不只用于摆设，它是中国传统道统继承的一个象征。君主时代，王位的继承与传授的核心就是礼器的传与受，“传国玺”就是这么一种最高规格的授受礼器。它与三代神话时期中的“河图洛书”、商周时期的“传国鼎”一样，代表着君主政权。

传国玺之风始于秦始皇对传统礼器在形式上的一个革新。霸气的秦始皇之所以自命“始皇帝”，是因为他有个很天真无邪的想法，希望他们秦

家从此二世、三世直到永远地传下去。江山千秋万代地传授是个很郑重的事，除了传达宏大的传授庆典仪式，礼器本身的制作也不容马虎，于是秦始皇产生了“传玺印”这个创意。他找了块上好的蓝田玉（另一种说法更具传奇性，传说就是那块当年蔺相如渑池赴会时怀中揣过的价值十五座秦城的“和氏璧”）由丞相李斯写篆，著名玉工孙寿刻制。内容为“受命于天，既寿永昌”，很吉祥而又俗气的一句话。

秦始皇的良好愿望终于没能继续，秦只传到二世，就亡了国。但始皇帝传国玺的典制却传了下来。公元前206年，汉高祖的大军抢先入咸阳至霸上，秦王子婴“系颈以组，白马素车”降于轵道旁，恭恭敬敬地将始皇帝遗下来的“传国玺”奉上交给了刘邦。这是一件很严重的事，因为它标志着皇权通过一个很正规的渠道，传到了异姓刘家的手中。此后，汉朝历代皇帝依然世世规规矩矩地遵守着“传国玺”的授受制度。其中王莽篡权时，曾因为争夺这方“传国玺”，上演了一出逼宫的喜剧，后来还是回到了刘姓的手中。然而东汉以后，脉络就开始乱了。

刘姓对秦玺的继承及王莽逼夺“传国玺”事件开了一个先例：它告诉人们，只要得到了“传国玺”，不论姓氏与血统，都能成为名正言顺的上帝的选民，这使得那些雄心勃勃的人在心理与舆论上都找到了依据。三国时，天下大乱，想做皇帝的人们，都在为争夺“传国玺”而你争我夺。当时一位比较有职业道德的掌玺官，曾经因不想让董卓得到，将“传国玺”扔进了井中，但后来还是被搜了出来，后来各诸侯之间曾有一番血腥的抢夺，最终辗转到了汉献帝手中。以后曹魏、司马氏在夺位时，首要的事情就是逼要“传国玺”。再后来，“传国玺”的踪迹就开始模糊起来，一会失踪，一会又出现。东晋时，从元帝历明帝、成帝、康帝至穆帝，几代人都没有得到“传国玺”，被北方人嘲笑为“司马氏白版天子”。到了后唐（公元936年），唐废帝李从珂亡国自焚，“传国玺”真的失踪了。

“传国玺”失踪了，但并不妨碍“传国玺”正统传授的概念日益深入人心，并不断升温。后来历代君王都还要搞“传国玺”的授受，而且愈演愈烈。当然，那些“传国玺”已不是秦始皇的遗物了，假“传国玺”的制作成为时尚。历史上第一个制假“传国玺”的始作俑者是唐太宗。他即位时，由于还没得到真的秦玺，便仓促地叫人刻了一颗“皇帝景命，有德者昌”的玉玺。唐太宗虽然造假，但还是比较直率，承认不是秦玺。以后的造假者则少有这种自信与坦诚，他们更喜欢直接依仿造

秦玺，并附以“宝玺再出”的演出。北宋哲宗元符元年（1098 年）有人上报，说咸阳县有个老百姓耕地时发现了一颗古印。皇帝得信，派人前去审查，而后蔡京等十四个官员慎重地做了报告，联名发布特大喜讯：经专家考证，这是秦始皇的那方“传国玺”。“天之所畀”，应该郑重对待。宋哲宗以天降祥瑞，自然喜出望外，不但祭告太庙，还于绍圣五年（1098 年）五月一日，举行隆重的“受玺大典”，并从六月开始改年号为“元符”。认为宝玺出世，是天降神符。从此以后，“献宝进玺”风气大开。宋、元、明时期，时有发生。直到天启四年（1624 年）明熹宗还在皇极殿搞过“受玺之典”。

这种闹剧直到清代还在上演。乾隆三年（1738 年）河道总督高斌曾奏进一颗“传国玺”，说是挖浚宝应河河道时得到的，该玺“古泽可爱，文与《辍耕录》载蔡仲平本颇合”。不但如此，后来乾隆核定宫中宝玺时，惊奇地发现宫中居然也有一颗“受命于天，既寿永昌”的“传国玺”。该玺《大清会典》虽然没有记载，却堂而皇之地与其他众宝玺放在一起，而且还居殿内正中间显要的位置。显然这是一颗伪秦“传国玺”。从内容上看，虽然像古代所传的秦玺，但篆字规制粗糙平俗，不是虫鸟篆体。但该印玉材莹洁，尺寸不小，也算难得。乾隆还算比较理智，不但没有搞些闹剧，而且还撰文就其真伪做了考证，并发了一通对“传国玺”的宏论。“君人者，在德不在宝，宝虽重，一器耳。明等威，徵信守，与车旗章服何异？德之不足，则山河之险，土宇之富，拱手而授之他人，未有徒恃此区区尺璧，足以自固者。诚能勤修令德，系属人心，则言传号涣，万里奔走，珍非和璧，制不龙螭，篆不斯籀，孰敢不敬信承奉，尊为神明！故宝器非宝，宝于有德”。

二、一则湮失了的清初“传国玺”公案

中国历史上“传国玺”授受习俗不仅限于汉族统治者，即使是少数民族统治者也很热衷此道。一千多年前，活跃于中国西北部的鲜卑族首领普回，在一次狩猎中意外地得到了三枚文为“皇帝玺”的玉玺，于是根据本部落的风俗，称天为宇，称国君为文，定其家族姓氏为“宇文”，后来竟然成功大业，建立北周王朝，称帝二十余年。这种借以得天赐传国玺，改年号，兴大业的喜剧，一千多年后在东北关外新兴满族中再次重现。

尽管清代的乾隆皇帝在重新厘定皇帝宝玺之初，亲自撰文对自古以来围绕“传国玺”出现的种种闹剧表现了不屑与轻蔑，并现身说法地将地方进献的宝玺原藏宫中的“传国玺”清出了正殿，并引出一种种冠冕堂皇的宏论。但这一切却不足以抹杀清代史上的一段史实：清入关前，确曾搞过一个传国玺出世的喜剧。

从唐太宗自制“传国玺”以来，有关“传国玺”的定义已开始产生混乱，“传国玺”的概念已不只局限于秦始皇的“传国玺”，实际上唐、宋以来一些皇帝已纷纷开始制造自己的“传国玺”。更有甚者，为了政治的需要，也不再拘泥于秦皇唐宗的传国玺宝，只要是前朝先代皇帝用过的玺宝，都可以称为“传国玺宝”，都可以作为自己称帝登极受命于天的祥符瑞证。清太宗天聪九年（1635 年），皇太极也搞过一场别有用心的“受宝大典”，所受之宝，据说是一方元代的“制诰之宝”。

这方传国玺宝从一现世，就疑窦重重。许多迹象显示，这无疑是一出人为痕迹很重、为配合某种政治目的而导演的喜剧。清入关前，只是山海关外的一个少数民族军事化的联盟。经过太祖努尔哈赤及太宗皇太极两代人的不断努力，版图不断扩大，势力逐渐强盛起来。军事政治的强大，雄心也就膨胀。而当时关内的明朝已内外交困，气数濒尽。到了天聪九年时，雄心勃勃的皇太极开始产生了入关取代明朝的欲望。入关的准备当然不能仅是军事上的，政治与舆论上更要先行。要取代一个政权，哪怕是一个完全没有理由再存在的政权，也必须有一些冠冕堂皇的借口。首先你得证明你得到了天意的许可，例行的符瑞之说就排上了专场。满清统治者自然也想到了这一点，而且设计得也很合理。满清政权是一个后起的少数民族政权，一直在关外，当然不能复制一个“受命于天，既寿永昌”的传国玺，非但如此，就是一方汉族皇帝用过的玺宝如果突然在关外出现，也会惹人不齿。于是，清统治者想到了元朝当年元顺帝曾被明朝大军赶进大漠一事，如果当年有方皇帝用过的宝流传下来，而满清人又从蒙古人那里得到了，这个故事听起来就合理多了。实际上，满清统治者正是这么构思出“传国玺”宝出世童话的。

虽然为了掩盖，后代统治者对此事做了许多文过饰非的遮掩与篡改，但从文献与档案中的零星记载中还是能够看出大概的轮廓。史料记载：清太宗天聪九年（1635 年），征剿察哈尔的贝勒多尔衮自称获得了这方元代的国玺。有关它的来历更像是个童话，据说这方“制诰之宝”是元顺帝被

明朝赶进沙漠时所携带的宫中之物之一，后来不知下落。二百多年后，有人在山中放羊，发现羊三天不吃草，总是用蹄刨地，牧羊人好奇在原地挖掘，得到了这块传国玺。后来，这方玺宝落入了元人后裔归化城土默特部博硕克图汗手中，而后察哈尔林丹汗得到。这块玺为玉质，交龙纽，其文为汉篆"制诰之宝"四字。由于原物不存，无法更多地考察，但历史记载，元代皇帝宝玺中用南宋的"八宝"之制，典籍上并不见有"制诰之宝"名目。而历史上"制诰之宝"的出现是在明代，细心的人如果将此宝现存的印模与明朝的"制诰之宝"相比较，会发现不少有趣的相同之处。

不管怎么说，清太宗皇太极对此天降符命事件十分重视，中国第一历史档案馆藏《清初内国史院满文档案》对此记述颇详：

天聪九年（1635 年）"八月初六日，秘书院甲喇章京鲍承先奏言：汗圣德如天，仁政旁达，天赐玉玺，乃非常之吉兆也。汗当急敕工部制造宝函。进献之日，汗率诸臣郊迎，由南门入宫，以应天眷。又以得玺之由，书于敕谕，缄用此宝，颁行满、汉、蒙古，咸知天命之攸归也"。关于迎宝受宝仪式，场面也很是宏大："初六日卯刻，汗出营迎出师诸贝勒，时出师诸贝勒率归降察哈尔汗之子额尔克孔果尔及诸臣从汗右侧驰马来见，汗率众少进前。御营南冈所筑御位上设黄案，案上燃香，吹螺掌号，吹喇叭、唢呐。上率众拜天，行三跪九叩礼毕，汗还黄幄升座。出师诸贝勒设案，袭以红毡，以所得玉玺置于上，命正黄旗骑兵固山额真纳穆尔、镶白旗固山额真吏部承政图尔格依举案各一端，诸贝勒率众遥跪献汗毕，汗设案于黄幄前，案上陈香烛，汗受玉玺，亲捧之，率众拜天，行三跪九叩头礼毕，汗复位，传谕两侧众人曰：此玉玺乃历代帝王所用之宝。于是，出师诸贝勒率诸臣遥跪，和硕墨尔根戴青贝勒进前跪拜，行抱见礼，次大贝勒，其礼如汗。"

皇太极行受宝庆典的举动，目的很明确。这从当时一些大臣的上奏中可以清晰地看出。当时没有得以前往参加受宝仪式的都元帅孔有德在奏中说："窃观自古受命之君，必有受命之符。昔文王时，有凤凰飞至，盘旋其殿上。今汗得此宝玺，二兆雷同。"另一位总兵官耿仲明在奏中言："夫玉玺者，乃天子用以治国、统御天下之宝，汗合天心、爱百姓，故天赐宝玺，可见天心之默佑矣。"而当时统治集团中的其他官员也在上奏中纷纷说："汗顺天意合人心，获兴师镇国之宝，祯祥已见，历数将归。"通过这次活动，皇太极心理上得到了加强。次年，他依照汉族王朝模式建号改

制，建国号为大清，年号崇德，并正式采用“皇帝”称号。在他发布的许多文书上都用此宝。

如此一方重要的“传国玺”宝，入关前大量地使用，入关后突然停止了使用，所见的档案中都是满汉合璧文字的“制诰之宝”。到了清代中期，乾隆皇帝钦定二十五宝时，所谓祖先传的四宝当中，也不见有这方“制诰之宝”。

那么，这方当年风光一时的“制诰之宝”哪里去了呢？据记载，乾隆十一年时除了钦定的四方传国宝玺留京外，其他清初宝玺都被送往盛京凤凰楼收藏。但是盛京“十宝”中并不见有这方元代“传国玺”的名目。更叫人惊奇的是：不久，乾隆忽然从盛京“十宝”中撤去了“丹符出验四方”之宝，换上了一方“制诰之宝”，但这方青玉的“制诰之宝”后来被证实只是那方元代“传国玺”的仿制品。乾隆此举也许是迫于某种压力，因为普遍认为“制诰之宝”是前代重宝，起码也应位列“盛京十宝”之一。但乾隆使了个障眼法，搞了个赝品欺瞒舆论。他这样做的目的，只能解释为那方所谓的元代传国“制诰之宝”当年就是个骗局，而乾隆当然不想被后人来揭穿。

那方“制诰之宝”就这样瞬间蒸发不见了，成为清朝玺印史上的一个谜！

三、清代官方确认的“传国玺”

清统治者在对待“传国玺”问题上，很长一段时间里处于一种犹豫甚至尴尬的境地。清初曾很热闹并风光一度的元代传国玺宝，以及入关后与众玺同处并被置于殿正中位置的伪秦传国玺的现象，都印证了这么一个事实：至少从顺治到乾隆初年近一百年的时间内，统治者在“传国玺”的问题上一直处于一种无所适从、听之任之的状况。实际上清朝统治者并非没有心理暗影，犹豫与压力来自两方面：一方面所谓的元国玺与伪秦传国玺破绽多多，不足以为一国的镇宝；另一方面，满清作为异族统治，虽然在宝玺制度上偷梁换柱地沿用了明制，但由于明代对于传国宝玺的概念本来就不明确，满清统治者一时也无章可循。而太祖太宗所遗之宝玺制度混乱，孰可定为传国宝玺，孰不能定为传国宝玺，也要有个甄别厘定的工程。这项工作，直到鼎盛时期的乾隆皇帝才着手进行，而此时距满清第一

方元代传国玺的出现已是百年之后了。

乾隆十三年，高宗钦定交泰殿二十五宝，并明确地认定其中四方传国宝玺，分别为：大清受命之宝、皇帝奉天之宝、大清嗣天子之宝、皇帝之宝。关于这四方宝玺的来历，文献档案中没有确切的记载，而乾隆在《交泰殿宝谱序（后）》中也有些语焉不详，只是确定清写篆书的青玉“皇帝之宝”传自太宗文皇帝时代，而另外三宝便是笼统地说“均为先代相承者”。恰恰正是这后面三方宝玺，入关前太祖、太宗时期的档案文献中并不见有记载。从印宝款文来看，显然是与明代二十四宝中的类似三宝相同，或者可以推测当为满清入关后，顺治初年仿明帝宝玺而制。乾隆帝故意统而称“先代相承”，实际上是在时间上要了个混淆视听的小滑头。先说“大清受命之宝”。此宝白玉，盘龙纽，方形，汉文篆书，满文本字，面14厘米见方，通高12厘米。从唐太宗时开始，历代皇帝都喜欢铸刻自己的传国玺宝，而这种传国玺宝通常以受命之宝的形式出现。“大清受命之宝”的功能，《交泰殿宝谱序》上确定的是“以章皇序”。沿袭先代旧例，皇位的承传仪式上应该传授此宝，但清代实际登极禅让仪式中授受的都是“皇帝之宝”，这方“大清受命之宝”虽然贵为二十五宝之首，却从未一用，成为一个摆设。再说“皇帝奉天之宝”。此宝为碧玉质，盘龙纽方形，汉文篆书，满文本字，面14厘米见方，通高15.2厘米。其功能是“以章奉若”。《大清会典》上说这方“皇帝奉天之宝”是流传下来的国玺，用在重要的大祭祀和宫中在万寿节祭告上天的表词中。这种说法是无稽的，就现存的档案文献记录来看，从清太宗时开始，即使是重大祭文也只用“天子之宝”，大祭中的祝版（写在板上的文字）连印玺也不用。由此看来，这方“皇帝奉天之宝”也是另一个摆设。实际上，清太宗时期确曾有过一方“奉天之宝”，作为当时著名的“四宝”之一。《清初内国史院满文档案译编》载：“崇德八年癸未冬十一月十二日壬寅，大清国大臣遣塔瞻等，净身惶悚，谨于圣灵前代奏：今逢冬至，乃阳气恢复之日，谨照惯例，备陈牺牲谨祭，钤‘奉天之宝’。”但从记载及规制来看，显然不是这方“皇帝奉天之宝”。

青玉“皇帝之宝”

而另外一方“大清嗣天子宝”，金质，交龙纽方形，汉文篆书，满文本字，面 7.9 厘米见方，通高 7.6 厘米。这是二十五宝中唯一的一方金属御宝，铸造工艺精良，龙纽造形生动。《宝谱》规定它的作用是“以章绳继”，依然只是个摆设。清太宗遗留下来的“皇帝之宝”，青玉质，交龙纽方形，满文篆书，面 12.5 厘米见方，通高 9.5 厘米。这方玺宝可能是皇太极的“四宝”之一。从文献档案记载来看，当时一些重要的诰敕文书的确用“皇帝之宝”钤印。它的功能被定为“以布诏敕”，但也仅见于太宗朝。

“皇帝之宝”印文（满文）

四、乾隆帝重新厘定二十五宝

清代国玺的成熟期在乾隆朝。这一时期天下承平，文化兴盛。乾隆帝本人是个风雅的帝王，而且比较喜欢出风头、讲排场。在他统治期间，尤其在舆服典制方面下了一番功夫。对于国玺典制的重新制定，乾隆很看重，明确表示：“夫天子宸章，择言镌玺，以示自警，正也。”《高宗御制文三集卷八〈嘉靖玉印记〉》载：“盖天子所重，以治宇宙，申经纶，莫重于国宝。”他对国之宝制度有着自己的理解，并很快付诸实施。乾隆继位之初，由于前朝百年积淀，国宝制度已有了些混乱。据《大清会典》所载，各种国宝已多达二十九方，分贮于宫内与内库，“历年即久，记载失真，且有重复者”。而实际的情况比这还要混乱，当时交泰殿所贮御宝已达三十九方之多，数目与贮存地点都与《大清会典》记载不符。每一方御宝在使用方面也出现混淆，不仅出现了没有印文的玉石混杂其中的情况，而且一方来路不明的伪秦传国玺竟然被放在了显要的位置。虽然《大清会典》有明确规定，但在实际使用中往往出现内阁诸臣根据自己的经验与好恶提议使用国宝御玺的情况，以致造成皇帝在发布诏令文书用印过程中不必要的混乱。有鉴于这种情况，乾隆皇帝于十一年（1746 年）考察了宫中所藏御宝的情况，考察的结果比想像的还要严重，不但数目、地点与《大清会典》记载不符，而且摆放次序混乱。于是，乾隆帝下决心对宫中诸宝玺进行一次清厘与重组。

乾隆十一年对宫中宝玺的清厘思路十分清晰：首先，在整理考订的基础上，确定了宝玺的数量，“今交泰殿所贮，历年既久，纪载失真，且有重复者。爰加考证排次，定为二十有五，以符天数”。同时，对二十五宝的名称、尺寸、纽式、用途做了考证与确认。这二十五宝分别为：

“大清受命之宝”，白玉质，盘龙纽方形玺，汉文篆书满文本字。“以章皇序”之用。

“皇帝奉天之宝”，碧玉质，盘龙纽方形玺，汉文篆书满文本字。“以章奉若”之用。

“大清嗣天子宝”，金质，交龙纽方形玺，汉文篆书满文本字。“以章继绳”之用。

“皇帝之宝”，青玉质，交龙纽方形玺，满文篆书。“以布诏赦”之用。

“皇帝之宝”，檀木质，盘龙纽方形玺，汉文篆书满文本字。“以肃法驾”之用。

“天子之宝”，白玉质，交龙纽方形玺，汉文篆书满文本字。“祭祀百神”之用。

“皇帝尊亲之宝”，白玉质，盘龙纽方形玺，汉文篆书满文本字。“以荐徽号”之用。

“皇帝亲亲之宝”，白玉质，交龙纽方形玺，汉文篆书满文本字。“以展宗盟”之用。

“皇帝行宝”，碧玉质，蹲龙纽方形玺，汉文篆书满文本字。“以颁赐赉”之用。

“皇帝信宝”，白玉质，交龙纽方形玺，汉文篆书满文本字。“以征戎伍”之用。

“天子行宝”，碧玉质，蹲龙纽方形玺，汉文篆书满文本字。“以册外蛮”之用。

“天子信宝”，青玉质，交龙纽方形玺，汉文篆书满文本字。“以命殊方”之用。

“敬天勤民之宝”，白玉质，交龙纽方形玺，汉文篆书满文本字。“以饬觐吏”之用。

“制诰之宝”，青玉质，交龙纽方形玺，汉文篆书满文本字。

“以谕臣僚”之用。

“敕命之宝”，碧玉质，交龙纽方形玺，汉文篆书满文本字。“以钤诰敕”之用。

“垂训之宝”，碧玉质，交龙纽方形玺，汉文篆书满文本字。“以扬国宪”之用。

“命德之宝”，碧玉质，交龙纽方形玺，汉文篆书满文本字。“以奖忠良”之用。

“钦文之宝”，墨玉质，交龙纽方形玺，汉文篆书满文本字。“以重文教”之用。

“表章经史之宝”，碧玉质，交龙纽方形玺，汉文篆书满文本字。“以崇古训”之用。

“巡狩天下之宝”，青玉质，交龙纽方形玺，汉文篆书满文本字。“以从省方”之用。

“讨罪安民之宝”，青玉质，交龙纽方形玺，汉文篆书满文本字。“以张征伐”之用。

“制驭六师之宝”，墨玉质，交龙纽方形玺，汉文篆书满文本字。“以整戎行”之用。

“敕正万邦之宝”，青玉质，交龙纽方形玺，汉文篆书满文本字。“以诰外国”之用。

“敕正万民之宝”，青玉质，盘龙纽方形玺，汉文篆书满文本字。“以诰四方”之用。

“广运之宝”，墨玉质，交龙纽方形玺，汉文篆书满文本字。“以谨封识”之用。

以上二十五宝的功能，实际上代表了皇帝最高行政职权的方方面面，严肃了皇帝宝玺的威严与使用形式。乾隆帝将国宝定为二十五是有深意的。一般认为乾隆帝选择二十五之数，是用《周易》“大衍天数，二十有五”一典，古人以天为阳、地为阴，单数为阳、双数为阴。《周易》将一、三、五、七、九相加，得天数二十有五。用《周易》天数二十有五来确定宝数，是希望自己的王朝能绵延无限、子孙永保。而嘉庆元年，也就是乾隆禅位当上太上皇之时，他又在御制的《匣衍记》中透露了一个当年的故事，说当年“定宝数之时，密用姬周故事，默祷上

苍，祈我国家若得仰蒙慈佑历二十五代之长”。所谓“姬周故事”，是指周平王迁都洛阳开东周二十五代王业。东周是中国历史上时间最长的朝代，在乾隆的心目中，当年顺治帝入关，就相当于平国东迁。看来乾隆比当年的秦始皇要理智得多，并不敢奢想千秋万代传下去，他的底限是希望上天保佑大清帝国能够像东周那样，起码传二十五代。他没想到这个想法也是不可能实现的。

乾隆皇帝有关二十五宝的构设，影响了以后的制宝思路。除了交泰殿设二十五宝匣外，乾清宫东庑端凝殿放的历代皇帝用过的朝珠宝匣、景山寿皇殿存放历代皇帝所用私玺的宝匣等，也都用“二十五”这个数字，做二十五层，每代一层。

存放二十五宝玺的交泰殿

二十五宝确定后，余下十四颗御宝，其中伪秦传国玺等四方属于无稽者“于义未当”被作为古玩贮于别殿，还有十方御宝是属于宝文重复或国初所有过的（包括那方元“传国玺”）。乾隆的意见是“虽不同于见用之宝，而未可与古玩并列”，“因念盛京为国家发祥地，祖宗神爽，实所式凭。朕既重缮列祖实录，尊藏凤凰楼上，觐扬光烈，传示无疆。想当开天之始，凝受帝命，宝符焕发，六服承式，瑶玙孚尹，手泽存焉。记不云乎，陈其宗器，弘璧琬琰，陈之西序，崇世守也。爰奉此十宝，赍送盛京，镝而藏之”。据乾隆朝《大清会典》载盛京十宝规制如下：

“大清受命之宝”，碧玉质，蹲龙纽方形玺，方四寸八分，厚一寸九分，纽高二寸四分。

“皇帝之宝”，青玉质，交龙纽方形玺，方四寸八分，厚一寸九分，纽高二寸七分。满文本字，汉文篆字。

“皇帝之宝”，碧玉质，盘龙纽方形玺，方五寸，厚一寸八分，纽高三寸。满文本字，汉文篆字。

“皇帝之宝”，楠檀香木质，素龙纽方形玺，方三寸八分，厚六分，纽高五分。满文篆书。

“奉天之宝”，金质，交龙纽方形玺，方三寸七分，厚九分，纽高二寸。满文篆字。

“天子之宝”，金质，交龙纽方形玺，方三寸七分，厚九分，纽高四寸。

“奉天法祖亲贤爱民”，碧玉质，交龙纽方形玺，方四寸九分，厚一寸五分，纽高二寸，满文本字，汉文篆书。

“丹符出验四方”，青玉质，交龙纽方形玺，方四寸七分，厚二寸，纽高二寸。

“敕命之宝”，青玉质，交龙纽方形玺，方三寸七分，厚一寸八分，纽高二寸五分。满文本字，汉文篆字。

“广运之宝”，金质，交龙纽方形玺，方二寸四分，厚八分，纽高一寸五分。汉文篆书。

五、乾隆十三年御宝改镌满篆工程

乾隆对大清国宝的厘定是个系统工程。乾隆十一年（1746 年）的二十五宝确立，只是工程的前一步。乾隆十三年（1748 年），乾隆又着手天下印信关防的满文改篆工程，而国宝自然是首当其冲。

满文篆书是以满文本字为基础，依照汉文篆书，对满文的字头、字尾以及点、圈、牙、泡等进行多种变写之后，将每个音节主线巧妙地联缀而成的。它既保持留了满文字体的修长特点，又兼收了汉字的棱角特征，使之成为布局合理、层次分明、形体美观、有规可循的一种美术字。满文篆书具有一定的实用价值，而且其形体上的别具一格更有很大的观赏性，是我国文字艺术宝库中不可多得的瑰宝之一。

满文是满族本族语言文字。满族人是金朝女真人的旁支后裔，满语是南部通古斯语（Tungus），也是阿尔泰语的一支。明万历二十七年（1599年），额尔德尼和噶盖奉清太祖努尔哈赤之命，以蒙古文字为基础，创制满族文字。清太宗天聪六年（1632 年）达海做了改进，增加圈点，改变

了某些字母形体，增加了几个新字母，以区别原来不能区别的语音，同时还增加了一些借词语音的书写形式。这种经过改进的满文称做“有圈点满文”，而原来的叫做“老满文”或“无圈点满文”。根据清代文献档案记载分析，满文篆字的创制应是天聪六年（1632年）达海改进“有圈点满文”以后不久的事。满篆字体可见于太宗时期的青玉“皇帝之宝”。实际上在太宗后期，六部等衙的官印很可能都是满篆。从现在中国第一历史档案馆太宗崇德四年（1639年）和崇德七年（1642年）户部及都察院的档案原件来看，上面所钤的“户部之印”及“都察院之印”都是满篆（“有圈点满文”篆书）。满清入关后，官防印信多采用满文本字与汉文篆字合璧的形式，满篆入印的现象很少见了。

乾隆十二年（1747年）再一次对满文加以系统规划整理，并在此基础上于乾隆十三年（1748年）在乾隆帝亲自主持下开始了新满篆书的编写。这年九月，协办大学士傅恒等上奏：“窃惟字学为文章之祖，篆书复真草之原，指事象形，无体不备。我朝文明光启，肇建国书，得天地之元声，兼图畴之奥旨。我皇上神姿天，圣学渊深，制作古今之成典谟，驾虞夏而上，特命臣等将国书仿各体篆法翻写成字。臣等祗奉明纶，钦遵办理。伏查篆文肇于颉籀，沿及斯邈，有五体、六体、八体、十体五十六种十二家之目，或铭钟鼎，或著简编，世远年湮，已多散佚。今考金石所垂，尚有三十余体可供仿。惟是繙写宜有成书，而典籍浩繁博综匪易，臣等伏读御制盛京赋，囊括群言，包罗万汇，义蕴既富，字数复多，应请即以盛京赋清汉正文缮写云汉之华，用增芝穗之重，并请特简大臣经理其事，遴选满汉儒臣给之笔札，敬谨缮录进呈，仰候睿裁，庶足垂艺苑之鸿文，作墨林之宝。为此谨奏请旨，伏候训谕遵行。”傅恒等原意是附会风雅，将御制《盛京赋》写成满文篆字，以讨乾隆的欢心，不想这一主意激发了乾隆的灵感，他立即想到了宝玺印章上来，并且很快兴起了一个重大的工程。同年月十二日，内阁奉上谕：“我朝国书音韵合乎元声，体制本乎？圣作，分合繁简，悉协自然。惟篆体虽旧有之，而未详备。宝玺印章尚用本字。朕稽古之暇，指授臣工肇为各体篆文，儒臣广搜载籍，据授古法，成三十二类，且请以朕制盛京赋缮成清汉篆文，既广国书，并传古篆，足以昭示未许。著允请，即以傅恒、汪由敦充总裁官，阿克敦、蒋溥充副总裁官，慎简校对缮写人员，速竣厥事，钦此。”同月十八日，乾隆再下旨，明确“国朝宝玺朕依次排定其数二十有五，印文兼清汉，汉文皆

用篆体，清文亦有即用本字者，今国书经朕指授篆法，宜用之于国宝。内清玉皇帝之宝本系清字篆文，乃太宗时所贻，自是以上四宝均先代所承传，为世守者，不宜轻易。其檀香皇帝之宝以下二十一宝则朝仪纶所常用者，宜从新定清字篆体，一律改镌，该衙门知道之，钦此。”这次印信关防满文改篆不仅限于国宝御玺，而是自上而下，所有的官印都进行了满篆改镌。内阁拿出的方案是：“宝印改刻清篆，臣等业遵篆法，拟文呈览，已蒙训定。查亲王金宝、郡王金印，惟在各府尊奉，向无钤用之处，交该衙门，行令诸王，各将宝印送礼部，照式改刻。朝鲜国王金印，应袭封时，另换铸给。内外斌衙门印信，请先改铸内部、院、领侍卫内人臣、八旗都统；外督、抚、藩、臬、将军、都统、提、镇、余依次改铸。”

这次由国宝改满篆引起的大规模官防印章的改镌满篆工程，前后历时达三年之久，在乾隆的主持过问下，一切工作都由中央负责，除帝后御宝的改镌由内务府与内阁参与负责外，一切天下印信关防的改铸、改镌均由礼部统一负责管理。为此，礼部铸印局不得不临时加雇匠役，按照内阁拟篆的印模加紧赶制，所有铸印所需银铜煤炭及加雇匠役的工价等则由户部与工部支取。至乾隆十七年（1752 年）整个工程才告完成。据官方统计，仅各衙门印信关防改铸改镌就达上万颗。

乾隆十三年所指授制成的满文篆书共三十二类，其名分别为：大篆、小篆、尚方大篆、玉箸篆、柳叶篆、雕虫篆、穗书、蝌蚪书、龙爪篆、坟书、麟书、龟书、龙书、剪刀篆、芝英篆、缨络篆、垂露篆、奇字篆、殳篆、鸟书、转宿篆、金错篆、悬针篆、鹄头篆、钟鼎篆、垂云篆、鸟迹篆、刻符篆、飞白书、倒薤篆、落碧篆、弯凤篆等。诸种字体均源于汉篆诸体，而实际上用于印章的方面的满文篆体只有九种：

皇帝后妃玺宝用“玉箸篆”；

和硕亲王、亲王、世子、多罗郡王等宝印用“芝英篆”；

公、侯、伯及武职一、二品官印用“柳叶篆”；

衍圣公、宗人府、六部、三院衙门及文职一、二品官印用“尚方大篆”；

文职内三品、外部政使司、按察使司、提督学政官印用“尚方小篆”；

文职内四品、外五品官印用“钟鼎篆”；

文职五品以下官印用“垂露篆”；
武职三、四品官印用“殳篆”；
武职四、五品以下官印用“悬针篆”。

自乾隆帝钦定国宝及各级官印满汉篆文规定后，以后历帝字印恪守其制，再也没有改变。

六、清代宝玺中的“乘舆之宝”与“国符之宝”

中国历史上帝王宝玺向有“舆乘之宝”与“符宝”之说。实际上早在秦始皇创立宝玺制度之初，就客观存在着两套玺制：一套是六玺，又称“乘舆六玺”，分别为“皇帝行玺”、“皇帝之玺”、“皇帝信玺”、“天子行玺”、“天子之玺”、“天子信玺”，其制皆在方寸之间，螭虎纽。另外还有一玉制的“受命于天，既寿永昌”玺，后世相传为“传国玺”。所谓“乘舆之玺”，顾名思义就是皇帝日常公务所用的征信之玺，自秦以后，汉晋及南北朝时期“六玺”制度一直沿用。《汉宫旧仪》记载六玺用法：“皇帝行玺”，凡封命诸侯王及官员用之；“皇帝之玺”，凡赐诸侯王书用之；“皇帝信玺”，凡发兵用之；“天子行玺”，用于征召大臣；“天子之玺”，策拜外国事务；“天子信玺”，事天地鬼神。由于六玺是皇帝日常公务时刻不离身的玺印，随天子车驾而行，故又称“乘舆六玺”。而“传国玺”及以后历代的“神玺”、“受命宝”等类，都只起天命神授符录作用，一般“宝而不用”。至多遇重大朝会仪典时，拿出来作为信符展示一下。如后周时期的皇帝除“乘舆六玺”外，还有“符玺”两种：一为“传国玺”，一为“神玺”。皆“宝而不用”，皇帝负扆则置“神玺”于筵前之右，置“传国玺”于筵前之左。

唐宋以后，“乘舆宝玺”的阵容不断扩大，在传统的皇帝天子六宝的基础上，出现了“御前之宝”、“书诏之宝”等名目；而“国符宝玺”更加百花齐放，各种“受命宝”、“镇国宝”、“护国宝”、“奉国宝”等等不一而足。由于“国符宝玺”的制作不受限制，有时在数量上甚至超过了“乘舆宝玺”。然而，到了明代，风气为之一变，随着皇权高度集中及细化，“乘舆宝玺”的数量大大增加，反之“国符宝玺”则呈下降趋势。二十四宝中近三分之二属于皇帝公务所用的“乘舆之宝”。

清朝宝制一承明制。清入关前，太祖、太宗诸印宝都属于实用性质的“乘舆之宝”。清入关后，开始依照明宝玺制度制造宝玺，名分上依然没有界定。直到乾隆十一年厘定二十五宝，才规定了太宗及前朝传下的“皇帝之宝”等四宝为传国宝，尊藏于盛京的“十宝”因“藏而不用”而归入“符宝”。那么，交泰殿另外二十一宝应属于“乘舆之宝”了，但实际的情形却有许多出入。从文献与档案记录来看，即使是这二十一宝中，也只有少数能真正派上用场。最常用的为“皇帝之宝”、“制诰之宝”及“敕命之宝”。据《大清会典》记载，康熙、雍正两朝乃至乾隆初年，皇帝御宝达二十九方之多，而真正放在宫中的（也即常在身边便于随时使用的）只有六方，其中“皇帝奉天之宝”（即传国玺）、“大清受命之宝”与“天子之宝”都属于“符宝”，另外三方“皇帝之宝”、“制诰之宝”、“敕命之宝”才是“乘舆之宝”。而此六宝外的二十三方御宝，虽然其中许多都属于“乘舆之宝”，却被收藏于内库，可见并不常用。

实际上，在清代能够真正算得上符合（“凡大朝会，则捧宝以进于御座；车驾行幸，则奉宝以从黄钺之内。”）所谓“乘舆宝玺”定义的，大约只有檀木的“皇帝之宝”了。因为《大清会典》规定：皇帝出行，只有该宝才能随驾，而其他各宝，永远没有出宫的机会。

七、清代宝玺的制作

国宝的制作是十分郑重严肃的事情，从秦汉起就有专门的机构负责其事。《后汉书·百官志》记载说，兰台令史的职责是“掌奏及印工文书”。我们知道汉代的兰台令史具有很高的文化素养，规定只有能通《仓颉篇》、《史籀篇》的人才能担任此职。《仓颉篇》相传为秦相李斯所做，约有三千余小篆，编成四字一句，每两句一韵，便于诵读；《史籀篇》相传为周宣王太史籀所编的字书，字体为大篆，约有数千字，也编成四字一句，每两句一韵，以便诵读。可见充任兰台令史的先决条件就是能识读、书写数千字的大小篆。由此可推：兰台令史掌印工，首先是书写官印文字，设计印面，然后交给制印工匠刻制印模制作。这种由中央秘书机构负责官印制作事宜的传统一直延续到清代。

清代参与负责国宝制作的机构有内阁、内务府、礼部、工部等机构，其中重要者为内阁与内务府。具体分工为：内阁负责印模的设计与篆写，

内务府负责具体的刻划制。国宝印模设计工作由内阁具体安排。下面一份乾隆十四年五月十六日内阁大学士傅恒等有关改镌国宝的奏折将当时的工作程序说得比较清楚：

"总裁官大学士忠勇公傅等谨奏，准造办处移交皇帝尊亲之宝、皇帝行宝旧式，臣等谨率同编修汤大绅遵照旧式篆写汉文，繙书房篆文人员遵照皇上钦定玉箸篆法篆写清文，恭呈睿览，伏候圣训，以便转交造办外敬谨镌刻。为此谨奏。"

在此，我们已经理顺了清代国宝制作的程序：首先由内务府造办处将以前宝玺的式样交到内阁，由内阁指定翰林院编修篆书汉篆部分，然后移送内阁繙书房，由懂得满文的专门人员参照新颁的满篆规格将宝玺满篆部分填上，最后由内阁奏呈皇上审查，如果皇帝认可了，便可交内务府造办处照模镌刻。

从现存中国第一历史档案馆的内阁"宝模档"记载来看，这种由翰林或内阁中书拟篆的宝模，通常有两种形式：一种是正书的效果图，一种是反书的工作图。为了方便挑选，一般一模多份，并有"正份"、"备份"的标注。重要的是宝模上通常要标记满、汉篆设计书写人的职务与名字。正书的宝模工作图一般在纸上（白纸或黄纸）上用墨笔篆书；而正文的效果图则多为黄纸甚至黄帛上用蓝墨画框，朱砂描篆。上呈皇上御览的宝模，一般要工作图与效果图同时进呈。

乾隆以前国宝的铸镌，理应由工部执行。但乾隆十三年五月，乾隆帝为改镌国宝一事专门下谕："工部匠役粗糙，司员亦不谙造作，嗣后如有制办重大事件，请旨会同造办处办。"从此，宝玺制作实际上归内务府造办处负责，工部虽然"与其事"，不过是例行公事，打打下手，提供工料罢了。

内务府造办处具体负责宝玺镌刻的部门为如意馆。承办过程为：皇帝审定好了内阁呈上的宝模后，便交钦天监选择开刻吉日，至吉日，如意馆开始正式镌刻划。工程完结后，宝玺交上，而宝模返回内阁典籍厅存档。

刻制玉玺宝当然是个十分艰难的工艺。一般是采用解玉砂磋磨。据马国权《汉印概说》云："它是以质比玉坚的解玉砂（玉的硬度一般为 6 度，解玉砂的硬度在 6.5—7 度），通过轮轴带动的磋磨工具的徐徐摩擦，把字划精细地磋琢出来，这一传统工艺的制作，从上古时代直到近代，方法基本上变化不大。"另有说是以比玉硬度更大的石头来刻划，所谓"他山之

石，可以攻玉”。此外，还相传有“昆吾刀”，可以切玉如脂云。又有所谓的“用药冶刀”、“以药软玉”等说。至于清宫内务府镌刻玉玺用何种工艺，由于确凿的档案文献记载厥如，在此也就不好妄断了。

八、清朝国宝的保管

清代宝玺的保管实行双轨制。清初御宝保管由内院职掌，顺治十一年（1653 年）设立尚宝监，专责国宝的典藏。顺治十二年（1655 年）又设尚宝司，每遇用宝，内院会同两司监官员验用。顺治十三年（1656 年）尚宝司裁，顺治十八年（1661 年）又裁尚宝监，专令内监承收。乾隆以后，“掌以内阁，承收以宫殿监正”成为定制。

清朝皇帝的宝玺是国之重器。雍正以前，皇帝宝玺存放地点主要是宫中及内库。康熙、雍正《会典》载当时二十九方宝玺，有六方在宫中、二十三方存于内库。到了乾隆十一年定二十五宝后，将所有的皇帝宝玺集中保存，地点在交泰殿。交泰殿在明代是皇后的寝宫之一，清代皇帝把它改为行礼殿。由于它位于三大殿与坤宁宫之间，属于阴阳交汇处，故称“交泰殿”。乾隆将二十五宝列于殿中左右宝座上，并设八品首领太监二名，侍监六名，专司其事。主要负责宝玺的安全保管。嘉庆二年（1797 年）十月，乾清宫失火，殃及交泰殿、弘德殿、昭仁殿，其中许多陈设，包括交泰殿中的铜壶滴漏及自鸣钟等皆焚于火海，只有二十五宝全部被抢出，转移至安全的地方。对于抢救宝玺有功的人员，嘉庆给与奖励，“首领（太监）五名，每名小卷五丝缎一件，太监二十一名，每名银二两”。

为崇其典制，清代宝玺的装具十分讲究。承载宝玺的箱架规定十分明确。康熙朝《大清会典》载：“皇帝盛宝大箱，高一尺三寸，方一尺二寸，木质朱漆，彩画红黄金云龙，黄绫糊里。盛宝小箱，高九寸，方八寸五分，金质，香草花纹。箱架高二尺一寸，方一尺八寸，楠木为之，雕刻龙文，朱漆，贴金饰，用金饰件装订。印池高三寸四分，方六寸四分，纯素金质，其袱、褥、袋、塾等件用黄绮为之。”

现在交泰殿中的宝箱架等物是乾隆时期的遗制，与康、雍时期相比更加隆重。箱架底座木制，外罩织金龙纹锦套。箱架为四足三弯腿，两腿间花牙雕二龙戏珠，四周有栏杆，接头与柱头包饰为镀金铜质。箱架上为大宝箱，四十三厘米见方，高四十六厘米，木质朱漆，上盖正中嵌铜镀金并

嵌宝珠。其一面为彩绘正龙，其余三面皆彩绘双龙戏珠。接缝处用镀金铜片覆盖，铆钉钉合。饰件皆浅刻云龙，正面上部刻填金“乾隆年制”四字，配铜镀金锁一把，黄绫表里。大宝箱内套小宝箱，小宝箱为木质金漆，素面，边缝做法与大宝箱同。二十七厘米见方，高三十二点五厘米，黄绫表里。小宝箱内的印池，各据宝玺的大小而制，小者约十二厘米见方，通高十二点五厘米；大者十七厘米见方，通高十七厘米。印池皆银制加盖，盖上部为镀金交龙纽，四周凸雕云龙、火珠、海水江崖等图案并填金，背景为青色。大印池下有黄布塾、宝褥各一，御宝即放在宝褥内。各个箱架都用云龙织锦包袱包裹。所谓“袭以重录，承以髹几”。

“开宝”与“封宝”是清代宝玺管理制度中重要的一个组成部分。每到年底，冬至到来年正月十五前后是法定的公休日，按例天下各个衙门都要“封印”不再办公，以示休息。劳累了一年的皇帝，为了表示与民同休，也要举行“封宝”仪式，将交泰殿二十五宝封缄。封宝之日，内阁大学士先期启奏定封存宝日期，届时内阁学士率典籍各官赴乾清门，通知宫殿监正，由内监将宝玺请出，在乾清宫西一正间设洗宝黄案，案上设坐宝黄案。洗宝并不是二十五方宝都洗，只是象征性地洗几方，一般是先洗“皇帝尊亲之宝”，次洗“制诰之宝”，然后洗“敕命之宝”。洗宝有专门的洗宝银盆。洗宝毕，交泰殿首领太监捧宝入交泰殿，贮入宝匣内。接下来在交泰殿举行由皇帝亲自参加的“封宝”仪式，殿内陈设香案，上摆苹果、秋梨、红梨等清供，皇帝亲临行三跪九叩礼。“开宝”仪与“封宝”仪大同小异，来年正月，钦天监预选开宝吉日，届期掌仪司行文，宫殿监接文具牌上奏。是日，宫殿监率交泰殿总领太监设供案于殿中，上陈苹果、秋梨、红梨及葡萄等清供及香烛，行三跪九叩礼。吉时至，则请出御宝供于宝案上，皇帝也在吉时前往，焚香行九叩礼，以祈来年诸事吉祥。

九、“授宝”与“导驾”

御用宝玺作为符命重器，是符命的象征，在各种仪典中扮演着重要的角色。即使是交泰殿二十五宝中前四方传国宝玺及盛京凤凰楼藏的“十宝”，虽然“藏而不用”，但摆设在那里就是个象征。在清代，虽然出宝制度较之前朝要严格许多，但在各种重大的仪典上，御宝还是具有不可替代

的作用。比如登基大典，都是要“恭奉‘皇帝之宝’至太和殿，奉安宝案正中，质明皇帝，诣几前行祗告受命礼”。乾隆六十一年，嘉庆皇帝继位，出现了太上皇给新皇帝“授宝”的场面，实在是旷世盛典。

据史书记载：乾隆六十年十一月，礼部就上奏请于六十一年在太和殿举行太上皇亲授宝玺，新皇帝受宝玺的典礼。乾隆六十一年元日，“銮仪卫陈卤簿于太和殿前，步辇于太和门外，五辂及驯象、仗马、黄盖、云盘均于午门外。乐部设中和韶乐于太和殿前檐下，丹陛大乐于太和门内，导引乐及龙亭、香亭均于午门外。銮仪卫于太和殿槛内正中设皇太子拜褥。内阁、礼部、鸿胪寺官于太和殿东楹设诏案，西楹设表案，又设黄案于丹陛正中。内阁学士奉传位诏安于东楹案上，礼部官陈传位贺表于西楹案上。内务府官于御座左右旁设几上，大学士、内阁学士诣乾清门请皇帝之宝，内阁学士恭捧，大学士从，恭设左旁几上。大学士二人分左右立殿檐下，王以下文武百官朝服咸集。朝鲜、安南、暹罗、廓尔喀等各国使臣集于班末。钦天监官于乾清门外报是时。礼部堂官先诣毓庆宫，请启皇太子朝服祗 。是时，后护内大臣二员率侍卫二十员于乾清门外，礼部堂官二员于门阶下，前引大臣十员于太和殿后阶下，咸左右序立。礼部堂官奏请皇上礼服乘舆出宫，皇太子随行。礼部堂官前引后护，内大臣从，至中和殿后降舆。皇上御中和殿升座，皇太子在殿内西向立。鸿胪寺官引执事大臣官员。按班不赞，行九叩礼。侍班官先趋出，就外朝班位立。中和韶乐作，奏‘元平之章’。皇上御太和殿升座，皇太子在殿内西向立。乐止，銮仪卫官进至中阶右，赞‘鸣鞭’，阶下鸣鞭三。鸣赞官赞‘排班’，丹陛大乐作，奏‘庆平之章’，礼部堂官引导皇太子诣正中拜位后立，鸿胪寺官排班，引王公立丹陛上，文武百官暨外藩各国使臣在丹下立。鸣赞官赞‘进、跪’，皇太子率王公以下皆跪。赞‘宣庆贺传位表’，宣表官由西檐入殿右门，从西楹案上捧至殿檐下正中跪，大学士二人左右跪，展表，乐止。宣讫，仍奉原案上。退，赞‘兴’，皇太子仍就立左旁，西向。大学士二人恭导皇太子近御座前，跪左旁，大学士请宝，跪奉，皇上亲授皇太子，皇太子跪受，右旁大学士跪接，奉设御座右几上。大学士引导皇上仍诣拜位，乐作，赞‘跪、叩、兴’，皇上率王以下行九叩礼。赞‘退’，乐止，礼部堂官奏礼成，赞‘鸣鞭’如前，中和韶乐作，奏‘和平之章’，太止皇启座，乘舆还宫……”

此外，清代还继承了前朝以宝“导驾”的典制。按例，皇帝出宫，

有“出宝肃驾”之制，也就是说要随带一方御宝，这就是那方规定为“以肃法驾”的檀香木的“皇帝之宝”。清制：凡皇帝行围或驻跸圆明园，都要带檀香木的“皇帝之宝”。通常在日前，内阁典籍厅先行知会交泰殿内监。届时，典籍厅典籍与学士前往乾清门通知内监。内监按时将宝请出，在乾清门西一间弓箱上开宝匣请宝，当场由内阁学士验明，然后放入匣中锁好，典籍官就将宝匣捧出景运门，到内阁诰勅房，内阁学士再次打开宝匣请出宝玺，当场与护宝的侍读学士共同验明，再放入之玉匣锁好，由供事用黄布将宝匣包上，并用九条黄布带周匝捆牢，由满中书背着上马。护宝中书身着彩服，乘马在华盖前行，如果出行队伍不设骑驾卤簿，则着常服在豹尾班后随行。到了圆明园，内阁学士将宝玺交与内监保管。回宫时，内阁学士向内监请宝，仍然由护宝、背宝官护关回宫，到了诰勅房交与学士，共同验明锁好。再由供事捧匣，学士、典籍各官同行送进后左门，典籍捧宝匣至乾清门西一间弓箱上，通知内监前来开箱验宝。内监验明，再交与内监首领检查验明，然后锁好，由内监捧匣入交泰殿安放。

清代“皇帝之宝”随驾制度，实际上是古代“乘舆之宝”的遗制。清代皇帝几乎每年都要出宫，因此“宝玺随驾出宫”成了内阁的一项例行公事。清代末有一位曾在内阁做过中书的汪厚石曾有诗专记其事：

宝箱例引赴乾清，
肃驾年年典据征。
接送预行交泰殿，
奉盈一念警宵兴。

十、清末各国宝的回归

自乾隆十三年御定交泰殿二十五宝、并定盛京十宝典制后，历代皇帝都恪守祖制，并不敢有所更改。到了清朝末年、光绪新政以后，又曾刻檀香木“大清国宝”、“大清皇帝之宝”、“大清帝国之玺”、“大清帝国皇帝之宝”等宝玺，但都没有用过，且也没有放入交泰殿。民国初年清点交泰殿国宝时，实际上交泰殿里已存有二十七宝，除了乾隆遗下的二十五宝，另外还有宣统皇帝的“宣统之宝”及隆裕太后的“皇后宣读之宝”，但后两

方显然是临时放入的。

1911 年辛亥革命，推翻了清朝封建统治，清废帝溥仪虽然下台，但仍然盘踞紫禁城中，直到 1924 年，筹建故宫博物院的呼声越来越高，迫于各方面的压力，溥仪才不得不迁出紫禁城。当时的情况比较混乱，宫中除了溥仪等外，还有太监四百七十多人、宫女百余人。为此，当国民政府代表警卫司令鹿钟麟等与清室内务府大臣绍英等谈判时，明确提出的条件之一就是“交出宫殿印玺”。溥仪无奈，同意了商定的条件，并当时就将两方国宝“皇帝之宝”与“宣统之宝”交给了国民政府。为了清点故宫古物，遂由国民政府与清室内务府大臣绍英等共同成立了“清室古物保管委员会”。当时国民政府对清朝宝玺的接收十分重视，在与清室代表耆龄谈判时，明确指出：“印玺据国务院调查实有二十五颗，今已交出者仅两颗，今日欲再接收其余。”耆龄见无可掩盖，只得说：“司令等之意某已敬悉，交玺及遗散宫人此事当然可办，印玺今均在交泰殿，颗数虽不之知，然觅得若干颗即可交若干颗。”于是国民政府拟定了“清室善后会议”，讨论清点故宫文物，当时所议定的五条工作步骤，第一条就是“点收印玺”。

吴景洲氏的《故宫五年记》记载了当时清点清朝国宝的情景：1924 年 11 月 9 日，警卫司令鹿钟麟、警察总监张璧前往醇王府会见溥仪，达成协议后，即赶赴故宫，在神武门内一小会议室参加了“清室善后委员会”委员长李煜瀛及委员易培基、清室代表载润等人召开的会议，会议明确了“点取印玺”等工作重点。会议后，一行即前往交泰殿点验印玺。当时众人准备启封验玺，但没有找到宝匣的钥匙，清室方面负责人说，前不久交出的两方宝玺，也没有找到钥匙，是“毁锁取出”的，并建议“今亦可毁锁取出”。但当毁了一只宝匣的锁后，比较有文物意识的“清室善后委员会”委员长李煜瀛认为“毁锁既可惜，且搬出殿外亦困难，兼之搬出之后未必能个个复置于原位，将来在陈列古物上，如必须将此等箱柜照今日之位置陈列，则尤有不能复其原位之势，殊不如不毁锁亦不搬移之为愈”。在场诸人都表示同意，于是没有再毁锁，而是照单点验其箱柜。共点得箱柜二十七，其中贮玺柜二十五、贮玺箱两只。除了不久前溥仪上交的两主宝玺外，尚有：皇帝奉天之宝、大清受命之宝、大清嗣天子之宝、天子信宝、皇帝信宝、皇帝亲亲之宝、皇帝尊亲之宝、皇帝行宝、天子行宝、敬天勤民之宝、敕命之宝、命德之宝、制诰之宝、表章经史之宝、敕正万邦之宝、敕正万民之宝、广运之宝、钦文之宝、垂训之宝、制驭六师之宝、巡狩天下之宝、皇后宣读之宝，共二十四颗。此外还有“皇后宣读册”、“皇后金册”两件。点验毕，该鹿钟麟命令将殿门封闭，并电话给国务院庶务科，请立即派人会同营长李某将交泰殿门窗加封。先前由鹿钟麟接收的“皇帝之宝”与“宣统之宝”一起送到国务院，由代理国务院总理黄郛、陆军总长李书城等在后乐堂点收，交由第一科保管，后来又送回了故宫交泰殿收藏。直到后来故宫博物院正式成立，交泰殿中的众宝才重见天日。

另外，乾隆时期藏于盛京凤凰楼的十宝于光绪初年曾移至敬典阁保存。光绪二十六年（1900 年）俄国出兵东北，盛京告急，“十宝”连同其藏品又被移至热河避暑山庄收藏。1914 年“十宝”被从热河送到了北平，陈列在武英、文华殿的古物陈列所（后归入故宫博物院）。但其中已有部分丢失，据说被前清遗老金梁所得，曾在天津公开展览过。

第四章

清代皇帝居住的寝宫

明、清两代有二十四位皇帝在紫禁城内居住，寝宫有乾清宫、乾清宫的西暖阁、养心殿后殿、毓庆宫的继德堂等处。

第一节　乾清宫西暖阁

明永乐朱棣营建北京宫室，参证金元、燕元遗制，创建紫禁城，追绍礼经，制度严谨，宫阙朝廷，秩然有序。外朝的太和、中和、保和三殿，及迤北的内廷乾清、交泰、坤宁宫同在中轴线上。明代皇帝以乾清宫为寝宫、皇后以坤宁宫为寝宫。乾清宫作为“天子之常居”，它对应的是天上紫微垣中“天皇大帝”的星座。乾清宫到乾清门之间的甬道代表着天空紫微垣前方的“阁道”，雄伟阔大，巍巍壮观。“乾清”意为天下清平、大地安宁。乾清宫是紫禁城内后三宫——乾清宫、交泰殿、坤宁宫的第一座宫殿。后三宫殿名均出自《周易》：“乾，天也，故称乎父。坤，地也，故称乎母；”“乾为天，为圜，为君，为父……坤为地，为母。”“交泰”即“天地交泰”，有兴旺发达的意思。紫禁城用此命名有双关涵义，喻皇帝、皇后家庭幸福、国家清平宁和。

清代皇室从东北入关，住进了紫禁城。顺治、康熙两帝沿袭明代旧制居住乾清宫。但顺治帝经常在养心殿居住，最后死于养心殿。康熙皇帝长

住乾清宫的西暖阁。

乾清宫殿广九楹（面阔近三十米），深五楹，约十四米有余，建筑面积一千四百余平方米。重檐庑殿顶，上覆黄琉璃瓦。自台面至正脊通高二十余米。檐角卧九兽，上层檐单翘双昂七踩斗拱，下层檐单翘单昂五踩斗拱，饰金龙合玺彩画。明间、东西次间前后檐辟门，各有四扇三交六碗菱花的格扇门，富丽堂皇。殿前露台上设有铜龟、鹤各二，晷影、嘉量各一，宝鼎四尊。中为南道，与乾清门相属。左右丹陛南出阶者二，东西出阶者各一。据记载，乾清宫的丹陛是明代取西山汉白玉石为之，每间一块，长三丈，阔一丈二尺，厚二丈五尺，凿为十一纹，以万人拖拽运到该地，筑成坚固的万年不动之基。丹陛东、西两侧设有江山社稷和金殿。

乾清宫外景

乾清宫正间正中设御案、宝座、屏风等，高悬清朝顺治帝御笔亲书的墨地金字“正大光明”匾，表明皇帝执政光明磊落和正大无私。左右四柱四幅楹联：“表正万邦慎厥身修思永，弘敷五典无轻民事惟难；”“克宽克仁皇建其有极，惟精惟一道积于厥躬。”其含义为清代统治者希望清朝统治长久，及对后代子孙的道德标准和治国安邦的要求。乾清宫东暖阁匾为“抑斋”，西暖阁匾为“温室”。清朝顺治、康熙帝住乾清宫时，乾清宫东、西的两座暖殿（东为昭仁殿，西是弘德殿）是皇帝学习的地方。内设书阁床榻几案，皇帝学习疲倦时常在该处就寝休息。与乾清宫东、西两暖殿南墙相连的东、南、西三面庑房都是为皇帝日常生活服务的机构：东庑房从北往南排列，最北边的三间名“御茶房”，是为皇帝管理、进献茗饮、果品以及节令宴席等机构，康熙帝亲笔御书匾名。其次三间为端凝殿，是专门收贮皇帝的冠袍带履（衣物）的库房。再次三间是自鸣钟处，实为收贮藏香及西洋钟表，及专供康熙、雍正、乾隆三朝御用的砚墨。日精门南侧为御药房，是为皇帝保健而设立的机构，御医配药、煎药及坐更均在此处，以候各宫请脉。南一间名“敬事房”，是宫殿监办事处，

乾清宫内景

专门管理宫内一切事务，奉行御旨和承办内务府各衙门一切文书。再次间为“懋勤殿”，为文臣翰林的待值处，执掌收藏御用图书、文房四宝以及准备皇帝的颁赐文件等。这些为皇帝服务的机构环绕乾清宫周围，把乾清宫围成一个封闭、独立的庭院。

明代和清初的康熙皇帝以乾清宫的东西暖阁作为寝宫。暖阁内面阔三间、进深三间，共九间屋。每间屋又有上下两层楼，各有楼梯相通。每屋各设三张床位，或在上或在下，共有二十七个床位。明代的乾清宫只有皇帝和皇后可以在此居住，其余的妃嫔只是按次序进御，当夜即离开，除非皇帝允准，否则是不能久住的。皇帝可以随意决定睡在哪间屋、哪张床上。即使是熟悉暖阁情况的人，也不易弄清楚皇帝睡在哪里。

乾清宫西暖阁寝宫

康熙六十一年（1722 年）康熙帝去世后，皇四子胤禛继承皇位。但他没有继续居住其父的寝宫乾清宫西暖阁，而将寝宫移到了养心殿：“朕思乾清宫乃皇考（康熙帝）六十余年所御，联即居住，心实不忍。朕意欲居于月华门外养心殿。”此后，清朝历代皇帝都居住在养心殿。

第二节　养心殿后殿

清朝雍正帝迁居养心殿，皇后与其他嫔妃分住在东、西六宫。清代的坤宁宫只是名义上的内宫，正间和西暖阁是清代皇帝祭祀原始宗教萨满教的场所，东暖阁僻为清代皇帝大婚的洞房。按照清皇室规定，幼年即位的皇帝年满十五岁即为成婚的年龄。清代顺治、康熙、同治、光绪和逊帝溥仪五帝都是幼年即皇帝位，成年以后成婚的。皇帝大婚典礼后，新婚夫妇在坤宁宫东暖阁洞房行合卺礼后共同居住三天。之后，皇帝回到自己的寝宫养心殿，皇后则选东西六宫中的一处作为宫殿。

养心殿一区外景

养心殿与乾清宫相比，开间、进深相对严谨。这是否是雍正帝移皇帝寝兴之所出乾清宫而居养心殿的原因，有待于探讨。但雍正以后的诸皇帝没有迁出这里，安全之说似有些道理。尤其是乾隆皇帝本来打算退位后住到宁寿宫，颐养天年。但他退位仍训政，直到 89 岁寿终正寝在养心殿。

养心殿的建筑布局和结构，与其他宫殿大不相同，前殿与后殿一座“工”字形廊道连结。前殿歇山黄琉璃瓦顶面阔七间，正间占据三间与西暖阁前檐接出高大的抱厦，而东暖阁窗前则宽敞开阔。前殿东西各建配殿五间，为养心殿一区的佛堂。前殿正中偏后设一低平方台，台上设宝座，宝座前设御案，宝座后置屏风、宫扇，上面高悬雍正皇帝御笔亲书的“中正仁和”匾。天花正中是浑金的蟠龙藻井。皇帝批章奏本、召对臣工、接见外国使臣，都在这里进行。东暖阁有康熙、雍正圣训，西暖阁设坐榻，后墙上悬“勤政亲贤”匾额亦为雍正亲书。西暖阁外安装

木板屏，环境较隐蔽，雍正常与军机大臣及亲信商议军机大事。养心殿东暖阁原为皇帝政务之余休息的场所，均有仙楼、床塌、书格等设置。清代晚期的同治、光绪两朝时，养心殿东暖阁彻底改变了原来的样子，在殿中安置了前后两个宝座，中间垂一黄纱帘，成为两宫太后垂帘听政的地方。这是因为，封建礼教不允许女人在政务场合抛头露面，只好用帘子遮挡一下。

养心殿东暖阁

养心殿西暖阁

养心殿正殿

养心殿前殿是皇帝日常办公的场所，经过廊道直达后殿寝宫。

养心殿寝宫龙床

养心殿后殿面阔五间，正间沿北墙设一铺坐炕，炕上铺织锦缎坐褥、迎手、靠背垫。东次间设有宝座，紫檀长条案；西次间设有紫檀云龙大立柜和坐炕。东西梢间北面均为炕床，即所谓“龙床”，此外还有前檐坐炕、桌案等。

五间房内有两张寝床：一张在东梢间，通体镶嵌玻璃水银镜的炕罩；一张在西梢间，炕罩为碧纱隔扇。皇帝的寝床宽200厘米、长350厘米，是典型的东北大炕。两床上都铺着大红毡、明黄毯、丝绸幔帐、绣花被褥，这是唯有皇帝才能享用的特殊制品。都是选用南京、苏州、杭州三织造上等的丝织材料制作，由清宫内务府亲自派人去督办的。寝床冬用绣花的丝绸夹帐、夏用纱罗帐。帐内挂有装香料的荷包和香囊，既散发香味净化空气，又是华丽的装饰品。寝床上被、褥、枕头、炕单都是锦缎丝绣，色彩艳丽。皇帝寝宫内冬暖夏凉，冬天铺毡毯、炭盆和“地龙”取暖。地龙在室内地面的表层砖下，人工搭成弯曲错落的烟道，连接室外屋檐下烧柴的大坑。坑内烧火，热气通过烟道遍及地面，可以驱寒。到了夏季，

养心殿寝宫龙床

院子里搭芦席凉棚，既遮阳又通风，十分宜人。东梢间的床帐上挂着各色香囊、荷包，内装香料。在两床西侧，都设有净房；净盆是用银制造的，并配有柔软的坐垫。皇帝方便之后，随即叫太监倒掉洗净。一个寝宫为什么要备两张龙床铺位呢？一种说法是，皇帝是为了提防明朝嘉靖帝“壬寅宫变”再次发生，采取掩人耳目的做法，在入寝时，两张床的幔帐同时放下。这样，近侍太监谁也说不清皇帝究竟睡在哪张床上。另一种说法是，东边的床是皇后来时睡用的，西边的床是备妃子来住时用的。

皇帝用缎绣金龙被

究竟哪种说法正确，文字资料没有确切的记载。但是，从养心殿寝宫的东、西两侧设后妃居住的围房来分析，皇帝住养心殿，后妃分住东西十二宫，晚上就寝时，皇帝不在后、妃宫内过夜。皇帝若需要后、妃陪侍，敬事房太监总管会在皇帝晚膳时侍候“翻牌”（一种竹制的签牌，一寸宽、一尺长。上段染绿色，下段满涂白粉，书写后、妃的姓名）而定。签牌上有字的一面朝下摆放，任皇帝随意翻正。被翻正的后妃，当天晚上召幸。这些后妃当天晚上不再回自己的宫室，也不能整夜与皇帝共寝，只能临时住在养心殿后殿的东西围房和周围群房恭候皇帝的召唤。养心殿皇帝寝宫与东西围房相接，形成院中有院的中心格局，既体现众后妃围绕皇帝呈众星捧月，又便于皇帝“朝”与“寝”的需要。咸丰时，慈安曾住养心殿东侧的体顺堂，慈禧住西侧的燕喜堂，妃、嫔、贵人住体顺堂、燕喜堂的东西围房，侍从没有专门住所，都随皇后、皇贵妃住。她们由寝宫前工字廊的东、西侧门出入，来往于皇帝寝宫十分方便。但是，尽管如此设置，她们的出入仍受到太监的层层限制。封建皇帝胆小惜命，安全之说似乎有些道理。

第三节 毓庆宫继德堂

由故宫三大殿的最后一座保和殿后台阶下来，出乾清门广场的右门——景运门，向北望去，在奉先殿和东六宫中间夹着一座面南坐北的建筑，就是毓庆宫。毓庆宫原为明代神雷殿旧址，康熙年间为实施公开建储而改建为皇太子（接替皇位的继承人）居住的宫殿。历代王朝皇位的继承者都是采用公开建储的方式，即预先公开册立太子，以备承嗣（皇帝去世后）皇位。继承皇位的太子必须是皇长子，如皇帝无子，可兄终弟继。从殷周至明清，历朝基本都是沿袭这一制度。康熙十四年（1675 年）册立年仅两岁的允礽为皇太子。

康熙十八年（1679 年），康熙帝认为皇太子年届六岁，应开蒙读书，以还没有一个正式的太子宫为由，将神雷殿改建为允礽居住的太子宫，始称"毓庆宫"。但是清康熙有三十五个儿子，矛盾大，弊病多，曾经两次废立太子，康熙为公开建储伤透脑筋。

俯瞰毓庆宫

雍正即位后，吸取以前建储的教训，创立了秘密建储制，即事先秘密写两份继承人的名字，一份带在自己身边；一份藏在建储匣内，放在乾清宫"正大光明"匾的后面。皇帝死后由大臣亲从"正大光明"匾背后取下建储匣，当众开启建储匣宣布皇帝御书所指定的人名继承皇位。秘密建储代替公开建储的变化，毓庆宫这座皇太子宫殿也就失去了初建时的功能，由原来皇太子专用住所，改变为一般

嘉庆即位后居住的地方——毓庆宫

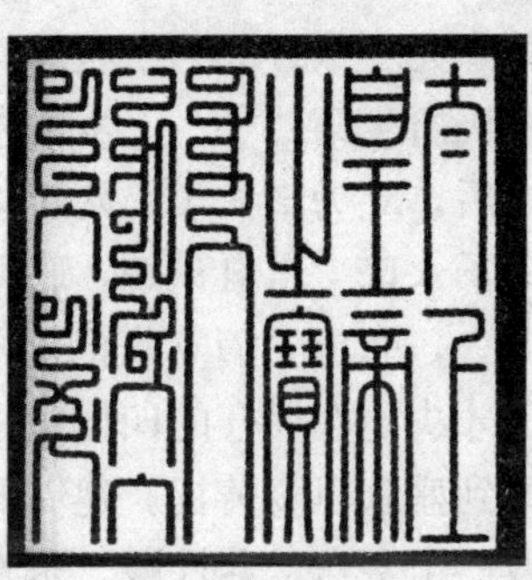

乾隆退位仍掌权，“太上皇帝之宝”钤在“皇帝之宝”上部

皇子的公共住所。乾隆当皇子时住过毓庆宫，嘉庆当皇子时也住过毓庆宫。但是，到乾隆六十年（1795 年）二月，毓庆宫再次大修大建。据《内务府奏销档》载：“毓庆宫殿前添盖大殿一座——惇本殿，计五间。惇本殿并配殿露顶，祥旭门俱往前挪盖，添盖围房六间，拆去值房十一间，改盖值房六间，后照殿前添盖东西游廊六间，照殿东山添盖抱厦一间。”如此大规模的添建，是乾隆皇帝为其子嘉亲王颙琰（皇太子）而精心安排的。乾隆六十一年（1796 年）元旦，乾隆帝在太和殿举行了禅让授玺大典，即让位于自己的儿子，让颙琰为皇帝，自己为太上皇，乾隆帝亲授颙琰以宝玺，形式非常隆重。但是嘉庆帝虽为皇帝，却没能住进历代皇帝居住的寝宫养心殿。原因何在呢？弘历对自己的功业和享国之久非常志得意满。他说：“自汉以来，帝王登古稀者惟汉武帝、梁武帝、唐明皇、宋高宗、元世祖、明太祖。六帝之中，惟梁武帝、宋高宗、元世祖年登八十。而三帝之中，惟元世祖可称贤主，然亦未能如余之五代一堂。”他自夸“得国之正，扩土之广，臣服之普，民庶之安”无与伦比。但是，皇位继承问题是他萦绕脑际的一桩心事——谁来接替他继承帝位。

嘉庆的寝宫——味馀书室

早在弘历即位之初，他曾多次焚香告天：“若蒙昊苍垂佑，得在位六十年，即当传位嗣子，不敢上同圣祖康熙纪元六十一年之数。”

乾隆元年（1736 年）七月，他遵照雍正帝密建储位之法，将孝贤皇后富察氏所生第二子、七岁的永琏的名字书于密匣，藏在乾清宫正大光明匾额之后，立为皇太子。两年以后，永琏猝疾去世。他又默定孝贤皇后所生皇七子永琮"出自正嫡，聪颖殊常"，日后继承大统。不幸永琮两岁时出症死去，弘历立嫡立长的愿望都没有实现。直到乾隆三十八年（1773 年），他才决定在仅存的四位皇子中选定皇十五子颙琰为嗣子，同时祭告苍天，又到盛京祖陵祷祝。建储的大事就这样决定，随即在紫禁城东北修建皇极殿、宁寿宫、养性殿、乐寿堂、颐和轩等一组建筑，准备自己年老退位后居住。

乾隆六十年（1795 年）九月，85 岁的乾隆帝在勤政殿正式下诏谕，册立皇十五子嘉亲王颙琰为皇太子。第二年（1796 年）正月初一日举行了隆重的传位大典。这一天，弘历率领颙琰和王公大臣先后到堂子、奉先殿、寿皇殿行礼毕，在太和殿升宝座，亲手将传国玉玺授予嗣皇帝颙琰，颁发了传位诏书，改元嘉庆年号，宣示中外。

但是，弘历退为太上皇帝后，并没有颐养南宫，优游无为，他仍居住在养心殿，批阅奏章也一如既往。他自称："归政后，凡遇军国大事及用人行政诸大端，岂能置之不问，仍当敕几体健，躬亲指教，嗣皇帝朝夕敬聆训谕，可以知所禀承，不致错误。"

乾隆退位没有退出皇帝的寝宫，他以自己居住养心殿已六十年，安全吉祥，且便于召见群臣为由，不愿迁出。嗣皇帝颙琰仍蜗居毓庆宫，继续以弘历赐名的"继德堂"为寝宫。

毓庆宫三进院落，第一进院的东西耳房分别是膳房，内设红、白案及炉灶。前殿惇本殿正殿是颙琰接受贺礼的场所，楣间南向悬乾隆御书"笃祜繁禧"匾，柱间楹联分别是："祖德敬而承，仰思堂构"，"天恩引以翼，远逮云礽"。殿内正中设木质低地平台，上铺明黄地花地毯。山字型的嵌宝石三扇屏风、嵌宝石宝座及脚塌摆在地平台上。宫扇、香几、冉端、香筒分别放在宝座两边。东、西暖阁设佛龛、佛像、供器，是作佛事的佛堂；其后是主殿毓庆宫，为寝宫、书房，嘉庆御笔"味馀书室"、"知不足斋"、"宛委别藏"等匾额分别挂在东里间。最后一进院的殿名为乾隆御赐嘉庆帝的堂号"继德堂"。院内三进院的东、西群房，为太监首领、侍监、侍卫、太监等人居住。

嘉庆皇帝居住毓庆宫期间，逢宫中节日都在此处举行典礼。如皇帝亲

祀祭神祖，嘉庆帝陪同太上皇祭祀后，还在毓庆宫立竿祀神；腊月年末祭祀灶王，亦于宫中行祀祭灶诸礼。遇嘉庆皇帝寿辰日，预期传知各衙门行庆贺礼，御惇本殿受贺。王、贝勒、贝子、公、文武大臣及文职京堂、翰詹科道以上、武职三品以上，俱蟒袍补服，齐集前星门、鸿胪寺排班，王、贝勒、贝子、八分公等于惇本殿丹墀上序立，不入八分公及一品文武大臣等在丹墀下序立，二三品堂在祥旭门外序立，翰詹科道及武职三品等俱在前星门外出恭候。

嘉庆四年（1799 年）正月初三日辰刻，乾隆在养心殿无疾而终，嘉庆帝才正式迁住清朝历代皇帝的寝宫养心殿。嘉庆帝迁出后，对于毓庆宫的使用如何定位颇费踌躇。毓庆宫几度为皇太子宫邸，如再让皇子居住，很可能引起别人的误解和猜测。但在立储问题上，他仍坚持雍正以来的秘密建储制度。于是，他仿照其父乾隆把自己当宝亲王时的殿宇乾西二所（重华宫）升为“潜龙邸”之列，将毓庆宫作为皇帝“几暇临幸”之处，留给自己使用。毓庆宫彻底失去了太子宫的地位，成了紫禁城中第二所“潜龙邸”。

第四节 御园内的皇帝寝宫

清代皇帝的园居生活源于满族白山黑水之间的传统习惯。他们在入主中原后，很不适应北京皇宫的盛夏暑热，加之他们原本以骑马征战起家，崇尚骑射，因而刻意追求“宁神受福”的园居生活。在康乾盛世百余年间，先后于京郊乃至塞北营造了十余座大中型皇家苑囿。尤其北京西北近郊海淀一带，连绵数十里，形成以圆明园为中心的、皇家园林荟萃的壮观局面。清代早、中期的皇帝在宫中居住的时间，一般是每年的冬季，如元旦、冬至等都在冬季。春、夏、秋三季的大部分时间住圆明园、避暑山庄等御园中。园居时，逢祭祀、典礼等活动皇帝一行回宫暂住，事毕仍回御园。其余还有大部分时间是游览、狩猎、巡行，则住于沿途各地的行宫或行幄。

一、南苑行宫

顺治元年（1644 年）清王朝迁都北京，六岁的小皇帝福临由摄政王多尔衮辅弼朝政。因满族长居东北高山之中，生活习性喜清凉、开阔，初到北京的福临住进紫禁城后，每天面对巍峨宫殿、红墙黄瓦，觉得壅塞难忍。尤其到了北京城内的夏月，更是“溽暑难堪”。当时的摄政王多尔衮曾有另建“边城避暑”宫殿的建议。但因刚刚入关，统治集团的主要精力用于战争方面，无暇顾及园囿的建造。

顺治帝亲政后，对明代的南苑等地进行了一些修整，用作行宫。南苑亦称南海子，位于永定门外二十余里外。金朝海陵王时，因此处水源丰富，野兽群生，在这里建立离宫，进行猎捕；元朝称为“下马飞放泊”。当时规定：为使草木畅茂，生物繁殖，供天子冬春纵放鹰鹤，猎擒百兽，距大都 80 里以内禁止捕猎。至顺元年（1330 年），元文宗调诸卫卒筑柳林海子堤堰及修桥道。明永乐迁都北京后增拓其地，帝王“岁时苇猎于此”。后来，清皇室对南苑旧有的内监衙署进行修缮，将南海子从原来的 120 里扩展为 160 里，并用砖砌起围墙，增开 5 座苑门，成为 9 座门，又在每座苑门附近兴建大小 9 座建筑。顺治十五年（1658 年）改建并增建了新衙门行宫和旧衙门行宫。行宫内有裕性轩、古秀亭、潜思书屋及陶春室等建筑。园内环境幽静、空气新鲜，每年皇帝行围、大阅、行幸过往，经常驻跸其间。据张恩荫先生撰写的《圆明大观话盛衰》一书载，顺治八年（1651 年）二月末，福临即首次到南苑游幸并驻跸两宿。同年盛夏他又到南苑长住，并于顺治九年、十三年和十五年的正月，因避京城天花流行，再次到南苑居住。就连西藏五世达赖喇嘛晋京朝觐，福临也是在南苑接见他并赐宴的。

福临不仅在南苑居住，还在那里训练侍卫护军、召见汉官二品以上及诸词臣，并多次召见臣工、迎送出征将士以及观校射、阅驰马，举行检阅八旗军容的大阅等典礼。帝王创造这种新的活动环境原因，很大成分是为了避开宫规对帝王活动的制约。历代帝王在建造宫殿式生活环境时，为了维护尊严，必须在宫殿建筑上处处渲染至高无上的权利，这就使得宫殿建筑趋于古板化，进入这种环境，即感到森严和恐惧。同时，宫廷内对皇帝的起居等方面均立有严格的宫规，以维护封建宗法制度及

封建礼仪规范。帝王长期在这种压抑的环境中，缺乏生活情趣，也不能无视这些维护封建礼仪的教条。因此，为了摆脱精神上的束缚，他们常以各种理由走出皇宫，把自己的生活移到一个随意、舒适、新鲜的环境中。据文献记载，顺治皇帝每年园居南苑"必累月"，首开清代帝王园居的先河。此后，清代的康熙、雍正、乾隆帝等大造园囿，驰名中外的三山五园（康熙时期的畅春园、雍正时的圆明园及乾隆时的香山静宜园、万寿山清漪园、玉泉山静明园）等十几座园林都是清代的杰作。他们将一切日常政务、生活起居移到园囿中处理，使园囿成为清代皇帝有别于紫禁城的又一个活动中心。

二、畅春园清溪书屋

康熙皇帝玄烨，八岁即皇位。康熙六年（1667 年）七月亲政，时年 14 岁。玄烨亲政后，随着政局逐渐稳定，便开始利用明代旧苑营建园囿行宫。康熙初年，先建了南苑行宫。以后每年驻跸南苑举行围猎，并多次在苑内晾鹰台大阅八旗军容。康熙二十五年（1686 年）前在南苑园居，一年少则十余天，多则几十天。其间还曾御殿"日讲"，由词臣轮流进讲儒学经典，举行御前议政王大臣会议和观赏元宵火戏。康熙十九年（1680 年）起，在京城西郊修建玉泉山静明园（初名澄心园）。尤其是康熙二十六年（1687 年）畅春园正式建成，康熙在此驻跸"避喧听政"，从而开创了西郊皇家园林的新天地，也使清代帝王长年园居理政形成定制。

畅春园是康熙在"李园"的旧址上建造规模宏大的第一座皇家园林，位于今海淀区以北、北京大学西门外以南的马路西侧。"李园"，是明神宗朱翊钧的生母李太后的父亲——李伟的私家花园。康熙二十三年（1684 年）和二十八年（1689 年）两次南巡后，把江南美景移至该园，作为自己常年驻跸之所。康熙二十九年（1690 年）全园建筑竣工，正式命名为"畅春园"。畅春园的规模宏大，不仅建有上朝理政的前朝区和休闲娱乐的河湖岛堤、花圃莲塘，还建有皇帝寝宫和后妃皇子住房。畅春园东门的清溪书屋就是康熙皇帝的寝宫。据记载，畅春园建成后的三十多年间，康熙帝累计驻跸 3870 天（见张恩荫《圆明大观话盛衰》）。康熙六十一年（1722 年）十月中旬，玄烨在南苑行围，偶遇风寒急回畅春园的清溪书屋

歇息。谁知一卧不起，气息奄奄。皇四子胤禛乘此机会，于寝宫演出一场“夺宫”闹剧。

三、圆明园九州清晏殿

雍正皇帝胤禛即位后，全盘继承了康熙皇帝在御园长年驻跸的旧制。但是，他没有继续居住畅春园的清溪书屋，而是将他当皇子时的“藩邸赐园”圆明园大规模地改造成皇家御园。

圆明园的建造与故宫一样，有皇帝处理政务的前朝，有配置得当的帝后寝宫。九州清晏一区是雍正、乾隆、嘉庆、道光、咸丰等皇帝的寝宫。在这里，各位皇帝充分享受园居生活的舒适、自由，灵活地按照自己的起居习惯在这一区域或拆改或添建。据《圆明大观话盛衰》载，九州清晏殿面南坐北五开间，相当于紫禁城的养心殿。前有宽阔的前檐廊，后接三间抱厦。殿内设有东西暖阁和仙楼，冬暖夏凉，是清代中期皇帝长年居住的寝宫，道光皇帝的“慎德堂”匾、咸丰皇帝的“同道堂”匾，都曾挂在殿内。雍正皇帝在结束 27 个月的守孝之后，就到这里居住。每年约三分之一的时间在这里传谕“应办之事照常办理”，直到雍正十三年（1735 年）八月二十三日病逝于圆明园寝宫。乾隆时，乾隆皇帝住九州清晏西路东半部的乐安和殿，在其西部的清晖阁读书观景。道光中叶，道光皇帝下旨改造乾隆寝宫并建慎德堂，成为他长年居住圆明园的寝宫；改造清晖阁为后妃居住处，皇四子咸丰皇帝就出生在这座殿里。咸丰即皇帝位后，妃嫔分住在九州清晏；其东路的“天地一家春”曾是慈禧为懿贵妃时的住所。

第五节　紫禁城内的皇后寝宫

明代宫廷制度，皇帝住乾清宫，皇后住坤宁宫，其他妃嫔分住内东六宫、内西六宫。故中路的乾清、坤宁两宫与交泰殿，在明清两代称“后宫”。清代的顺治时期及康熙四十二年之前，都是按照明代皇帝、皇后居住制度，皇后住坤宁宫。坤宁宫宫门向北开，宫内东、西有暖阁。清代将

西暖阁拆去，设置“卍”字大炕，按照关外祭祀习俗改为皇家佛堂及祀祖的地方，东暖阁仍保留，并安设喜床，作为皇帝大婚的“洞房”。坤宁宫两侧的东、西小院，各设北房三间，称“东、西暖殿”，是皇后临时居住的寝宫。

坤宁宫洞房东床

清代皇帝成婚称“大婚”。迎娶皇后的大婚凤舆进大清门后直入紫禁城，在乾清宫前降舆。皇帝、皇后行过拜天地礼后，双双步行在红地毯上，经交泰殿入坤宁宫东暖阁洞房，行合卺礼。按康熙大婚仪注所载，康熙大婚洞房在东暖阁，合卺宴在西间北炕前的地上。因满俗合卺宴是以矮桌席地坐炕炉前，食生羊肉及牛猪肉（俗曰乌乂）及金酒（黄酒）、银酒（白酒）、金膳（黄碗盛黄米饭）、银膳（黄碗盛白米饭）、肉丝等，即俗呼“拉拉儿饭、拉拉儿肉”。皇帝大婚的合卺宴，是仿古代人毡幕生活的用意。行合卺宴必须席地坐，坤宁宫东暖阁地狭不能设桌，便在其西间北炕下。但是，皇帝、皇后坐帐及吃长寿面，仍然在东暖阁内。

坤宁宫洞房喜床及百子帐

坤宁宫正殿和西暖阁，是清代皇帝祭神的场所。为什么将大婚洞房和祭祀神灵同在一殿呢？坤宁宫祭神，是满族信奉萨满教的传统。早在清顺治帝时就钦定了坤宁宫祀神制度。辟坤宁宫中间四间为祭祀场所，宫内北、南、西三面有环行大炕，西面供佛、菩萨及关圣帝为朝祭神位；北面供满族原始的萨满教穆里罕、蒙古神、七星之神和满族爱新觉罗氏的创世

坤宁宫正殿萨满教女神像

女神等为夕祭神位。萨满教是原始的多神教。相传满族祖先发源于布尔湖，一位名叫佛库伦的仙女，在沐浴时吞下神鹊送的红果而孕，生下的男儿，取名爱新觉罗·布库里雍顺。他便是满族的祖先，佛库伦因有养育之功而被尊称为女神。按照满族习俗，凡供神佛必择净地，以免亵渎神灵。但祭祀祖先，则不避讳新婚的皇帝娶妻立皇后、纳嫔妃，这是因为娶妻为嗣续，嗣续为承继祖宗之香火，有“子孙众多”、“祖灵照佑子孙多”之意。清廷以坤宁宫东暖阁为洞房，源于此种道理。

皇帝、皇后在坤宁宫东暖阁内度过三天洞房花烛夜后，皇帝仍然回到自己的寝宫养心殿居住，皇后则在东、西六宫中选择一处居住。如乾隆的孝贤皇后住西六宫的长春宫；雍正生母仁寿皇太后、光绪的瑾妃居住东六宫的永和宫；嘉庆的孝淑后及同治、光绪时的慈禧太后，居储秀宫；道光的全贵

西六宫之一——长春宫

妃、咸丰的孝贞后都住过东六宫的钟粹宫；孝全后（即全贵妃）居东六宫的承乾宫；雍正的皇后、嘉庆的皇后及光绪帝的珍妃都居住东六宫的景仁宫；其余如慈禧亦曾居翊坤宫、溥仪的淑妃居长春宫等，其例不胜枚举。尤其是咸丰十一年，慈安、慈禧两太后同居长春宫。与皇帝寝宫养心殿后寝殿仅一墙之隔的体顺堂，也做过皇后的寝宫，慈安就曾迁住在这里。

清代皇后住过的体顺堂，与皇帝居住的养心殿后寝殿仅一墙之隔

第五章

皇帝妻妾知多少

后妃是帝王妻妾的统称。自古以来，中国的帝王都实行一夫多妻制。周朝曾规定：“王者立后，三夫人、九嫔、二十七世妇、八十一女御，以备内职焉。”并且还明确她们的地位与职权：“后正位宫闱，同体天王。夫人坐论妇礼，九嫔掌教四德，世妇主丧、祭、宾客，女御序于王之燕寝。颁官分务，各有典司。”自此以后，历代封建帝王都沿袭周代的后妃制度，实行一夫多妻制。但后妃的多少、名号待遇、地位职权各有不同。到了明清时期，后妃制度更加周详。

第一节 明朝宫中后妃制度

明朝开国皇帝朱元璋鉴于历代的女祸，“立纲陈，首严内教”，对后宫的建制极为重视。朱元璋说：“治天下者，修身为本，正家为先。正家之道，始于谨夫妇后妃。虽母仪天下，然不可俾预政事。至于嫔嫱之属，不过备职事、侍巾栉。若宠之太过，则骄恣犯分，上下失序。历代宫闱，政由内出，鲜不为祸。惟明主能察于未然。下此多为所惑。卿等其纂《女诫》及古贤妃事可为法者，使后世子孙知所持守。”可见朱元璋是从稳固封建统治出发，严禁后宫干预朝政。洪武三年（1370 年）他下诏书说：“皇后之尊只治宫中嫔妇之事，宫门之外毫发事不预焉。”以后又命工部特制铁牌，

在铁牌上刻写戒谕后妃不许干政之词，悬挂宫中，永世遵守。这样，由于朱元璋在建国之初立法极严，虽偶有后妃持宠、欲图干政，但终未酿成大祸。“宫壶肃清”，“超轶汉、唐”。

明朝规定：皇帝的祖母称太皇太后，皇帝之母称皇太后，皇帝之妻称皇后。太皇太后，只有在其孙继皇帝位之后才有此尊号。明代最早尊为太皇太后是仁宗的张皇后。皇太后，一般按惯例尊封。皇后，在太子即皇帝位，或藩王入继大统之后，册立其妃为皇后。由于皇帝的好恶，废立皇后是常有的事。皇后为后宫之主，必贤慧仁慈，有“母仪天下”的作用。

明朝皇帝的妃子，分贤、淑、庄、敬、惠、顺、康、宁的位号。妃又分皇贵妃、贵妃、妃三等。妃之下有嫔，明初设有九嫔。明世宗时册封方氏、郑氏、王氏、闫氏、韦氏、沈氏、卢氏、杜氏为德嫔、庄嫔、丽嫔、惠嫔、安嫔、和嫔、僖嫔、康嫔。册封后妃，要举行册封礼仪，皇后授以册、宝。妃嫔授册无宝。

第二节 清朝宫中后妃制度

清代后妃制度基本上是沿袭明代的后妃制度，不过它带有浓重的满洲贵族特色。皇帝的祖母仍称太皇太后，皇帝的母亲称皇太后，皇帝的正妻称皇后。先朝的妃、嫔称太妃、太嫔。清代后宫的位号有皇后、皇贵妃、贵妃、妃、嫔、贵人、常在、答应八个等级，总称内廷主位。皇后只设一人，主治内廷。设皇贵妃 1 人、贵妃 2 人、妃 4 人、嫔 6 人。贵人、常在、答应没有定数。但实际上，因皇帝不同，除皇后只有一人外，其余的妃嫔并没有固定的数额。

康熙皇帝的妻妾最多，有后妃 79 人。光绪皇帝只有一后二妃 3 人。

后妃因其地位职权不同，宫分待遇也各不相同。皇太后每年宫分有金二十两、银两千两，宁绸、粧缎、倭缎、闪缎、金字缎、云缎、衣素缎、蓝素缎、帽缎、杨缎、宫绸、纱、纺丝、杭细、绵绸、各色布共一百六十四，金线二十绺，绒、棉线、棉花共五十六斤，二三号银钮共四百个，二三五等貂皮、熏貂、海龙皮共一百二十四张。

每日盘肉猪羊各一口，又猪肉十二斤，鸡鸭二，鸡子二十，粳米等米共六升五合，各种粉、面共十九斤，豆豉、脂麻共四合五勺，豆腐各品种共四斤八两，糖、蜜、杂果共四斤三两七钱，油、酱、醋共六斤十三两，生菜十五斤，茄、瓜共四十，大小分量白黄油蜡共二十九枝，更蜡一枝（夏例五两，冬例十两），红罗炭（夏例二十斤，冬例四十斤），黑炭（夏例四十斤，冬例八十斤）。

皇后每年银一千两，宁绸、粧缎、倭缎、闪缎、金字缎、云缎、衣素缎、蓝素缎、帽缎、杨缎、宫绸、纱、裹纱、绫、纺丝、杭绸、绵绸、各色布共一百五十匹，金线二十绺，绒、棉线、棉花共五十六斤，裹貂、乌拉貂皮共九十张。

每日盘肉猪肉十六斤、羊肉一盘，又猪肉九斤，猪油一斤，鸡鸭一，鸡子十，粳米等米共四升六合，各种粉、面共九斤八两，豆豉三合，豆腐各品种共三斤四两，糖、蜜、杂果共二斤一两一钱，油、酱、醋共二斤十四两，生菜十五斤，茄、瓜共四十，大小分量白黄油蜡共十九枝，更蜡一枝（夏例五两，冬例十四两），红罗炭（夏例十斤，冬例二十斤），黑炭（夏例五十斤，冬例六十斤）。

皇贵妃每年银八百两，贵妃银六百两，妃银三百两，嫔银二百两，贵人银一百两，常在银五十两，答应银三十两。其他日常用品的供应各有差别。

后妃由于地位的不同，在住房、房中陈设（铺宫）、服饰、役使太监、宫女的人数及年节寿辰恩赏的钱、物各有不同。清代太皇太后、皇太后住慈宁、寿康、宁寿诸宫，太妃、太嫔随住。皇后居中宫。皇贵妃、贵妃、妃、嫔分别住东、西六宫。东六宫是景仁、承乾、钟粹、延禧、永和、景阳。西六宫是永寿、翊坤、储秀、启祥、长春、咸福。贵人、常在、答应随住东、西六宫。

第三节　后妃是如何奉侍皇帝的

中国古代的帝王妻妾之多是世界史上很少见的。具有明文记载的如周王有皇后一人、“三夫人、九嫔、二十七世妇、八十一女御”。这就是说周

王有妻妾121人之多。秦朝之后，有皇帝拥有“三宫六院七十二妃”之说。到了明清时期，皇帝的妻妾虽然没有古代那么多，但为数也不算少。皇帝妻妾的多少，要看皇帝寿命长短和身体健康情况而定。总之，只要皇帝有精力和喜爱，他可以随便纳妃娶嫔。据不完全的记载，明朝开国皇帝朱元璋，年71岁。立皇后一人，马氏，郭子兴养女。贵妃一人，孙氏，马世熊养女。还有淑妃李氏、宁妃郭氏。另有吴光妃、达定妃、郭惠妃、胡顺妃、韩妃、余妃、杨妃、周妃、刘惠妃、葛丽妃等，共有妻妾14人。

明世宗朱厚熜，年60岁。先后立皇后3人，即陈氏、张氏、方氏。纳妃有杜氏、闫贵妃、王贵妃、卢靖妃、江肃妃、赵毅妃、陈雍妃、赵荣妃以及九嫔，共有妻妾20人。

清朝奠基者康熙皇帝，年69岁。立皇后4人、皇贵妃3人、贵妃1人、妃11人、嫔8人、贵人10人、常在9人、答应9人，共有妻妾55人。

清朝乾隆皇帝，年89岁。立皇后3人、皇贵妃5人、贵妃5人、妃7人、嫔6人、贵人3人，共有妻妾29人。

皇帝妻妾如此之多，皇帝是如何“召幸”后妃，后妃们又是如何奉侍皇帝的呢？这些事情都发生在宫廷禁区，世人不得知晓。禁区之中的帝后隐私，更是秘中之秘。所以历来稗说野史，讹传很多。据清宫档案记载，皇帝新婚之后，皇后要和皇帝在坤宁宫洞房旁的东暖殿同居三日。紫禁城内的养心殿东侧有体顺堂，便是皇后与皇帝同居待寝的住所。度过新婚燕尔期之后，皇帝仍回养心殿后殿寝宫居住，皇后便选定东、西六宫的一处居住。除新婚期之外，平时皇帝要召幸某妃侍寝，一般都在晚饭时，皇帝亲自翻后妃的名片——即绿头牌，皇帝喜欢某妃，便把某妃的绿头牌翻过来，随侍太监心领神会，马上便禀知某妃到寝宫承欢。明朝皇帝及清初顺、康二帝的寝宫多在乾清宫。

清代自雍正以后皇帝的寝宫多在养心殿后殿。寝宫内东侧为皇后来时居住，西间为妃嫔来时居住。养心殿的西侧有燕喜堂，据传说为妃嫔被召时的临时听叫处。每到晚膳时，妃嫔们均到这里等候传唤。当传到某妃侍寝，晚饭后到寝宫同皇帝承欢，其余妃嫔听“叫散”后便各回各自的住处。这些众多的后妃，可以说集天下的美人于一宫，每天锦衣玉食，雍容华贵。但常年居住深宫，每天都等待皇帝召唤，有的一生中也未被皇帝召唤一次，她们就这样白白消耗了美丽的青春，成了皇帝的牺牲品，真是历

史的悲剧。

有的后妃，一旦被皇帝召幸，已算是幸运的了。如果召幸后，又怀孕了，更是幸运之至。后妃生儿育女即为“龙种”，这是关系皇族和国家传继的大事，朝廷对此十分重视。后妃从怀孕到分娩都要详细地记载在档案中。例如：现存的清宫档案《全贵妃遇喜四阿哥底簿》，记载的是道光皇帝的全贵妃怀孕生子的情况。档案中记载，道光十年八月，全贵妃怀孕。道光十一年二月二十五日，经御医孔毓麟、张新、苏钰会诊，妊娠检查的结果是：“全贵妃脉息安和，系妊娠七个月。”道光帝闻喜后，特别降旨：“著四月初九日添吃照额加半吃食，挑选精奇里妈妈里（满语，意为上差，工资地位较高的仆役）。”并自四月二十八日开始，安排有御医、姥姥等“上夜守喜”，日夜轮班，以备贵妃分娩。不久又安排宫中总管太监郝进喜上夜守喜。

道光十一年六月初九日丑时，全贵妃分娩了，一位小皇子降临人间，这位小皇子就是后来的咸丰皇帝。

清宫档案中，《懿嫔遇喜大阿哥底簿》记载得最为详细。懿嫔即以后的慈禧太后。慈禧于咸丰二年五月初九日入宫，最初名号为兰贵人。由于天生丽质、美貌无双，又加她机敏的性格和善于侍奉皇帝。所以深得咸丰皇帝喜爱，时有召幸，终于在咸丰五年盛夏遇喜。咸丰六年正月二十四日，太医院院使栾泰，御医李万清、匡懋忠，“请得懿嫔脉息和平”，认定“系妊娠七个月之喜”。三月初十日，两位嬷嬷取脉，认为在三月底四月初分娩。“三月二十三日巳时，懿嫔坐卧不安”。“三月二十三日未时，懿嫔分娩阿哥”。随后大方脉、小方脉（即成人内科和小儿内科大夫）“请得懿嫔母子脉息均安，万岁爷大喜”！咸丰帝亲写朱笔谕旨道：“懿嫔著封为懿妃。钦此。”

清宫规定：皇子生下来，无论嫡庶，即由保姆抱出，由乳母喂养。皇子一生，照例须用四十人：保姆八人，乳母八人，此外还有针线上人、浆洗上人、灯火上人、锅灶上人等。至绝乳后，去乳母，添内监若干人为谙达。

为了保证乳母的奶水，规定每日用鸭子半只，或肘子、肺头，令乳母轮流食用。按规定，作为生母的懿嫔不能亲自哺乳，就必须使之回乳。因此请御医诊脉后开具回乳生化汤。档案记载：御医“请得懿妃脉息沉滑，系产后恶露未畅，肠胃干燥之症，今议用回乳生化汤，午服一贴调理”。

懿妃服过回乳生化汤后，果然有效。档册记载四月初三日：御医“栾泰、李万清、匡懋忠请得懿妃脉息沉缓，诸症俱减，乳汁渐回，结核亦消”。

母以子贵，由于慈禧生下咸丰皇帝唯一的皇子。咸丰帝死后，皇子载淳继承皇位。慈禧的地位和权力也扶摇直上。她活了 74 岁，经历了咸丰、同治、光绪三朝，立过同治帝载淳、光绪帝载湉和宣统帝溥仪三个小皇帝。在同、光两朝，她三次垂帘听政，掌握国家大权 48 年，实际统治中国达半个世纪。

第四节　宫女制度

一、明宫女制度

宫女即在宫中供役使的女子。明、清两朝宫女之制各有不同。明朝宫内设有专门管理宫女的机构——即六局一司。六局为尚宫、尚仪、尚服、尚食、尚寝、尚功；一司为宫正。每局领四司，共二十四司；尚宫局下属有司纪、司言、司簿、司闱；尚仪局下属有司籍、司乐、司宾、司赞；尚服局下属有司宝、司衣、司饰、司仗；尚食局下属有司膳、司酿、司药、司口；尚寝局下属有司设、司舆、司苑、司灯；尚功局下属有司制、司珍、司计；尚宫总理六局之事。戒令责罚，由宫正掌理。设宫官 75 人、女史 18 人。六局的职掌是“以服劳宫寝、祗勤典守”。这就是说她们要勤勤恳恳地在宫中服劳役。凡后妃们巨细衣食的费用、金银币帛、器用百物的供应，都由尚宫局呈报，通报内使监覆奏，再移交该管部臣领取供给。

关于宫女的选充，主要来自江南女子。洪武十四年，朱元璋敕谕苏州、杭州、嘉兴、湖州等府及浙江、江西布政司：“民间女子年十三岁以上，十九岁以下，妇人年三十以上，四十岁以下无夫者，愿入宫备使令，各给钞为道里费，送赴京师。”女子备后宫，供后妃们役使；妇人充六尚局，在宫中服役。以后各朝都以此例选女充宫。每次选江南女子约三百多人。在宫服役的女子、妇人，比较优秀的，先为女秀才，再升女史、宫官，以至六局掌印。按级给以俸禄。

一般女子、妇人，在宫中服役五年或六年，允许出宫回家婚嫁。

二、清宫女制度

清朝是以满洲贵族为主体的封建王朝，它的后宫制度具有深刻的民族特点。清王朝规定“宫中不蓄汉女”，满汉不通婚。因此，无论是挑选妃嫔或是选用宫女都是在八旗之内进行的。

1. 选秀女

清朝历代都通过选秀女来挑选皇后妃嫔。选秀女每三年举行一次，由户部八旗俸饷处负责。届期由户部行文满洲、蒙古、汉军八旗二十四都统及直隶各省驻防并外任旗员，将应选阅女子由参领、佐领、骁骑校、领催及旗长及本人父母或亲伯叔父母兄弟、兄弟之妻送至北京紫禁城神武门，依次序列，由户部交内监带领引阅。

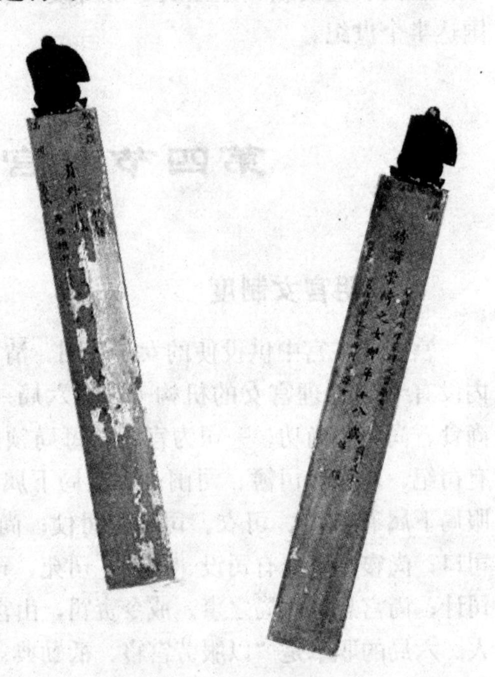

选秀女用的绿头签，即“牌子”。此签为同治皇后所用

遴选秀女，首先要审查旗属和年龄。凡满、蒙、汉军八旗官员、另户军士、闲散壮丁的女子，年满13—17岁者，都必须参加三年一次的备挑秀女活动。若在年限之内因病或其他缘故而未能参加者，俟下届补选。凡违例不待阅选即行聘嫁者，或应选秀女于未阅之前私于宗室王公结亲者，都要依例治罪。

各旗选定的秀女，按期抵京在神武门外广场集合，按户部编排的次序，在太监的引导下，每班五人，按顺序进顺贞门，由皇帝阅看。凡皇帝看后满意的，即留名牌，谓之“留牌子”。选看而不留者，谓之“撂牌子”。牌子上书某官某人之女、旗籍、年岁若干。

被选中的秀女，一部分可能被皇帝召入宫中封妃嫔，但这只是少数。一旦有幸选入“内庭主位”，便可锦衣玉食，养尊处优。有的甚至晋升为皇后，掌握内宫大权。如慈禧太后，由选秀入宫，初为兰贵人，后来由于生了同治皇帝，不断晋升加封，晋为皇贵妃，其子当皇帝后晋为皇太后，掌握清朝大权四十多年。另一部分由皇帝指配给皇室王公或近支宗室子孙为妻妾。

2. **选宫女**

选宫女由内务府会计司主管。选宫女每年一次，由内务府三旗（即满洲镶黄、正黄、正白三旗）佐领、管领以下官员的女儿，及回子佐领、健锐营番子佐领以下官员的女儿，年 13—17 岁者，造册送会计司汇总，奏交宫殿领侍等带领引阅，每六人为一班，依次阅看。凡入选者，留宫备役使。未入选者，令其父母择偶婚配。留宫之女，至 25 岁，都遣返回家，听其与八旗及内务府三旗佐领、管领以下人等结婚。

选宫女在官文书上也称秀女，但它与从八旗选秀女是不同的。选秀女是为挑选妃嫔，是备内廷主位的，是宫内主子的身份。而选宫女，是供内廷各主位役使的，“供驱使”、“备洒扫而已”。按内廷规制，内廷主位宫女名额的分配为：皇太后十二人、皇后十人、皇贵妃八人、妃嫔六人、贵人四人、常在三人、答应二人。

宫女虽然供各主子役使和地位低下，但也有个别长得美丽的，一旦被皇帝看中，便可升入内廷主位，如果再能生男育女，便可得到封号，不断晋升。如康熙帝的良妃，原来内管领阿布鼐之女，由于生了皇八子允禩，被封为良妃。再如咸丰皇帝四位美人：吉贵人、禧贵人、庆贵人、璷贵人，都是地位低下的宫女出身，由于她们容貌出众，被皇帝看上，先纳之为常在、答应，后封为贵人，再晋升为妃嫔。

多数的宫女供主子役使，日夜劳累，痛苦不堪。有的宫女被主子任意打骂，甚至被杖至死。如乾隆四十三年惇氏汪氏凶悍暴虐，竟将使唤女子殴打致死。有的宫女不堪主子凌辱，自寻短见。至于因笨拙或因疾病不堪驱使的宫女被驱逐出宫的，各朝各代屡见不鲜。在内务府奏案中都有记载。

第五节　明清时期的贤慧皇后

在明、清皇帝众多后妃中，虽然多数是姿色出众的美女，但也不乏有出类拔萃的女性，例如明太祖朱元璋的马皇后，清太宗的孝庄文皇后，她们贤慧而又有才能，为明清王朝开国建业立了汗马功劳。

一、马皇后

明太祖朱元璋与马皇后可以说是历史少有的相亲相爱、苦难与共、又共治天下的夫妻。马皇后为安徽宿州人，其母早卒，其父马公与郭子兴是好友，临死前以女相托。郭子兴收养为义女。至正十二年（1352 年），郭子兴以养女许配给朱元璋。后来郭子兴听信谣言，将朱元璋幽禁起来，甚至不给吃喝。朱元璋饥饿难熬，命在旦夕。贤妻马氏，经常偷偷地怀揣热饼给朱元璋吃。饼出锅后很热，以致烫伤了马氏的胸乳。为此，朱元璋当皇帝后，仍念念不忘爱妻救命之恩，时常向群臣们提起，并比之唐长孙皇后。她则谦逊地说："妾闻夫妇相保易，君臣相保难。陛下不忘妾同贫贱，愿不忘群臣同艰难。且妾何敢比长孙皇后也。"

马皇后可以说是朱元璋的贤内助，她不仅辅助朱元璋打天下，而且建言献策，帮助朱元璋治天下。在朱元璋推翻元朝并削平群雄的战争中，她亲自为士兵缝制衣服，并将宫中积累的金银布帛拿出犒劳前方将士，为明朝建国立下了汗马功劳。朱元璋称帝后，于洪武元年正月册立她为皇后。她经常劝朱元璋，以宽大为怀，不要杀功臣。朱元璋称帝后，酷杀大臣。吴兴富民沈秀助筑都城、犒劳军士有功，朱元璋怒他狂妄欲杀之，马皇后力谏不可，遂使获释。朱元璋欲杀大学士宋濂，她则在晚餐时命进素斋，为宋先生祈福，使朱元璋大为感动，结果赦宋濂一死。她关心黎民百姓的痛苦，曾向朱元璋提出"振恤不如蓄积之先备也"的建议。每遇地方灾荒，则率官人食蔬。她一贯主张招贤纳谏，屡劝朱元璋要养生安民，认为"民数扰必困，民困则乱生"。朱元璋称为是至理名言，这对朱元璋治理天下起到了一定的作用。

马皇后是“母仪天下”的典范。她仁慈有智慧，好书史，经常劝朱元璋多读书。她被立为皇后后，勤于内治，讲求古训，以宋朝贤后为榜样，命女史录其家法，朝夕省览。她建议朱元璋不准后妃干预内政。为此，朱元璋命儒臣修女戒，并命工部制红牌，特镌戒谕后妃之词，使子孙永远遵守。

马皇后生活朴素，平时穿大练浣濯之衣，衣服穿得很旧也不忍换新衣。洪武十五年马皇后患重病，自知不久要辞别人世，禁止宫中为其祈祷，并告朱元璋不要因其病无治而责怪医生。洪武十五年八月马皇后卒，年五十一岁。临死时遗嘱“愿陛下求贤纳谏，慎终如始，子孙皆贤，臣民得所而已”。死后葬孝陵，谥号孝慈皇后。朱元璋虽酷暴寡恩，但对马皇后一直非常尊重。马皇后死后，朱元璋没再册封过皇后。

马皇后死后，宫中人很怀念她，曾作歌曰：“我后至慈，化行家邦。扶我育我，怀德难忘。怀德难忘，于万年斯！”

二、孝庄文皇后

孝庄文皇后

清太宗皇太极之皇后。出身于蒙古草原科尔沁部。贝勒塞桑的次女，博尔洛特氏，名布木布泰。天命十年（1625 年）嫁于皇太极为妻。崇德元年（1636 年），皇太极改元称帝，封其为永福宫庄妃。她聪明才智，成为皇太极开创大清江山的贤内助。崇德七年，清军在松锦战役中，曾生俘明朝蓟辽总督洪承畴。皇太极对洪很重视，设法劝降，以为进攻中原的指路人。多次派范文程去说服洪承畴背明从清。为此，皇太极对洪承畴特别优待，让他吃的是山珍海味、住的是锦被绣

榻，还亲自临视，甚至把自己穿的貂衣脱下给他披上。但洪承畴抱着“杀身成仁”的观念，拒绝降清。并绝食只求一死，效忠明朝。为此，皇太极甚恐，生怕洪承畴死去。但有一次范文程前往盛京皇宫内囚禁洪承畴的三官庙时，在劝说间，突然从房梁上掉下几点灰尘落在洪承畴的衣上，洪承畴当即用手将灰尘掸去。范文程看了随即告诉皇太极。皇太极听说后大喜，认为此人不会死去，因为一个决心去死的人，是不会顾及灰尘落到自己身上的。皇太极打听到洪承畴好色，于是遂定下美人计劝降。劝降的美人就是庄妃。一天，洪承畴正躺在床上等死，忽见来了一位妩媚动人的绝代佳人。面如出水芙蓉，腰似迎风杨柳，一双纤纤玉手捧着一把格外洁白的玉壶，袅袅婷婷向前走来，使其顿觉异香扑鼻，浑身酥麻。庄妃见洪承畴，便低声细语的劝慰：“将军即使绝食，难道喝口人参汤再就义不行吗?”话语委婉亲昵。她一边说，一边将玉壶轻触其唇部。洪承畴深为这美女所打动，就不自觉地喝了一口。不一会，庄妃又照此办理，洪承畴也就连饮不止。结果使这位大名鼎鼎的明朝总督在这位美女的面前回心转意，认为人臣应顺应形势，择贤主而奉，于是投降了清朝。皇太极任他为内阁大学士，又赐给他不少礼物和美女。洪承畴一心一意为清朝效力，为清军入关及统一中原立下了不朽的功勋。

崇德三年，庄妃生下她唯一的一个儿子，就是福临。皇太极死后，在争夺皇位的激烈斗争中，她巧施手段，说服多尔衮，使其子福临得以继承皇位，是为顺治帝。年仅六岁的顺治帝，靠母亲的教诲，于十三岁亲政，实行与民休息、不滥征税的制度。定上三旗制，由皇帝直辖。重用和团结汉族将领，纳平南王孔有德之女育之宫中，嫁皇太极第十四女为吴三桂子之妻。这对稳定当时的局势，统一全国是有作用的。庄妃还提倡节约，发宫中节省银两赈济灾民。

关于孝庄皇太后是否下嫁摄政王多尔衮这一问题，从清初到民国以至今天始终存在着两种说法：一派认为太后确实嫁给了摄政王多尔衮。理由之一：认为多尔衮被封为“皇父摄政王”；理由之二：认为当时满族风俗，凡娶继母、伯母、婶母、兄嫂、弟妇、侄妇均不禁。理由之三：有诗人张苍水的诗句为证：“春宫昨进新仪注，大礼恭逢太后婚。”另一派认为孝庄皇太后没有下嫁给多尔衮。这派以史学界前辈孟森和郑天挺先生为主。笔者也基本同意孟、郑先生的意见。所以认为皇太后没有下嫁给多尔衮的理由之一是：“皇父”之称是“由报功而来，非有渎伦而来，实符古人尚父

仲父之意”。

清兵入关，定鼎北京，以多尔衮为首功，为了表彰他的丰功“殊勋”，清世祖于顺治元年十月特别建碑记其功绩，并加封他为“叔父摄政王”。在册封册文中说：“叔父又率大军，入山海关，破贼兵二十万，遂取燕京，抚定中夏，迎朕来京膺受大宝。此皆周公所未有，而叔父过之。硕德丰功，实宜昭揭于天下，用加崇号，封为‘叔父摄政王’。”

顺治五年十一月，又因多尔衮“有大勋劳”，改封号为“皇父摄政王”。现在存于中国第一历史档案馆的清初题奏本章中，有一批是当时多尔衮阅处题奏的原件，封面批红写有“叔父摄政王”（顺治五年前）和“皇父摄政王”（顺治五年十一月后）。在现存的其他文献中，也都以周公来比喻多尔衮，说多尔衮远比周公的功德高。所以“皇父”的称号，确由报功而来，并非“渎伦”而来。“皇父”不是以齿、以亲的家庭称呼，而是国家功德等级的称号，“皇父”意味着比亲王更高一级的爵位。

认为皇太后并未嫁给摄政王多尔衮的理由之二是：在现存的清初档案中，包括皇帝的家谱——玉牒、皇帝诏旨、臣工的奏章以及清初的满文档案，没有一点太后下嫁的痕迹。如果太后下嫁，起码在玉牒中，或在有关文书应有记载。

顺治帝死后，孝庄文皇后又竭力辅佐年仅八岁的孙子玄烨主政。康熙帝即位后，她被称为太皇太后，但拒绝垂帘听政。玄烨的成长，一直在孝庄的培养教育之下。康熙皇帝说：“朕自幼龄学步能言时，即奉圣祖母慈训，凡饮食、动履、言语皆有规度，虽平居独处，亦教以罔敢越轨，少不然即加督过，赖是以克有成。”在孝庄的教育下，玄烨自小养成好读书、不吸烟、不嗜酒、言行举止端正的好习惯。康熙皇帝亲政后，又帮助康熙帝谫除权臣鳌拜。三藩之乱爆发后，孝庄又积极建议采取策略平定叛乱。清廷频年用兵，国库空虚，她又将宫中的金帛用以犒赏前方将士。教庄文皇后于康熙二十六年卒，年七十五岁。遗嘱不与皇太极合葬，要求在孝陵附近安葬。雍正二年始葬东陵地宫。

孝庄文皇后一生经历了三朝，精心辅佐了两个幼主主政，她在激烈的社会变动和皇族矛盾中能审时度势，团结统一了皇族内部的力量，对清王朝的建立和统一起了积极的作用。

第六章

明清皇帝的逸闻轶事

第一节 明朝皇帝

明朝是我国封建社会后期的一个统一的王朝，它建立于 1368 年，由朱元璋称帝开始到 1644 年崇祯皇帝吊死煤山为止，前后经历了十六帝，共统治 277 年。这十六帝分别是：

朱元璋

1. 明太祖朱元璋，年号“洪武”（1368—1398 年），在位三十一年。

2. 明惠帝朱允炆，年号“建文”（1399—1402 年），在位四年。

3. 明成祖朱棣，年号“永乐”（1403－1424 年），在位二十二年。

4. 明仁宗朱高炽，年号“洪熙”（1425年），在位一年。

5. 明宣宗朱瞻基，年号“宣德”（1426—1435年），在位十年。

6. 明英宗朱祁镇，年号“正统”（1436—1449年）、“天顺”（1457—1464年），前后在位二十二年。

7. 明代宗朱祁钰，年号“景泰”（1450—1457年），在位八年。

8. 明宪宗朱见深，年号“成化”（1465—1487年），在位二十三年。

9. 明孝宗朱祐樘，年号“弘治”（1488—1505年），在位十八年。

10. 明武宗朱厚照，年号“正德”（1506—1521年），在位十六年。

11. 明世宗朱厚熜，年号“嘉靖”（1522—1566年），在位四十五年。

12. 明穆宗朱载垕，年号“隆庆”（1567—1572年），在位六年。

13. 明神宗朱翊钧，年号“万历”（1573—1620年），在位四十八年。

明宣宗朱瞻基

明宪宗朱见深

14. 明光宗朱常洛，年号“泰昌”（1620年），在位一月。

15. 明熹宗朱由校，年号“天启”（1621—1627年），在位七年。

16. 明思宗朱由检，年号“崇祯”（1628—1644年），在位十七年。

在明朝十六帝中，不乏有雄才大略的开明君主，如：明太祖朱元璋、明成祖朱棣、守成之君明宣宗等。但明朝的皇帝大多昏庸荒政，在宫廷生活中留下了不少逸闻趣事。

明神宗朱翊钧

一、从和尚到皇帝的朱元璋

朱元璋是濠州（今安徽凤阳东）钟离孤庄村人，自幼家中贫寒，不得不去为地主家放牛放羊。后由于贫困生活所迫，于 17 岁时到附近的皇觉寺当了一名小和尚。两个月后，寺庙里也揭不开锅，朱元璋被长老打发去当游方僧。从此，他便头戴破僧帽，身披破僧衣，手拿木鱼和口钵，到处化缘乞食，和乞丐一样。三年的化缘行乞生活，使他跑遍了安徽北部和河南南部与东部，尝尽了人间的辛苦，认识了社会，结交了一些白莲教徒，接受了一些反元思想。

至正十一年（1351 年），爆发了震撼全国的红巾军起义。朱元璋也被这股反元的洪流卷了进去。第二年（1352 年），他便投奔到占据濠州的红巾军郭子兴的帐下。在红巾军中，朱元璋作战英勇，吃苦耐劳，机警有谋，很快得到了郭子兴的赏识和重用，并把养女嫁给了他，这就是后来的马皇后。公元 1355 年 3 月郭子兴病死，朱元璋便成了这支队伍的统帅。以后他率军连克南京、徽州等地，势力大振。当时群雄并起，各支义军林立。朱元璋听取了儒生朱升的意见："高筑墙，广积粮，缓称王。"意思就是说要巩固后方，建立根据地；要发展生产，储备足够的粮食；不要急于称王，以缩小目标，作长远打算。后来朱元璋按照朱升的意见，终于消除了群雄，统一了南北。继而，他派大将军徐达率师 25 万北伐元军。北伐军势如破竹，席卷中原。在北伐胜利进军中，朱元璋于 1368 年正月在应天登极称帝，建立起大明王朝。

朱元璋在位三十一年的统治期间，先后制定了一系列的政治制度，奠定了明王朝二百多年的统治基础。他将中央集权君主专制制度发展到空前的高度，使统一的明王朝屹立于世界的东方。

开国皇帝朱元璋不仅在治国方面建立了丰功伟绩，而且在治家方面也建立了一套严格的制度和办法，奠定了明代宫廷制度的基础。

1. 后宫之制

朱元璋认为："治天下者，修身为本，正家为先。正家之道，始于谨夫妇后妃。虽母仪天下，然不可俾预政事。"为此，他专门命儒臣纂修《女诫》，编辑古代贤德妇女和后妃的故事，以教育宫人。洪武五年特令工部造了一个红牌"镌戒谕后妃之辞"，挂在宫里以示警戒。洪武二十八年，

朱元璋还颁布了《皇明祖训条章》，把作为皇帝、亲王和大臣应遵守的都规定在内。他说："立为家法，俾子孙世世守之。"

朱元璋吸取了历史上汉、唐宦官篡权乱国的教训，建国之初就明令太监不许干政。他说：太监"其中宫禁，止可使之供洒扫，给使令而已，岂宜预政典兵"。洪武二年制定内侍官制，并特镌铁牌放在宫门口，上面刻着："内臣不得干预政事，预者斩！"

朱元璋不仅说得到，而且做得到。洪武十年三月的一天，一个在宫中服役的老太监，在谈话中涉及到了朝政，朱元璋当天就把他斥出宫去，并规定终身不再使用。他对群臣说："宦官这样的人，在左右时间久了，他们的小忠小信，完全可以骗取皇帝的信任，等到日子一久，假威窃权，他们的势力就不可以抑制了。"

2. **都城与皇宫**

首都不仅是国家政治的中心，而且都城中皇室宫殿也是帝后起居之所。因此，朱元璋对于建都于何地十分重视。洪武元年，朱元璋起初以金陵为都城，命刘基等人选定钟山之阳建造新宫。经过两年，新宫建成。朱元璋在南京登极称帝，但是否以南京为京师，他还徘徊不定。他考虑若定都南京，距北方遥远，不易控制蒙古各部落。于是令群臣反复商议，最后决定以南京为京师。因为南京形势险要，长江天堑，龙蟠虎踞，可以立国。另外，他又以老家临濠为龙兴之地，前面长江、后临淮河、地势险要、便于运输为由，决定将临濠定为中都。洪武四年，命太师李善长亲自督建。经过多年的兴建，到洪武八年，中都的城郭、宫殿、府第、街市已基本落成，规模宏伟，建筑考究。但朱元璋去中都巡视以后，于洪武八年却突然下令停建中都。

在停止中都兴建以后，朱元璋又重新规划和改建南京的皇城、宫殿和坛庙。在继承"象法天地，经纬阴阳"的传统都城宗旨，参以元大都规模的基础上，形成了尊贵而又宏伟的都城格局：以正阳门至北安门为中轴线营建紫禁城、宫殿、门阙，两侧配以相关建筑。紫禁城呈二里见方的正方形，南起午门，北至玄武门。从南至北延中轴线建有奉天门、奉天殿、华盖殿、谨身殿、乾清门、乾清宫、坤宁宫。紫禁城以乾清门为内外朝的分界线，外朝为皇帝处理政务的场所，奉天殿是皇帝接受百官朝贺之地。华盖、谨身二殿，是皇帝生日、元旦等重要庆典大宴群臣或早朝之地。内廷中的乾清宫、坤宁宫是皇帝的居所。

京师南京的皇城，南至正阳门，北至北安门，东至东安门，西至西安门。建太庙于紫禁城的东南，即遵古代“左祖右社”之制。

明成祖时对北京宫城的营建，格局规制悉如南京。

3. **注重节俭**

朱元璋出身贫苦，饱尝过穷苦日子的滋味，因此他称帝后一直注意节俭。在南京营造宫室时，他把图纸上雕琢考究的部分都砍掉了。他“但求安固，不事华丽”。完工后，他又叫人在壁上画了许多触目惊心的历史故事作为装饰，以警戒自己和后世子孙。当时有个官僚想讨好他，想用某地生产的好看的石头用以铺设宫殿的地板，朱元璋认为这样太奢华，把其狠狠教训了一顿。他自己用的车舆、器具、服饰等，按惯例应用金饰的，他都下令改用铜饰。他说：“朕富有四海，岂吝啬这点黄金。但是，所谓节约，非身先之，何以带动别人！而且奢华的开始，都是由小到大的。”

二、成祖朱棣迁都北京

明成祖朱棣，是朱元璋的第四个儿子。生于公元1360年，公元1402年即位。公元1424年死，终年65岁，在位22年，年号“永乐”。

朱棣是一个有作为的皇帝，他在文治武功方面都有重要的建树。

洪武三十一年（1398年）朱元璋去世，皇孙朱允炆继承皇位，年号“建文”。朱允炆即位后，就采取削藩的政策。不到一年，周王、岷王、湘王、齐王、代王先后被废除。眼看就要削到燕王朱棣身上了。朱棣为求自保，于是以《祖训》“朝无正臣，内有奸逆，必举兵诛讨，以清君侧之恶”为名，发动了“靖难之役”。经过四年的战争，朱棣取得了胜利。他率军入南京，登上了皇帝的宝座。他即位后不久，便宣布以北平为北京，并在北京建立行在六部。永乐四年，下诏营建北京宫殿。永乐七年后，朱棣多次北巡，长期住在北京，其间屡屡诏令和加紧营建北京宫殿。永乐十八年（1420年），北京宫殿落成。这年八月，成祖下令以北京为京师，正式迁都北京。

朱棣何以迁都北京呢？一是北京是“龙兴之地”，作为燕王的朱棣长期驻扎在北京，北京是他的根据地。二是北京山川形胜，足以控四夷、制天下。

对北京的营建，在朱棣做藩王时就开始了。燕王府是元代西宫，即太液池西的隆兴、兴圣等宫稍加修建而成的。永乐五年，为巡幸方便，又对元代旧宫加以修建。永乐十四年八月，营建西宫，作为视朝听政的处所。同年十一月，朱棣决定分建两都，即北京作为都城，南京作为陪都。之后在元代旧宫东一里之地，开始大规模地营建。永乐十八年十二月，北京的紫禁城、皇城及坛庙全部建成，其规制“悉如南京而高敞壮丽过之”。永乐十九年正月，朱棣正式迁都北京。从此开始，北京成为明朝政治、军事、文化的中心。

三、成化帝专宠万贵妃

明成化帝朱见深，生于公元 1447 年，公元 1465 年即位，公元 1487 年病死，享年 41 岁，在位二十三年，年号“成化”。

成化帝是一个荒唐而又昏庸的皇帝，在后宫众多的佳丽中，没有一个得到他的宠爱，却偏偏爱上了一个年纪比他大 19 岁的万贵妃。

万贵妃小名贞儿，青州诸城人。其父万贵原为诸城县掾史，后坐法戍边。当时贞儿年仅四岁，即被入宫为宫女。她在宫中长大成人，长得美丽而聪慧，最初在仁寿宫侍奉孙太后衣饰。孙太后死后，被召进东宫，侍奉太子朱见深。当时朱见深年仅 16 岁，贞儿已经 33 岁。贞儿虽年过三十，但仍是处女，姿色艳人，且善于妩媚，深得朱见深的喜爱。两人交往日长，感情日渐密切。天顺八年（1464 年）正统帝宾天，年仅 18 岁的朱见深即位。即位后他不得不听从两宫皇太后的懿旨，立吴氏为皇后。册立皇后后，成化帝便急不可耐地封贞儿为妃。因皇帝特别宠爱万妃，这遭到皇后吴氏的怨恨。有一天吴氏曾怒杖万妃以解恨。万妃便哭诉于成化帝。成化帝听后极为恼怒，一气之下，废掉吴氏皇后，改封王氏为皇后。王氏、万氏不争宠，日子颇也过得相安无事。

万妃为人机智聪明，谲智善媚，善于迎合皇帝。她长得丰满媚人，朱见深一看到她，便为之眉飞色舞。还有的史料记载：她长得像个男子，并不十分漂亮。朱见深的母亲孝肃皇后曾问过成化帝：“她长得有什么美？为什么你那么宠爱她？”朱见深答：“她给我抚揉按摩，我觉得很安馨快活，不在乎她容貌美与不美。”因为万妃受宠，所以一些宦官和大臣纷纷向万妃进献珍宝奇货，以巴结万妃。就连内阁大学士万安也

巴结万妃以自固。

成化二年正月，万妃生下一子，成化帝非常高兴，即册封万妃为贵妃。但可惜的是万贵妃所生的儿子夭折，从此再不复娠。万贵妃生性忌嫉，以后宫中妃嫔谁若怀孕，便强令其堕胎。由此，当万贵妃已年 40 岁时，成化帝仍未有一子，朝中亲贵大臣甚以为忧。内阁大学士彭时曾上言说："今妃嫔众多，但还未生子嗣。可能是陛下专宠爱于一人了。而专宠之人已过生育之期。望皇上能均爱博泽，能早生龙子，这也是为国家宗社大计着想。"对大臣的进言，成化帝只是说："这是皇宫内部事务，朕自主为之。"于是万贵妃更加持宠骄横。

但万贵妃并不能一手遮天。当时宫中有侍女纪氏，偶得朱见深的喜爱，身遂怀孕。后来千方百计瞒过万贵妃，生下一子。由太监张敏密藏西内他室抚养，孩子一天一天长大了。成化十一年，张敏为皇帝栉发时，才说出这个事情的原委。成化帝听后大喜，遂遣使往西内迎回已满六岁的独生子，随后立为太子，取名祐樘。宪宗生母孝肃皇太后将祐樘留居仁寿宫抚养。万贵妃曾召皇太子就食，孝肃皇太后嘱其勿食。万贵妃赐食那天，皇太子坚决不吃。他说："已吃饱了。"万贵妃又进汤羹，皇太子也不喝。万贵妃问他："为什么不喝羹?"皇太子说："这羹里可能有毒药。"万贵妃大发脾气说："这个孩子才几岁就这样子，将来不知会受他的何等鱼肉欺负呢!"从此恼羞成疾。成化二十三年一月，万贵妃因打一宫女，越打越怒，一气之下，因"气咽痰涌"而死。成化帝听到万贵妃死耗后，悲痛欲绝说："万侍长去了，我亦将去矣!"为悼念万贵妃，成化帝曾"辍朝七日"。从此成化帝闷闷不乐，日夜想念万贵妃，精神萎靡，身体一天不如一天，时隔不久，即成化二十三年八月便去世了。

四、世宗朱厚熜崇信道教

明世宗名朱厚熜是宪宗之孙，兴献王朱祐杬之子。于正德十六年(1521 年）继位，次年改年号为嘉靖，为明朝第十一位皇帝。

兴献王封国安陆（今湖北钟祥县），这里是道教盛行的地方。朱祐杬一生笃信道教。年幼的朱世熜在家庭环境的影响下，对道教产生了浓厚的兴趣。他于正德十六年入京继皇帝位，因忙于政务，一时无暇从事道教活动。但他体质较弱，又不适应北方寒冷的气候。加之大婚以后，

纵欲过度，致使他多次生病，有时甚至不能上朝理事。此时身居九五之尊的朱厚熜，可谓富贵人极，但如何健康长寿是他最大的追求。于是他迷信了方术。正如谷应泰在《明史纪事本末》中说：“世宗起自藩属，入赞大统，累叶升平，兵革衰息，毋以富贵吾所已极，所不知者寿耳。以故因寿考而恭长生，缘长生而冀翀举。惟备幅于箕畴，乃希心于方外也。”他听信太监崔文的话，在宫中搞起了斋醮活动，如在“乾清、坤宁诸宫，西天、西番、汉经诸厂、五花宫、西暖阁、东暖阁，莫不有之”。他不仅在宫中到处设醮坛，而且祷祀活动“或连日夜，或间日一举，或一日再举”。后来由于内阁首辅杨廷和等大臣的劝谏，宫中的斋醮活动才有所收敛。但不久他又征召龙虎山上清宫道士邵元节进京，命其在显灵宫居住，专门掌祷祀之事。后因邵元节“祈雨有功”，封其为“清微妙济宁静修真凝元衍范志秉诚致一真人”，赐金、玉、银、象牙印各一，总领道教事务。邵元节死后，世宗又信赖邵元节推荐的方士陶仲文。由于陶仲文施展的法术驱逐了宫中的“黑气”，又祈祷太子祛病灵验，以及陶在嘉靖帝南巡保驾有功，被封为“神霄保国弘烈宣教振法通真忠孝秉一真人”。嘉靖二十一年四月，嘉靖帝又听从陶仲文等人的意见，在西苑建大高玄殿以作宫中演习科仪，进行祷祭的道场。是年秋，又听从陶仲文言，于太液池旁，修建祐国康民雷殿。当时工部员外郎刘魁谏阻道：“顷泰享殿、大高玄殿诸工尚未告竣。内帑所积几何？岁入几何？一役之费动至亿万。土木衣文绣，匠作班硃紫，道流所居拟于宫禁。国用已耗，民力已竭，而复为此不经无益之事，非所以示天下后世。”嘉庆帝听言后大怒，令“杖于廷，锢之诏狱”。

嘉靖二十一年十月宫婢之变后，嘉靖帝从大内移居西苑，从此不再上朝，一心修玄。在陶仲文的引诱下，他整天讲道修玄，炼丹制药，以求长生不老。他为炼“先天丹药”，竟三次征选 8—14 岁的幼女 760 多人入宫，以便用这些幼女的月经，炼制长生不老的仙药。

嘉靖帝信奉道教已经到痴迷的程度，他二十多年不理朝政。为了在西苑举行日益频繁的斋醮活动，特命把西苑无逸殿赐给应制大臣作为直庐。所谓“应制大臣”，就是专门给皇帝写青词的班子。青词又称绿章，是在斋醮时把皇帝的意念献给天神的奏章祝文，因用朱笔写在青藤纸上，因此名叫“青词”。夏言、严嵩和徐阶等人，都因善写青词，不但擢入内阁，而且成为首辅，时称“青词宰相”。

内阁首辅大臣夏言有《雪夜召诣高玄殿诗》以记其事："迎和门外据雕鞍，玉蝀桥西度石阑。琪树琼林春色净，瑶台银阙夜光寒。炉香缥缈高玄殿，宫烛荧煌太乙坛。白首岂期天上景，朱衣仍得雪中看。"

嘉靖帝奉玄日深，甚至把军国大事与修玄联系起来。嘉靖二十三年十月，大同边将擒获叛卒王三。嘉靖帝认为"叛恶被擒，固义勇之效力，实鬼神有以献戮之"。为此竟加陶仲文少师仍兼少傅少保，"一人兼领三孤，终明世，惟仲文而已"。嘉靖二十六年十月，大高玄殿火灾。嘉靖帝急忙在露台祈祷，火光中好像听到有呼喊杨爵等三人为忠臣的声音。事后立即传旨，将杨爵等三个忠臣释放出狱。

嘉靖帝还喜爱祥瑞，把自然界偶然出现的一些奇特事物，如白兔、白鹿、甘露和双穗稻、多穗稻等，都看成上天赐予的"吉兆"，于是大搞庆贺祈祷活动。这不但更加使朝政荒废，而且也助长了阿谀奉承、粉饰太平之风。

针对嘉靖皇帝崇道修玄、荒废朝政，时任户部主事的海瑞于嘉靖四十五年直言上疏劝谏："陛下即位初年，敬一箴心，冠履分辨，天下欣然。望治未久，而妄念牵之，谬谓长生可得。一意修玄，二十余年，不视朝政……今乃修斋建醮，相率进香，仙桃仙药，同词表贺。""自古圣贤垂训，未闻有所谓长生之说。陛下事师陶仲文，仲文则既死矣，彼不长生，而陛下何独求之?"

嘉靖帝看到海瑞的奏疏，十分恼怒，把疏文扔于地上，令左右赶快把海瑞抓起来下狱。身边的宦官黄锦上前说："闻此人上疏时，市棺、诀妻子。待罪于朝，童仆亦奔散无留者，是不遁也。"嘉靖帝听后，沉默了一会，又取过疏文阅读，深为感动，"留中者数月"。

世宗一朝崇道修玄已到登峰造极的地步，突出的表现在为其父母和本人加封道号。据《明史纪事本末》卷五二中"世宗崇信道教"载：嘉靖三十五年，上皇考道号为"三天金阙无上玉堂都仙法主玄元道德哲慧圣尊开真仁化大帝"；皇妣号为"三天金阙无上玉堂总仙法主玄元道德哲慧圣母天后掌仙妙化元君"；帝自号"灵霄上清统雷元阳妙一飞玄真君"，后又加号"九天弘教普济生灵掌阴阳功过大道思仁紫极仙翁一阳真人元虚玄应开化伏魔忠孝帝君"，再号"太上大罗天仙紫极长生圣智昭灵统三元证应玉虚总掌五雷大真人玄都境万寿帝君"，俨然成了道教皇帝。

嘉靖四十五年十月，帝疾病缠身，而且病情越来越重。一天他带病去

万法坛祈祷上天，突遭雨淋，回宫后就口吐白沫，胸中鳖闷。十一月，又服用于方士王金所献丹药，病情更加严重。因服丹药中毒而昏迷不醒。据王圻《续文献通考》卷二十称："世宗晚年须眉脱落，乃至大渐，丹毒并作。"同年十二月驾崩，享年60岁，葬于昌平阳翠岭永陵。

世宗一生崇信道教方术，追求长生不老，结果是枉费心机，反为方术所害。在他的遗诏中说："只缘多病，过求长生，遂至奸人诳惑。"这是句自我检讨的话，但为时已晚，也无济于世，因为生老病死，乃是人生不可抗拒的一个规律，不管是帝王将相，或是百姓平民，其结果都是一样的。

五、世宗修建大高玄殿

从上文可知，正是在明世宗崇信道教、斋醮活动日益频繁的情况下，谕命修建大高殿的。嘉靖二十一年四月，帝命修大高玄殿。同年秋天又命修佑国康民雷殿。

据《明世宗实录》记载：嘉靖二十一年四月"庚申（初十日）初，上于西苑建大高玄殿，奉事上玄，至是工完，将举安神大典。谕礼部曰：'朕恭建大高玄殿，本朕祇天礼神，为民求福，一念之诚也。今当厥功初成，仰载洪造，下鉴连沭玄恩，矧直民艰财乏，灾变虏侵之日，匪资洪眷，罔尽消弭。听宜敬以承之，岂可轻乎！尔百司有位，务正心修身，赞治保民。自今十日始停刑止屠，百官吉服，办事大臣各斋戒至二十日止。'仍命官行香于宫观庙共敬之。或日，遣英国公张溶等，分诣朝天等宫及合祠庙行礼"（《明世宗实录》卷566）。

嘉靖二十一年九月癸亥，"新作祐国康民雷殿，命工部署郎中赵愈和、署员外郎朱文质督理工程。虞衡司员外郎刘魁因奏，'顷者营建泰享殿，大高玄殿等工尚未告成，今复有雷殿之役，财力无从措办，宜且并工庙朝建以宽民力'。疏入。上怒其沮浇欺慢，命锦衣卫执而杖之，仍锢于诏狱"。

大高玄殿建成后，于嘉庆二十六年十月遭受火灾，命工部修复之。明万历年间，又修缮一次。清代雍正、乾隆、嘉庆、道光和光绪年，曾不断进行过修缮。现存的建筑，为光绪年间大高殿遭八国联军破坏后清廷修缮的原貌。

大高玄殿是一组辉煌雄健的宫殿式建筑，也是我国目前仅存一座最大的皇家道观，大高殿位于明代的西苑，即今紫禁城外的西北方，今在北京西城区景山前街路北，东面隔街与景山相望。总建等面积约为 1.3 万平方米。面向南，南北呈长方形。观内主要建筑有三座门、正殿、后殿和一座象征天圆地方的二层楼阁。

大高玄殿的第一、第二重山门，均为绿琉璃瓦盖顶的仿木结构的券洞式大门，各有门洞三座。在第一道山门前，原有高大雄伟的木牌房三座，1955 年因扩建街道拆除了。第二座山门的后面，为一座过厅式的大门，门上高悬“大高玄门”四个大字。大高玄门的前面，原有旗杆一对，现已不存。

在大高玄门的后面是这座道观的主体建筑，即大高玄殿。这是一座重檐庑殿顶式的建筑物，面宽七间，黄琉璃瓦盖顶，气势雄伟。殿前有月台，殿的两侧，各有配殿五间，布局非常严整、壮观。大高玄殿的后殿是一座面宽五间的高大建筑物，殿前高悬“九天应元雷坛”六个大字，十分雄伟。

大高玄殿的最后一座建筑，为象征“天圆地方”的两层楼阁：上层名“乾元阁”，四周有回廊，圆形攒尖屋顶，覆以蓝色琉璃筒瓦，象征“天”；下层名“坤贞宇”，呈方形，覆以黄琉璃瓦檐顶，象征“地”。乾元阁和坤贞宇的匾额是清代乾隆皇帝御笔亲书。

大高玄殿和九天万法雷坛气势雄伟、构思奇巧、布局严谨，反映了道教的思想和风格。明朝建成后，殿内供奉有三清像及嘉靖帝修玄御容，三清像即天宝君、太上道君、太上老君三位尊神。《万历野获编》卷二载：“内官宫婢习道者，俱于其中演唱科仪。且往岁世宗修玄御容在焉，故亦不废。”文中的“科仪”指道教的法规制度与礼仪，可见当时宫中的官员、宫女、太监等，都奉命在这里学习、演练道教做道场的程式与礼节仪式等。所以，大高玄殿是当时皇宫中作道场最大的殿堂。

《日下旧闻考》卷四一：“北上西门之西，大高玄殿也。其前门曰始青道境。左右坊各二，曰先天明境，曰太极仙林，曰孔绥皇祚，曰弘佑天民。又阁二，左曰炅（音：阳）真阁，右曰水月（阴）灵轩。殿之东北曰象一宫，中供象一帝君，范金为像尺许，乃世庙玄修之玉容也。”

“［臣等谨按］大高玄殿在神武门西北，明嘉靖中建，本朝雍正八年修，乾隆十一年复修。第一重门外南面牌坊外曰乾元资始，内曰大德日

生。第二重门额曰大高玄门，正殿额曰大高玄殿，又额曰元宰无为。联曰：烟霭碧城，金鼎香浓通御气；霞明紫极，璇枢瑞启灿仙都。殿额曰九天万法雷坛。再后层高阁，上圆下方，上额曰乾元阁，下额曰坤贞宇。皆皇上（指乾隆帝）御书。上（指乾隆帝）每亲诣瞻礼”。

九天万法雷坛是皇帝祈求雨雪和告天祭祀的地方。明、清两代的皇帝，每逢天气大旱或大涝，都在这里举行隆重的仪式，祈祷上天，求雨祈晴。

自从大高玄殿建成以后，凡帝后诞辰和忌辰、祈晴求雨、禳灾去祸，均按照皇帝的需要随时在大高殿举行斋醮祈祷。尤其在嘉靖时期，世宗“不斋则醮，月无虚日”。据《世宗实录》记载：嘉靖三十三年正月壬寅，“建元旦吉醮于大高玄殿，停封事二十八日”。

嘉靖三十三年九月乙卯，“举秋报典于大高玄殿六日。命有司停刑禁屠。遣文武大臣定国公徐延德等祭告各宫庙”。

嘉靖三十四年九月甲寅，“建秋报大典，于大高玄殿七日，停刑禁屠如例”。

嘉靖三十九年六月甲寅，“建天保大典于大高玄殿等坛，停常封至八月二十日止”。

嘉靖四十二年六月甲子，“设醮于大高玄殿。自是日至八月终止，停常封”。

嘉靖四十三年闰二月甲申，“举岁折典于大高玄殿。停常封。命公张溶等分告各宫祠”。

当时世宗在大高玄殿设醮祷祭，随时召内阁大学士写青辞祭天，明杨四知有《高玄殿诗》以誌其事：“高玄宫殿五云横，先帝祈灵礼太清。风辇不来钟鼓寂，月明童子自吹笙。”

大高玄殿的兴建并不是偶然的。它有着深刻的社会政治背景，在足够的财力和高水平的建筑技术的条件下，始得以构筑这组辉煌的皇家道观建筑群。

明代是道教发展最昌盛的时期之一。特别是到了明世宗统治时期(1522—1566 年)，朱厚熜一反过去儒、释、道并用的政策，大力扶植道教，对道教的崇信如痴如迷，对道教的崇拜达到登峰造极的地步。当时道教与皇权紧密结合起来，大高玄殿便是这种结合的产物。

大高玄殿的建成，皇帝的决断固然是至关重要的，但还要有一定的经

济基础。明嘉靖时期，正是明代的中期。明朝自公元 1368 年朱元璋建国以来，到了嘉靖时期，经过一百多年的治理，社会稳定，经济发展，财政有丰厚的积累。例如："光禄寺库金，自嘉靖改元至十五年，积至八十万"。户部太仓库，嘉靖七年大约进银一百三十万两左右，到嘉靖二十八年进银增至三百九十五万七千一百一十六两（《明世宗实录》卷 356，台湾影印本 6459 页）。《明史》食货志说："世宗营建最繁。十五年以来，名为汰省，而经费已六七百万。其后增十数倍。斋宫秘殿，并时而兴。"嘉靖十五年五月工部尚书蒋瑶在奏疏中说："今内外工程用银六百三十四万七千八百九十余两。"如果国家财库没有丰厚的积累，是不可能建造大高玄殿等那么多宫殿建筑的。

明代的宫殿建筑是中国古代宫殿建筑最辉煌的时期之一。永乐年间建造紫禁城是明朝宫殿建筑的第一高潮，明嘉靖时期是明宫殿建筑的第二高潮。嘉靖帝在位四十五年间，大兴土木，兴修的范围从宫殿亭阁、坛庙道观到陵寝城垣，较大的工程近二百多处，如修建大高玄殿、太庙、皇史宬，重修三大殿，建天、地、日、月坛，建造永陵，增修京师重城等。这些辉煌宫殿建筑都是由工匠们设计和建造的。例如永乐时期，以蒯祥和蔡信为首的能工巧匠们，建造了巍峨的紫禁城。到了嘉靖时期，工匠们的技术和技艺水平进一步提高。当时宫殿建筑者最杰出的代表要算是郭文英和徐杲。郭文英，陕西韩城人，木工出身。在嘉靖初期和中期的宫殿坛庙建筑，例如太庙、历代帝王庙、朝日坛、夕月坛、方泽坛、皇史宬以及天坛的改建，大高玄殿的建造，大部是由郭文英设计并参加施工营建的。《韩城县志》卷五载："世庙钦崇醮典，……营宫孔棘，匠师济济，然擘画图克当帝衷者，则推郭文英焉。"徐杲是嘉靖中叶以后的重要建筑师。他先后参与指挥了不少重大工程，如皇史宬、太庙、京师外城、太玄都殿等。嘉靖三十六年紫禁城前朝三大殿第二次被烧，奉天门也被烧，由徐杲躬自操作，不数月而奉天门复立。嘉靖三十八年重建三大殿，徐杲主工。嘉靖四十一年完工后，复建的三大殿竟和原来一模一样。"三大殿规制，自宣德间再建后，诸将作皆莫省其旧。而匠官徐杲能以意料量，比落成，竟不失尺寸"。因此得到明世宗的宠信，被破天荒地提拔为工部尚书。

如果没有像郭文英、徐杲这样高超的设计规划师，如果没有众多工匠们的高超技艺和充足精良的建筑材料，很难想像能在短期内建造起那么多

辉煌雄伟的宫殿建筑。所以，精细的设计、高超的工艺是大高玄殿得以很快建成重要条件之一。

六、宫婢之变

世宗崇信道教，痴迷于道士所说的御女术和采补术。他不断从南京、山东、河南等地挑选淑女进宫，其中少数被幸运地选为妃嫔，在宫中即为主子。多数留在宫中服役，称宫女。宫女是宫中的仆人，地位低下。每日除了服各种劳役外，还备受主子、特别是皇帝的凌辱。嘉靖帝服丹药后，性情暴戾，稍不顺心，就拿宫女出气，非打即骂。宫女们忍辱含恨，怨声载道。

更为甚者，世宗为求长生，他听信了蓝道士的话，用“静摄”的方法以养生。每天早起，面对初升的旭日，接收日华。然后饮用甘露以健身。于是命令宫女们，早早起来到御花园的花木树叶上采取甘露。宫女们每人左手拿着玉杯，右手持玉簪拨掉花木叶上的晨露，以杯承接。这样一天一天地采露，宫女们十分劳累。有的因此病倒了，有的装病逃避。半年间竟病倒近百名宫女。

嘉靖二十一年十月二十日晚，世宗设醮后到曹端妃宫中饮酒作乐，睡得很晚。史书记载，曹端妃有沉鱼落雁之容。她不但貌美色绝，而且善于狐媚，所以世宗对曹端妃宠爱备至。这遭到王宁嫔的嫉恨，常与曹端妃争风吃醋，这引起世宗的不满，因此罚她和宫女们一起来采甘露。在采甘露中，两个年纪稍大的宫女，一个叫杨金英，另一个叫邢翠莲。两人凭着在宫中当差多年的老资格，往往役使别的宫女来采甘露，而自己却不愿多采一滴甘露。此事被告发后，世宗大怒，将两人痛打一顿。按规定，宫女采取甘露三天轮换一次。如今却不准杨、邢两人轮换，二人对世宗更加怀恨。王宁嫔见此情形，对二人大加笼络，随后又有杨玉香、姚淑翠、关梅秀、陈菊花等人参加，她们以王宁嫔为首，结成了一个秘密团伙。

一天晚上，世宗在曹端妃宫中熟睡之后，曹端妃便离开皇帝到别处睡了。凌晨时分，杨金英等十几名宫女，悄悄来到世宗的卧房前，打开房门，进入室内，然后揭开世宗的被子。这时世宗鼾声依旧，浑然不觉。杨金英将预先准备好的用黄陵布拧成的细绳套在世宗的脖子上，并

打了一个结。同时姚淑翠将一块黄陵抹布盖在世宗脸上。此时世宗稍微动了一下，杨金英急忙示意姐妹们赶快动手。于是姚淑翠拼命掐着世宗的脖子，其余的人一拥而上，邢翠莲按着世宗的脑部，王槐玉压着世宗德腹部，苏川药、关梅秀攥住世宗的左右手，刘妙莲、陈菊花按着世宗的双腿，杨金英迅速把绳套套在世宗的脖子上，姚淑翠等二人用力向两边拉绳套。一阵难忍的剧痛和窒息，将世宗从睡梦中惊醒，但此时他已说不出话来，更挣扎不得，只翻着白眼，张着嘴，脸色变成了紫肝色，眼球几乎要迸出来，眼看世宗就没命了。可惜慌乱中，杨金英在结绳套时误把绳套结成死结，结果拉了半天也没有把皇帝勒死。这时一个宫女叫张金莲的，见事不成，慌忙跑去报告方皇后。方皇后闻讯急忙赶了过来，不久管事的太监也赶过来，将十六名宫女拿获。方皇后见皇帝当时已奄奄一息，急命御医前来抢救，很快御医许绅等赶到，许绅冒死用了桃仁、红花、大黄等下血药。二十一日上午辰时灌下，三四个小时后世宗仍昏迷不醒，直到下午未时，即经过七八个小时后，世宗才忽然有声，并吐出紫血数升。申时，世宗能开口讲话。许绅又下三四剂平气活血之药。最后，世宗奇迹般地活了过来。以后十六个宫女全部被押赴市曹，枭首示众。这个案子也牵涉到王宁嫔和曹端妃，她们也被凌迟处死，并抄没其家族财产。

当时朝鲜使臣在北京亲眼看见了此事，他回来报告国君说："盖以皇帝虽宠宫人，若有微过，少不容恕，辄加棰楚，因此殒命多至二百余人，蓄怨积苦，发此凶谋。"

壬寅宫婢之变后，明世宗再也不敢住在宫中，从此便移居西内（今中南海、北海）燕王旧宫，专心修玄，日求长生，与大臣隔绝。迁居西苑后，后宫妃嫔全部随行。其后又选宫女，自嘉靖二十六年至四十三年，他大选 4 次宫女，其中仅 8 岁到 13 岁的幼女就选了 1080 人。他为什么选这么多小女孩呢？因为道士陶仲文献方，如果能常吃"先天丹铅"药，可以长生不老。所谓"先天丹铅"药是用小女孩的月经炼制的。这么多小女孩被选入宫，就是为了取其经血以炼制"先天丹铅"药。为此，明末文人王世贞的《西城宫词》里写道："两角鸦青双结红，灵犀一点未曾通。自缘身作延年药，憔悴春风雨露中。"

七、亡国之君崇祯皇帝吊死煤山

明思宗朱由检，生于公元1611年1月，公元1627年8月即位，至公元1644年吊死在煤山，在位十七年，享年34岁。年号“崇祯”。

明末农民起义军在李自成的率领下，于公元1644年（崇祯十七年）三月十七日进军北京城下，要求崇祯帝及早“逊位”。崇祯帝没有接受。三月十八日夜间，大顺军架飞梯攻西直、平则、德胜诸门。太监曹化淳开彰仪门，迎接义军。崇祯帝见大势已去，于是命人分别送太子、永王、定王至勋戚周奎、田弘遇家。然后把袁妃与周皇后叫来，并一口气喝了几十杯酒，于是挥剑向袁妃砍去，袁妃应声而倒。命皇后自缢，皇后急返坤宁宫上吊而死。长平公主在一旁痛哭不已，崇祯帝悲叹道：“汝如何故生我家?”然后一剑砍去，公主挥臂遮挡，右臂被砍断，昏倒在地。接着崇祯帝又砍杀几位妃嫔。十九日昧爽，北京内城亦被攻陷，崇祯帝亲自在前殿召集百官，百官却无一人来。无奈，他与太监王承恩登上煤山，卸下黄袍，用衣襟愤然写下遗诏：“朕凉德藐躬，上干天咎，致逆贼直逼京师，皆诸臣误朕。朕死无面目见祖宗，自去冠冕，以发覆面，任贼分裂，无伤百姓一人。”随后，他赤足轻衣，乱发盖脸，与承恩相对，上吊自杀。现北京景山公园里，仍保留有崇祯自缢处的景观。

第二节 清朝皇帝

顺治皇帝福临

清朝从公元1616年努尔哈赤建立后金汗国开始，至公元1911年末代皇帝溥仪逊位，历经12帝，共统治296年。

清朝是我国封建社会最后一个王朝，它是以满洲贵族为主体联合汉族地主阶级及其他少数民族贵族而建立的一个多民族的中央集权的君主专制政权。清朝前期，特别是在康、雍、乾时期，采取了一系列强化中央集权的措施，把我国封建君主专制的中央集权制

度发展到了顶峰。康、雍、乾时期，农业生产得到全面恢复和进一步发展，经济繁荣、文化昌盛、社会稳定、国力强盛，史称“康乾盛世”。清朝自嘉庆以后国力渐衰，特别是1840年鸦片战争以后，由于外国列强的侵略，清政府被迫屡屡割地赔款，最后沦为半封建半殖民地社会，中国人民陷入了历史上空前的苦难之中。清末，人民革命运动风起云涌。1911年，清朝政府终于被以孙中山领导的辛亥革命所推翻。

康熙皇帝玄烨

清朝十二个皇帝是：

1. 清太祖努尔哈赤，年号“天命”，在位11年（1616—1626年）。
2. 清太宗皇太极，年号“天聪”、“崇德”，在位17年（1627—1643年）。
3. 清世祖福临，年号“顺治”，在位18年（1644—1661年）。
4. 清圣祖玄烨，年号“康熙”，在位61年（1662—1722年）。
5. 清世宗胤禛，年号“雍正”，在位13年（1723—1735年）。
6. 清高宗弘历，年号“乾隆”，在位60年（1736—1795年）。
7. 清仁宗颙琰，年号“嘉庆”，在位25年（1796—1820年）。
8. 清宣宗旻宁，年号“道光”，在位30年（1821—1850年）。
9. 清文宗奕詝，年号“咸丰”，在位11年（1851—1861年）。
10. 清穆宗载淳，年号“同治”，在位13年（1862—1874年）。
11. 清德宗载湉，年号“光绪”，在位34年（1875—1908年）。
12. 清末代皇帝溥仪，年号“宣统”，在位3年（1909—1911年）。

雍正皇帝胤禛

乾隆皇帝弘历

嘉庆皇帝颙琰

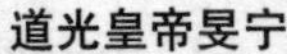

道光皇帝旻宁

咸丰皇帝奕詝

同治皇帝载淳

与明朝皇帝相比，清朝皇帝一般比较勤政，特别是开国之君，如努尔哈赤、皇太极生机勃勃，奋发有为。奠基治世之帝如康熙、雍正、乾隆皇帝雄才大略，励精图治，政绩卓著。嘉庆皇帝虽殚精竭虑、勤勉守成，但政绩平平。道光以后，由于列强侵略、内忧外患，清后期各帝多平庸无能、丧权辱国。光绪帝空有抱负，百日维新，如昙花一现，最后只落得遗恨终天。除皇帝之外，多尔衮是清朝入关时辅助年幼顺治帝的摄政王，被封为皇父摄政王、成宗义皇帝，定国开基、功高权重，是大清帝国实际的创立者。清末慈禧太后叶赫纳拉氏，几度垂帘听政，掌握清朝政权达 48 年之久。多尔衮和慈禧都是未称皇帝的帝王。每个皇帝或太后个人性格和作风也因人而异，或宽厚仁慈，或刻薄寡恩，或阴险毒辣，或勤俭节约，或穷极奢侈。本书只撰述部分皇帝的遗事遗墨以反映其个人的特点。

光绪皇帝载湉

宣统皇帝溥仪

一、清王朝的开创者努尔哈赤

清太祖努尔哈赤出生于公元1559年，公元1616年即位，至公元1626年死去，享年68年，在位11年，年号“天命”。努尔哈赤是女真族的杰出首领，是大清王朝的开创者和奠基人，也是中国历史上一位杰出的政治家和军事家。

以“七大恨”誓师反明

努尔哈赤建立后金政权后，把战略重点从原先的统一女真诸部转移到反抗明朝的民族压迫。他趁明神宗三十多年不理朝政、政治腐败、兵马羸弱的机会，于天命三年四月十三日（明万历四十六年）以“七大恨”誓师，起兵反明。“七大恨”誓文的原件现存于中国第一历史档案馆。“七大恨”的主要内容，主要是指责明廷不尊重汉区与建州边界的划分，并且支持叶赫部抗拒努尔哈赤的统一。具体内容是：（1）明廷无故生事，杀害我祖、父；（2）明廷偏袒叶赫、哈达部落，欺压建州；（3）明朝以赏还边境明朝民命为由，擅杀了建州前往明廷送礼的方吉纳等十人；（4）叶赫部因有明廷的援助，才敢将原已许嫁给努尔哈赤的女子，转嫁给蒙古；（5）后金人耕垦柴河、三岔儿、抚安三堡之地，遭到明军的破坏，不许我收割粮食；（6）遣使遗书，无端辱骂；（7）偏袒叶赫部落，压制后金。这“七大恨”既反映了女真人对明朝民族压迫政策的不满，又是女真贵族策骑称兵的托词。它顺应了满族人民反抗压迫的趋势，因而得到了满族人民的支持和拥护。誓师的当天，努尔哈赤立即率兵马西行，以迅雷不及掩耳之势拿下了东州、马根单等城寨，随后又攻下抚顺等城。努尔哈赤初战告捷，明朝损将丧师，“举朝震骇”。

“七大恨”是努尔哈赤的后金政权正式向明朝的宣战书，从此明、清交战开始，最后明朝灭亡，清朝最终统治了全中国。

二、清朝入主中原的第一位皇帝——清世祖福临

清世祖福临为清太宗皇太极的第九子。生于公元1638年，公元1643年即位，公元1661年病死，享年24岁，在位18年，年号“顺治”。

公元1643年9月，皇太极因患脑溢血在沈阳清宁宫突然去世，由其

6岁的儿子福临即皇帝位。根据太宗遗命，由福临的叔父济尔哈郎和多尔衮共同辅政。他在位18年中，在其叔父摄政王多尔衮的辅助下，镇压了农民起义军，迁都北京，消灭了明朝在江南的残余势力，实行满汉合作政策，建立了全国统一的清政权。

“冲冠一怒为红颜”

明末清初，是一个“天崩地裂”社会大动荡的时代。公元1644年3月19日，以李自成为首的农民起义军攻占了北京。明崇祯皇帝吊死煤山，明朝至此灭亡。生机勃勃的清军在多尔衮的率领下趁机入关，入主中原。这时拥有重兵的明朝山海关总兵吴三桂是一个举足轻重的人物。

吴三桂，字长伯，公元1611年出生于辽东的一个武将世家。其父吴襄为明朝的总兵官。家有庄田10处，计数百亩。吴氏父子，一向吃的是“细酒肥羊”，穿的是“纨罗贮绮”。李自成进攻北京时，崇祯帝又加吴三桂为平西伯，命火速进京勤王。但吴三桂为保存自己的实力，却“迁延而不即发”。虽然他率领五十余万军民组合的混成队伍最终从宁远出发了，但速度极慢。三月二十日，吴三桂赶到距京数百里的丰润时，李自成率领的农民军已于三月十九日攻占了北京城，于是吴三桂又急急忙忙逃了回去。不久，李自成派唐通给他送来了其父吴襄劝降信和犒师银四万两，召他入京，另派2万兵替他守关。吴三桂同意投向农民军，于是又踏上西进之路。但当他到达滦州时，听到从京城逃出来的家人密报，说其在京家产被抄、父亲被囚、爱妾陈圆圆被虏，于是便气得怒发冲冠，马上回师山海关，率2万兵将决心与农民军决一死战。

陈圆圆，名沅，字畹，江苏武进奔牛镇人。从小家中贫寒，父亲死后，陈圆圆被卖到了苏州，成了一名歌妓。她当时正值豆蔻之年，身态典雅天然，而且擅演南戏，可以说色艺双全，很快跃居“梨园之胜”，艳名远播。她与顾寿、黄小婉、李香君齐名。

崇祯十五年（1642年），陈圆圆被国丈田弘遇以重金买去。田弘遇乃崇祯帝的宠妃田氏之父，贵为国戚，富可敌国。家中养着人数众多的歌女，每天寻欢作乐，达旦宴饮。陈圆圆以她天生的丽质、甜美的歌喉，深得到田弘遇的宠爱。但其时，农民军日渐逼近北京，满城权贵惴惴不安。田弘遇鉴于局势的动荡，为保卫家产，便巴结当时视为“国家干城”的吴三桂，将陈圆圆送给了吴三桂。吴三桂一见到陈圆圆，为之倾倒。他以保田氏家产胜于保国家的誓言，将陈圆圆接到手。陈圆圆一见到英气勃勃、

朗眉俊目的吴三桂也倾心相爱，相许终身。

当吴三桂听到陈圆圆被农民军刘宗敏掠去后，不禁拍案而起，怒发冲冠。大呼道："大丈夫连一个女子都不能保，还有何面目见人耶!"因而断然拒绝农民军归降的要求，誓与农民军决一死战，并作绝父书，立即率兵返辔，一路纵掠，直奔山海关。明末大诗人吴伟业曾作过一首《陈圆圆曲》，其中一句"冲冠一怒为红颜"，指的就是这段故事。

吴三桂拒绝归降农民军后，便马上修书给多尔衮，表示愿意归顺清朝。以后联合清军，在山海关击败李自成的农民军，引清兵直驱京师。清军进入北京后，为笼络人心，大肆为崇祯皇帝发丧。随之迁都北京。顺治元年（1644 年）九月，福临和皇室人员从沈阳抵达北京。十一月初一日，福临亲到南郊告祭天地，即皇帝位。从此，清朝从一个割据的地方政权，一跃而为统治全国的大一统的清王朝。

三、统一大清王朝的奠基者——康熙皇帝

清圣祖名玄烨，生于公元 1654 年，公元 1661 年即位，于公元 1722 年卒，享年 69 岁，在位 61 年，年号"康熙"。康熙帝是中国历史上在位最久的皇帝。

康熙帝是清军入关后的第二个皇帝，也是一位雄才大略、勤政有为的皇帝。他在位的 61 年间，文治武功都卓有政绩。从康熙到乾隆时期，其间大约百余年间，是清朝最兴盛的时期，史称"康乾盛世"。这一时期是中国封建社会继汉初"文景之治"、唐初的"贞观之治"之后的又一盛世，被视为中国封建社会黄金时代之一。

1. 布库儿智擒鳌拜

康熙帝 8 岁即位，朝廷政务主要由索尼、苏克萨哈、遏必隆和鳌拜四位辅政大臣主持。四位辅政大臣中以鳌拜势力最大，他居功自傲，根本不把康熙帝放在眼里。他矫旨杀害了直隶总督朱昌祚、巡抚王登朕和户部尚书苏纳海。他与苏克萨哈不合，便罗织罪名 24 条，逼迫康熙帝表态，处死苏克萨哈，自己独揽朝政大权。他广结党羽，任用私人亲信。凡军政要事，他都要先在他家中议好了，然后再交皇帝颁旨实行。鳌拜位高权重，常常称病不朝。有一次康熙帝去看他，侍卫和托发现鳌拜神色不对，便迅速走到其床前，揭开卧席，发现一把刀子。鳌拜见此，心情十分紧张，康熙帝却若无其事地笑着说："刀不离身是满洲人的习惯，不足为怪。"年幼的康熙帝看在眼里、记在

心里，如此骄横朝野、居心叵测的人，如不除之，必为后患。

康熙帝要除鳌拜，肃清其党羽，谈何容易！玄烨在祖母的指导下，暗地里进行准备，借口喜欢摔跤踢打，派人物色了一批身强力壮的少年贵族子弟，留在身边作为贴身侍卫。要他们天天演练“布库戏”（满语，相斗赌力），学习擒拿格斗技术。鳌拜进宫虽然看到一群孩子吵闹着玩，也毫不介意。有时玄烨还有意顺着鳌拜，使其不会产生惑疑。待一切都准备好了以后，康熙八年（1669 年）五月十六日，便召鳌拜进宫。毫无戒备的鳌拜刚一进宫，玄烨便指挥这批少年卫士迅速将鳌拜拿下。这样，刚满 16 岁的皇帝玄烨便以机智巧妙的计谋，铲除了权奸老臣鳌拜。康熙帝把鳌拜关进大牢后，命大臣们调查揭发他的罪行。大臣们认为鳌拜专横跋扈、擅杀无辜、罪行累累，请求处斩。但康熙帝则从宽发落，罢官削爵，永远监禁，并清除了他的党羽。康熙帝铲除鳌拜集团后，在政治上摆脱了充当傀儡的枷锁，从此开始了他真正的亲政活动。

2. 平定三藩叛乱

康熙帝自亲政后，便决心撤藩。他说：“朕听政以来，以三藩及河务、漕运为三大事，夙夜廑念，曾书而悬之宫中柱上。”可见康熙帝在亲政以后，把三藩、河务、漕运作为他要处理的三大任务，并把此写在宫中的柱上，作为座右铭，以时刻记住。三大任务中又以解决三藩为首要大事。

所谓三藩，即指明朝降清的三个藩王：平西王吴三桂、定南王尚可喜、靖南王耿精忠。当时吴三桂在云南、尚可喜在广东、耿精忠在福建，形成了割据状态。其中以吴三桂的势力为最大，拥有官兵十余万人。他名义上隶属中央，实际上自行任命官吏，自设税收机关，中央各部门都不能管，俨然是一个独立王国。面对分裂和统一的问题，在清廷内部引起了一场争议。兵部尚书明珠、户部尚书米思翰力主撤藩。以图海为首的多数贵族官僚则不主张撤藩。当时争议十分激烈，两次御前会议都未能定下。当时康熙帝经过深思熟虑，毅然决定撤藩。当撤藩令下达时，蓄谋已久的吴三桂首树叛旗，接着耿精忠、尚可喜的儿子尚之信也相继反叛，很快战火燃及整个江南。

吴三桂自称“天下都诏讨兵马大元帅”，为明复仇。以后他又撕下“复明”假面具，于康熙十七年（1678 年）在湖南衡州当上了皇帝，年号“昭武”，改衡州为“定天府”，并修筑房屋 100 间，索性过起了荒淫的皇帝生活。但此时的吴三桂已经 76 岁，又得噎嗝病，不久便去世了。他死后由其孙子吴世璠继位，年号“洪化”。康熙二十一年（1682 年）勇略将军赵良栋率领的清军攻破云南省城，吴世璠自刎。这样，为时八年，波及十省的三藩叛乱，终于平息下去了。

3. **以强大武力为后盾，和平统一台湾**

台湾自古以来就是中国的领土。明朝后期，由于政治腐败，国力日衰，1624年荷兰殖民主义趁机侵入台湾，对台湾人民进行了镇压和掠夺。1661年，民族英雄郑成功在台湾人民的支持下驱逐了荷兰人，收复了台湾，在中国人民反抗外来侵略的历史上写下了光辉的一页。郑成功死后，他的儿子郑经参加了三藩的叛乱，以后又幻想在台湾搞独立王国。多年之后，郑克爽继承王位时，统治集团更加腐朽，内部互相残杀，“人心益失”。

康熙帝对台湾郑氏集团的政策，一贯采取“剿抚兼施”、以抚为主的方针，即争取和平统一台湾。康熙继位以后的二十多年间，清、郑之间时打时谈，但主要是争取招抚郑氏集团，其中有三次大的招抚活动，即：1667年清廷派总兵孔元章亲自到台湾与郑经和谈；1669年派大臣明珠、蔡毓荣至泉州坐镇，派兴化府知府慕天颜第二次赴台和谈；康熙十六年至十八年康亲王杰书到福建，命总督姚启圣多次遣使招抚郑经，并在福建设修来馆，以高官厚禄招抚郑氏集团官兵。经过长期的招抚活动，瓦解了郑氏集团的力量，赢得了民心。康熙皇帝在对郑氏集团的斗争中，坚持祖国的统一，反对分裂。在郑、清多次谈判中，郑经执意要以朝鲜为例子，“不削发”，“不登岸”，对清朝“奉正朔”，为清朝一个藩属国。康熙帝坚决地予以回绝。他说：朝鲜从来是外国，郑经是中国人，不可与外国相比。允许郑经世守台湾，封官厚禄，就是不能独立于中国之外。历史证明，康熙帝坚持统一、反对分裂的政策是正确的。

康熙帝在平定三藩后，认为解决台湾问题的条件已经成熟：清朝方面，大陆平定、军力大增；郑氏集团方面，自公元1681年郑经中风死后，其子郑克爽、郑克壍为争夺王位，互相厮杀，乱作一团。这正是解决台湾问题的好时机。于是任命擅长水师和深知敌情的施琅为福建水师提督，并加太子少保衔，督率水师进取台湾。但临行时，还谕告施琅：“务期剿抚并用，底定海疆。”康熙二十二年六月二十二日，施琅水师占领澎湖。澎湖大捷传到北京，康熙帝大喜过望。澎湖是台湾的门户，这时只要清军一鼓作气是可以收复台湾的。但康熙帝还是决定下旨招降。康熙帝认为攻打台湾，不但将士劳顿、民众伤亡，而且郑氏集团人员流窜到外国，反而滋

生事端。于是下诏谕告台湾：郑经之子郑克爽等，若能率军民人等登岸投降，将尽行赦免以前的抗违之罪。在清政府的感召之下，郑克爽终于率冯锡范、刘国轩等官员奉表缴印归降。康熙帝念其“悔过投诚”还为时未晚，于是封郑克爽“公”衔，其部下俱“从优叙禄，加恩安插”。这样，脱离祖国60年后，台湾又回到了祖国的怀抱。为此，康熙曾写下诗一首，以表他的欢心与激情：

万里扶桑早挂弓，水犀军指岛门空。
来庭岂为修文德，柔远初非黩武功。
牙帐受降秋色外，羽林奏捷月明中。
海隅久念苍生困，耕凿从今九壤同。

4. **平定噶尔丹叛乱**

在清宫档案中，还保留一件康熙皇帝的亲笔朱谕：“立心似石，主意如铁，必灭此贼，而后方回。”这是康熙帝为平定噶尔丹叛乱而写下的决心。

蒙古族是我国古老民族之一，准噶尔是厄鲁特蒙古四部落之一，长期以来游牧在我国西北地区，一直属我国政府管辖。清初曾封厄鲁特顾实汗为“遵文行义敏慧顾实汗”。公元1671年，野心家噶尔丹窃据了准噶尔台吉后，大肆侵吞其他部落，发动叛乱。康熙帝为了维护国家统一，坚决进行平乱。康熙二十九年乌兰布通之役，噶尔丹惨败。他表面上书朝廷，称康熙帝像“慈母”、“菩萨”一样，并发誓不再出兵侵犯喀尔喀蒙古，但暗地里与沙俄勾结，妄图将祖国领土雅克萨割给沙俄，以换取沙俄的武力援助。由于清廷对沙俄早有警告和戒备，沙俄未敢抽出兵力援助噶尔丹，但通过派遣军事参谋人员、提供军需物资等，支持噶尔丹。在沙俄的支持下，噶尔丹再次叛乱，于是康熙皇帝决定率军亲征。此举，遭到大学士王熙等人的阻挠，王熙说皇帝“是天地神人之主”，“无烦皇上玉体亲行”。康熙帝拒绝了王熙的意见，即分兵三路进剿。大军行至科图时（现锡林郭勒盟内），噶尔丹扬言：“有兵二万，又借俄罗斯火器六万。”这时大学士伊桑阿被这种虚张声势吓破了胆，急忙奏请回师，康熙帝勃然大怒说：“尔等逡巡后退，朕必诛之。”当时他用朱笔写下了“立心似石，主意如铁，必灭此贼，而后方回”的决心。

从康熙三十五年至三十六年，经过三次亲征，才彻底平定了噶尔丹的叛乱，维护了国家的统一。在平叛之后，康熙帝喜悦的心情洋溢于朱批一封大臣请安折上："朕躬安善。噶尔丹因朕三次亲行出塞，势穷力蹙，群情叛离，其下来归者日至，败遁余生计无所往，惶惧自尽，余众悉平。从此荒漠永安，边民得以休养，不负三番远驭。朕心愉悦。兹因请安之便，特示大略。"

5. 康熙皇帝学习自然科学

康熙皇帝读书像

康熙皇帝是一个有作为的君主，在他统治的61年中，清朝的文治武功都达到了前所未有的成就。他一生勤政好学，自5岁开始读书，13岁能下笔成文。亲政以后，"听政之暇，即在宫中披阅典籍，殊觉义理无穷，乐此不疲，因此终日手不释卷，无间寒暑，惟有读书写字而已"。

康熙帝学习的内容十分广泛，不仅爱读中国的四书五经、史乘、诸子百家等文化典籍，而且对西方的科学文化也十分喜爱。他先后聘请学有专长的西方传教士来宫中给他讲课。如南怀仁（比利时人）、徐日升（葡萄牙人）、张诚（法国人）、白晋（法国人）、安多（法国人）、闵明我（意大利人），他们为康熙帝讲授过数学、天文学、地理学、药理学、解剖学、拉丁文、欧洲哲学、音乐理论、绘画等。而康熙帝尤对西方的数学感兴趣。白晋说："康熙每天都宣我们进宫去给他讲课。他听课很认真，重复我们所讲的内容，自己动手画几何图，《几何原本》他至少读了二十遍。无论几何中的棘手问题，还是我们拙劣的语言，都不能使他泄

康熙皇帝学习时用的计算器

气。他听我们讲解时的耐心与注意力是相当值得赞叹的!”“康熙带着极大的兴趣学习西方科学……他不喜欢好吃懒做，常是起早贪黑，尽管我们谨慎地早早地就来到宫中，但他还是经常在我们到达之前就准备好了。”

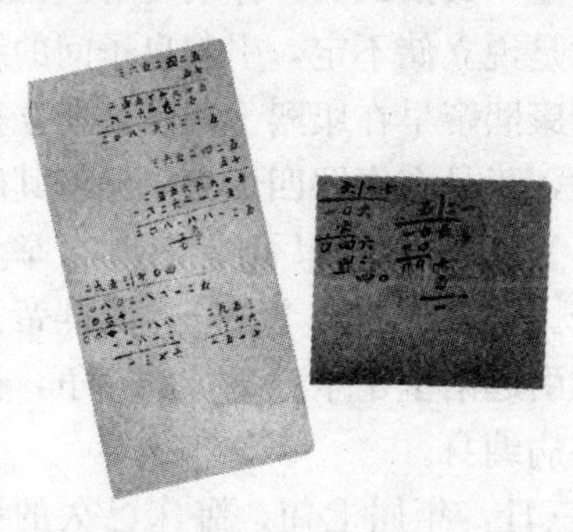

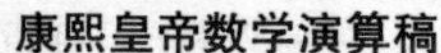

康熙皇帝数学演算稿

康熙皇帝学数学用的算术桌

康熙帝演算数学的草稿及其他学习用书，至今有一部分还保存在中国第一历史档案馆。由于有了良好的数学基础，他能团结和造就一批中国数学家，并亲自主编了《数理精蕴》那样大型的数学丛书。他在视察河务中，曾亲自测量水位、堤坝的深浅高低，计算出水流量的大小，对选定治河方案起了很大的作用。他学习了天文、数学知识后，经常到京城的观象台亲自观测天象，进行数学推算，并能准确地计算出某日某时日晷上所显示的日影的位置，指出钦天监在天文推算中的错误。为帮助康熙帝的学习，传教士们还制作了不少的计算工具，如手摇计算机、计算尺、比例规、计算用桌等，这些工具至今仍保存在故宫博物院。

四、励精图治的雍正皇帝

雍正皇帝胤禛是清入关后的第三代皇帝。生于公元1678年，康熙帝的第四子。公元1722年即位，时年45岁。在位13年。公元1735年卒，享年58岁，年号“世宗”。

雍正一朝十三年是康乾盛世承上启下的关键时期。雍正皇帝勤于政务，雷厉风行；整顿吏治，严惩贪官污吏；成立军机处，改革文书档案制度，以加强皇权；实行摊丁入亩，耗羡归公以改革陋规，促进了生产力的

发展，为康乾盛世奠定了基础。

关于雍正皇帝的政绩，后人及史学家都一致肯定，无可非议。只是关于他的继位问题，历来传说不一，成为清史的一大疑案。

康熙皇帝可以说是一个英明有为的君主，文治武功，标炳史册。但他最大的一个错误是没有选好接班人，也就是说立储不定，引起皇子间的结党营私、你争我夺，以致政局动荡不安。康熙帝早在康熙十四年就册立他的二儿子允礽为太子。后因诸皇子的反对，于是在康熙四十七年又将其废掉。以后由于皇四子胤禛从中婉言劝谏，又加允礽被释后比较谨慎、举步有礼，于是康熙帝第二次再立允礽为太子。但到康熙五十一年，康熙帝又偏信谗言，再一次把允礽废除。这样更加引起诸皇子争夺皇位的斗争，搅得乌烟瘴气，康熙帝也为此心力交瘁、疾病缠身。

康熙六十一年（1722 年）十一月十三日，年届七旬、卧床已久的康熙帝病情急剧恶化，戌刻（晚 7 时至 9 时）驾崩于畅春园。根据康熙遗诏，皇子胤禛继位，即雍正皇帝。

但是也有不同传说。传说之一是：说康熙帝弥留之际，想传位于皇十四子胤禵，便叫隆科多（雍正帝的舅舅）传旨，召回皇十四子。但因讲话舌头蹇塞，当说道“十”字时，停了一会儿，方说出“四子”二字。这样一来，隆科多便钻了空子。故意大声喊道：“皇上有旨，诸皇子到园，不必进内，单召皇四子见驾。”就这样，皇四子胤禛就继承了皇位。

传说之二是：说康熙皇帝本意是想把皇位传给第十四子胤禵，所以诏书里写了“皇位传十四子”的字样。而胤禛在舅舅的帮助下，偷偷把“十”字改写成“于”字。于是诏书里“皇位传十四子”变成了“皇位传于四子”，所以皇四子胤禛也就成了皇帝。

还有其他说法，不一而是。其实，“传说一”无据可凭，不足为信；“传说二”从当时文字书写制度来看，也不能令人信服。清代的文书，特别是清代前期的文书，都是满、汉文合璧的。康熙帝的遗诏，不用满文，只用汉文书写是不可能的。另外，清代“于”、“於”二字是不通用的。传位给谁，应该用“於”字，“于”字是说不通的。

现在在中国第一历史档案馆中，还珍藏着一份《康熙皇帝遗诏》。在遗诏中明确写着：“雍亲王皇四子胤禛人品贵重，深肖朕躬，必能克承大统。著继朕登基，即皇帝位。”作者认为档案还是真实可靠的。所以雍正皇帝是名正言顺、合法有据地继承皇位的。下面将《康熙帝遗照》全文抄

录入下来，一方面通过遗诏[①]全文可使读者能了解到康熙帝一生的政治思想和对统治经验总结；另一方面，读者也可通过遗诏了解到雍正帝继位的合法性。

奉天承运，皇帝诏曰：从来帝王之治天下，未尝不以敬天法祖为首务。敬天法祖之实，在柔远能迩，休养苍生，共四海之利为利，一天下之心为心。保邦于未危，致治于末乱。夙夜孜孜，寤寐不遑，为久远之国计，庶乎近之。今朕年届七旬，在位六十一年。实赖天地宗社之默佑，非朕凉德之所至也。历观史册，自黄帝甲子，迄今四千三百五十余年，共三百一帝，如朕在位之久者甚少。朕临御至二十年时，不敢逆料至三十年；三十年时，不敢逆料至四十年……今已六十一年矣。《尚书·洪范》[②]所载："一曰寿，二曰富，三曰康宁，四曰攸好德，五曰考终命。"五福以考终命列于第五者，诚以其难得故也。今朕年已登耆，富有四海，子孙百五十余人，天下安乐，朕之福亦云厚矣。即或有不虞，心亦泰然。念自御极以来，虽不敢自谓能移风易俗，家给人足，上拟三代明圣之主，而欲致海宇升平，人民乐业，孜孜汲汲，小心敬慎，夙夜不遑，未尝少懈。数十年来，弹心竭力，有如一日，此岂仅劳苦二字所能该（概）括耶？前代帝王或享年不永，史论概以为酒色所致，此皆书生好为讥评。虽纯全尽美之君，亦必抉摘瑕疵。朕今为前代帝王剖白言之，盖由天下事繁，不胜劳备之所致也。诸葛亮云："鞠躬尽瘁，死而后已。"为人臣者，惟诸葛亮能如此耳！若帝王仔肩甚重，无可旁诿，岂臣下所可比拟！臣下可仕则仕，可止则止，年老致政而归，抱子弄孙，犹得优游自适。为君者勤劬一生，了无休息之日。如舜虽称无为而治，然身殁于苍梧；禹乘四载，胼手胝足，终于会稽。拟此皆勤劳政事，巡行周历，不遑宁处。岂可谓之崇尚无为，清静自持乎！《易·遁卦六爻》未尝言及主人之事，可见人主原无宴息之地可以退藏，"鞠躬尽瘁"，诚谓此也。自古得天下之正，莫如我朝。太祖、太宗初无取天下之心，尝兵及京城，诸大臣咸云当取。太宗皇帝曰："明与我国素非和好，今欲取之甚易，但念系中国之主，不忍取也。"后流贼李自成[③]攻破京城，崇祯自缢，臣民相率来迎。乃剪灭闯寇，入承大统，稽查典礼，安葬崇祯。昔汉高祖係泗上亭长，明太祖一皇觉寺僧。项羽起兵攻秦，而天下卒归于

汉。元末陈友谅等蜂起，而天下卒归于明。我朝承席先烈，应天顺人，抚有区宇。以此见乱臣贼子，无非为真主驱除也。凡帝王自有天命，应享寿考者，不能使之不享寿考；应享太平者，不能使之不享太平。朕自幼读书，于古今道理粗能通晓。又年力盛时，能弯十五力弓，发十三把箭，用兵临戎之事，皆所优为。然平生未尝妄杀一人，平定三藩，扫清漠北，皆出一心运筹。户部帑金，非用师赈饥，未敢妄费，谓皆小民脂膏故也。所有巡狩行宫，不施采缋，每处所费不过一二万金，较之河工岁费三百余万，尚不及百分之一。昔梁武帝亦创业英雄，后至耄年，为侯景所逼，遂有台城之祸。隋文帝亦开创之主，不能预知其子炀帝之恶，卒致不克令终，皆由辨之不早也。朕之子孙百有余人。朕年已七十，诸王大臣官员军民以及蒙古人等，无不爱惜朕年迈之人。今虽以寿终，朕亦愉悦。至太祖皇帝之子礼亲王、饶馀王子孙，现今俱各安全。朕身后，尔等若能协心保全，朕亦欣然安逝。雍亲王皇四子胤禛人品贵重，深肖朕躬，必能克承大统。著继朕登基，即皇帝位，即遵典制持服。二十七日释服，布告中外，咸使闻知。

康熙六十一年十一月十三日

注释：

①遗诏，中国帝王诏令文书之一。清代凡大政事，颁布告天下臣民使用诏书。皇帝临终总结自己一生统治经验，以遗言告戒臣工，用遗诏。

②尚书，亦称《书》、《书经》。儒家经典之一。中国上古历史文件和部分追述古代事迹著作的汇编。相传由孔子编选而成。

③李自成，明末农民起义领袖。陕西米脂县李继迁寨人。出身农民家庭。崇祯二年（1629年）起义，称闯王。崇祯十七年，建大顺政权，年号永昌，不久攻克北京推翻了明王朝。

雍正与禅宗

雍正皇帝励精图治，勤于政务，尤其是乐于“阅奏折而不疲”。在清代各帝的朱批奏折中，以雍正帝的朱批谕旨最多而且详细。他平均每天要批阅奏折数十件。他批阅臣工的奏折如同改学生的作文一样，有的谕旨批在折面，有的谕旨批在折尾，有的谕旨批在字里行间，有的改正错别字，每折手批数十言，或批数百言。他白天上朝听政，处理国家大事；夜间在

灯下批阅奏章。他在直隶总督蔡珽的奏折上批："白天未得一点之暇，将二鼓（注：一夜分五鼓，二鼓即二更天）灯下书字，不成字，莫笑话。"在雍正帝大量批阅奏折中，有不少是关于佛教方面的朱批。如朱批文觉禅师的请安折："文觉禅师臣僧元信，恭请皇上万安。"（朱批）"朕躬甚安好，老禅师好么。"再如朱批明慧僧人的请安折："臣僧明慧跪请皇上圣躬万安。"（朱批）"朕安。老徒弟你好么。"雍正皇帝是一位很有学问的君主，他不仅通晓儒家经典，而且工诗词、善书画，有很高的汉文化修养。特别是深通佛理，对中国化佛教宗派禅宗别具慧解，其禅论戛戛独造（满语），其境界很深，这在历代帝王中实不多见。雍正帝自居藩邸，到后来继位，曾从师著名的活佛高僧，文觉禅师便是其中之一。同时由于他佛学造诣很高，也指导一些僧人修炼禅宗，明慧便是由雍正帝指导而得开悟的僧人。所以雍正帝称明慧为老徒弟。

雍正帝喜读内典，深通佛理，尤其是禅宗，更是深得法要，造诣很高。他亲自编撰了《雍正御录宗镜大纲》，又亲自制作了《御选语录》，自称"破尘居士"和"圆明居士"。他当皇帝后，在日理万机的情况下，还经常在宫中和有关大臣进行禅机问答，现在中国第一历史档案馆还保存一批雍正帝与大臣的禅机问答纪录。如：斤两钱分厘毫忽丝，且到哪个多？哪个少？哪个轻？哪个重？

张廷玉答：一而十，十而百，多少轻重随手合。

鄂尔泰答：斤两积重，丝忽数多，任合任分，无轻无少。

彭福答：分厘毫忽丝多，钱少，斤重，两轻。

允禄答：钱字为数多且重。

天申答：斤少丝多，丝轻斤重。

圆寿答：重者少，轻者多。

允礼答：两多则重于斤。

五、自称文治武功古今第一人的乾隆皇帝

乾隆皇帝爱新觉罗·弘历，生于公元1711年，公元1735年即位，公元1795年退位，在位60年。退位后又当了三年的太上皇。公元1799年卒，终年89岁，是中国历史上最长寿的皇帝。

乾隆一朝，在康熙、雍正两朝七十多年治理的基础上，大一统清王

朝，社会稳定，经济繁荣，达于“康乾盛世”的极点。文治武功都卓有成就。乾隆帝自称“十全老人”，晚号“古稀天子”。

关于乾隆皇帝的生平事迹，正史传说、论述甚多。现仅就其登极及对内宫的治理撰述两篇，以向读者提供一些新鲜史料。

乾隆皇帝登极

雍正十三年（1735 年）八月二十三日凌晨，雍正皇帝胤禛猝然崩逝于圆明园寝宫。按照雍正皇帝秘密立储的谕旨，由皇四子宝亲王弘历继承大统，即为乾隆皇帝。

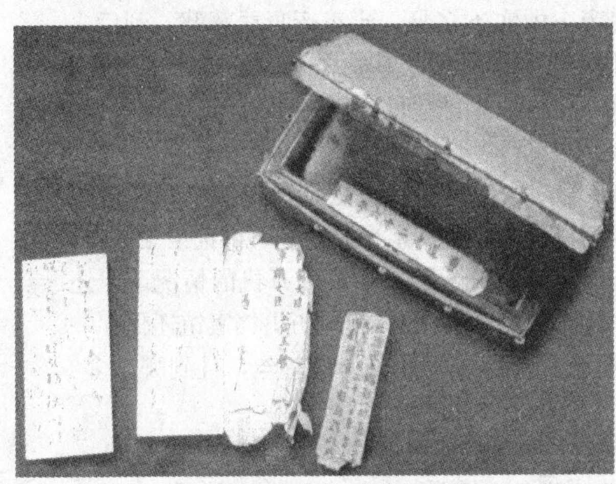

道光帝秘密立储朱谕

秘密立储之法，实是封建社会帝位继承办法的一大进步。原来传统的做法，都是立嫡长子为太子，以便将来故皇驾崩，由太子继承帝位。这个办法的缺点是，一是嫡长子不管有能无能，都是法定的皇位继承人，缺乏有效的挑选；二是一旦立为太子，便众目睽睽。为了能登上宝座，历史上不知演出了多少阴谋诡计，产生过多少流血的厮杀和攘夺。胤禛在诸皇子明争暗斗中，能脱颖而出，继位称帝，深知预立皇太子的种种弊端。所以他上台伊始，于雍正元年八月，便召集御前王公大臣等，宣布秘密立储之法：即他用满、汉文写成的秘密立储谕旨，放于锦匣之中，秘藏于乾清宫“正大光明”匾额之后。又另书一道同样的密旨，由皇帝密藏于内府，以便万一时勘对之用。

胤禛驾崩的当天，他的遗体由王公大臣护送，抬回紫禁城，在乾清宫安放已毕，内侍将藏在“正大光明”匾额后面的秘旨取出，当着王公大臣的面，宣读立储谕旨：“皇四子宝亲王弘历，秉性仁慈，居心孝友，圣祖仁皇帝于诸孙中，最为钟爱，抚养宫中，恩逾常格。雍正元年八月，朕于乾清宫召诸王满汉大臣入见，面谕以建储一事。朕亲书谕旨，加以密封，藏于乾清宫最高处，即立为皇太子之旨也。其仍封亲王者，盖令备位藩

封，谙习政事，以增识见。今既遭大事，着即登极，继皇帝位。”八月二十七日，清廷向全国颁布了雍正皇帝的遗诏。九月初三日，弘历在紫禁城内太和殿登上了皇帝的宝座，改明年为乾隆元年，诏告天下。

雍正帝驾崩和乾隆皇帝继位的消息颁布以后，内外臣工纷纷上折哀悼故皇和祝贺新皇。乾隆帝在悲痛之中，批阅本章，处理政务。他认为要化悲痛为勤政，君臣同心同德，治理好国家，以不负皇考之重托。例如他在直隶总督李卫的奏折上批道：“皇考弃朕升遐，五内恸切。但念付托之重，机务殷繁，数日以来，在廷诸王大臣，屡次劝朕节哀。朕谕以皇考遗命，命朕纂承大统。朕之孝，实不在悲哀毁瘠，反致不能料理政务，此乃愚忠愚孝。惟在我君臣同德同意，以熙庶政，如皇考临御之时，方为不负天地高厚之恩也，卿所奏，知道了。地方要务，俟朕面谕。”不过，这段批旨，不是用朱砂红笔，而是用墨笔批的。因为在居丧期间，皇帝批阅公文不能用朱红色，只能用蓝色或黑色。

慈禧皇太后像

六、统治中国近半个世纪的慈禧太后

慈禧太后，又称叶赫那拉氏。满洲镶黄旗人。生于公元1835年，小名兰儿，是安徽省徽宁池广太道道台惠征的女儿。公元1852年被选入宫。由于她年轻貌美，深得咸丰皇帝的宠爱。初封为兰贵人。以后生一子叫载淳，就是以后的同治皇帝。母以子贵，她很快由贵人升为懿嫔，以后又晋升为懿贵妃。同治皇帝即位以后，她被尊为皇太后。因为她居住在西宫，故又称为西太后；因她的徽号是慈禧，所以又称慈禧太后。

慈禧太后逝世于公元1908年，享年74岁。她历经了咸丰、同治、光绪三朝，立过同治帝载淳、光绪帝载湉和宣统帝溥仪三个小皇帝。在同治、光绪两朝，她曾三次垂帘听政，在位48年，实际统治中国近半个世纪。

1. 垂帘听政

咸丰帝于咸丰十一年七月十七日（1861 年 8 月 22 日）病逝于热河避暑山庄。按照咸丰帝临终时的安排，六岁的皇太子载淳继承皇位。由怡亲王载垣、郑亲王端华、协办大学士肃顺等八位大臣赞襄政务。同时又将“御赏”和“同道堂”两颗印章分别授予皇后钮钴禄氏和载淳，以为日后发布谕旨的信符。

载淳的生母叶赫那拉氏，对载垣等八位大臣襄赞政务极为不满。咸丰十一年八月初六日，监察御史董元醇奏请皇太后权理朝政并令简亲王辅政，这正符合叶赫那拉氏的心意。八月十一日，两宫皇太后抱着新皇帝载淳召见载垣等八位大臣，讨论董元醇关于“垂帘听政”的请求。当时两宫皇太后与八大臣展开了激烈的争论，但却斗不过八大臣，只好暂时忍让，同意发布斥责董元醇的上谕，但暗地里却与奕訢加紧进行政变的准备。在叶赫那拉氏与奕訢的精心策划下，九月二十八日两宫皇太后及载淳等回到北京，第二天便发动了震惊中外的北京政变。因是岁是辛酉年，所以又称辛酉政变。这天，先由两宫皇太后在宫中召见奕訢、文祥、桂良等人，在经过一番哭诉、试探，确信留京大臣对除掉八大臣毫无异议之后，随即拿出叶赫那拉氏预先草拟的、经奕譞修缮的上谕。那拉氏草拟的谕旨，其字歪歪斜斜，错字连篇，现将谕文译正如下：“八月十一日，朕召见载垣等。董元醇奏敬陈管见一折，请皇太后暂时权理朝正（政），数年后朕能亲载庶务，在（再）行归正（政）。又在亲王中简派一二人，令其辅弼。又在大臣中简派一二人充朕师傅之任。以上三端，正和朕议（意）。虽我朝向无太后垂帘之仪，朕受皇考大行皇帝付托之重，何敢违祖宗旧制，此所为是（谓事）贵从权，面谕载垣等，著照所请传旨。该王大臣阳奉阴违，自行改写，敬（竟）敢抵赖，是（成）何心！该大臣看朕年幼，皇太后不明国是所至（致）。该王大臣如此胆大！又上年圣驾巡幸热河之议，据（俱）是载垣、端华、肃顺等三人之议。朕仰体圣心左右为难所至（致），在山庄什升遐。该王大臣诓驾垒垒（累累），抗旨之罪不可近（尽）数。求七兄弟改写。”

后附另一张纸写：“进成（城）后，在（再）传著恭亲王总理赞襄正（政）务，是否？求兄弟改写。”谕文中的“求七兄弟改写”，七兄弟即醇郡王奕譞，他是道光帝的第七子，咸丰帝异母弟，也是光绪皇帝的生父。那拉氏草拟的上谕，经奕譞修饰润色并抄缮后，首尾加盖“御赏”、“同道

堂”章，即时发下。随后将载垣、端华、肃顺解职，拿问治罪。景寿、穆荫、匡源、焦佑瀛等也分别惩处。任命恭亲王奕訢为议政王、首席军机大臣。朝廷要害部门的人事也安排就绪。十月初九日，载淳在太和殿登极，将原来肃顺等人所定“祺祥”年号改为“同治”。十一月初一日，两宫太后在养心殿举行了垂帘听政的正式仪式，接受百官行礼朝贺。

2. 慈禧太后写的朱批

晚清时期的宫廷斗争十分激烈。咸丰十一年慈禧太后曾勾结恭亲王奕訢发动了辛酉政变，铲除襄赞政务的八大臣，实行两宫太后垂帘听政，奕訢为议政王辅弼朝政。爵尊权重的奕訢，虽表面上对慈禧太后表示臣服，但实际上总想利用自己皇叔的地位和手中的权利，力图使垂帘听政徒具虚名，将朝廷实权掌握在自己手中。不少大臣也仰其鼻息，遇事先和奕訢商量。慈禧太后深恐奕訢的擅权会造成尾大不掉之患，于是授意日讲起居注官蔡寿祺，于同治四年四月上奏弹劾奕訢“揽权、纳贿、徇私、骄盈”，要求奕訢引咎辞职。奕訢觐见时，慈禧对奕訢说：“有人劾汝。”并示以奏折。奕訢追问是何人所奏，慈禧答以“蔡寿祺”。奕訢说：“蔡寿祺非好人。”并欲将蔡寿祺逮捕治罪。慈禧坚决予以拒绝，并抛开奕訢掌握的军机处，将蔡寿祺奏折直接交给大学士周祖培等议处。当周祖培等以“事出有因，查无实据”复命时，慈禧太后当即拿出自拟的朱谕给周祖培等看。朱谕全文如下：“谕在廷王大臣等同看。朕奉两宫皇太后懿旨，本月初五日，据蔡寿祺奏，恭亲王办事徇情、贪墨、骄盈、揽权，多招物议，种种情形等弊，嗣（似）此重情，何以能办公事！查办虽无实据，是（事）出有因，究属暧昧知（之）事，难以悬揣。恭亲王从议政以来，妄自尊大，诸多狂傲，以（倚）仗爵高权重，目无君上。看朕冲龄，诸多狭致（挟制），往往谙（暗）始（使）离间，不可细问。每日召见，趾高气扬，言语之间，许多取巧，满口胡谈乱道。嗣（似）此情形，何以能办国事！若不即（及）早宣示，朕亲政之时，何以能用人行正（政）。嗣（似）此种种重大情形，姑免深究，方知朕宽大之恩。恭亲王著毋庸在军机处议政，革去一切差使，不准干预公事，方是朕保全之至意。特谕。”周祖培等对慈禧所拟的朱谕，除添入奕訢“议政之初尚属勤慎”八字外，内容无一改动。在修改错别字及文理不通之处后，由内阁发出。朱谕发布之后，立即掀起轩然大波。惇亲王奕誴、醇郡王奕譞、通政使王拯等纷纷上书，不同意罢免奕訢。善于玩弄权术的慈禧太后，只好恢复奕訢的内廷大臣及管理

总理衙门的职务。接着又召见奕訢，面加训诫。奕訢则“伏地痛哭，无以自容”。奕訢表示驯服后，又恢复其军机大臣职务，只是免去其议政王的职位。

七、一个想有作为的皇帝

光绪帝名爱新觉罗·载湉，生于公元1871年，其父奕譞是道光帝第七子。其母叶赫那拉氏，是慈禧太后的胞妹。载湉于公元1875年即位，公元1908年去世，享年38岁。年号“德宗”。

光绪皇帝便装像

光绪帝四岁即位。公元1887年亲政。亲政后，正处国家内忧外患之时，他力主变法维新，但遭到以慈禧太后为首的顽固派的反对。

1. 一道痛定思痛的朱谕

中国自鸦片战争以后，逐步沦为半封建半殖民地社会。到了19世纪末期，帝国主义列强加紧对中国的掠夺和蚕食。而当朝的封建统治更加腐败，中国的殖民地化程度进一步加深。公元1894年（光绪二十年即甲午年）爆发了中日甲午战争。在战争中，以光绪帝为首的帝党极力主战。这位亲政不久的光绪皇帝，雄心勃勃，《清史稿》载：“德宗亲政之时，春秋方富，抱大有为之

志，欲张挞伐，以湔国耻。”屡屡下谕，要坚决抗击日本侵略者，以维护中国的主权。但是以慈禧太后为首的后党，则一味对日寇采取妥协退让的政策。掌握陆海军权的北洋大臣李鸿章，一再贻误战机，导致清廷的惨败，北洋舰队的全军覆没，宣告了洋务运动的破产。光绪二十一年（1895年）被战败的清政府被迫与日本签订了《马关条约》。当时光绪皇帝主张废约再战，但慈禧太后等顽固势力坚决不同意。最后，光绪帝是在忍痛悲愤的心情下，挥泪批准签署了《马关条约》。丧权辱国的《马关条约》的签订，震动了清廷朝野上下，主战派及维新人士交章弹劾李鸿章之流投降卖国。作为一国之君的光绪帝，有难以言表的苦衷。他痛定思痛，在批准《马关条约》十天后，即光绪二十一年四月十八日，经过深思熟虑，他写了一道朱谕：“大学士六部九卿翰詹科道等，近自和约定议以来，廷臣交章论奏，谓地可不弃，费可不偿，仍应废约决战，以期维系人心，支撑危局。其言固皆发于忠愤，而于朕办理此事，兼权审处，万不获已之苦衷，有未能深悉者。自去岁仓猝开衅，征兵调饷，不遗余力。而将少宿选，兵非素练，纷纭召集，不殊乌合。以至水陆交绥，战无一胜。至今日而内外情势更迫，北则竟逼辽沈，南则直近京畿，皆现前意中之事。陪都为陵寝重地，京师则宗社攸关。况二十年来，慈闱颐养，备极尊崇，设一朝徒御有惊，则藐躬何堪自问。加以天心示警，海啸成灾，沿海防营多被冲没，战守更难借手，用是宵旰彷徨，临朝痛哭，将一和一战，两害孰权，而后幡然定计，此中万分为难情事，乃言者章奏所未详，而天下臣民皆应共谅者也。兹当批准条约，特将前后办理缘由，明白宣示。嗣后我君臣上下，惟当艰苦一心，痛除积弊。于练兵筹饷两大端，尽力研求，详筹兴革，忽存懈志，勿骛空名，勿忽远图，勿沿故习，务期事事核实，以收自强之效。朕于内外臣工，有厚望焉。”

这道朱谕总结了清朝失败的原因，在“万分为难”的形势下签约的缘委。提出要君臣上下一心，清除积弊，改革变法，以求自强图存。以后在维新派的要求下，他毅然发动了变法维新运动，大刀阔斧进行政治、经济、军事和文化等各方面的改革，以除旧布新，推行新政。

2. **百日维新**

公元1898年6月11日，光绪皇帝颁布《明定国是》诏谕，中国近代史上著名的百日维新运动正式开始。

光绪帝所以能接受康有为等维新派的要求，下诏实行变法，是由深刻

的历史背景和他本人特有的素质决定的。

19世纪末叶，清朝内忧外患、危机四伏。光绪二十年（1894年）的中日战争，结果以清廷的失败并与日本签订了丧权辱国的《马关条约》而告终。继之，德国强占了胶州湾，沙俄占领了旅顺和大连，法国强租了广州湾，英国趁机获取了香港“新界”和威海卫的租借权。美国提出了“门户开放”、“利益均沾”的政策。这样，列强掀起了瓜分中国的狂潮，中国面临亡国灭种的危险。正在这种民族危亡的严峻形势下，一个来自民族资产阶级和上层开明绅士的救亡运动便产生了，这便是以康有为、梁启超为首的戊戌变法运动。

光绪皇帝是清朝入主中原后第九代君主。他四岁即位，入宫后曾接受学问渊博的翁同龢等师傅的良好教育，树立了“民惟邦本”、“爱民恤农”的思想。他主张“用人之道，不拘资格，惟其贤而已”。他认为“不期修古，不法常可”，应“因时设教”、“法令无定”。光绪帝所接受的这些教育，为他日后毅然采取变法维新的行动打下了坚实的思想基础。

光绪皇帝是一个力主变法维新、励精图治的君主。但是以慈禧太后为首的守旧势力，像一条绳索紧紧捆着他的手脚。他曾通过奕劻向慈禧太后表示：“太后若仍不给我事权，我愿让此位，不甘做亡国之君。”慈禧太后愤怒地说：“他不愿作此位，我早已不愿他坐之。”后经奕劻力劝，慈禧太后才说：“由他去办，俟办不出模样再说。”这样，光绪帝才与枢臣商定变法维新。

光绪二十四年四月二十三日（1898年6月11日），据御史杨深秀、侍读学士徐致靖等人的奏请，光绪帝正式颁布《明定国是》诏谕，中国近代史上著名的百日维新运动正式开始。诏谕首先指出了当时的兴革局势。其次明确宣示：“嗣后，中外大小诸臣，自王公以及士庶，各宜努力向上，发愤为雄，以圣贤义理之学，植其根本。又须博采西学之切于时务者，实力讲求”，参与变法运动。第三，诏谕提出倡办京师大学堂，号召官宦子弟入京师大学堂学习。梁启超认为这则诏谕，使议论多年的“变法之事乃决，人心乃一，趋向乃定”。

光绪帝不拘一格，启用维新人才。他先后召见过康有为、黄遵宪、谭嗣同、张元济等维新派人士。授康有为在总理衙门章京上行走，给以专折奏事权。擢用谭嗣同、杨锐、刘光第、林旭入值军机处，赏四品卿衔，承办新政折奏及撰拟谕旨等事。并特意亲笔写了一道朱谕：“昨日已命尔等

在军机处章京上行走，并令参预新政事宜。尔等当思，现在时势艰危，凡有所见及应行开办等事，即行据实条列，由军机大臣呈递，俟朕裁夺，万不准稍有顾忌欺饰。特谕。”这表明在当时险恶的形势下，光绪帝寄希维新志士将改革进行下去的决心和勇气。

光绪帝由于有了维新派人士的辅政，所以一展维新的宏图，“政厉雷霆”，“令如流水”，“书朝上而电文下”。在维新运动一百零三天中，他共颁发谕旨二百多道，内容涉及政治、经济、军事、文化等各个方面的改革。如政治上，提出裁撤冗员和闲曹，提倡广开言路，鼓励军民上书言事，选拔任用维新人才等。经济上，提倡发展工农商业，提倡民办企业，修筑铁路，开办邮政，多开放沿海沿江口岸，发展对外贸易等。在军事方面，命陆军改练洋操，整顿营制，精造武器，制造兵轮，扩大海军。在文教方面，命设京师大学堂，废除八股，改试策论，变通文武科举考试制度，另各省举办中、小学堂，筹办水师、铁路、矿务、医学等各类学堂，选派学生出外留学，在京师设立报馆等。

维新运动遭到顽固派的竭力反对。慈禧太后在《明定国是》诏谕发布不久，首先把皇帝的老师、帝党的重要人物翁同龢开缺回籍。接着就调遣她的亲信、顽固反对变法的荣禄，任直隶总督，统帅北洋三军。并定于九月在天津阅兵，以便借机把光绪帝废掉，扼杀维新运动。

在顽固派磨刀霍霍的严峻形势下，康有为、徐致靖向光绪帝推荐在小站训练新军的袁世凯，认为“拥兵权可救皇上者，只此一人”。八月初一日光绪帝召见了袁世凯，并破格提拔他为候补侍郎，专办练兵。八月三日夜，谭嗣同访袁，逼他杀掉荣禄，派兵包围颐和园，捕杀慈禧太后。袁世凯当时勉为答应。不料袁世凯背叛了维新派，急忙赶回天津，向荣禄告了密，荣禄即电告慈禧太后。八月初四日，荣禄急赴北京与慈禧太后密谋政变。当天晚上，慈禧太后从颐和园赶回皇宫，幽禁光绪皇帝与于瀛台，捕杀维新派人士。在政变发生两天后，即八月初六日，慈禧太后才公开宣布“训政”，宣布废除百日维新期间的上谕，推翻全部新政，复辟一切旧制。戊戌变法失败了。

戊戌变法虽然失败了，但在中国半殖民地化状况日益加深的历史时期，维新派提出变法维新，制定一系列有关政治、经济、军事、文化改革的方案，企图以西方资产阶级国家的模式来改造中国，这在中国历史上是有进步意义的。

维新派的志士仁人，怀着救国图存的壮志，以大无畏的精神，敢于向旧制度挑战，面对顽固派的屠刀毫无畏惧，这种爱国牺牲精神也是值得赞扬和学习的。维新派人士谭嗣同在被捕前，有位外国朋友劝他到某国使馆避难。谭当即谢拒说：“不有行者，谁图将来；不有死者，谁鼓士气！自古至今，地球万国，为民变法，必先流血。我国二百年来，未有为民变法流血者，流血请自谭嗣同始。”八月十三日，谭嗣同临刑时大呼：“有心杀贼，无力回天，死得其所，快哉快哉！”

光绪皇帝亲笔书写的给谭嗣同等人的朱谕，现藏中国第一历史档案馆：“昨日已命尔等在军机处章京上行走，并令参预新政事宜。尔等当思，现在时势艰危，凡有所见及应行开办等事，即行据实条列，由军机大臣呈递，俟朕裁夺，万不准稍有顾忌欺饰。特谕。”

第七章

清代宫廷的警卫制度

紫禁城不仅是帝后起居之所，也是全国封建专制统治的中心。这座巍峨壮丽的宫殿，不仅气概威严，且具拱卫皇室的特殊功能。

首先，环绕禁城的城墙高7.9米、顶面宽6.66米，非常坚固。顶部外侧筑堞，是禁军防卫的垛口。城垣四隅各矗立四座角楼，是禁卫军的了望台。紫禁城的四门建筑在坚厚的墩台之中，墩台上建有城门楼。墩台两侧各有礓礤路面的马道通达城垣的顶面，便于禁军交通防卫。其次，围绕城的东、西、北三面外侧建有守卫房732间，设朱车栅栏（岗哨）28处，驻有精锐的禁军把守，这样又筑成了一道坚固的防线。再次，在卫房之外开挖了一条52米宽的护城河，深达6米。陡直的驳岸都用条石垒砌，一般的敌军很难逾越。这样，在皇宫之外便构成了一道道坚固的工事和防线，又加禁卫军的严密防守，使人望而生畏，坚莫能攻。

紫禁城之外为皇城。皇城“垣周十八里有奇，共三千六百五十六丈五尺。高一丈八尺。下广六尺五寸，上广五尺三寸。甃以砖，涂以朱，覆以黄琉璃瓦。其门凡四；南曰天安门，北曰地安门，东曰东安门，西曰西安门”。

皇城之外为内城。“城内周四十里。……下石上砖，共高三丈五尺五寸。堞高五尺八寸。址厚六丈二尺。顶阔五丈。设九门，门楼如之。角楼四。城垛一百七十二。旗炮房九所。堆拨房一百三十五所。储火药房九十六所。雉堞一万一千三十八。炮窗一万二千一百有八”。

内城之外为外城。“外城环内城南一面，计二十八里。下石上砖，共高二丈，堞高四尺，址厚二丈，顶阔一丈四尺，门各有楼。城阐七，角楼

六，城垛六十三，堆拨房四十三所，雉堞九千四百八十七，炮窗八十七。”

从上述史料可以看出，以紫禁城为中心，紫禁城之外围以皇城，皇城之外环以内城，内城之外拱以外城。紫禁城可以说是城中之城。各城濠河环绕，箭楼炮台林立。这样，整个北京城便构成了一个以警卫皇宫为中心的完备而严密的防御工事体系。

第一节 清宫警卫制度的特点

一、皇帝亲自操纵

清朝是我国最后一个封建王朝，它总结了历代帝王统治的经验，特别是吸取了明朝宦官擅权的教训，进一步加强了君主集权独裁统治，制定了严格的内廷法制。

清朝入主中原以后，顺治帝即立铁牌于内务府，严禁内监干预朝政。康熙帝也曾谕令：“太监等不可假以威权，事发即杀之。……天下大权唯一人操之，不可旁落，岂容假之此辈乎。”乾隆帝曾夸耀说：“我朝列主家法；事事超越往古，而内廷法制尤为严密……我列祖勤政亲贤，乾纲独揽。”

清帝为了独揽宫廷大权，防止发生大权旁落的现象，在紫禁城内不设统一的警卫机构和总管大臣，而是分别设立侍卫处、护军营、前锋营、内务府三旗包衣各营、神机营等警卫机构，实行分区的警卫办法。各警卫机构的统领大臣互不统属，各自对皇帝负责。而且从职务分工上，使其互相箝制，不致使某一机构或某一大臣独揽禁卫大权。各警卫大臣实行轮流值班的办法，以统一稽查宫中的治安，并将情况随时向皇帝奏报。这样皇帝自操宫廷警卫大权，以保证皇宫的绝对安全。

二、鲜明的民族统治特色

清朝是以满洲贵族为主体的封建政权，因此在宫廷的警卫制度上，表现出明显的民族统治特色。清朝以八旗兵起家，八旗军是清朝最基本的武

装力量，其中分满洲八旗、蒙古八旗和汉军八旗，以满洲八旗最为可靠。满洲八旗中又以天子自将的镶黄、正黄、正白上三旗为最亲信。皇宫的警卫军队就是由上三旗中精锐力量组成的。光绪八年醇亲王奕譞在奏议门禁章程中说："紫禁城内系镶黄、正黄，正白三旗官兵轮流值班，均由景运门进班之统领督率印务章京、司钥长，按照报单不时严查，其紫禁城外围系正红、镶白、镶红、正蓝、镶蓝五旗官兵轮流值班。"

三、郎卫与兵卫并重

选上三旗"才武出众之子弟及各执事效力人等之可信任者，为之分班入值。其优者擢为御前侍卫、乾清门侍卫，而统以三旗领侍卫内大臣，即所谓郎卫也"。"前锋统领所辖之护军，掌宿卫清跸及宫禁传筹，内禁门之启闭之事。内务府三旗所辖之前锋、护军、骁骑，掌守卫随从。八旗都统所辖之骁骑，掌各处值班巡徼之事。步军统领所辖之步兵，掌紫禁城汛守、外禁门启闭，即所谓兵卫也。"《国朝宫史续编》载："我朝宫禁肃清，郎卫与兵卫并重，弗袭古制，而自与古合。"

北京城八旗兵的布防，以保卫紫禁城为中心，内务府三旗驻皇城之内，由八旗满洲官兵守卫。皇城之外，层层布防，形成了一个完整而严密的防卫体系。《八旗通志初集·旗分志二》载："自顺治元年(1644年)，世祖章皇帝定鼎燕京，分列八旗，拱卫皇居。镶黄居安定门内，正黄居德胜门内，并在北方。正白居东直门内，镶白居朝阳门内，并在东方。正红居西直门内，镶红居阜成门内，并在西方。正蓝居崇文门内，镶蓝居宣武门内，并在南方。"

第二节　警卫机构与官兵

一、侍卫处

清初，选上三旗才武出众的子弟为侍卫，"用备随侍宿直"以勋戚大臣统领，名叫"领侍卫内大臣"。到乾隆时设立领侍卫府，以后改称侍卫

处。

侍卫处的主要任务是侍卫皇帝和部分禁廷的宿卫。设有领侍卫内大臣6人、内大臣6人、散秩大臣无定员，“掌统侍卫亲军以先后扈御左右翊卫焉”。又设侍卫班领12人、署班领24人、侍卫什长60人、宗室侍卫什长9人，“掌分辖侍卫”。侍卫：有一等侍卫60人、二等侍卫150人、三等侍卫270人、蓝翎侍卫90人。宗室侍卫：一等9人、二等18人、三等63人、四等无定额。汉侍卫也分一、二、三等，无定额，“掌环卫周庐。凡扈从，则戒其执事”。还设有亲军校77人、署亲军校77人，“掌分辖营众”。亲军都是从上三旗满洲、蒙古中挑选出来的。上三旗每佐领下亲军二名，共1266名，以组成亲军营。

御前的警卫，专门设有御前大臣、御前侍卫、御前行走及乾清门行走等官员负责。另设后扈大臣2人、前引大臣10人、豹尾班侍卫30人，“掌供先后导从之事”。为“掌禁城之宿卫”，还设值班领侍卫内大臣一人、散秩大臣2人、内班侍卫40人、外班什长3人、侍卫亲军若干人。

二、护军营

护军营是紫禁城的主要守卫军队，设统领8人，“掌上三旗下五旗护军之政令”。设护军参领：满洲80人，蒙古32人。护军校：满洲681人，蒙古204人，“掌分辖营众”。另设景运门值班大臣1人，以前锋统领、护军统领轮值。印务章京1人。上三旗司钥章京1人，下五旗司钥章京1人，“掌司门禁，率值班官兵，以守卫宫阙”。

护军是由满洲、蒙古八旗中挑选出来的。只有年力精壮、技艺娴熟的士兵方为合格。满、蒙八旗每佐领下挑选护军17人，共15045人。

雍正四年，还专门设立圆明园护军营，以负责该园的守卫和皇帝来往园中的警卫任务。

三、前锋营

前锋营设前锋统领，左右翼各1人，“掌本冀四旗前锋之政令”。设前锋参领，前锋侍卫，左右翼各8人，署前锋参领各4人，“掌督事前锋警跸宿卫”。每翼还设有随印协理事前锋参领、前锋校、笔帖式等官员，以

掌章奏文移。

前锋营由满洲、蒙古官兵组成，全营官兵有一千八百多人。前锋营主要的任务是“警跸宿卫”。凡皇帝出巡，前锋营派官兵随扈警卫。皇帝扎营，“于御营一二里外，安设前锋旗二，以为门户。左右以次列帐，日则了望，夜则守卫”。另外，前锋营也担负一部分宫廷警卫任务。

四、内务府三旗包衣各营

内务府三旗包衣护军、骁骑、前锋三营，由内务府大臣统辖。三旗包衣护军营，设护军统领：镶黄、正黄、正白旗各1人。护军参领：镶黄、正黄、正白旗各1人。副护军参领，三旗各1人。委署护军参领，三旗各5人。护军校、三旗各33人。蓝翎长、三旗各5人。笔帖式、三旗各10人。

“选三旗包衣兵之精者为护军”。三旗满洲十五佐领及朝鲜二佐领，每佐领下护军二十五名。十八旗鼓佐领内一佐领下护军十九名，其余十七佐领，每佐领下护军十八名。三十内管领，每管领下护军十五名。共扩军一千二百名。

包衣护军营主要“守卫宫门而稽其出入”。凡宫门派三旗包衣护军营守卫的共有12处。另外，皇帝到太庙、社稷坛等处祭祀，护军营执镫恭导。皇后、妃嫔等外出，护军营也要派兵保卫。

三旗包衣骁骑营，镶黄、正黄、正白三旗各设参领、副参领五人，主要掌管三旗的人丁、户口、考试、挑甲、俸饷、袭职等旗务，也掌管一部分禁城的守卫。在禁城值班有13处。

三旗包衣前锋营，旧名解马营。镶黄、正黄、正白三旗各设委署前锋参领2人，前锋校2人；委署前锋校2人，蓝翎长4人。该营主“掌习解马”设护军120人，马40匹，专门练习马上技艺，以供皇帝役使。

五、神机营

咸丰十一年七月设立。设掌印大臣1人，于亲王，郡王内特简。管理大臣，无定员，于王公领侍卫内大臣、都统、前锋统领、护军统领、副都统内特简，掌神机营之政令。还设有总理全营事务冀长3人，掌管全营队伍。内部设有文案、营务、印务、粮饷、核对、稿案等六处，以分别办理

各项事务。另外，还设有军火局、军器库、枪炮厂、机器局，以便制造军器弹药。

神机营由八旗满、蒙、汉军及前锋、护军、步军、火器、健锐、内务府、圆明园护军等营中挑选出来的精锐士兵组成，共一万名。神机营主要职务是守卫禁城。“光绪八年奏准，由神机营抽派官兵一千六百名，分作十班，日易一班，进内协巡。十四年奏准，于三海墙外，建造朱车七十二座，由本营出派官兵二百二十二名，分住朱车二十三处。按班值宿，五日一更换，昼夜巡逻，夜则传筹。”

神机营的另一职务是帝后外出时，扈从保卫。另外，在非常时期，还随时应召进行征剿。如同治四年奏准，派拨官兵两千名，前往河间一带驻防。又奏准酌派统兵人员带官兵前往奉省“剿贼”。同治七年还派兵到涿州、雄县、宿州一带镇压捻军。

第三节 宿卫扈从制度

紫禁城的警卫以午门、东华、西华、神武四门和景运门、隆宗门为重点，以内廷和外朝为中枢，围绕皇帝起居，进行分工警卫。外朝的警卫主要由侍卫处担任。侍卫处侍卫分六班，班分两翼，轮值宫门。值乾清门、内左、右门的为内班。派左右翼侍卫各 30 人，侍卫班领各 1 人，委班领各 1 人，率侍卫亲军入值。值太和殿的为外班，派三旗侍卫什长各 1 人，率侍卫及入侍卫班之亲军 30 人入值。宿卫中和殿侍卫什长 3 人、侍卫亲军 30 人。每班都派领侍卫内大臣 1 人，内大臣或散秩大臣 1 人。

内廷的警卫主要由护军营、前锋营等担负。紫禁城内由上三旗官兵值班守卫。景运门派值班大臣 1 员、司钥长 1 员、主事 1 员、护军校 2 员、传筹护军校 1 员、门笔帖式 1 员、阅门籍护军 6 名、护军 18 名、传筹护军 9 名守卫。隆宗门派印务参赞 1 员、护军参领 1 员、护军校 2 员、传筹护军校 1 员、门笔帖式 1 员、阅门籍护军 1 名、护军 18 名、传筹护军 9 名守卫。午门派护军参领 1 员。左门派阅门籍护军 2 名。左、右门派护军校各 2 员、护军务 13 名守卫。东华门、西华门、神武门派护军参领各 1 员、护军校各 2 员、阅门籍护军各 2 员、护军各 18 名守卫。其他各门、

殿及要道都派有护军官兵守卫，数额不等。镶黄、正黄、正白三旗官军按日分班。丑未日为镶黄旗首班。寅申日为镶黄旗二班。己亥日为正黄旗首班。子午日为正黄旗二班。卯酉日为正白旗首班。辰戌日为正白旗二班。各轮番值宿。

紫禁城以外，由下五旗护军轮流值班守卫。"以护军校 1 人、护军 9 人值阙左门。以护军参领 1 人、护军校 1 人、护军 9 人值阙右门。以护军参领 1 人、护军校 2 人、护军 18 人值端门。天安门、长安左门、长安右门如之。以前锋参领 1 人、前锋校 1 人、前锋 9 人、护军校 1 人、护军 9 人值大清门。西华门外北栅栏，神武门外西栅栏、东栅栏，东华门外北栅栏，各值以护军参领 1 人、护军校 1 人、护军 9 人。又自阙右门外一堆拨起至阙左门外十六堆拨止；内四堆拨，即以西华门外北栅栏护军参领兼管；八堆拨，即以神武门外西栅栏护军参领兼管；十三堆拨，即以东华门外北栅栏护军参领兼管。仍各值以护军校 1 人、护军 9 人。其余堆拨，各值以护军参领 1 人、护军校 1 人、护军 9 人。""凡值班二日而代。以甲乙日为正红旗班。丙丁日为镶白旗班。戊己日为镶红旗班。庚辛日为正蓝旗班。壬癸日为镶蓝旗班，凡十日而编。"

内务府三旗包衣各营也担负一部分禁城的警卫。它所警卫的多是后寝宫及内务府各仓库、作坊等处。三旗包衣骁骑营在紫禁城警卫的地方有 31 处，如武英殿、武英殿后南薰殿、宁寿宫、英华殿、寿安宫、养心殿造办处南门、东门及钱粮处、银库及咸安宫宫门、咸安宫后、御书处、兆祥所、南府钱粮处、围房井儿上肉库、银匠房四局、瓷库东门、西门、衣库、鳌山镫库、育喜房、三所西南及东南、西北、西南、火班处等。以上地方每日值班，共设副参领 2 人、章京 10 人、披甲人 189 名。又以参领 1 人值宿巡查。

三旗包衣护军营守卫禁廷宫门十二处："顺贞门、顺贞门西铁门、寿康宫正门、内左门、内右门、启祥门、永康左门、永康右门、宁寿宫正门、履顺门、蹈和门、三所正门。以上每日值班，共护军统领一人、护军参领九人、护军校十三人、护军一百九人。"

清末，紫禁城墙上也增派了前锋营、护军营官兵轮流守卫。白天由阙左门值班司钥长、天安门值班副印务章京带领上城巡视，均二日更换。夜间派三四品章京四员上城催查。

御前的警卫主要由御前大臣、御前侍卫、御前行走、乾清门侍卫、乾

清门行走等官负担任。凡皇帝在乾清宫召见官员，各官至乾清门止，由御前大臣稽查。然后派侍卫将引见官员带至御前。引见毕，由侍卫带出乾清门外。

凡朝会、祭祀、皇帝谒陵殿、诣皇太后宫等，皇帝出入时，侍卫官员都要依制导引扈从。凡御经筵、大阅、御楼受俘、外裔来朝赐见等，侍卫官员都要依仪列侍于皇帝前后左右。“燕飨，布席于近御”。

第四节 稽查制度

禁城重地，稽查极严。最初由领侍卫内大臣、护军统领、前锋统领各一人率所属每天入宫轮值稽查，以后值班大臣进一步增加，并规定为六班，以日夜巡查。“乾隆四十七年十一月十三日奉谕旨：紫禁城内每日有进班之王公及领侍卫内大臣、大臣、部院大臣、都统、护军统领等五人，自应每夜巡察所属侍卫、章京、护军。嗣后，著自二更起，至五更止，进班之领侍卫内大臣不时巡察该管侍卫亲军；护军统领不时巡察该管章京、护军校、护军。至外围之各堆拨，著进六班之王大臣等，轮流不时巡察，倘有旷班以及任意睡卧不坐更者，一经查出，即会同领侍卫内大臣参奏治罪，以示惩儆。朕仍不时派进班之御前侍卫、乾清宫侍卫暗中巡查，如查出旷班及贪眠之人，务将该管之大臣，一并治罪”。

嘉庆十八年发生了天理教攻入禁城事件后，清廷进一步严密了轮班值宿制度。嘉庆十九年规定：“禁城值班王公内大臣、文武大臣、前锋、护军统领……各于辰刻至景运门内九卿朝房，面行交替接班后，仍在景运门内外班房会集，毋许远离。至申酉之间，始准各自散归直宿处所。”王大臣值班处所在景运门设景运门档房，作为值班大臣办公的机构。景运门档房设总领笔帖式、关防笔帖式、掌稿笔帖式、景运门行走等官吏，在值班王大臣的领导下，办些稽查文案工作。另设景运门御史衙门，以便监督。凡各衙门官员出入禁门，须造花名木牌，咨送景运门档房稽查。凡苏拉、披甲人、匠役等出入禁门，有关衙门须造清册送景运门档房稽查核对。凡银两、物件、活计等出入禁门，有关机构必须知会景运门档房，经检查后，始能放行。

例如，《造办处知会景运门档房文》载："造办处为知会事。今由广储司银库领取菜蔬银壹百伍拾伍两肆钱贰分柒厘，出右翼门持赴本处。相应知会景运门档房转饬该衙门稽查放行可也。……咸丰八年十二月二十六日。"

对宫内私藏武器，稽查更严。"凡在宫内、圆明园内私藏鸟枪、火药、金刃器械，一经发觉，照违旨例，加等问拟，即行正法。"

第五节 门卫制度

明朝时，宫禁极严。"紫禁城内非特召官员，不能轻至。即大臣亦只在外听宣，不敢无事辄入。其实宫廷之内狃于宴安，廷僚召对绝少，以致内外阻隔，下情不能上达，纲纪堕坏。"（国史馆档案）清朝吸取这个教训，皇帝随时可召见大小官员，即便是外来道府等官，也可亲至宫门递折请训。但出入禁门，订有严格的制度：

1. 凡王公大臣上朝，至下马碑必须下马、下轿。唯贝子以上王公，或赏紫禁城骑马官员，入东华门，到箭亭旁必须下马。入西华门，到内务府前必须下马。

出入门禁的合符

2. "凡官员出入，各由其门。"清代前期各衙门官员出入景运、隆宗、后左、后右各门，于年底造具花名木牌，移送景运门稽查。乾嘉以后改为，每门行走官员开写职名查验。嘉庆十六年规定："各门王公大臣及内廷行走官员暨值班侍卫等，本系在内当差，常穿行走易于认识外，其余各衙门文武官员，以及王公大臣之护卫跟班各员，具饬令随身携带职名，于进门时交纳值班之章京、护

军等收执查验准行。出门时各该员仍自向该门领取原交职名。如查不符，即行究办。”

3. 王公百官进入紫禁城，随带从人，有一定的限制。乾隆六十年议定，亲王 5 人、郡王 4 人、贝勒 3 人、贝子 2 人、宗室 1 人；文武大臣随带骁骑校、蓝翎长、笔帖式微员一两人。嘉庆十六年改为亲王随从 3 人，郡王、贝勒 2 人，贝子 1 人。至文武大臣，均随带 1 人，不准例外多带。其蒙古亲王、郡王各带 2 人，贝勒、贝子各带 1 人。

4. “凡官役官物，验其门牌而放行焉。”“内阁、内务府及内廷行走各处，内廷各馆供事、书吏、苏拉、皂隶、茶役、厨役、匠役等，皆由内务府给予火烙腰牌。入禁门，令巴克什护军验明放过。其腰牌三年更换一次。不及期而接充者，随时更改，咨报景运门稽核。其官物出入禁门者，由各衙门预出门单，送景运门值班处照验，饬知各衙门放过。开库日，库使库丁匠役人等，由内务府司员带进。前期造具名册，咨送景运门查核”。

步军统领门证

凡禁廷各门，白天开放。开放时间，初期在丑正后，后改为子正开门，以后改以黎明辨色为准开门。白天由护军执军器、腰刀把守。另外，各门还有护军 2 人，专执红棒，坐于门外，亲王以下出入，执棒护军不起立。凡擅自入门的，护军当即以棒挞之。各门于日入后关门上钥。由司钥章京巡验并收藏钥匙。每夕，景运门司钥章京，自后左门、后右门、中左门、中右门、左翼门、右翼门、太和门、昭德门、贞度门以次验视扃镉。午门以隆宗门护军参领验视。东华门以苍震门护军参领验视。西华门以启祥门护军参领验视。神武门以吉祥门护军参领验视。各验试毕，

报景运门司钥章京并各缴其钥。端门、天安门、大消门，长安左门、长安右门由值班护军参领验视扃镭，报阙左门司钥章京。

5. 凡中夜出入禁门，须持有合符。镀金的合符，镌阳文“圣旨”字，外匣并钥，藏于大内。于景运、隆宗，东华、西华、神武各门，预颁阴文合符一扇存贮。如夜间奉旨饬遣及紧急军务，须马上开门时，俟大内持出阳文合符，直班护军统领、参领取阴文合符，比验相符，方能启门。苍震、启祥各门，遇阳文合符至门，护军参领即报统领，亲赍阴文合符至门，与阳文合符照验相符，即启门。于次日具奏。值皇帝出巡，阳文合符交留京办事人臣轮班交替看守。俟皇帝回跸还宫，即缴交大内。皇帝回跸驻圆明园，送御园宫门缴进。

第六节　传筹制度

紫禁城内巡逻分内廷和外朝两路。内廷巡逻，每夜“自景运门发筹西行，过乾清门，出隆宗门。循而北，过启祥门。迤而西，过凝华门。迤而北，过中正殿后门，至西北隅。迤而东，过顺贞门、吉祥门，至东北隅。迤而南，过苍震门，至东南隅。迤而西，仍至景运门。凡十二汛为一周，传筹五”。

外朝巡逻，每夜“自隆宗门发筹东行，出景运门。循而南，过左翼门、协和门。迤而北，过昭德门。循而西，过贞度门。迤而南，过熙和门。循而北，过右翼门，仍至隆宗门。凡八汛为一周，传筹五”。另外，太和门院内，“自中左门发筹，过东大库、西大库、中左门，仍至中左门。凡四汛为 周。传筹三。共以十三筹递传”。

值班查更，向来仅只平地朱车，城上则未尝登陟。光绪八年为加强警卫，杜绝匪踪起见，规定城上各处，也日夜巡查。原紫禁城四门左右马道外，各有护军五名值班。现由八旗护军等营再增派章京1员、护军校1名、护军10名，均在马道门外值班。每日初更时，每旗章京1员，带护军10名，各持长枪，号灯分投上城，传筹巡视。其余护军仍在马道外看守，由值班大臣稽查。每班巡视结果，须具单报堂。现存于中国第一历史档案馆的数千卷连报单，便是宫中各处值班警卫的记录。

第七节　消防制度

紫禁城的宫殿建筑都是砖木结构，明代以来，宫内建筑屡遭火灾。据史料记载：明永乐十九年，奉天、华盖、谨身三殿火灾。明永乐二十年，乾清宫毁于火灾。明正统十四年，文渊阁火灾。明成化十一年，乾清门火灾。明弘治十一年，清宁宫毁于火。明正德九年，乾清、坤宁二宫毁于火灾。明嘉靖元年，清宁宫后三小宫火灾。明嘉靖四年，仁寿宫火灾。明嘉靖三十六年，奉天、华盖、谨身三殿又灾。明万历元年，慈宁宫后舍火灾。明万历十一年，慈宁宫火灾。明万历二十二年，西华门城楼火灾。明万历二十四年，乾清、坤宁宫火灾。明万历二十五年，三大殿又灾。到了清代，康熙十八年太和殿火灾。乾隆二十三年，贞度门、熙和门等处火灾。嘉庆二年，乾清宫、交泰殿、弘德殿、昭仁殿火灾。同治八年，武英殿火灾。同治九年，北五所敬事房木库毁于火灾。光绪十四年贞度门、太和门火灾。光绪二十六年，正阳门和銮仪殿火灾。有鉴于此，清朝历代皇帝对宫内防火十分重视。康熙十八年十二月初三日太和殿火灾之后，康熙帝即谕令："宫内各处灯火最为紧要。凡有火之处，必著人看守，不许一时少人，总管不时巡查。"为避免失火，宫中曾禁止吃烟。康熙二十三年十月初一日上谕，奉太后懿旨："今隆冬有风之际，各宫灯火著用心谨防。不许任意吃烟，著不时严察。"为了防火，康熙时在东西华门外，设有防火步军。雍正元年，又专设火班，从步军、护军中挑选100名年壮熟悉防范的士兵组成。营房初设于咸安宫前墙西隙地板房25间内。乾隆元年移于寿康宫西墙外。雍正五年十一月二十三日上谕："宫中火烛最要小心。日精门、月华门向南一带围房后，俱有做饭值房，……可将围房后檐改为风火檐。……将宫内太监编集成队，派头领一名，每十队立总头领一名，不但救火，即扫雪、搬运什物，用人时只须点其头领，彼自齐集所属同往料理。"乾隆四十八年又增设火班官兵82名。嘉庆时，又从内务府三旗中挑选100名兵士练习激桶，并制订火班章程十三条，其中规定："（一）步军营八旗激桶，仍照向例，预备于东华、西华，神武门外候信……（二）火班寻常该班兵丁，向例由内务府发给腰牌，应再预设木牌一面，载明官

几名、兵几名，以便出入核对。（三）紫禁城内向有朱旗房三十二处，每日值宿内务府骁骑副参领二员、章京、领催十名、披甲人一百六十九名，火班披甲人二十名……现已饬令该营参领于下班之日，择其年力尤为强壮者一百名，于操演技艺后演习激桶。再于内务府三旗额设激桶一百三十架，择其安固整齐者八架，添设于东华门内东北角闲房三间内四架，添设于西华门内筒子河旧有朱车旗房二间内四架，派拨章京、披甲人看守。（四）每二十人激桶一架。每激桶一架或副参领一员，或佐领或内管领一员，顶带领催一名。管带到门报明，管门大臣放入……”以后各朝都沿用这个火班章程。

为了防火，紫禁城内各处设镀金海共十八口，大铜海二十二口，大铁海四口，中铜海一百五十二口，小铜海八口，小铁海一百四十口，共三百有八口。缸内储清水。（光绪《大清会典》卷九五）这些铜缸、铁缸平时由太监管理。“每小雪节该管首领太监等安设缸盖、缸套，酌量天气寒暄，薰火化冰，至开年惊蛰节撤收。其大铜缸一口，每日用黑炭四斤。小铜缸一口，每日用黑炭三斤。自十一月初一日起，至次年二月初一日止”。

另外，内廷各朱旗房、值班处所还配有激桶等消防工具，以便随时灭火。如乾清宫置激桶七十架。东华门内东北筒间房安激桶四架，西华门内筒子朱旗房三间安激桶四架。火班官兵昼夜轮流值班，一旦发生火警，各按防范区域往救，不许慌乱。

第八节　宫禁制度的废弛

清朝定鼎北京以后，鉴于明朝宦官专权，宫内挥霍混乱的教训，对内廷立法极严。自顺治迄乾隆，逐步建立了一套严密的宫廷制度。康熙、雍正、乾隆诸帝都是有为的君主，亲操大权。对内廷治理，事必躬亲，警卫官兵都能恪尽职守，所以清朝前期一百多年来，宫禁肃清，安谧无事。自嘉庆开始，嘉庆、道光、咸丰、同治、光绪、宣统诸帝，或软弱无能，或年幼即位，不能亲政。宫廷警卫制度，日久废弛。宫内事故，屡屡发生。如嘉庆十年内阁中书屈镇廷在景运门被人窃海龙皮褂后襟。太监于进忠之侄，在外膳房居住两个月后便投井身死事件。护军校关灵在景运门外装伤

妄拿滋事。午门之外，本属禁区，但“市井闲人，只图行路方便，穿出朝门，来往自如，无人过问”。更为甚者在嘉庆十八年发生了天理教勾结太监，内应外合打入禁城事件。嘉庆帝在“罪己诏”中说：“猝于九月十五日变生肘腋，祸起萧墙。天理教逆七十余众，犯禁门入大内，戗害兵役，进宫四贼……”责令严惩有关官员，迅速整顿宫禁。及至鸦片战争以后，内忧外患，宫廷治安，每况愈下。如咸丰三年盗犯马廷楹擅进阙门，私往刑科，窃走印册印封。咸丰八年内阁副本库被窃。同治五年内阁残稿库被盗。同治九年“禁门以内，竟有货卖食物人等”。同治十一年，端门楼所储军器被盗。光绪四年景运门遗失关防。光绪六年疯犯刘振生混入禁门。光绪七年东华门门楼盔甲被窃。是年，吸鸦片烟的太监徐志详勾结盗犯袁大马等人，盗去慈宁宫前殿及大佛堂瓦上铜链八挂。据刑部审讯徐志详及袁大马供出：当时禁城之内私开烟馆有七十余处，赌局七处。商贾等人随便出入禁门，秩序异常混乱。当时警卫官兵纪律涣散，进宫值班大臣不按时辰接交班，或委属员代班。甚至护军值宿，还有雇老弱之人替班的。护军、前锋各营不按规定进行操练，甚至武库中刀枪生锈。当时内阁学士文硕曾奏请将宫内鸟枪换为洋枪。醇亲王奕環奏准说：“洋枪产在外夷，不合旧制，未便添设。”宫禁废弛，直接影响帝后的人身安全。为此，清廷连连降旨，命醇亲王奕環会同有关大臣，严加整顿，但都无济于事。因为皇帝独揽警卫大权，必然造成臣下互不统属，而昏庸的皇帝，又不能躬身独断，必然造成事权不一，各警卫大臣遇事互相推诿，所以很难进行整顿。正如奕環在奏折中说：“由于事权不一，不能整顿。前锋、护军统领十人，每日轮值。内务府复有护军统领，位均权分，无所统属，互相推诿，安能实行整顿!”从本质上看，清末宫廷警卫制度的废弛，是整个清王朝腐朽没落的一个表现。封建帝制的日趋腐败，必然导致宫廷警卫制度的渐致废弛。

第八章

王天下者食天下
——清代宫廷饮食

在我国饮食文化史中，清代宫廷御膳占有重要的一页，它以满族传统饮食为基底，在不断地吸收、融合多民族的饮食精华过程中发展、完善，使之成为封建社会末期最有特色的饮食文化。

清代是我国最后一个封建王朝，封建的政治、经济、文化高速发展，使宫廷帝王饮膳生活也进入了黄金时代。清王朝由满族贵族发展到全国的统治者，饮食原料来自于全国，各地按季节把名贵的土特产品源源不断地贡进到清宫。在逐步完善政治规章制度的同时，也制定了一系列的节庆筵宴制度和日常饮膳规制。如清宫内，上起皇帝、皇后，下到宫女、太监，每人都有固定的饮食口份，即每个人的日常饮食生活份额。其口份的数量多寡，依每个人的身份高低而有所不同。清宫的饮膳盛器亦依等级身份，使用不同质地、不同颜色、不同数量的餐具。平时饮膳如此，就连节日家宴也不能僭越。

宫廷饮食是等级最高、烹饪技术最精、选用原材料最好的饮食。较之民间饮食、官府饮食、贵族饮食有着特殊的优势。但是宫廷饮食又是封建礼制的一部分，要受到礼仪制度的约束。清帝后妃的饮食不仅有专门的厨师、专门的膳房，还有一套祖先留下来的膳食制度，即每人每天有固定的米、面、肉、菜及调料，也称为“口份”。乾隆年间编纂的《国朝宫史》中就有详细的

记载：皇后每天盘肉16斤、汤肉10斤、猪肉10斤、羊2只、鸡五只、鸭3只、蔬菜19斤、萝卜（各种）60个、葱6斤、玉泉酒4两、青酱3斤、醋2斤以及米、面、香油、奶酒、酥油、蜂蜜、白糖、芝麻、核桃仁、黑枣等。御膳房厨师用这些原材料按照祖传的方法，烹制食品。年复一年，日复一日，虽厚脂膏粱，但久食生厌，味同嚼蜡。所以历史上不乏皇帝微服出巡，品尝民间食品的传说，亦可以看出清宫饮食的局限性。

第一节　清代宫廷饮食的演变与发展

清代宫廷饮食与满族生活传统，有着十分密切的关系。因为清代宫廷饮食是以东北满族传统饮食习俗为基础，又融入地域相邻的草原蒙族，关内中原及江南的苏杭等多民族饮食习俗中的某些部分而发展的。所以，在了解清代宫廷饮食之前，首先要了解满族的传统饮食风俗。

满族传统饮食生活是民族风俗的反映，是这一民族的人民在长期的生产、生活中创造、享有的财富。满族先祖是一个世代生活在东北地区的游猎民族，他们以游猎到的虎、狼、豹、獐、熊、鹿、野猪、兔、雁、野鸡、野鸭以及各种鱼类为主要食品原料，兼以采摘山果、野菜、蜂蜜作副食。长期过着靠山吃山，靠水吃水的生活。这一特点是他们祖祖辈辈约定俗成的结果。满族虽然形成于公元17世纪初，但他们的先世，却可以从明代的女真人上溯到三千多年前的肃慎人。据史书记载，早在周代，肃慎人就将猎到东北的“麋”进贡周成王。“麋”是一种极稀有的可肉食动物，麋尾巴尤其鲜美，是周朝宫廷的美味食品。及至周康王时，仍陆续有所贡献。这在许多史籍中都有所记载。肃慎人不仅喜食野味兽肉，而且很早就驯养家猪，并食其肉，衣其皮。冬天用猪油涂身御寒。流传甚广的“血肠白肉”是肃慎人的传统饮食之一。食猪肉亦是其饮食生活中的另一特点。

自汉代以后，在一些不同时代的史书中，分别记载的邑娄、勿吉、靺鞨、女真等都是肃慎人的后裔，也就是满族的前身。但是真正称“满族”这一名称已是到了公元16世纪末17世纪初了。当时腐败的明王朝已经是日薄西山，每况愈下，黑暗统治加重了人民的经济负担，成为广大民众不

堪负重的灾难。腐朽的统治必然造成天怒人怨的局势，全国哀鸿遍野，民不聊生。其后果，加速了各路起义军蜂拥而起。长期忍受明朝“天朝大国”的政治歧视、经济勒索的关外女真族应时而动，异军突起，以一支英勇善战的骑射劲旅，崛起于白山黑水，转战松辽平原。他们以建州女真（居住在今辽宁省开源以北）为主体，先后收服黑龙江流域的“野人”女真、征服了与建州为敌的扈伦四部。与此同时还吸收了辽东的部分汉族、蒙族和其他民族，形成了一个新的民族共同体。在女真杰出的首领努尔哈赤的领导下于1616年在辽宁新宾建“后金国”，二十年后（1636年）努尔哈赤之子皇太极继承皇位，建都盛京（今沈阳），改“后金”国号为“大清”。同时颁布了“女真”族名为“满洲”（简称满族）的命令，满族与大清朝同时被载入历史史册。

政治上的变化带来了物质生活上的改善。随着后金、大清政权的不断扩大，国都逐渐由北向南迁移，宫廷饮食原料日益丰富，烹饪技术也有了很大的进步。

努尔哈赤统一东北各部时，已逐步占领了辽沈地区，肩负战斗、生产双重职能的八旗劲旅移居松辽平原，他们就在这块民族杂居的农业产粮地区生活。生活条件和生活环境互相影响，使后金宫廷的烹饪水平都得到很大的提高。当时，后金宫廷曾建有御膳房，也有御膳厨师。因是战争年代，好客的努尔哈赤经常用筵宴安抚人心、团结众部，宫廷宴多以各类野兽肉和家禽、家畜等为主要原料。这些原料洗净整治后切成大块，加入盐、酱油、葱、姜、花椒、大料等通过煮、炖、蒸、烧、烤等熟制方法制成肴馔，以大盘大碗盛装，由食者操自带的小刀割而食之。除食肉外，米面类食品，主要有玉米、秕子米、秫米（高粱米）、荞麦、粘秫米、小米以及由这些米类磨成的面制作的各种饭和面食：“麻花饽饽”、“麦子饽饽”、“朝鲜饽饽”、“炸食饽饽”、馒头、绿豆粉、果子……由于后金长期居于东北寒冷地区，能随时可得热量大的野生动物，因此饮食结构是以肉为主，辅以植物食品。从这些食品组成的宫廷宴会来看，虽然有原始的成份，但仍能体现出宫廷饮食生活受到汉族影响，明显地有了汉族饮食中多层次加工和品种多样化的特征。在饮食方式上则仍然保留本民族原有的粗犷、豪爽和实惠的传统食风。以后，随着后金政权不断扩大，都城由新宾迁往东京，又迁往盛京，每向南移动一地，后金宫廷受到该地区经济文化和生活时尚的影响，饮食生活亦随之潜移默化，饮食结构相应变化，烹饪

水平也有所提高。公元1636年清太宗皇太极在改国号的祭天典礼后，举行了盛大的宫廷筵宴。席间，皇太极独享红漆大宴桌，宴桌上的食品十分丰盛，有饲养的家禽、家畜：牛、羊、猪、鸡、鸭、鹅；有东北特色野味：虎、熊、狍、獐、鹿、野猪、山鸡；主食是麻花、高丽饼、炸饺子、撒糕；饮品有烧酒、奶子酒、清酒、米酒；另外还有干鲜水果、山果，肉汤和奶制品。如此丰盛的宴会既是后金到清代初期社会经济总体水平的体现，又是宫廷饮食生活由低到高、烹饪技术由粗到精的必然过程。到清皇室入关进京时，清代宫廷与中原饮食文化已很好地融合在一起了。

北京是一座文明古老的城市。从隋唐五代时期的幽州开始就成为我国北方各民族的融合、凝聚之地，地理位置十分重要，居于燕山山脉的北端，西、北有群山环绕，长城保障。出古北口，可达松辽平原，向东可与海洋相连。南有大运河直通苏、杭，南来北往的过客，东西贸易的交流，北京在辽代建陪都时就是一座“户口三十万，大内壮丽，城北有市，陆海百货，聚于其中，僧居佛寺，冠于北方。锦绣组绮，精绝天下。膏腴蔬蓏、果实、稻粱之类，靡不毕出，而桑、柘、麻、麦、羊、豖、雉、兔，不问可知。水土甘厚，人多技艺，秀者学读书，次者学骑马，耐劳苦”的繁华城市。之后金、元、明相继在这里建立都城，北京真正成为封建统一国家的心脏、北方军事重镇和交通贸易枢纽。至明末清初，北京在政治、经济、文化上都占有极为重要的地位。

在漫长的岁月中，生活在北京的各族人民共同建立了灿烂的饮食文化。在辽、金、元建都时，曾将北宋汴、南宋临安等地的能工巧匠、名厨高手掳至北京。与北方南下久居北京的契丹人、蒙古人、回族人、女真人及北京的汉人聚居一处共同生活，饮食习俗互相影响，互相学习，互相交流。尤其是明灭元后，明统治者为防范退居大漠南北的元代残存势力，从河北、山东、浙江等地大批移民到北京，以加强其统治。公元1420年，明永乐帝朱棣决定将国都由金陵（南京）迁北平（同时改北平为北京）。又从南方带来庞大的官僚集团和驻军。此外，大批文武百僚、勋戚、皇亲以及为他们生活服务的诸色人匠，再一次云集北京。为满足朝廷和这些人的生活需要，全国各地的饮食原料源源不断地运往北京。此时以外来饮食成分中的土著化与北京地方的传统饮食相结合，已经变为北京的地方特色，尤其在北京建都的几朝宫廷饮食都起到了龙头作用。如《辽志》、《契丹国志》、《金志》、《元史》、《饮膳正要》、《明宫史》、《旧京遗事》等文献

中都不同程度地记载了各朝宫廷的饮食习尚，同时也反映出历代宫廷和官府对美食美味的追求，为北京地方饮食特色奠定了坚实的基础。公元1644年清皇室入关，带来东北满族的饮食风俗，为北京地方饮食锦上添花。经过历代王朝和多民族融合、吸收、接纳的北京饮食风俗对清代宫廷饮食的影响也起到了决定性的作用。

入关之初，清统治者作为统治全国的主宰，需要用中国传统文化和汉族先进的经济手段来统治这一多民族国家；作为满民族贵族入关，初登统治地位的清统治者，更需要本民族的武装力量来维护刚刚取得的权利。因此，用民族传统意识和民族传统风俗加强民族凝聚力，是清统治者的当务之急。清统治者一方面钦定中国传统的儒学、理学为“正学”，使其在文化思想领域占据统治地位，稳定和笼络汉族知识分子；另一方面又积极地制定一系列防止汉化的措施，其中就有服饰、发式、礼仪、饮食等等，以此加强满族八旗官兵的凝聚力，保持与皇室的向心力。无论是清宫廷筵宴，还是皇帝赏赐有功之臣，清宫廷饮食大多保留满族传统，饮食原料仍以东北特产的粮肉蛋菜为主。每到年底仍例行关外风俗“狍鹿赏”：向满、蒙、汉八旗军的有功之臣颁赐东北野味。届时，北京城内分设关东货场，专门出售东北的狍、鹿、熊掌、驼峰、鲟鳇鱼，使远离家乡故土的八旗士兵和眷属身在异地，也能够吃到家乡风味。正如《北京竹枝词》中所写的一样：“关东货始到京城，各路全开狍鹿棚。鹿尾鲤鱼风味别，发祥水土想陪京。”

随着时间的推移，清代宫廷在北京这块土地上潜移默化，清代宫廷的饮食生活必然要受到北京风土人情、饮食时尚的影响。由满族贵族起家的清王朝统治者，与历代封建统治者一样，亦有着王天下者食天下的强烈愿望，对天下的美味食品倾注了极大的热情。

清初的顺治、康熙两朝，在以故乡“关东货”为主要饮食的同时，也效法明代宫廷以“尝鲜”为由，按季节征收天下贡品：江南的鲜鱼虾蟹，两广的瓜果蜜饯，山东的苹果，山西的核桃，直隶的蜜桃、鸭梨，陕甘的花皮瓜，新疆的奶子葡萄……尤其值得一提的是江苏镇江的鲥鱼之贡。鲥鱼是生长在今江苏南京、镇江一带季节性很强的鱼种，每年春季溯江而上，初夏时洄游生殖。宋《食鉴本草》中载：“鲥鱼年年初夏时则出，月余不复有也。”因此鲥鱼身价倍增，成为江南特产。自明代列为进贡皇宫的贡品，清代初期仍沿此俗。第一网鲥鱼就要送皇帝尝鲜，宫廷即在桃花盛开的时候举行“鲥鱼盛会”，届时皇帝要赐文武百官一同品尝。鲥鱼味

道鲜美，但运送鲥鱼是一件非常辛苦的事情。鱼打捞上来后，用冰船和快马分水、旱两路运送抵京。为使鲥鱼保鲜，沿途设冰窖、鱼场，随时供应窖冰。镇江到北京，约三千里路程，官府限定 22 个时辰（44 小时）送到，宫廷御膳房做好烹制准备，只等鲥鱼一到，即烹即食举行盛会。为争取鲥鱼保鲜，送鱼人在途中马歇人不歇，只准许吃鸡蛋充饥。常常是“三千里路不三日，知毙几人马几匹？马伤人死何足论，只求好鱼呈圣尊”。

当时，皇帝派往各地的官员要经常向皇宫进“鲜”，即各地应节的新鲜食品。康熙朝，任苏州织造的李煦就是其中的一位。在中国第一历史档案馆藏“李煦奏折”中，明确记载李煦在任时曾在不同季节向清宫进贡的食品与饮食物料。如春季：“今有新出燕来笋，理合供进，少尽臣煦一点敬心”；初夏又进“苏州新出枇杷果”、“佛手”；秋季：“苏州今秋十分丰收……洞庭山杏子理合恭进”；刚刚入冬，李煦又进“冬笋”和“糟茭白”。康熙三十七年（1698 年）十月李煦向清宫呈进了一批江南鲜果和露酒：“佛手计二桶，香橼计二桶，荔枝计二桶，桂圆计二桶，百合计二桶，青果计二桶，木瓜计二桶，桂花露计一箱，玫瑰露一箱，蔷薇露计一箱，泉酒计一坛。”

天下美味食品进入宫廷，使清帝的饮食生活不断发生变化。康熙五十九年（1720 年）一月十二日，法国传教士张诚一行抵京。他们在畅春园受到康熙帝的热情款待，赐给他们的“食品中有堆成金字塔形的冷肉，用肉冻、豆荚、菜花或菜心拼成的冷盘”。（见《张诚日记》）书中还记载：“一月二十八日是传统的除夕……皇帝也未忘赐我们，二席共十二盘菜肴，二十一种果品……”从这些记载中可以看出，清宫饮食不但在材料上改变简单的传统，在食品的外观也开始注意多层次的加工和菜肴上桌的包装形式，使清代宫廷饮食在“质”和“形”等方面出现了很大的飞跃。特别是到了乾隆时期，国家政治的巩固，社会经济文化空前发展，属于文化范畴的清代宫廷饮食更是进入了它的黄金时代。

清乾隆帝在位（1735—1795 年）期间，清王朝经过了近百年的统治之后，宫廷饮食不仅打破了“关东货”一统天下的局面，而且饮食结构、烹饪技术也得到全面发展。首先是北京的气候和地理环境，使常年生活在东北的满族人在身体、生活各方面都有不同程度的不适应。如常食含热量较高的鹿肉、熊掌，容易使体内外的湿热相搏，易患重病。因此清乾隆帝非常注意饮食结构的调整，并对饮食养生有一套研究。其次，清统治者虽

然是“王天下者食天下”，但对全国各地的贡物，则是有选择的食用。如皇帝御膳的主食——五谷杂粮，专用东北三省的粘高粱米粉子、散高粱米粉子、稗子米、铃铛麦；山西的飞罗白面；陕西的苡仁米、紫麦；宝鸡的玉麦；兰州、西安的挂面；山东的恩面、博粉；广西的葛仙米；河南的玉麦面；直隶的福寿字饽饽；山东的耿饼；安徽的青饼。在北京一地只选用玉泉山、丰泽园、汤泉三处交的黄、白、紫三色老米。再有，清宫的御膳机构逐步健全，每日的饮食生活不仅是为了饱腹，还依不同的传统节日习俗食应节食品。如冬至馄饨、上元元宵、端阳粽子、中秋月饼、重九花糕……宫廷饮食源于民间高于民间，吃出礼仪，吃出文化，吃出健康。基本形成以汉族习俗的常用食品为主，又保留了一定满族的饮食习惯的饮食结构。这一饮食结构影响了整个清代的帝王饮食生活。

第二节　清代宫廷饮食的管理机构和职掌

宫廷的饮食生活复杂繁缛，是帝王之家赖以生活的需要，又是统治者政治地位、等级身份的炫耀。因而在清代宫廷饮膳机构中设置一套有组织、有计划、有指挥的管理体系。从饮食原材料的选择、配置，到食品烹饪、传送到皇帝的餐桌上，都有明确的职责范围和相应的管理制度，以确保皇帝的饮膳安全。

内务府和光禄寺

清代宫中膳食的管理机构，主要是内务府和光禄寺。

内务府是管理皇族事务的总机关，其下设“御茶膳房”和“掌关防管理内管领事务处”。御茶膳房是内务府中负责供应宫廷茶饭的机构。顺治元年（1644 年）分设茶房、饭房。茶房的司膳官员有总领 3 名、承应长 4 名，另有承应人 36 名、茶房人 17 名。

1. 御茶膳房

康熙、雍正年间御茶膳房设置武职正四品的总领管理宫廷饮食膳事。

乾隆十五年（1750 年）又将“内右门内太监等预备膳之膳房，著改为内膳房，其饭房著改为外膳房”。此后，膳房又有内、外之分。内膳房是专门为皇帝服务的膳房组织，下设荤局、素局、点心局、饭局、挂炉局等五处机构。膳房总领改为尚膳正和尚膳副，茶房总领改为尚茶正和尚茶副。尚膳正 3 人，尚膳副 1 人，尚茶正 2 人，尚茶副 1 人，尚膳 12 人，尚茶 6 人，皆以侍卫充任；下有庖长、副庖长、庖人、厨役等 400 余人。

皇帝用膳的金龙宴桌

乾隆三十六年（1771 年），御茶膳房又增设档案房，设主事 1 名、委署主事 1 名，每人各领披甲苏拉 5 名，管理各项膳食档案事宜。后又增设笔帖式 11 名，负责记载皇帝、皇后、妃嫔和宫中各项饮馔事宜。

御茶膳房的具体职掌为：每日供应皇帝及内廷各处茶、饭所需各种食物；负责宫廷各种廷宴，负责内廷诸臣及值班、守卫人员的饭食；管理炊具、金银器皿；收贮各地额交、进献的鱼、肉、野味等；采买鸡、鸭、猪肉等物。宫内所需各种食物，每日分别由庆丰司、掌仪司、掌关防处送御茶膳房备用。御茶膳房内分御膳房、御茶房、内膳房、侍卫饭房、皇子饭房、清茶房、皇子茶房。下设肉房、干肉库、银器库、买办肉类处等分机构。具体管理肉物、腥物的采进、储存和供应等，由内务府派人及各库库长、库首掌其事。

肉房：负责收贮每年额交的鹿、熊、狍、野鸡、野猪、各种鱼等肉食品。

干肉库：负责验收、贮藏每年额交的干肉、虎骨、咸肉、燕窝、腊肉、米面、蔬菜等物；并对庆丰司、掌仪司、掌关防处每日交到的鱼、肉、姜、蒜、米、面、蔬菜等按数验收备用。

御茶膳房银器库：分茶房银器库和膳房银器库。负责储存膳房例用金方、金锅、金碗、加金餐具片、金盘、金碟、金匙、银方、银锅、银盘、

银碗、银碟、银马勺、银漏勺、银罐、银火锅、银盒、银笊篱等饮食用金银器皿；茶房例用金锅、金茶筒、金勺、金碗、银茶桶、银盘、银碗、银壶、银钟、银漏子、银匙等金银器皿。每年年终，内务府大臣前来检点。

买办肉类处：负责采买猪肉、鸡、鸭等肉食。采买时，由广储司支领银，每年不得超过3万两，年终汇总奏销。

御茶膳房每日所需要的乳牛、羊，均由庆丰司属各牛羊群供给，仅张家口外三旗牛群，每年额交膳房乳油达1397斤8两、乳饼619斤、乳酒2530斤。广储司管理的茶叶，是各地进贡的上等名茶，仅江南六安州每年额交400袋（每袋1斤2两，清制16两为1斤），浙江额交上等龙井茶28篓（每篓800包）。

另外，在圆明园、颐和园等御园内也设有御膳房（称园庭膳房）；在热河、滦河、张三营等行宫处，亦设“行在御膳房”，皇帝每次巡行，都要带一个御膳班子，以保证皇帝旅途中的饮膳需要。

2. 掌关防管理内管领事务处

掌关防管理内管领事务处简称掌关防处，又称“内管领处”、“关防衙门”，是内务府中负责宫廷杂务的机构，办公地点在西华门外路南。顺治初年（1644年）设内管领，承应内务府及管领下事务。雍正六年（1728年）设内管领办理公务处，管理关防，办理差务。乾隆十五年（1750年）改为郎中、员外郎协理关防。设郎中1人，员外郎1人，俱以内务府司员兼充；内管领30人，副内管领30人，笔帖式8人。具体职掌为：负责大内人等饮食材料、物料、餐厨炊具等物役，庭院洒扫除草、宫中用车、夏天供冰、冬天烘缸（为使缸中所存防火用水不冻结），每年糊饰宫内窗户以及供应宫中每日食用的玉泉水、粮、油、酒、醋、盐、糖、蔬菜和办公所用蜡烛、纸张等。

掌关防处下设酒醋房、内饽饽房、外饽饽房、菜库、器皿库、管理苏拉车辆处、官三仓、恩丰仓等。

内饽饽房：备办宫廷日常所用糕点的机构。由掌关防处内管领轮班值日，设仓长1人，副仓长2人，仓上役12人，饽饽厨役40人，苏拉4人。清代皇帝及皇室每日早晚膳用的各类饽饽，每月朔（初一）望（十五）两日佛前供上用的“炉食”和佛楼用的“玉露霜”，平时宫内用和皇帝赏用的饽饽、馇子、拉拉、花糕以及全年岁时令节（上元节、端午节和中秋节）宫中所需要的元宵、粽子和月饼，均由内饽饽房承办。

外饽饽房：备办宫廷祭祀、筵宴用各种饽饽、糕点的机构。由内管领、副内管领1人，长年管理。内设仓长、副仓长各3人，仓上役20人，饽饽厨役60人，苏拉12人。该机构还负责皇室备办供桌、大宴桌、筵宴外藩蒙古王公用的班桌、筵宴，各位妃嫔和皇子用的翟鸟桌和内用桌、专备赏赐用的跟桌、佛前上供的小供桌、七星供桌等以及皇城内各寺庙用的供饼等。

酒醋房：供应宫廷所用醯酱酒醴的机构，设在神武门内路西联房。顺治十年（1653年）设立，由内管领2人值年管理。设酒匠16人，酱匠16人，醋匠8人，苏拉8人。负责制造宫廷所用酒、醋、酱、酱菜。酒醋房为宫中承做玉泉酒、白酒、醋、豆酱、青酱、酱包瓜、酱整瓜、酱瓜条、酱黄瓜、酱茄子、酱苤蓝、酱胡萝卜、酱紫姜、酱糖醋蒜、酱豆豉、酱莴笋、酱冬瓜片等佐餐小菜和调料。

菜库：供应宫廷所用瓜菜，由内管领2人值年管理。设库掌1人，库守30人，领催15人，苏拉30人。负责管理各皇庄交纳的瓜菜等物、供应瓜菜等物。属下香瓜园头30人，西瓜园头4人，安肃菜园头4人，旱地菜园头35人，洼地菜园头24人。每年除交瓜菜外，折交银9500两供菜库买菜. 宫中用的瓜菜除各地菜园头、庄头、瓜园头每年按量交纳外，也有一部分是在市场上采买的。

官三仓：建于雍正元年（1723年），由值年正、副内管领各3名掌管具体事务。其下设仓长9名、副仓长18名、仓人136名。官三仓主要“掌供仓储之物用，凡内廷份例、各处分例及祭祀、筵宴等所需米、麦、糖、醋、蜜、蜡、油、面及豆谷、芝麻、高粱等一切杂粮，并家伙（餐、厨用具）等项，俱由本仓照例备办。”其中米、面的用量最大，每年宫中所用上等好米（玉泉山米）70石，专供帝、后们食用。其他各处还要用白米6000石，粗黄老米8000石。另外，造酒、醋、元宵等所用的糯米和舍饭处所用的稷米等。宫中用麦子一年就需一万石之多，每石麦可磨得面粉约94斤7两。

恩丰仓：负责贮存、发放太监粮米的机构，设在东华门外北围房。设值年内管领1人，兼管司员1人，笔帖式2人，苏拉32人。有仓房74间，分为大小厂12座 。其中大厂7座，每座储米3000石；小厂5座，每座储米1800石。按天、地、宇、宙、日、月、盈、余、秋、收、冬、藏12字编号，由仓场衙门按字号进米备放。

司器库：负责储存宫廷所用器皿的机构，设在中和殿西连房。由内管领2人值年管理。设库掌2人，库守9人，苏拉2人。负责储存银器、镀金铜器、白铜器、黄铜器等共8535件，还负责保管筵宴用桌等事。

光禄寺：负责宫廷庆典祭祀预备宴席及供给官员食物的机构。始建于顺治元年（1644年），初期隶属礼部，康熙三年（1664年）由礼部分出。设管理事务大臣1人，由皇帝于部院大臣内特简；卿2人，少卿2人，典簿2人，署正8人，署丞人、笔帖式18人，司库2人，库使8人，堂书4人，经承15人。职掌为：祭祀前，会同太常寺卿，由御史和礼部司官监视，亲视宰牲。祭毕，将祭肉进献皇帝及分给各衙门；遇三大节及大婚等喜庆典礼，备宴席，遇丧礼备奠筵，僧道诵经备供筵、斋筵；供给官员、少数民族及外国贡使各种食物；年终须给蒙古王公肉、鱼等。下设太官署、珍馐署、酿酝署、掌醢署、典簿厅、当月处、银库、黄册房、司牲司等机构，负责供备猪只、征收地租银、存储器皿、备办各种食物、管理果园、管理寺官俸饷、文移、监用堂印及各种费用等。光绪三十二年（1906年），光禄寺裁撤归礼部。

此外，与清宫膳食关系密切的内务府机构还有广储司的茶库，营造司的柴库、炭库，掌仪司的果房，庆丰司的牛羊群牧处等。

第三节　清代宫廷饮食原料的来源

清宫膳食机构和组织名称复杂和繁多。清宫膳食的最大消费者是皇帝和皇室人员以及宫中值宿的文武大臣、服役的宫女、太监、苏拉等。清宫膳食原料的调配和供给是保证清宫膳食的大前提。

清宫廷有关膳食原材料的来源大致有三个方面：一是内务府属下的掌关防管理内管领事务处和广储司、营造司、掌仪司、庆丰司等管辖的机构负责供应；二是各直省按每年应纳贡目进贡；三是金库支银，向市场购买。

掌关防管理内管领事务处是专门负责备办清宫膳食原料和有关膳事的机构。其下属的官三仓掌管调拨每年供内用（皇帝、皇后及妃嫔们）的

黄、白、紫三色老米，玉泉山、丰泽园、汤泉等处及朝鲜进献的上等好米，还负责宫内各处用的白米、粗老黄米、麦子饭食等用料。庆丰司专职饲养外藩所进羊只，供御茶膳房制饽饽、点心，熬奶茶用，其具体是张家口外的三旗牛群，每年额交御茶膳房乳油、乳饼、乳酒。掌关防内管领事务处下属的菜库，每年按额交宫内各种蔬菜瓜果：菜库的三十名香瓜园头每名每年要交100担香瓜、100个西瓜、18斤杂样干菜、2升鲜豌豆、5升苏子叶、30斤黄豆角、3140斤酸菜、200斤白菜、890斤小芥菜、300斤大芥菜、175斤韭菜、176条黄瓜、4斗茄子、28斤大葱、34斤春不老。

此外，清皇室还经营一大批私田，称“皇庄”，也定期交纳粮食、蔬菜、瓜果、蜂蜜、蜡等日用品。据史料载，上三旗所辖的大庄有458所，半庄171所，果菜园100所，共占地12788顷，大多集中在顺天、永平、密云、张家口、保定、宣化、喜峰口、古北口等地。在盛京乌喇、牛庄等处的皇庄还有为宫廷养蜂酿蜜的“蜜户”、捕捞鱼鲜的“网户”、“鹰户”、打猎取皮的“扑狐户”、“水獭户”、捕捉鲟鳇鱼的“细鳞户”。这些专业户，每年或交实物，或按应缴额数“按本色折征，所折银交广储司”。另外，顺天、保定、河间、永平、广宁、盛京等地还有许多皇庄果园，“园丁所纳如桃、杏、榛子、山里红、杜梨干、葡萄、构柰子、野鸡接梨、西门城梨、梨干等。以果房人司其出纳，有不征钱粮者，有低出钱粮者。”盛京、南苑、归化城、捕牲乌喇又有菜园瓜园，“凡菜园头、瓜园头交纳一应菜蔬瓜实，以内管领、副管领司之。”“安肃县专纳白菜，西瓜园头专纳西瓜。”凡皇庄应纳之物，都以本地特长为主，如东北三省，专向清宫交纳野味：鹿肉、鹿尾、鲜鹿舌、鲜鹿筋、鹿大肠、鹿盘肠、鹿肚、汤鹿肉、晾鹿肉、关东鸭、鹿肝肺、毛鹿、狍子、獐子、关东鹅、野鸡、白鱼、花鲫鱼、槠鲈鱼、细鳞鱼、飞龙鸟（树鸡）、野猪等。

每年各地向宫中交进的物品有严格规定，如盛京将军，每年额交鹿780只，狍210只，鹿尾、鹿舌各2000个，鹿筋100斤，其他鹿肠肚、狍肠、熊、野猪、野鸡、树鸡、獐狍背什骨、虎威骨、虎胫骨等，均无定额。盛京佐领，每位每年额交鹅60只，腊猪20口，咸鱼1500斤，杂色鱼40尾，腌鹿尾无定额。内务府都虞司所属的盛京三旗网户，每年额交杂色鱼24000斤。打牲乌喇各总管等，每年交进的鲟鳇鱼、鲈鱼、杂色鱼等，均无定额。吉林将军、黑龙江将军和张家口外牛羊群总管、达里冈爱

牛群总管等，每年必交定量的鹿尾、野猪、鲈鱼、细鳞鱼、野鸡和树鸡等。其中张家口外牛羊群总管，额外还要多交乳油745瓶，乳酒65瓶。蒙古王公每年也要进献许多煺羊、黄羊、鹿尾和野猪等。其他石花鱼、太和鸡、银鱼等均是外省进献的。此外，各地庄头、园头每年也要交定量的鸡、鸭等物，如关外的庄头，每人每年必交鹅1只，三旗果园头，每年额交野鸡3000只；王多罗树牲丁，每年额交鹿120只、鹿尾120个、鹿肉干2700把。

清宫的膳食机构为能妥善管理、保持这些大批量进纳的食品原料新鲜，在宫内、外设置了五所冰窖，“其（宫内）四所各藏冰五千块，其一所藏冰九千二百二十六块。”

各地进贡是清宫饮食原料、物料的主要来源。向皇帝进贡，古来有之。自公元1644年清朝定鼎北京后，全国各地的土特产品按年、按季、按月以各种名目进入清宫，供帝后们享用。

如东北是清皇室的“老家”，东北的山珍海味、土特产品理所当然地成为清宫饮食的主体。盛京将军每年入冬要进贡鹿羔（幼鹿）60只，由皇家捕牲兵在围场捕捉。如果鹿羔捕不够数，则由次年补进。在冬季进贡的鱼类中，有一种鲟鳇鱼，又称牛鱼，是很有名的东北常贡之一。鲟鳇鱼重数百斤或千斤，捕捞起来不易得。每年十二月，由黑龙江处捕鲟鳇鱼的壮丁按额捕获，进纳于京。其他各地的贡品多如牛毛，现将中国第一历史档案馆珍藏的乾隆四十一年（1776年）的“饮食”贡物清单附录如下，由此可了解清代宫廷饮食原料的一般情况。

正月：两淮春笋、两淮风肉、皮糖，淮关风肉。

四月：杭州茶叶、小菜。

端阳：（五月）河南百合、山东香料、茶叶、海参，两淮如意，浙江龙井茶，江苏茶叶，江西茶叶，长芦雀鸟，陕西玉麦、吉利茶，贵州普洱茶、茯苓，安徽茶叶、琴笋，陕西玉麦、百合，湖南茶叶，云贵普洱茶，云南普洱茶，苏州枇杷果，佛手，四川梨椒，两江茶叶，福州佛手、茶叶，浙闽莲心茶，福建莲心茶、燕窝、荔枝，长芦佛手。

七月：直隶果品、杭州茶叶、小菜。

万寿贡：（皇帝生日称万寿，乾隆帝八月十三日生日）直隶

鲜花、果脯、玉兰笋，福建果脯，安徽宣纸、茶叶、琴笋，两江藕粉，浙江茶叶，江苏果脯，四川茶叶、笋尖，山西藕粉、白面，陕甘吉利茶、挂面，两广挂面、百合粉，山东万年青、佛手，贵州茶叶，河南果脯、香菇，陕西挂面、藕粉。

八月：山西榆次西瓜、直隶果品、福州佛手、浙闽蜜浸荔枝、福建蜜饯、长芦食品。

九月：山东佛手。

十月：福州佛手，河南岗榴、木瓜、长芦冬笋，两淮冬笋，浙闽福圆膏，福建莲子。

十一月：陕西哈密瓜，山西石花鱼，长芦银鱼，杭州南枣、小菜，广东红橘、香橙，广西红橘、香橙，浙闽青果、红、黄柚，福建红橘。

十二月：两江果脯、问政笋，山东木瓜、耿饼，湖广茶叶，银鱼，陕西挂面、藕粉、石花鱼，湖北茶叶、挂面，江西藕粉、笋片，江苏果脯，云贵茶叶，贵州茶叶，安徽茶叶、问政笋，浙江茶叶、火腿，四川茶叶、香菇，湖南玉兰笋、藕粉，江宁珠兰茶，闽浙蜜浸小菜，广西藕粉、山羊血，长芦木瓜，杭州黄橙，福建红橘，浙闽金橘，福州燕窝，福建蜜柑。

清代晚期，慈禧生活奢侈，宫廷饮食更趋精细。宫廷内向各地索要的贡品有年贡、月贡、节令贡等繁多种类，所贡物品名目多样。如同治年进单中，直隶年贡的饮食原料就有：桂圆5桶、南枣5桶；长芦盐政进：佛手9桶、苹果9桶、香橼9桶、圆果9桶、冈榴9桶、广橙9桶、南荸荠9桶、狮甘9桶；两广总督进：香橙10桶、甜橙10桶、香荔10桶、苏泽堂橘红1000片、老树橘红1000片、署内橘红1000片；广东巡抚进：南华菰2箱、槟榔9匣、豆蔻9匣；山东巡抚端阳进：麒麟菜5匣、海带5匣、紫菜5匣、松子5桶、鱼翅5桶、扁豆5桶、蛏干5桶、莲子5桶；山东巡抚进：吉祥菜5匣、冈榴5匣、耿饼9篓、长生果5桶、苡仁米5桶、木瓜5桶、金丝枣5桶；山东抚年进：佛手9桶、香橼9桶、恩面9匣、博粉9匣、凤尾菜9匣；山西巡抚年贡进：藕粉50匣、葡萄干3箱、柿霜50匣、飞罗白面四箱、石花冰鱼50尾；两湖总督端阳进：通城葛2箱、百合粉2箱、通山茶1箱、安化茶1箱、郧耳1箱、香蕈1箱、笋尖

1箱、砖茶1箱；河南巡抚进：贡面9箱、山药粉4匣、百合粉4匣、金橘脯4瓶、桃脯4瓶、樱桃脯4瓶、柿霜4箱、藕粉4箱、永枣5匣；陕西巡抚进：百合粉3匣、苡仁米3匣、白扁豆3匣、吉利茶9瓶、桂花5匣、玉麦3袋、紫麦3袋；陕西巡抚年进：富饼5匣、宾枣5桶、百合粉5匣。四川督抚年贡进：仙茶2银瓶、陪茶2银瓶、菱角湾茶2银瓶、春茗茶2银瓶、观音茶2银瓶、名山茶2银瓶、青城茶10锡瓶、砖茶100块、锅陪茶9包、百合粉3匣、荸荠粉3匣、藕粉3匣、香菇1箱、丁香菌1箱、名山笋尖1箱；闽浙督抚进：福圆干4箱、状元青果2桶、蜜罗柑4桶、红黄柚4桶、酸枣糕8匣、莲子4箱；福建督抚进：福圆干6箱、状元青果4桶、蜜罗柑4桶、红黄柚6桶、酸枣糕10匣、莲子4桶；闽浙督抚十月进：红柑10桶、文旦2桶、芦桔2桶、桔饼2桶、闵姜1桶；福州将军进：红橘4桶、福橙4桶、冰糖4桶、藕粉80袋；福州将军兼管闽南关进：秋季佛手10桶、冰糖4桶；浙江巡抚端阳进：芽茶30瓶、淡咸腿100只、藕粉10匣、南枣5桶、瓯柑5桶；安徽巡抚端阳进：珠兰茶1箱、松萝茶1箱、银针茶1箱、雀舌茶1箱、梅片茶1箱、樱桃脯1桶、枣脯1桶、青饼1桶、青螺1桶、琴笋1桶、藕粉1箱；江西巡抚端阳进：永新砖茶1箱、安远茶1箱、庐山茶1箱、千山香菇2桶、鄱阳虾2桶；云贵督抚端阳进：普洱大茶50圆、普洱中茶100圆、普洱小茶100圆、普洱女茶100圆、普洱芽茶30瓶、同州吉利茶5瓶、甘州枸杞5匣、宝鸡玉麦5石、甘州果丹5匣；陕甘督抚进：西安挂面2箱、同州吉利茶3瓶；陕甘督抚秋季贡进：哈密瓜200圆。

此外黑龙江、吉林、辽宁三地以东北特色物产充贡更是清宫饮食原料的大宗。黑龙江主要的贡物有鹿、堪达汉、四不象等野味。其次是飞罗白面，每年六月新麦下场，经石磨、细罗五、六过，面粉如尘飞白雪，由此而得名。再有鱼鲜海味，是贡品的重中之重。史载，黑龙江水域辽阔，秋十月是鲈鱼、鲂鱼、细鳞鱼、鳏鱼、黄鱼等丰收的季节，黑龙江将军、副督统等用鱼充年贡。吉林山多林多，吉林将军、副督统等地方官以野味为地方特产向清宫进贡。乾隆时的万寿节贡有梅花鹿、角鹿、鹿羔、狍、狍羔、獐、虎、熊、海参、鱼油、晒干鹿尾、晒干鹿舌、鹿后腿肉、小黄米、炕稗子米、高粱米粉面、水湍饽饽、搓条饽饽、豆面剪子股饽饽、打糕肉夹搓条饽饽、炸饺子饽饽、打糕饽饽、鱼儿饽饽、野鸡蛋、葡萄、杜梨、羊桃、山核桃仁、松仁、榛子仁、核桃仁、杏仁、松仁、松子、白蜂蜜、

生蜂蜜、山韭菜、贯众菜、藜蒿菜、枪头菜、河白菜、黄花菜、红花菜、蕨菜、芹菜、蘑菇、鹅掌菜等。盛京地方官向清宫进献鹿贡，全年分7次贡进，即头、二、三次为“尝鲜”贡，后四次是“鹿差”贡。进献的日期，从入冬开始，至立春止。以道光年间的鹿贡为例，七次共有鲜鹿尾270盘、鲜鹿舌260个、献鹿筋条28块、鲜鹿发尔什38块、鹿大肠162根、鹿盘肠332根、鹿肚160个、汤鹿肉7块、晾鹿肉30块、汤鹿24只、鹿肝肺34份、毛鹿460只、湿鹿筋100斤。此外，每年还进鹿羔60只。

尽管皇庄和贡品的种类、数量、质量及经济价值都是最好的，但仍满足不了清帝后饮食生活的需要。向户部支取银两，采买膳食有关原材料也是宫廷饮食的主要组成部分。御茶膳房属下的买办肉类处支银采买猪、鸡、鸭和各种腥物；财库支银采买部分时令蔬菜，加上膳食原料、调料燃料等在内，每年需要支银10万两。仅光禄寺补助宫廷筵宴的部分开支，全年要向户部支银1700两。乾隆二十年（1755年）决定“内廷等用猪、鸡等项，派膳房官员向光禄寺领银二万二千两买办，用过银数，岁底核实奏销，仍谘光录寺查核”。此后又将这项银两增至30000两，由户部支领，并决定其中每1000两实银扣除平印银22两，存储于膳房，备物价昂贵时支用。后来到了乾隆五十年（1785年），这项银两改由内务府广储司银库支领了。

第四节　清宫膳房与厨师

膳房是备膳的厨房。清宫内有皇帝、皇后用的御膳房、御茶房，有皇太后用的寿膳房，皇子、皇孙门用的饭房及掌宫中大宴的外膳房、御茶膳房等专用膳房。其他无力附于御房的主位，则自立或合立饭房。

早在清入关前的后金时期，后金宫廷就设有御膳房和专门厨师为汗王努尔哈赤备膳。太宗皇太极时期，在盛京的清宁宫后建有“仓后阿毋孙房东西所十四间”。“阿毋孙房”，乃满语，汉意为“膳房”，即御膳房，是供皇帝、皇后、妃等内廷主子们制作珍馐肴馔的地方。当时，还建有十间存储各种肉食野味的转角“肉楼”，大清门外还建有熬蜜房、放炭楼及东果楼五间、西果房五间、粉子房三间、蜜库二间。

清皇室入关后，沿袭明代皇帝的膳房为御膳房。明代的御膳房设在紫禁城内西路养心殿南面的一座院落内，是明代祖制宫中膳房。膳房门原在北墙设门与养心殿院落相通，同使用一座门，即膳厨门。清承明制，以明御膳房为清帝膳房，但对膳房院落做了修改。

清代御膳房在养心殿一区的遵义门南另辟一东向门，成为独立的膳房区域。清代有十位皇帝的日常膳食都是出自这里。御膳房为座南面北七间通连大房，院内有两口水井，供膳房食用水及洗涤。御膳房后又有一独立院落，称“养南大库”，是膳房临时存贮粮、油，食用调料的地方。清代皇帝自雍正始都以养心殿后殿为寝宫，在养心殿前殿办公。依清帝的饮食习惯，用膳有固定时间，无固定地点。卯时起床，即开始办公。一日两正膳，早膳辰正，晚膳申时，早膳大多在哪里办公就在哪里传膳。养心殿与御膳房为相邻的南、北两座院落。皇帝在养心殿正殿批阅奏章、召见臣工、处理政事之后，到养心殿东暖阁休息、进早膳。只要皇帝说一声“传膳”，背桌子的太监立即把三张正方形的膳桌一字摆开，送膳太监手捧膳盒，从御膳房一溜小跑到养心门。然后放慢脚步，一个挨一个、整齐有序地排着队走进养心殿，把饭、菜、饽饽、粥、汤等逐一摆在长长的膳桌上。长桌摆满，意味着御膳已齐，膳房首领太监请皇帝进膳。

清帝膳房还有重华宫厨房。重华宫是明、清皇子居住的乾西五所之一的“二所”，清乾隆弘历继帝位前的潜邸。乾隆当皇帝后，早膳经常在养心殿东暖阁，晚膳和酒膳就在重华宫和重华宫西部的漱芳斋等处。

皇后、皇贵妃等膳房都设在她们居住的东西六宫内。清中期的寿茶、寿膳房在慈宁宫；清晚期的寿茶、寿膳房在宁寿门外东南的一排大房里。清晚期，慈禧皇太后的茶、膳房称寿茶房、寿膳房。寿茶房专司皇太后日用茶点、瓜果、人乳、牛乳、南糖、零吃制作等事。寿膳房下的五局——荤局、素局、点心局、饭局、百合局，共用一排大厨房，共用炉灶，所用的家什也不分

掐丝珐琅食盒

彼此。另外寿膳房内还附有小厨房，名叫“野味厨房”，为李连英主办，从宫外雇用饭庄名厨。荤局、素局交叉准备菜料。灶上大厨役将菜制熟，原碗盛交案上。案上大厨役专管熟菜的检查和整理。如颜色不正，汤不适口，则退回重做。点心局专做一切蒸、烙、烤、煮的面食：烧饼、馒头、蒸饼、包子、油糕、蜂糕、荷叶饼、状元饼、蝴蝶酥、烫面饺、窝窝头、面片汤等。既有宫廷糕点，也有民间的粗粮食品。饭局做饭兼管熬粥。寿膳房为皇太后做饭，有白米和紫米两种。白米是京西稻米，紫米为仓变老米，又叫“野薏米”。这种米由江南运至通州大仓，再转到东城禄米仓，最后转入紫禁城外的东、西仓中。饭局按皇帝的口份（定量）将米领回，粒粒挑选。再配上豇豆、苡仁米、莲子、红枣等熬成豇豆白米粥、苡仁米粥、百合莲子粥。百合局专做咸菜，兼备各种烧烤鸡、鸭、猪、羊肉。

据清末出宫的老太监信修明叙述，慈禧的寿膳房十分庞大。膳房内按顺序排列着一百多眼炉灶，每一炉灶配备三个人，一人配菜、一人掌勺、一人打杂。三个人中的主要负责人是配菜的。准备阶段先由打杂的把各种菜、肉、鱼等原料挑、拣、洗、涮干净后，交给配菜的人。配菜人按照事先拟好的膳单上的菜名，按蒸、炸、炒、炖顺序把生肉、菜等切、割、片、剁、拌，然后配上相应的调料，交给第三个掌勺的等待烹炒。当听到皇太后传膳的指令后，掌勺人立即按照顺序操作，依次传上。经案上大厨役检验后，过关的菜倒在慈禧专用的黄磁盘、碗中，插上银牌，盖上碗盖，放入红漆盒，外加黄云缎棉被包裹好交给传膳太监。太监怕饭菜冷，常常是接过饭盒，拔腿就跑。换人时，须首先报告菜名，然后交接手中的饭盒。传膳太监一拨交一拨，飞跑不停，一直到殿外交给摆膳的上差太监。黄云缎包裹不到饭桌上是决不能打开的。无论多少菜品都是用这种方式传递。如果哪个环节出差错，由御前掌案负责追查、惩处。慈禧每天用膳都有膳底档簿册，清楚地记载着每个灶眼的三个人姓名与工作。一旦有赏有罚，都要查档案。

厨师是清代宫廷御膳的实施者，清宫厨师来自三个方面：清代入关之后，从盛京带来一些满族厨师，他们大多为世传技术，父传子艺，子承父业，是清代宫廷饮食中的核心；其次是沿袭了明代宫廷留下来的山东厨师；第三部分则是依清帝、后饮食爱好所选用的厨师。前两种厨师到清晚期已人数不多，第三种厨师历代都有，直至清末溥仪时期。

清入关前的后金时期，努尔哈赤有一名叫雅喀穆的御厨，专门为后金

宫廷烹制满族传统食品，清宫著名的“黄金肉”就出自他的创作。清皇室入关住进紫禁城，跟随入关的东北厨师，用来自东北的膳食原料为帝后烹制东北野味肴馔：烧鹿尾、煮鹿筋、扒熊掌、蒸驼峰、烧羊肉、炒鲟鱼、焖猪肉、煳肘子、炸丸子、熏猪爪、卤鹌鹑等。满族传统的主食——饽饽，也是经东北厨师带进清宫。《清朝野史大观·嗜面》载：“满人嗜面，不常嗜米，种类极繁。有炕者、蒸者、炒者，或制以糖，或以椒盐，或做龙形、蝴蝶形，以及花卉形；另一种中有肉馅。另外有酱数种。又有绿豆糕、花生糕数事，配以糖制之汤。”满洲饽饽是清宫御膳的主体，无论清帝、后、妃、嫔，还是亲王、皇子每膳必有各类饽饽。随着厨师队伍的不断扩大，满洲饽饽不断融进北京和各地方风味，成为清宫膳食的一大特色。

清宫供奉佛、道、萨满教，天天香火、供品不断。宫廷为此特设佛堂厨役，专门制素膳。乾隆的妃子中，有一位来自新疆和卓木的维吾尔族的容妃，宫中特为她招募回族厨师，做清真膳。乾隆十八年（1753年），北京街头流行“豆汁”风味小吃，清内务府亦在民间招募技术较高的豆汁厨役进宫制作豆汁。再有，清朝乾隆帝南巡，喜食江南食品，带回苏、杭两地的厨师。这些人数量不多，最初仅是皇帝用膳时临时点菜再烹调制作。随着清代宫廷饮食的发展，江南厨师成为乾隆帝正膳肴馔的专门烹制者，餐餐指名要某某人做，几乎到了非江南风味食品不进膳的地步。

在乾隆帝每日的膳单中，打头菜（第一道菜）都是署名张东官、双林制作的。膳单中还反复出现用膳时指名命张东官添菜的记载。乾隆四十二年（1777年）七月二十一日至九月二十五日东巡盛京，乾隆帝又亲自点名“叫张东官随营供膳”。在整个东巡的两个月零六天中，张东官与随营的三十多名厨师一样，为帝后

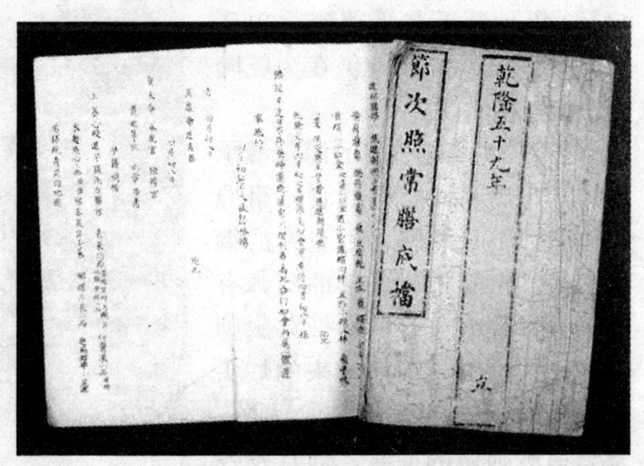

乾隆三十九年用膳底档

烹制肴馔，但得到皇帝赏赐的仅有张东官、常二、郑二。而常二、郑二每人各得一次赏，张东官却连连得到一两重银锞、二两重银锞、黑貂帽沿、大卷五丝缎等5次重赏。一个厨师，在皇帝心目中占有如此重要的位置，可见他技艺何等高超了。张东官原是苏州织造普福家厨役。乾隆三十年(1765年)第四次南巡途中，品尝了他烹制的风味菜肴后，赞不绝口。回京时，把他带到北京。先安排他在长芦盐政西宁家住下。乾隆每每出巡，都在离京的前一天召张东官。回京后又将他送回西宁家。乾隆帝住京郊圆明园、承德避暑山庄等地也都由张东官为他备膳。乾隆四十九年（1784年）第六次南巡时，张东官再次随营供膳。因他已七十多岁，常有腿疼病，乾隆特赏他起马随行。行至苏州灵岩寺行宫时，乾隆经和珅、福隆安向苏州织造又下谕旨：“膳房做膳苏州厨役张东官因他年迈，腰腿疼痛，不能随往应艺矣。万岁爷驾幸到苏州之日，就让张东官家去，不用随往杭州。回銮之日，亦不必叫张东官随往京去。”谕旨还传出：“再着苏州织造四德另选精壮苏州厨役一两名，给膳房做膳。”在乾隆一行返京时，苏、杭两织造奉旨挑选了两名精壮厨师沈二官、朱二官。直到乾隆五十八年(1793年)夏天在承德避暑山庄万寿节，沈、朱二人仍在为乾隆帝烹制江南肴馔。

溥仪三岁像

公元1908年三岁的溥仪继承皇位。年龄虽小，但饮食膳事照搬先朝，一日两膳仍由皇帝的御膳房供。在御膳房备膳的厨师有十余人，其中最有名的做菜厨师是从北京忠信堂饭庄请来的炒头火的大师傅，叫郑大水。另外，郑恩福厨师做的面食、炸食及各种粥食也是效仿宫外饭庄的做法，

才受溥仪喜欢的。公元1911年以后，辛亥革命推翻了清王朝的统治，溥仪仍居住紫禁城后半部，过着逊帝的生活。其膳食仍由御膳房供给，但溥仪对御膳厨师的要求却不断加码。先是打破老祖宗流传下来的传统饭，后来就对西餐感兴趣。要厨师们不仅会做海派菜，还要他们学做西式菜，及至在紫禁城的丽景轩成立了西餐饭房。并明确指示郑大水向欧洲来的厨师学西餐的烹制和摆饰餐桌。

按照清宫饮食规制，清宫帝后饮食每日都有一定数目的鱼肉鲜菜和米面豆类，厨师们用这些固定的原料烹制固定的菜肴和饽饽。每膳如此，清帝久食生厌，所以向宫外雇用厨师是很正常的事情。

第五节　清宫常见的膳食与饮品

清代帝王自关外以至入关后的前中期，在饮食习俗上的变化，明显地表现出本民族与中原各族相融合的结果。尤其是清代帝王不仅注意到饮食结构的改变，而且在逐步追求饮食结构的合理性。他们的饮食以五谷杂粮为主，精粗搭配，荤素相宜。当然，清代帝王的饮食好尚是在有意与无意之间进行的。但是，这些饮食流传至今，确实在延年益寿方面收到了实际效果。他们经常的膳食和饮品是：

1. **豆腐。**豆腐被古人称为“有肉料之功无肉料之毒的植物肉料”。早在公元前二百多年时，前汉书籍中就载有刘安做豆腐的记载。刘安是汉高祖刘邦之孙，袭封为淮南王。明代医学家李时珍在《本草纲目》中也记载了豆腐对人体健康的有效作用：豆腐甘温无毒。服食大豆，令人长肌肤、益颜色、增骨髓、加气力、补虚损……令人长生。初服时似身重，一年后便觉身轻，又益阴道也。“宽中下气，利大肠，消水胀肿毒”。由于常食豆腐对人体有很多益处，多年以来一直深为宫廷与民间饮食所喜食。

清皇室发源于盛产大豆的东北，满族先祖以豆入馔，是他们的饮食传统。清皇室入关后，虽每日山珍海味，但对豆类食品仍情有独钟。豆面饽饽、豆面剪子股饽饽、豆面卷子、豆腐、豆粥等都是他们经常吃的食品。乾隆三十年编制的《国朝宫室·分例》中，载有清宫后妃膳食份例，每日

主食九种，豆卷、豆粥占两种，副食十九种，其中豆腐、豆芽、豆皮占三种。作料十五种，豆瓣、豆酱、豆豉占三种。乾隆的母亲崇庆皇太后笃信佛教，经常以素食为膳。乾隆三十年十二月初七（腊八前一天）便开始吃素。这天她在北海的庆霄楼用早膳：热锅两品，粥、菜九样装西洋热锅，菜四样。蒸食、炉食各四品。这些菜的用料是冬菇、木耳、胡萝卜、白菜、香蕈、菠菜、豆腐、豆腐干、绿豆。饽饽用料也是青豆面、豌豆面、梗米面、白面、芝麻等。即使清宫帝后妃不食素膳，每日必食豆腐为主要原料的菜肴，如火熏白菜豆腐、箱子豆腐、肥鸡豆腐、三鲜豆腐 、鸭丁豆腐、卤虾油炖豆腐、盐水豆腐、烩红白豆腐、锅塌豆腐、豆豉豆腐、羊肉豆腐、菠菜拌豆腐、小葱拌豆腐、豆腐泡、干豆腐、猪肉酸菜炖冻豆腐等十几种。清帝后不仅在宫内每膳吃豆腐，出外巡行也餐餐吃豆腐。乾隆三十年正月十六携母带后及妃嫔们巡行江南，随行带了大批厨师，其中豆腐厨师就有三人。从专门记载这次南巡的《江南节次照常膳》中得知，一路上乾隆帝轮番食用万年青酒炖猪肉豆腐，燕窝熏煨豆腐、什锦豆腐、鸭子豆腐。除他自己享用外，还将这些豆腐菜赏给同行的后妃。二月十六日乾隆一行来到扬州的天宁寺用膳，扬州地方官进燕窝肥鸡、燕窝火熏煨豆腐、春笋炖鸡等菜肴，乾隆只留下了“燕窝火熏煨豆腐”，其余的赏给王公大臣。

清代南方流传御厨八珍豆腐秘方，据说是康熙皇帝南巡时赏给地方官的。康熙在位时，十分喜欢食用质地软熟、口味鲜美的菜肴。清宫御厨便经常用鸡、鸭、鱼、肉去骨制成菜肴，满足康熙的需要。有一次，膳房御厨取用优质黄豆制成嫩豆腐，加鸡肉末、火腿末、香菇末、蘑菇末、瓜子仁末、松子仁末，用鸡汤烩煮成羹状形的豆腐菜肴。康熙皇帝品尝后，感到豆腐绝嫩，口味鲜美异常，极为满意。他认为此菜，具有两大特点：一是取用豆腐、香菇、鸡肉等长寿之物为原料，可使人延年益寿；二是豆腐烹调得法，鲜美绝嫩，胜于燕窝。又因它用八种原料制成，故赐名为“八珍豆腐”。康熙皇帝将它列为自己最心爱的御膳菜肴，还请宫中御厨将八珍豆腐的用料及烹调方法写成御方，并将它作为金银财宝一样重要的礼物，赐予江苏巡抚宋牧仲等宠臣。

后来，康熙又将八珍豆腐之方，赐给尚书徐乾学（号健庵）。徐在取方时，给御膳房银一千两。不久徐将此方又传给门生楼村，楼村又传给自己的后人。到乾隆时代此方又传到楼的王姓外甥孟亭太守，故称为王太守

"八珍豆腐"，并在北京和江浙地区首先出名。清代著名的美食家袁枚在《随园食单》中记载："王太守八珍豆腐，用嫩片切粉碎，加香蕈屑、蘑菇屑、松子仁屑、瓜子仁屑、鸡屑、火腿屑，同入浓鸡汤中炒滚起锅。用豆脑亦可。用瓢不用箸。孟亭太守云：'此圣祖赐徐健庵尚书方也。尚书取方时，御膳房费一千两。太守之祖楼村先生为尚书门生，故得之。'"八珍豆腐广泛流传，现江浙地区仍保持着这道菜的特色。

有一道菜名叫"箱子豆腐"，是清代乾隆皇帝喜食的豆腐名馔。乾隆南巡途中豆腐菜肴每次都有，而且餐餐不重样。其中多次食用"箱子豆腐"，令人不解。如乾隆一行来到扬州的天宁寺用膳，扬州地方官进燕窝肥鸡、燕窝火熏煨豆腐、春笋炖鸡、箱子豆腐等菜肴时，乾隆只留下了"箱子豆腐"一品，其余的赏给王公大臣。原来，箱子豆腐的制作是将豆腐切成骨牌块，把鸡肉剁成肉泥塞进豆腐中间，面上再覆盖薄片的豆腐，然后用浓汁鸡汤烩煮进味。豆腐呈长方形，似妇女用的梳妆箱。吃时，先夹起覆盖在箱子面上的那片豆腐，就像打开梳妆箱才能看到里面精美的梳妆具一样。

在乾隆皇帝晚年的膳单中，几乎每天的菜肴中都有"炒豆芽菜"一品。即使过节家宴，乾隆帝照样传旨，添加"炒豆芽菜"。老年人活动量小，脾胃多虚弱，豆芽菜清爽淡口不伤脾胃。豆芽菜虽无鱼肉等厚味，多吃通便利尿，还可以缓解老年人因少动而产生的便秘。现代科学实验证明，豆芽菜的营养价值大大超过黄豆本身。因黄豆在发芽时，豆芽中含的绿叶素及其可利用的营养成分得以尽情释放，有健脾利湿"补五脏不足"之功效。在二百多年前的清代，乾隆皇帝对黄豆芽的营养不可能有科学的认识，但从他对黄豆芽的青睐可以看出他对饮食养生的精通。

清代皇帝除食用豆类菜肴外，还以豆类做主食，前面已提到，豆面饽饽、豆面剪子股饽饽、豆面卷子、豆腐、豆粥等都是他们经常吃的食品。其中，豆面卷子就是用东北产的大云豆做的，也就是今天仿膳四大名点——云豆卷。现代科学分析，云豆健胃和脏，益气补肾，云豆卷制作简单，软糯宜人。尤其是入口即化的特点，是非常适合老年人食用的点心。

2. **猪肉。**满族先祖自15世纪由游猎民族逐渐转变为农民定居后，养猪便成了农业以外的首要副业，同时把养猪与食猪多寡当做衡量贫富的标

准。这样在饮食生活中，就形成了食猪肉的传统，从而也大大促进了猪肉烹饪的技术。从味美到营养健身，积累了丰富的经验，形成了独到的美食。如清代传统的烤乳猪、煮白肉、酱猪爪、红扒肘子、干炸丸子等，传至今日，名扬海外，影响颇深。每日早晚两膳都以猪肉为主要菜肴原料。其中祭神肉是最常见的。

祭神肉是坤宁宫祭神的祭品，又称煮白肉。坤宁宫祭神是清朝的国俗。祭祀时，有进酒、进牲等仪式，牲就是当日宰杀的猪，然后用两口大锅煮白肉。祭神时杀猪煮肉即按猪的肩臀等部位摆好，放在神位前，表示祭祀人的虔诚，煮熟后按头、尾各部位顺序摆好，祭神。祭祀日，参加祭祀的皇帝、皇后、皇太后及王公大臣们在祭祀仪式结束后，祭肉撤下，众人分吃，寓意神祖降福于每个人，因此祭神肉又叫福肉。煮肉用清水，不加佐料，肉熟后清香四溢，吃时切成片，蘸盐水食之，酥软可口。白水煮肉，无任何色素，对光洁皮肤、养颜美容亦有功效。另外白煮猪肉，不加盐酱，使蛋白质和维生素得以充分保留，脂肪却与肉分融于汤中，吃起来清香并不觉得腻口。因坤宁宫每天朝祭、夕祭，杀猪四口（春秋大祭时，杀猪三十九口，坤宁宫祭神全年杀猪一千三百多口），肉当日吃不完，还可以带到自己的宫内继续吃。于是，祭神肉——白煮猪肉就成了清宫帝后日常饮食的独特食品。乾隆的母亲崇庆皇太后，自年轻时，吃斋念佛，以素食为主，但唯独爱吃煮白肉和食猪爪（蹄）。按理说，皇太后吃猪肉应该选取全猪的最好部位，但皇太后的个人喜好是不能勉强的。每次乾隆陪同其母用膳，总要顺其母意，传御膳房添加“烧猪爪”一品。猪蹄含有大量胶素蛋白质。这种蛋白质是生长皮肤细胞的主要营养成分，能促使皮肤增加弹性、润泽、丰满，从而减少皱纹，显得年轻。

此外猪蹄还含有钙、镁、磷、铁及多种维生素，对皮肤有滋养作用。猪蹄中的肉、筋嚼起来比较费劲，可以锻炼咀嚼肌和面肌，使两颊长得丰满匀称。从健美面肌来讲，乾隆时期的人是不可能知道的。孝圣皇太后喜食猪蹄不过是因其好吃、有嚼头，无意之中起到了美容的效果，真是历史的巧合。

清宫后妃不仅吃猪肉，尤其喜食猪皮。据说，这种菜肴也是满族先祖的创造发明。传统的猪皮做法很简单，将猪皮熬成浓汁，再配以各种原料，制成半透明的凉菜。清宫后妃吃猪皮，比传统的做法可讲究多了。《御膳房》档案记载：白煮肉皮冻，称为“水晶冻”，加上佐料、调料的叫

“红冻”。此外，还在冻汁里加入虾片、鱼片、鸡块等，制成花冻、彩冻、虎皮冻等，光泽悦目，晶莹透亮，使人食欲倍增。清晚期，慈禧爱吃的菜肴中有一道“炸响铃”，就是将猪肉皮先煮后炸，吃起来“脆响”，慈禧特赐名“炸响铃”。猪皮肉含有丰富的猪皮胶，具有滋阴补气、强筋壮骨、补精益血的营养作用。猪皮中的胶蛋白质还是补充合成蛋白的原料，便于吸收和利用，对滋润皮肤、光泽头发，功效十分显著。当然这些营养肌肤、面容的美容知识是近代科学家发现后，才认识到它的医学价值。而生活在清代的清宫后妃们并不知道其中的奥秘，完全是她们生活习惯中的偶然。因此清代后妃乃至满族妇女皮肤较好、面容白细，这与她们常食猪肉、猪皮有很大的关系。

3. **饽饽。**饽饽是清代宫廷饮食中最富民族特色的食品，在清代宫廷饮食生活中占有重要的位置。凡是麦、黍、稷、栗、谷、豆类等杂粮都能磨成面粉，用蒸、炸、煮、烙、烤等不同熟制方法制成甜、咸可口的饽饽是皇帝日常饮食或宫廷筵宴中的主要食品。

饽饽源于满族传统生活方式。满族先祖是历史上的肃慎、挹娄、勿吉、靺鞨、女真后代，世世代代生息繁衍在白山黑水广垠的大地上，靠山吃山，靠水吃水。他们以狩猎吃肉为主，兼以采摘各种山货、果实。公元16世纪末叶，满族先祖定居在苏子河畔，生产方式也随之改变，农猎结合，以肉、奶为副食，冬季农闲，外出狩猎，随身要带许多干粮。天气寒冷，干粮冻成冰疙瘩。吃时用火烤后，焦黄、酥脆，吃起来香甜可口，既暖肚饱腹又持久耐饿，深受满族人喜爱。随着满族地区广泛地种植农作物和加工方式的进步，满族饮食也经历了由简到繁，由粗到精的变化，逐渐改变了不善于多层次加工食品的烹制方式，如在实心饽饽中加入红豆泥的馅心，或者加上蜂蜜、芝麻、牛奶、鸡蛋制成麻花、炸食、奶食等。后金天命八年（1623年）努尔哈赤设家宴招待八贝勒家人，宴桌上就摆有麻花饽饽一种，麦子饽饽二种，朝鲜饽饽一种，炸食饽饽一种，馒头、绿豆粉、果子（朝鲜饽饽即高丽饼、打糕等食品）。

满族入关后，虽然统治地位和生活环境变化了，但长时间形成的民族饮食传统，在清代皇帝的饮食生活中依然得到继承。皇帝日常饮食和宫廷筵宴不但仍以饽饽为主，还在清宫庞大的御膳机构中专门设置了内饽饽房和外饽饽房。内饽饽房主要承办皇帝、皇后、妃嫔日常膳用的各类饽饽，每月朔、望（初一、十五）两日佛楼上供用的“炉食供”和佛城用的“玉

露霜供”以及内用、赏用的饽饽、馇（chā，叉）子、拉拉、花糕以及上元节、端午节、中秋节等宫中所需的应节食品元宵、粽子、月饼等。外饽饽房主要备办皇帝、皇后、妃嫔等的宴桌和各类供桌、大宴桌以及筵宴外藩蒙古王公用的班桌、皇子等用的内用桌、专备赏赐用御膳用的跟桌、佛前用的小供桌、七星供桌等，还要备办各寺庙用的供饼等。内饽饽房与外饽饽房的职能形成了著名而庞大的满族饽饽体系，包揽了清代满席筵宴的馔品，并将宴席规定为制度，载入宫廷典章制度的蓝本——《钦定大清会典事例》中。清宫筵宴，用饽饽桌九十张。饽饽桌，即放饽饽的油漆矮桌，长方形，上面摆各式饽饽十五品。每品饽饽数额，视筵宴等级来定。筵宴前一日，内外饽饽房将饽饽放入盘碟中，分摆在饽饽桌上。经光禄寺（负责宫廷事务的机构）派来的堂官检验查看合格后，在饽饽桌上盖一红色包袱布，抬到饽饽棚内。夜里由厨役轮流看管，第二天开宴前再抬到现场以备宴用。清宫筵宴，多在乾清宫和保和殿举行，届时皇帝一人居殿堂正中，殿外两廊下设王公及一二品大臣宴桌，丹陛上设三四品大臣宴桌，通道两房设五品至九品大臣宴桌。满席宴桌即饽饽桌，一二品大臣、王公等两人一桌，其余各品官员则二三人不等。宫廷筵宴有严格的礼仪，如先进馔、再进酒、后进茶果。众人先视皇帝食、饮后，下一个程序再开始。因此，赴宴廷臣无法用膳，只不过摆摆样子而已。宴席间吃不完的饽饽，可以“挟携以归”，带回家食用。

清宫遇有喜庆节日，皇帝要赐“饽饽桌”。饽饽桌有头品、中品之区别。头品饽饽桌用面额定 35 斤，制成炸、炉、烤、蒸等不同熟制、不同口味的饽饽，用于妃嫔生日、晋封时赏赐。中品饽饽桌用面额定 25 斤，制法与头品相同，只是数量少，用于皇子、亲王生日时赏赐。另外，妃嫔遇喜生育、皇子娶妻、公主下嫁也都用饽饽桌作为庆贺礼品。尤其是宫中节日、祭日，礼佛、敬神、祭祖上供用的供品，更是需用大量的饽饽。寿皇殿一处每月要供献饽饽桌 7 张，年例正月十五还要供设大宴桌 7 张。每张供桌摆设各种饽饽、点心 48 盘，各色饽饽 1765 个。奉先殿前殿正中，一张大供桌摆了大饽饽 4 盘（每盘 40 个）、蜜蜂印子 2 盘（每盘 60 个）、薄烧饼 2 盘（每盘 80 个）、红白点子 2 盘（每盘 50 个）、鸡蛋印子 2 盘（每盘 60 个）、梅花酥 4 盘（每盘 60 个）、夹馅饼 4 盘（每盘 70 个）、玉露霜 2 盘（每盘 50 个）、芝麻酥 4 盘（每盘 50 个）、小饽饽 2 盘（每盘 30 个）、红白馓子 3 盘（每盘大、小 75 把），共 31 盘 625 个。制作这些饽

饽，需用头等白面100斤、二等白面10斤、酥油24斤、奶油10斤、白糖24斤、白饧（táng糖，白糖）2斤、蜂蜜5斤、鸡蛋200个、栗米7升、盐1斤、绿豆粉6斤、芝麻3升6合、澄沙5升、粗核桃仁10斤4两、黑枣7斤2两、黑葡萄8两。

另外，每到佳时令节，内、外饽饽房都连夜赶制应节饽饽。正月十五的元宵、立春日的春饼、二月初一的太阳鸡糕、端阳节的粽子、七夕节的巧果、中秋节的月饼、重阳节的花糕……用量也很可观。

清宫帝、后日常饮食，早、晚两次正膳，正膳后还有两次“克食”（小吃或酒膳），都以饽饽为主食。皇帝正膳例摆饽饽桌，皇帝平时用膳的膳桌是由3张八仙桌拼成长桌，膳桌上摆24道菜肴外，还另设两张方桌摆饽饽，名为“跟桌饽饽”。乾隆三十年（1765年）十二月二十四日早膳，跟桌饽饽摆热饽饽15盘、鸡蛋饽饽15盘、炉食饽饽15盘、碟饽饽15盘、寥花15盘。这天晚膳食，跟桌饽饽又摆出澄沙饽饽15盘、豌豆饽饽15盘、奶子饽饽15盘、山药饽饽15盘、到口酥15盘。两正膳之外的“克食”，是松仁奶油皮、温达奶饼、烤祭神糕、象棋眼小模首。皇帝每天的膳食中，饽饽用量多、数量大，十分惊人，但皇帝本人的胃口有限，一次吃不下几个，完全是为了排场，为了显示一国之君“食天下”的威风罢了。清帝的这种排场，即使是外出巡视也丝毫不能马虎。乾隆三十一年（1766年）九月一日，乾隆帝、皇太后、皇后一行在木兰围场。随行的大批人马中，御膳食房是一支庞大的队伍。每日饮食饽饽肴馔十分丰盛，但清宫内仍三天一次驰送饽饽。九月九日是传统的重阳节，自九月初三起，宫中饽饽换花糕。

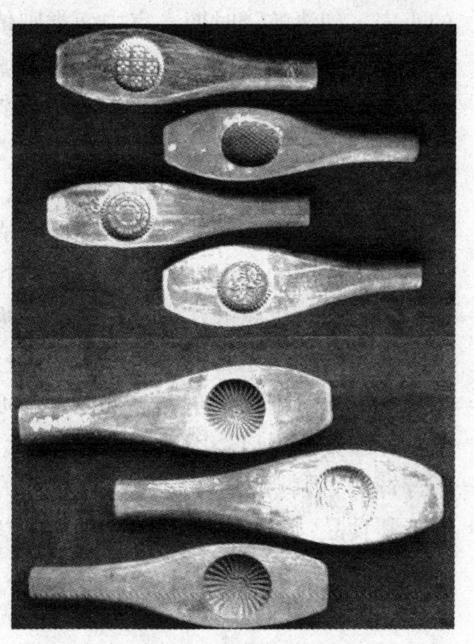

清宫做饽饽的木模子

留守在宫内的令妃、愉妃令外膳房制作各种馅心的花糕，三天装一次

箱，以备皇帝、皇太后、皇后等人食用。如档案中记载："令妃、愉妃恭进皇太后鸡蛋松仁馅花糕八块、猪油澄沙馅花糕八块、奶酥油果馅花糕八块、奶酥枣馅花糕八块，共装一柳条箱。"同时恭进皇帝的花糕数量是皇太后的倍数，装了两柳条箱。恭进皇后的花糕同皇太后，也是一柳条箱。三天后，令妃、愉妃又恭进皇太后炉食饽饽一柳条箱。直到重阳节过后，宫中的花糕才停止，但恭进饽饽仍如前。从这些记载不难看出满族食俗在清宫饮食生活中占有举足轻重的地位。

然而，清宫饽饽并非满洲饽饽，清宫饽饽是满族传统食品与汉族传统饮食相互融合的结果，是清代皇帝大一统帝国的象征。清皇室入关后，随着政治上的不断巩固，国家经济繁荣，文化日益发达，清宫饮食资源逐渐丰富起来。就说制饽饽的主料面粉吧，原来只靠清代发祥地——东北所产的小麦，到清乾隆时期，宫中面类则依赖于黄河流域产麦区进贡，如河南的贡麦、陕西宝鸡的玉石麦、山西潞城面粉。上述地区土地肥沃，物产丰富，种植小麦有着悠久的历史。再说饽饽馅心，更是用料广泛，有糖馅、澄沙馅、椒盐馅、果料馅、甜酱馅、枣泥馅。其中果料馅就由蜜南枣、蜜瓜条、蜜山楂、密桂花、桃脯、苹果、桂元、橘饼、青梅、花生仁、松籽仁、榛子仁等十多种南北特产配制而成。更重要的是清宫使用的厨役打破了地域和民族的局限性，烹调与制作技术不断出新，变换花样。如乾隆年间曾招苏州、杭州的江南厨役进宫，吸收江南各地的饮食特色。

苏州厨师张东官擅长制作江南的糕、团等面类食品，清宫档案中曾多次记载乾隆帝重赏张东官，说他"尽心效力"。肯定是他所做的南味点心颇顺乾隆皇帝胃口，因而得到赏识。《御茶膳房》档案中还记有称为"回子饽饽"（因乾隆的容妃是维吾尔族人，按照容妃信奉伊斯兰教的习俗）的新疆食品："托噶赤"、"喀克察"、"察勒巴"、"桑子"、"囊"等。

满族传统的饽饽萨其马是以冰糖、奶油和面，制成形如糯米粒似的小颗粒，烤熟后外裹蜂蜜，切成方块的甜饽饽。而清宫的萨其马在制作上，吸取了江南糕点讲究花样的特点，从生制面坯开始，就改为搓条较长并将条与条互相搭配的做法，使之成型后留有自然空隙的造型。另在冰糖、蜂蜜和面时放上适量的桂花和果脯果料：红色的京糕条、绿色的青梅粒、白色的瓜子仁及紫色的葡萄干等作点缀，使其从内质到外形趋于完美，成为色、香、味俱佳的清宫饽饽。满族旧俗，农历五月用椴木饽饽祭神，祭神之后全家分食或馈赠亲友。椴木是生长在东北的密质树木，春季发芽，至

五月叶大如掌。满族民间用粘黄米和小豆泥，外面用两张槲叶包裹。上锅蒸熟后粘黄米的淳香、槲叶的清香混在一起，近似中原、江南等地端阳节的江米粽子。清室入关后，一改食槲木饽饽习俗，五月初五端阳节清宫饽饽换粽子，就连坤宁宫祭神的供品也用江米粽子。

所以说，清宫饽饽是吸收和融汇了各地区、各民族饮食精华而发展起来的，同时又凸显出清代皇帝作为少数民族统治全国“王天下者食天下”的大一统思想。

随着满族入关日久，满族饽饽的名称也逐渐汉化。下面特选几例清宫饽饽的满族名称对照：他尔荤额分——肥饽饽；吐尔哈额分——瘦饽饽；塞飞额芬——匙子饽饽；都必色——豆册糕；鸣夫呼额芬——软饽饽；孙尼额芬——奶子饽饽；论煜额芬——甜奶子饽饽；胡勒克——枣馅白面饼；他士马——黄米面饼；出苦额芬——黄米面糕；胡说饼——澄沙馅白面饼；朱克额芬——冰饽饽；交塞额芬——黄米面饺子；讷克林说饼——松仁果饼；尼士哈额芬——鱼饽饽；朱喝额芬——江米面糕；佛思根——撒糕；塞食额芬——剪子股饽饽；纯克里额芬——雅饽饽；塞思哈里额芬——俗饽饽；乌母汉哈桑额芬——鸡蛋薄脆；乌楚博楚哈古桑阿额芬——葡萄薄脆；马浪乌哈哈克桑阿额芬——芝麻薄脆。

清宫饽饽用料精细、制作讲究，在外形装饰上更是花样繁多，寓意吉祥。使人未食到口，先得到美的享受。故宫珍藏着一大批饽饽木模，为我们了解清宫饽饽的制作造型提供了第一手资料。饽饽木模以硬木雕刻，多成方形、圆形、椭圆形、棱形、倭角方形、方盛形（双棱互套），纹饰凹刻，内深2—3厘米，壁刻花边。图案多为福、寿题材，如五只蝙蝠组成一圆形，中心是一篆体“寿”字，称作“五蝠捧寿”。又如一桃、一石榴、一佛手呈“品”字形，三蒂合一用两片桃叶左右交叉互掩，叫做“福、寿三多”——（桃象征长寿、石榴象征子孙昌盛、佛手谐音“福寿”）即多福多寿多男子。再如木模呈圆形，内刻一大一小两只瓜，环绕两瓜周围刻着缠绵不断的瓜藤瓜蔓，名为“瓜瓞（dié）绵绵”。瓜初生时小，而后乃盛大。小瓜称为瓞，瓜藤蔓连绵。象征家族兴盛、福寿长绵。像这种用谐音方式以物寓意的图案很多，花瓶内插如意，旁边有一柿子谐“如意平安”、“事事如意”。梅花鹿衔灵芝谐“禄位享通”。两条金鱼首尾相引呈圆形，谐“金玉满堂”，一鹭鸶和牡丹谐“一路荣华”、“一路宝贵”，一圆形钱眼内雕一“福”字谐“福字眼前”，

一鹤一鹿谐“鹤鹿同春”……

皇帝自谕天子，神的化身，是凌驾于千万人之上的人神结合体。他的衣、食、住、行都要体现富贵、吉祥，他的一切都是祥和、平安的象征。每日食用的美味佳肴自然也要突出幸福、长寿的特色。龙是帝王的象征，清宫饽饽木模中亦以龙纹作图案的较多。有一正面龙和双喜字的，有两面龙拱一火珠的，有一龙一凤的，有一龙两凤的，还有群龙环绕作边栏的。这些龙的形状不一，有行龙、有正龙、有团龙、有长龙、有降龙。从清宫旧藏《御茶膳房》档案中得知，这些带龙纹图案的饽饽都是皇帝专用的。皇后、妃嫔用的饽饽图案则为牡丹、凤凰、龙凤呈祥。此外，带有福、寿图案的饽饽更是帝、后日常用品。

清宫饽饽木模中还有一批用于应时令节图案的。如立春日用的“春”字木模、端阳节用的五毒木模、中秋节用的月饼木模、重阳节用的菊花木模及过年时用的银锭、金钱木模等。这类木模大小不等，小的直径为10—15厘米，大的直径达80厘米。太阳鸡糕木模是用于二月初一中节时做太阳糕点，供太阳星君的应节饽饽。每年这一天，清代皇帝要穿礼服披褂、銮舆仪仗前往日坛祭日。宫中用米面加馅心蒸太阳糕供在祭日的供桌上。太阳糕木模为圆形，正中一只金鸡，鸡头上刻着“日”字。太阳糕木模一套7件，由小至大依次排列。一套太阳糕重68斤8两，用鸡蛋78个、蜂蜜10斤、白糖5斤。中秋节祭月的月饼也是成套的。据清宫档案记载，清宫祭月供桌上的月饼由小至大摆成塔形，顶尖月饼直径2寸，最底的大月饼直径2尺（约70厘米）。大月饼用面10斤，小月饼用面2两5钱。

上述档案记载得到清宫珍藏的饽饽木模佐证。月饼木模一套8件，呈圆形。内刻广寒宫殿、桂树和持杵玉兔。工匠运用阴阳雕刻手法，将图案画得形象逼真。无论是大月饼模，还是小月饼模，都刀法纯熟，深浅一致，打磨得十分光滑。可以想像，用这套木模制出来的月饼，只是大小不同，其纹饰和图案一模一样。月饼又称作圆饼。清宫御茶膳房要用两套月饼祭月。中秋节晚上，祭月之后，小月饼由皇帝赏赐宫内每人一份，两只大月饼切开一只成数块，按身份、等级分食。另一只用红绸包起来，放到阴凉通风处，等到过年三十晚上再切开分食，取“团圆”之意。

在众多的饽饽模中，还有一种立体的木模。这是由两块中心凹刻的模板，左右一合，成一个立体的饽饽。如立寿桃，桃尖在上，桃蒂在下，壁面刻有寿字图案。将面坯制成木模容积大小合适的团，放在木模里挤合，

即可成为活灵活现的大寿桃。这类木模是专为帝、后生日制寿桃用的。乾隆三十年（1765年）十月二十六日是乾隆帝之母——崇庆皇太后73岁生日。为了表达对母亲的孝心，乾隆帝特下旨，叫御茶膳房制作9盒大寿桃，取九九如意吉祥意。9盒寿桃用面粉180斤，还用粳米面、高粱米面、红豆面、黑芝麻、青豆面及飞金、食色在寿桃外边装饰图案，类似今天的妆花蛋糕。尽管在色彩上不如现在鲜艳，但在当时的制作工艺上也算得上“佳作”了。

到清晚期，饽饽又出现了多种馅心、多种形状、多种用途的宫廷饽饽。慈禧晚年，常在腊月二十八、二十九这两天，传谕王府女眷到宫内蒸饽饽。大家动手揉发面团成圆圆的饽饽，上锅蒸熟后，由慈禧亲自评定。谁蒸的饽饽隆得高，发得好，便预示着谁在新的一年中大吉、大利、大发财。可是众人为了讨好慈禧，故意做得很差，以显示慈禧一人吉利。

同治晚年，皇帝载淳病情严重。宫廷中曾在养心殿摆供，用饽饽冲喜。档案记载，冲喜供摆的全是带“红”或“喜”的饽饽——红喜字酥饼、红绫饼、红太史饼、红鼓盖饼、红双喜方饼、红团寿饼、红龙凤饼。但是，载淳病入膏肓，医药都救不了他的命，清宫饽饽又有何用呢？

4. **蜜饯。**提起清代宫廷食品，人们往往会想到满汉全席、烤乳猪、栗子面小窝头、萨其马、艾窝窝等，对于清宫蜜饯食品却很少有人说及。其实，清宫蜜饯与清宫各种饮食一样，也是清宫节日大宴、祭祀供品和帝、后日常膳食中的重要组成部分，在清代宫廷饮食文化中占有一席之地。

果品是人类最早用来果腹的食物之一。人类认识果树的历史也十分悠久。早在《诗经》中即有“标有梅，其实七兮”；“桃之夭夭，有蕡其实”；“丘中有李，彼留之子”等记载。随着果品生产的发展，贮藏与加工技术也不断得到提高。将剩余鲜果加工成果干，用糖液腌渍成蜜饯，充分反映了我国古代劳动人民的聪明与智慧。我国周代就有了“以时敛而藏之”的记载。汉唐时期，蜜饯果脯以其味鲜美，制作复杂而成为豪贵之家的“上品”。到了清代，蜜饯食品逐渐增多，花色品种日益丰富，尤以清宫蜜饯更誉之为冠。清宫蜜饯的形成和发展与清代满族人的生活习性有关。

蜜饯食品是满族人传统的饮食之一。满族先祖建州女真人世代居住在美丽富饶的长白山区。山清水秀、花果满山，是北方植物、动物赖以生存的理想天地，更是满族先祖农耕、养蜂产蜜的好地方。纯净的蜂蜜除向当

时的明朝纳“蜜贡”外，还将蜂蜜和水果加工成蜜饯果脯。加之长期生活在寒冷的地区，甜食会增加抗寒力，这一生活习性便成为满族祖先共同的饮食观。

1644年清皇室入关后，即开始了长达两百多年的统治生涯。随着满族人的大量入关，将本民族的文化也带到关内，其中包括了饮食爱好和习惯。清入关之初，百业待兴。清宫廷的经济来源仍以皇帝故乡的物产为主要内容。如鹿肉、狍肉、鲟鱼、人参、凤梨、杨梅、葡萄、蔷薇等。专司养蜂采蜜的“蜜户”，也要定期定量向宫中贡进蜂蜜。优越的自然条件也使得食蜜饯这一饮食习惯得以保留下来。随着清政权的逐步巩固，清王朝成为全国权力的中心。全国各地争相把天下美味食品进贡皇宫。这样，皇帝饮食来源比起入关初期要广泛得多。如福建的荔枝、蜜罗柑、红黄柚、莲子，陕西的哈密瓜、白兰瓜，长芦的苹果、圆果、木瓜，安徽的樱桃，甘肃的枸杞，浙江的芦柑、橘饼，山东的金丝枣。此外，蜜饯食品也成为清宫内大小佛堂、家庙祖供前四季常备的供品。由此可以看出，蜜饯食品在清代宫廷中已成为饮食文化中重要的一支，它可独立自成体，又可以与其他食品配伍，相得益彰。

清代中期，各地官员投皇帝所爱，将各地蜜饯贡到宫中。这使蜜饯果脯也经历了一次南北融合，中外合璧的过程。如：槟榔膏、香茶丸和法制百合、西洋香糖粒、西洋舌香、法制陈皮、吕宁柑子蜜等，但宫内仍以自制蜜饯为主。道光十年（1830年），御茶膳房一次就做得苹果干80斤、甜果干50斤、杏干47斤、圆果干30斤、红樱桃干5斤、香瓜干20斤、杏糊条30斤、圆糊条30斤、蜜红樱桃3斤、蜜红瓜饯10斤、蜜花红4斤、桃干60斤、香圆干40斤、李子干25斤、花红干10斤、白樱桃干5斤、琥珀脯10斤、樱桃糊条30斤、葡萄糊条30斤、蜜白樱桃3斤、蜜饯白瓜10斤。

清代末期，清宫蜜饯食品传至民间，与民间小吃互相借鉴，各地风味食品之间的交流和渗透，以及人们对蜜饯食品的要求不断产生变化，北京蜜饯果脯成为当地特产风味之一。但是客观上来说，北京蜜饯并非源于清宫，然而清宫蜜饯确实促进了北京蜜饯食品的发展。时至今日，北京蜜饯名扬四海，不能忽视清代宫廷蜜饯食品的历史作用。

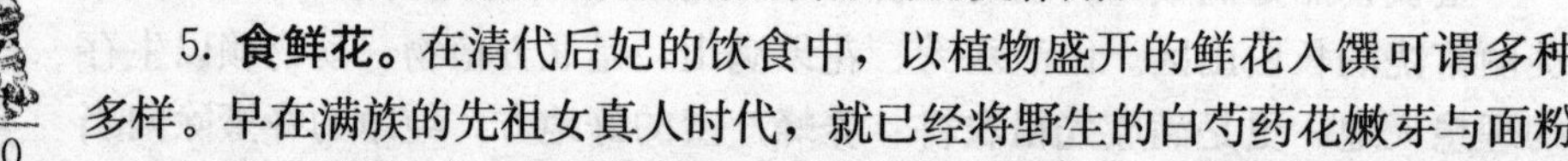

5. **食鲜花。**在清代后妃的饮食中，以植物盛开的鲜花入馔可谓多种多样。早在满族的先祖女真人时代，就已经将野生的白芍药花嫩芽与面粉

拌合蒸食，味道甚美。同时榆树钱、槐树花也如法炮制成为满族传统的美味佳肴，品尝鲜香。清皇室入关，在生活方式、饮食习俗上逐渐汉化，但食花习俗却历代相传，并根据四时季节不同，采集各种植物鲜花，直接入馔或制作饮料。清宫后妃常食的花馔有：榆钱、玫瑰、荷花、桂花、菊花等等。

桂花：秋天盛开，香气逼人。将鲜桂花采下用糖、蜂蜜腌渍成桂花酱，是清宫后妃日常饮食中不可缺少的佐料。夏季后妃们饮酸梅汤是用乌梅、白糖、桂花泡制成，具有清凉解毒、降暑的特殊作用。后妃平日饮食中的饽饽，多以甜味为主。在饽饽的馅心中，澄沙馅、枣泥馅、果料馅等都要加入桂花酱。后妃们食之不仅增加食欲，还可食入鲜花与花粉，对养颜护肤十分有益。

菊花：秋天食菊花是清代后妃的节令食品。乾隆年间，九九重阳节时宫中除举行筵宴，还到景山登高，饮菊花酒。慈禧秋季最喜食菊花锅。据裕得龄女士撰《御香飘渺录》载，慈禧吃菊花锅用的是燃酒精的火锅。锅内预先盛上鸭汤，待锅开后，挟起捆好的菊花瓣投向火锅，盖上锅盖。待锅开后，就可进食了。食菊花早被我们祖先所熟知，既当食又当药。《神农本草经》中载，菊花“久服利血气、轻身、耐老延年”。慈禧是非常注意健身的人，吃菊花的妙处自然了解很多，对其营养价值更是不在话下。食鲜花，连同花粉一起食用是一种传统的习惯。除此以外，还有月季花、槐树花、玉兰花等都能食用。据现代人的研究，花与花粉中所含的糖、氨基酸比一般植物营养成分高得多。其他如蛋白质、维生素、酶类也很多。花与花粉具有强身健体、增长精神、消除疲劳、美容、抗衰老等作用。清宫后妃食花、花粉，无疑可以得到美颜健体的作用。

榆钱：早春二月，榆树发芽，一串串淡绿色的榆树钱鲜嫩诱人。榆树是落叶乔木，先生叶后开花。榆树有药物作用，性稍辛，助肺气，春天吃上一顿榆钱糕，有益于身体健康。清代后妃每到春季，总要食几餐榆钱糕或榆钱饼。其制法是将榆钱洗净，与面合拌，上笼蒸熟或制成圆饼烙着吃。清帝、后不仅食用，还用榆钱糕祭祀神佛。

玫瑰：初夏，北京玫瑰盛开。玫瑰以其艳丽的花朵和浓郁的香气为人们所喜爱。清代宫廷膳房用鲜花制玫瑰饼。传统做法是将玫瑰摘下洗净，将脂油切成细碎丁，然后将花与脂油，拌上白糖腌制，腌透以后做成糕饼

的馅心。在玫瑰盛开的时候，还采集玫瑰做酱、酿酒、做玫瑰露，随吃随取用。清代后妃夏天常饮玫瑰露，因其具有理气、活血的功效。据传，常吃玫瑰的人面如桃花，容颜姣美。

荷花、荷叶、莲子、莲藕：都是对人体十分有益的滋补品。清代在紫禁城外护城河、北海、中南海、什刹海、后海及颐和园等皇家花园都种有荷花，因此宫廷中采莲摘花十分方便。荷花到夏日既是欣赏植物，还有多种用途。荷花的花蕊是制造莲花白酒的原料。据《钦定日下旧闻考》："正德间，朝廷开设酒馆，酒望（按：酒馆幌子）云：本店卖四时荷花高酒。犹南人言莲花白酒也。"莲花白酒在明代即为宫廷美酒。酒用采集荷花花蕊制成，有药用功效，也是清代宫中的名酒，如今传统的宫廷莲花白酒已名扬世界。

藕能生食，也能用糖渍或做成蜜饯的小食，还能做糕点、菜肴或制成藕粉。

莲子是滋补品，夏日荷花以绿叶相衬，使人看了赏心悦目。但食荷叶粥更可以清暑。荷叶还能入馔，做成菜肴，十分清香可口。

莲子、藕节、荷叶均可入药。藕节：性平、味涩，功能是收敛止血，主治吐血，鼻、便血等症。莲子：性平、味涩，功能可补脾养心、固精，主治脾虚泄泻、遗精、带下等症。荷叶：性平、味苦，功能清热解暑，主治暑热泄泻、头昏及各种出血等症。

6. **蜂蜜。**喜食蜂蜜是满族的主要生活习俗。早在公元 14 世纪时，建州女真定居于苏子河流域，养蜂酿蜜就是他们的经济来源之一。起初，女真人见粘稠的蜂蜜有一股特殊的清香，十分诱人，就将蒸熟的面食粘饽饽蘸着吃，直接食用。后来又用蜂蜜烧烤肉类或腌渍吃不完的水果，果然色味俱佳。蜂蜜的广泛使用促进了蜂蜜的生产，女真人不仅自己食用还向明王朝纳"蜜贡"。因此女真人喜食蜂蜜的习俗是与他们生活环境和传统习惯有关的。以至互相沿袭，流传甚广，成为清代宫廷后妃喜食甜食的根源。

清宫后妃喜食甜食表现在：一是主食上，另一是零食上。清宫后妃膳食以肉类食品为菜肴，各种饽饽为主要食品，饽饽有咸的、甜的，以甜的居多。康熙的祖母孝庄皇太后早膳时就有螺丝糕、盆糕、澄沙饽饽、豌豆饽饽、蜜花、炉食等七种。早晚膳之间还有克食，也是各种甜饽饽等小食品及甜粥、甜酱等。皇后、妃嫔过生日，皇帝要赏饽饽桌。皇子娶妻有饽

饽桌。公主下嫁，皇帝以六十张饽饽桌做聘礼与陪嫁。就连王公福晋生孩子，皇宫也要送甜食饽饽上门表示祝贺。清宫最高等级的筵宴——满汉全席，也是以满洲饽饽汉族大菜组成的。制作各种甜饽饽都离不开白面、蜂蜜、香油、鸡蛋。其中蜂蜜用量之大非同其他食物所比。

蜜饯是满族饮食生活中的一大发现。将水果腌渍在蜂蜜中，既可保持水果原味，又能长期贮存，使起不变形状，这是宫内后妃茶余饭后的主要小吃。在故宫西路原状陈列室——反映当年后妃居住的寝宫里，条案、桌几上都设有盛蜜饯和干果的食盒。盒内分为九格，每个盛一种蜜饯食品。因每人的口味不同，所摆的食物也不同。光绪帝一后二妃——隆裕皇后、瑾妃、珍妃口味就不一样。珍妃喜食极甜的糖沾子、蜜桔、蜜橄榄；瑾妃爱吃桃脯、杏脯、苹果脯等适中的；而隆裕却喜吃蜜山楂、蜜杏干等酸性的。慈禧每到一处，后面要跟着几十个人的长队伍，有端盂的，有搬塌的，有捧衣服的，还有拿食盒的。食盒里干鲜果品，蜜饯糖果，无不俱全。用慈禧的话说，吃蜜饯就像梳妆一样，对她十分重要。

早在清入关前，皇帝在沈阳故宫时曾设有熬蜜房。入关后清宫后妃食蜂蜜仍靠东北进贡。乾隆时期，宫中后妃所食的蜜饯食品由全国各地进贡。清宫蜜饯多达二百多种，可称南北荟萃，东西交融。据档案记载，当时宫内设干果房专门贮存这些蜜饯果脯。其中有西藏的藏杏、藏枣，广西的蜜佛手、蜜丁香，新疆的葡萄干，福建的蜜荔枝、福橘脯，苏州蔷薇酱、糖桂花，安徽的凤梨膏、金橘膏，吉林的蜜饯梨、蜜饯山里红、西洋香糖梨、法制半夏，吕宋香槟——应有尽有，五花八门。由于宫内后妃平时吃蜜饯食品多，体内摄入蜂蜜营养也就多了。这也是她们一个个面容红润，肌肤细腻，从里到外透着滋润的又一原因。

除蜜饯食品外，清宫后妃还经常食用植物与硬果制成的糖——松籽糖、芝麻糖、花生糖、核桃沾、榛子沾、玫瑰糖、桂花糖等。按照传统的医药原理，用食用糖做主料，辅以与食物属性相适应的药物，达到以食代药的效果，使之既有美容养颜的营养价值，又有医疗作用的双向调解功能，因而备受清宫后妃的喜爱。

7. **牛奶。**牛奶的营养丰富，味道鲜美，但对人的肌肤、身体健康有益，是后人发现的。然而在科学不发达的古人眼里，奶是神圣的，是用来祭祀祖宗或神的祭品，只有神灵才能享用。然而到了唐代，杨贵妃却用牛奶洗浴，润面养肤，已经有悖于古人，使流传于古代的祭祀品上升到营养

品，这是认识上的一个飞跃。明代大医学家李时珍在《本草纲目》中曾记载："牛、牛酥，益虚劳，润脏腑，择肌肤和血脉。"清代《红楼梦》第十九回中叙述了元妃省亲贾府，赐给宝玉糖蒸酥酪，可见宫廷奶制品十分盛行并流入民间。

清代徐珂在《清稗类钞》一书中也记载了宫廷乳品类小吃。清代后妃食用牛奶也是其传统生活的沿袭。长年从事牧业生产的满族养牛取牛奶不过是生活所需，但清宫后妃食用牛奶不仅量大，还花样多。常饮的有奶茶，每日早晚两膳都要有奶皮子、奶子、湿点心、奶渣子、奶子饽饽、奶果卷等主食。应时令节御茶膳房还以牛奶和面，制作各种应节食品：正月十五奶子元宵、五月端阳奶子心粽子、八月中秋奶子月饼、九九重阳节奶子花糕。清宫传统的奶油萨其马是后妃们十分喜食的奶式点心，制作这种点心，用牛奶和面，搓条后上锅炸，再浇上蜂蜜，奶香四溢、香甜适口。萨其马是满语译音，意译为油炸奶油细条饽饽。清宫后妃用牛奶取之于专门为宫廷牧养牛羊的庆丰司。按后妃不同的身份、等级享受不同的牛奶份额。皇后每日得奶十斤，皇贵妃八斤，妃六斤，嫔四斤，贵人以下没有定例，随各宫主位分例。虽然牛奶每人有一份，但牛奶的数量远不止于此，每日皇帝用膳毕，总要将一部分菜肴点心分赐众人。往往菜肴赏给大臣，饽饽点心赏给后妃，其中"奶子饽饽"最多。清宫中祭祀、筵宴必有鲜奶制成的奶酪、奶卷、奶皮子饽饽。乾隆年间，曾在颐和园的前身——清漪园内有一奶酪膳房，专做奶子席。花色品种最高达一百零八种。全部用牛奶、奶油、奶豆腐等制成，是清代满洲风味中最高级别的筵席。当时皇帝带着后妃一行人马居住在三山五园时，圆明园、畅春园、静明园、静宜园的奶制品都由这里供应。

8. **乳酒。**乳酒是北方游牧民族的饮料，是马乳或牛乳经加热发酵而成的蒸馏酒。相传，蒙古先族外出游牧时，要带炒米及乳以解饥渴。奔波劳动一天后，口干急饮，打开皮囊想喝乳，却发现乳味变酸，并伴有醇香的酒味。从此乳酒在游牧民族中开始流行，成为蒙族、哈萨克诸民族的民间饮料。民间制作乳酒，用新鲜马、牛乳装在一个大皮囊中，用一根特制的大木棒朝一个方向搅拌。大木棒上细下粗，中间挖空。搅拌到一定时候，乳中所有的固体部分下沉到底部，像葡萄酒渣一样，留在上面的液体纯净部分就是马乳酒。经过搅拌的马、牛乳酒变酸，经发酵后，当它相当辣时，就可以喝了。喝完奶酒后，舌头上留有杏仁汁的味道，胃里也极为

舒服。据说，马、牛乳酒含有丰富的营养和芳香型物质，还可抑制马、牛乳中对人体有害的病菌。这种酒的酒精度低，既能清凉解暑又能滋补健身。据蒙族医籍记载，乳酒具有滋阴强体、驱寒散风、舒筋活血、补肾消食、健脾止泻、渗湿利水等功能。对一些特定疾病有独特的疗效。因此。蒙族人——包括妇女、儿童在内都喜欢饮乳酒。乳酒还是招待远方客人和尊贵朋友的佳品。

宫廷饮用乳酒的历史要追溯到汉代。两千多年前，乳酒由漠北传入内地，很快就受到宫廷的欢迎。长安官坊酿制的多种酒中，就有马奶乳酒。汉代宫廷设官管理酿造制酒。汉武帝太初元年，将太仆寺负责酿酒的"家马令"更名为"撞马令"。此后，历代王朝都设有专门管理酿造乳酒的机构。蒙古族崛起后，乳酒受到了高度的重视。自成吉思汗起，把乳酒视为国酒。尤其马奶酒更甚。《元朝秘史》中也记载了成吉思汗博腾吉尔时代，在通戈利格河畔制马奶酒之事。酿制马奶酒时，视马的毛色以别贵贱。黑色马酿酒最为珍贵，视作精品。蒙古语称黑马奶酒为黑忽迷恩额速克，译为汉语即是"玄玉浆"。"玄"即黑也。饮黑色马奶酒的筵席规格最高，在蒙族汗帐中身份、地位显赫的人才有资格享用。为《黑鞑事略》作疏证的南宋人徐霆曾出使蒙古，他以亲见亲闻记录了黑马奶酒："初到金帐，鞑主饮以马奶，色清而味甜，与寻常色白而浊，味酸而膻者大不同，名曰黑马奶，盖清则似黑。问之，则云：此实撞之七八日，撞多则愈清，清则不膻。"黑马奶酒的酒精度稍高于普通马奶酒，制作也比普通马奶酒的工序复杂，产量不高。只有蒙古贵族才能酿制。因此。黑马奶酒一直是蒙古马奶酒中的精品，直到元代入关，都是宫廷御用酒。元代陪都滦京（今内蒙古正蓝东北）是马奶酒的最大产地。这里的马奶酒，不仅吸引着蒙古族王公贵族纷至沓来品尝称颂："祭天马酒洒平野，沙际风来草亦香。"也吸引着汉族文人雅士云集上京畅饮。如官拜中书左丞之职的许有壬曾多次前往，每饮马奶酒后，多有诗作。其中一首《上京十咏·马奶》的诗作，对马奶酒的风韵给予高度赞扬："味似融甘露，香疑酿醴泉。新醅（pēi）撞重白，绝品挹（yì）清玄。骥子饥无乳，将军醉卧毡。桐官闻汉史，鲸吸有今年。"

公元1279年，元世祖忽必烈建立元王朝，定都北京，饮食起居一改草原遗风，而马奶酒却得到保留。在元代宫廷生活中，无论是节日筵宴，赏赐群臣，还是祭祀祖宗家庙，都用马奶酒："太庙令取案上先设金玉爵

单马湩、葡萄酝酒，以次授献官。”“湩乳、葡萄酒，以国礼割奠，皆列室用之。”(《元史·祭记志》) 意大利马可·波罗在他撰写的《马可·波罗游记》中详细记载了元代皇帝忽必烈用金碗畅饮马奶酒的情景，忽必烈不仅自己饮马奶酒，还常赏赐大臣。元代开国名相耶律楚材就写过饮马奶酒的诗：“开马西事酿玉浆，革囊倾处酒微香。长江莫吝西江水，高举休空北海觞。浅白痛思琼液冷，微甘酷爱蔗浆凉。茂陵要酒尘心渴，愿得朝阳赐我尝。”至元十四年（1277 年），宫廷筵宴，饮用的是马奶酒。朝臣汪元量在座，宴毕，他作《御宴莱岛》一诗，真实地记下了皇家内宴用马奶酒的史实：“晓入重闱对冕旒（liú），内家开宴重歌讴。驼峰屡割分金碗，马奶时倾泛玉瓯（ōu）。”元末明初文学家陶宗义著《辍耕录》，将马奶酒称为“玄玉浆”，列为西北八珍之一。作马奶酒祭祀祖宗神灵是蒙古族的传统。元代太仆寺是主管畜牧业和马奶酒制造的专门机构。史籍记载，凡蒙古大汗祭天和祭祀祖宗时都用马奶酒。皇帝出行前，先用马奶酒洒地祭祀一切神灵，洒后始行。皇帝出朝还朝：“凡车驾巡幸太仆寺卿以下皆从，先驱马出建德门外，取其有乳者以行，自天子以及诸王百官，各以脱罗毡置撒帐为取乳室。车驾还，太仆寺卿先期征马五十酝酿去京师”，做好制马奶酒的准备工作，以保证皇帝随时取用。每年春季，元代宫廷择日举行“酬神祈福”的祭神活动。用头一次下驹初酿酒，放在玉盘内祭祀，称为“玉醴”。玉醴有感谢神灵降福于民的意思，也有祈祝来年六畜兴旺、岁岁平安的意思。

现在，故宫内还珍藏着直径近 2 尺，深 4 寸，能放一担马奶的大玉盘，这是蒙族贵族作举行玉醴用的礼器。在北方民族中，满蒙相邻，饮乳酒的习惯相同。清皇室入关前后，都喜欢饮乳酒。《清宫内务府则例》载，清宫每年要用一百六十瓶乳酒，每瓶十三斤八两，共计两千两百零八斤。另乳酒来源于张家口外马群总管、圣京养什牧牛群，每年要交乳酒两千八百八十七斤，外藩蒙古每年进贡乳酒九瓶。所有交进得乳酒由光录寺管理，以供清宫廷之需。清康熙皇帝本人不饮酒，也不赞成别人饮酒，但是对乳酒却例外。康熙二十三年（1684 年）六月，康熙帝一行巡行塞外。时值初夏，天气格外晴朗，微风凉意十分宜人。辽阔的草原上，黄幄座座，一群群马匹、骆驼、牛、羊往来穿梭，一派畜牧兴旺的景象。康熙帝看后精神振奋，特赐随行的王公、大臣、侍卫及蒙古王公于黄幄前设宴，畅饮乳酒以助兴。宴间，康熙帝说：此酒朕牧群内马乳所蒸之酒，系牧马

首领送来。故于阅视牧群处与王及诸臣饮之。今日日色融和，又在塞地，尔等各宽心畅饮。众人皆欢娱。《康熙起居注》记载了这件盛事。

9．**奶茶。**在清代宫廷，奶茶是不可缺少的饮料之一。无论是宫廷各大筵宴、皇帝万寿、皇太后圣寿庆典宴请蒙古王公、西藏喇嘛、外国使臣，或是宫内各种神祖祭祀、帝后日常饮膳，都离不了奶茶。奶茶是一种什么样的饮料，为什么在清代宫廷中受到如此重视呢？

早在秦汉时期，活跃在北方的游牧民族就有“食肉饮乳”的生活习惯。汉代以后，奶食品传入中原，受到中原各民族的喜爱。汉代宫廷曾设置了制作、管理奶制品的机构，为皇家饮食供奉乳酪和奶茶。到了唐代，随着中原地区与边疆各少数民族间的友好往来，饮茶风习逐渐为游牧民族接受，茶叶也源源不断输往蒙、满、藏等兄弟民族地区。唐太宗时，文成公主下嫁松赞干布，不仅带去内地的茶叶，还向当地人民传授烹茶技术。教他们用牛奶、羊奶与传入的茶叶相熬，创造了清香美味的饮料——奶茶。人们越喝越爱喝，几乎达到了“宁可三日无粮，不可一日无茶”的程度。原来，茶叶中含有的咖啡碱、茶碱、鞣酸经煮沸后尽量发挥，与牛奶的脂肪、蛋白脂混合，再加入食盐，产生热量。饮奶茶能够补充人体因长期食肉而导致的维生素和无机盐的不足，使人体内营养失调、消化不良得到缓解，尤其是茶中的挥发油，还能解膻，清内热。

饮茶优点被游牧民族认识后，不惜以马易茶，出现茶马互市的交易。唐德宗时的御史大夫封演曾在他的《封氏闻见录》中写道：“（茶）南人好饮，北人初不多饮。开元时期（713—741 年）……遂成汉俗……始自中地，流于塞外。往年回鹘（hú）入朝，大驱马市茶而归。亦足怪焉。”茶马互市成了蒙、藏、满等游牧民族的经济纽带，奶茶、酥油茶不仅是他们嗜食成癖的饮料，更是他们供奉宗教的圣洁供品食物。

自古满蒙相邻，有着相同的生活习惯和摄食方式。蒙族以奶茶为食亦与满族相同，满蒙民间熬奶茶多用砖茶。贵族们熬煮奶茶则用汤浓味醇的紧压茶，诸如紧茶、普洱茶、团茶等，尤其是祭祀供奉的奶茶，熬制十分讲究。将茶放到银制或铜制的奶茶壶中熬煮沸后，滤去茶叶渣兑入牛奶和盐，使之呈浅咖啡色，散发出阵阵奶茶香。

清代皇室入关，将饮奶茶的饮食传统带入紫禁城。皇帝、后妃每祭神祖都要献一碗奶茶表示敬意，宫廷筵宴还将赐奶茶作为隆重的礼仪制度，以体现皇恩浩荡、与民同乐。

白玉嵌红宝石奶茶碗

清乾隆帝曾作诗注云："国家典礼，御殿则赐茶（奶茶）。乳作汁，所以使用使人肥泽也。"宫廷筵宴中凡有进馔进茶、进酒的仪式，必定是奶茶。外藩王公觐见皇帝时，宫廷亦有赐茶礼仪，也赐以奶茶。乾隆二十五年（1760 年）正月初九、初十两日，西藏安集延尔德尼伯克、拔达山汗素尔坦沙等遣陪臣输诚入觐，乾隆帝在乾清宫设奶茶招待。《国朝宫史》载："理藩院尚书引陪臣，自乾清宫右门入，趋西阶，升丹陛上，北面行三跪九叩礼，毕，理藩院尚书引入殿西门，于班末一叩，坐。赐茶，尚茶，以茶案由中道进，至檐下，进茶大臣恭进皇帝，王以下陪茶臣行一叩礼，侍卫等分赐茶，各于坐行一叩礼，饮讫，复叩，从如初。"为了显示清代宫廷对神圣奶茶的敬重，乾隆帝特命宫廷造办处玉作匠人从新疆和阗玉中精选一块"质如凝脂，洁白无瑕"的玉，制作了一只双桃耳型的奶茶碗。碗外壁近底处和圈足表面，饰以错金片的花卉枝叶，并用 180 颗闪亮的红宝石镶嵌成朵朵花瓣。玉碗内底正中镌刻"乾隆御用"，沿碗边内壁刻乾隆"御题"五言诗一首："酪浆煮牛乳，玉碗拟羊脂。御殿威仪赞，赐茶恩惠施。子雍曾有誉，鸿渐未容知。论彼虽清矣，方斯不中之。巨材实艰致，良匠命精追。读史浮大白，戒甘我弗为。"据史料记载，乾隆帝曾多次在重大的筵宴中用这个玉碗饮奶茶、赐奶茶。意在团结边疆少数民族贵族，体现了清廷对少数民族的优渥和礼遇。

银龙首奶茶壶

清宫筵宴赐茶需用大量牛奶。所用牛奶由庆丰司供

给。而奶茶熬制则由宫中专门管理筵宴的机构——光禄寺承办。筵宴前一日，光禄寺派人亲临熬茶所，监督蒙古熬茶高手熬制奶茶。熬的具体方法是，取牛乳一镟（xuàn）子（一镟为3斤8两），置桶内加奶油2钱，黄茶一包（2两重）、青盐1两，然后置火上熬煮，即成。将熬成的奶茶盛装在银茶筒内，以备应用。筵宴时，再分装在银质龙首奶壶中。

皇帝、皇后们平日饮奶茶用的牛奶、茶叶均有一定的份额。《大清会典》中载，皇帝例用乳牛50头，每头牛每天交乳2斤（共100斤），玉泉水12罐，乳油一斤，茶叶75包（每包重2两）。皇后例用乳牛25头，得乳50斤，玉泉水12罐，茶叶10包。皇贵妃及妃嫔等日定量的乳牛牛乳、玉泉水、茶叶等递减。皇帝、皇后日饮奶茶都由茶膳房蒙古茶役熬煮。正膳之后，饮用奶茶。清乾隆帝晚年，尤嗜奶茶。据档案记载，乾隆四十四年（1779年）以后，常常伴有胃功能减退的现象。宫廷御医根据明代八珍糕的配方增减药味，用人参、茯苓、山药、扁豆、薏米、芡米、建莲、粳米面、糯面、白糖上锅蒸熟，晾凉食用。当御膳太监问及乾隆帝什么时候食八珍糕时，他说："每日随着熬茶时送八珍糕。"奶茶与八珍糕相匹，不仅易于消化和吸收，还有补气、固肾、消导、健胃的食疗功效。当时，乾隆帝不可能对奶茶有科学的分析，但奶茶的滋补作用，他是十分清楚的。

第六节　清代各帝的膳食特色

一、节制膳食的康熙帝

清康熙帝是一位知识广博的君主，他不仅精于治国，还深悉医理、讲求养生。他认为要达到身心健康求得长寿，不能单靠医药，也不可奢求什么灵丹妙药，而是要从自身的饮食、起居做起。节饮食、慎起居，使康熙帝在清代诸位皇帝中掌清朝政权最久——61年，寿命也接近了古稀之年——69岁。

康熙帝是清朝入关后的第二位皇帝。他8岁登基，到15岁亲政时，距清朝入关已24个年头。但当时战争不断、国家财力不足，清朝刚刚恢

复发展的生产力和建立不久的社会秩序都存在着不稳定的因素。清帝的主要精力仍投入到发展生产、笼络民心和制定清宫廷的各项规章制度等方面，对于饮膳生活还无暇顾及。皇室及王公们的饮膳生活虽沿袭明朝旧例，但基本上没有摆脱其发祥地——盛京（今沈阳）内务府的供给。清康熙帝躬行节俭，自己的饮膳生活严戒奢华，还积极倡导皇室眷属子弟和大臣们注意俭约。他曾说“凡人饮食之类，当各择其宜于身者”，“个人所不宜之物，知之即当永戒”。食品无论精粗，应因人而异。根据每人的身体情况，有针对性地选择对自己身体有益的；食品无论贵贱，不可贪食其味美。康熙帝的一日两膳十分简单，每膳仅一味，不食兼味。多余部分，全部用来赏赐后妃和随行食用。两膳之后，“夜不可饭食，遇晚则寝”。所食食品，康熙帝也有选择。“每兼菜蔬食之则少病，于体有益，所以农夫身体强壮，至老犹健者，皆此故也。”“诸样可食果品，于正当成熟时食之，气味甘美，亦且宜人。如我为大君，下人各欲尽其微诚，故争进所得初出鲜果及蔬菜等类，朕只略尝而已，未尝食一次也。必待成熟之时始食之，此亦养身之要也。”即使在外巡幸，遇到当地官民供献吃食（地方特产，指酒、肉等），康熙帝下令，仅取微小的一点点，“令取米一撮，果一枚”，饮食仍然是盛京方面备办的口粮：“稷米两筋斗、白小豆一筋斗半、红小

康熙便装读书像

豆两筋斗半、芝麻油一瓶、烧酒一瓶。”其余肉、蛋、菜及调料皆由沿途皇庄供给。由于清朝的具体情况和康熙帝的生活节俭，当时宫中每年生活消费仅为明代的八分之一。据《清朝文献通考》载：“明光禄寺每年送内用钱粮二十四万余两，今每年只用三万余两。”

康熙帝对饮食环境还有独到的见解。他主张在进食前后要有一个好心情，以助胃功能消化和吸收。如在《庭训格言》中，他说：“朕用膳后必谈好事，或寓目于所作珍玩器皿。如是，则饮食易消，于身大有益也。”他不但自己这样做，还身体力行影响身边的人。康熙十二年（1673 年）六月初九日康熙帝于瀛台设宴，款待王公大臣及贝子、贝勒们。薰亭内设皇帝宴桌及诸王贝子宴桌，亭外设满汉各官宴桌。是日，时值初夏，荷花盛开，景色宜人。优美的饮膳环境、和谐的宴会气氛，相互交融。饮至酣处，赋诗吟句，使进膳者得到了精神和物质的双重享受，既增进食欲又促进消化。康熙二十一年（1682 年）正月十四日，康熙帝为敬祝皇太后七十寿辰，特在乾清门举行筵宴，赐宴内阁大学士、各部院堂官、翰林院学士、讲读、日讲、编修、詹士、坊、局、科、道掌印官等九十三人。此次筵宴前，康熙允许与宴人员尽情畅饮。筵宴上君臣频频举杯，欢声笑语不断。乾清门筵宴结束后，康熙又邀请与宴人员同他一起观看灯火，再次摆酒桌赐酒。因畅饮醉酒者，康熙皇帝不但不怪罪，还命宫内侍者搀扶以归。这段清代宫廷筵宴史一直被清代宫廷传为佳话。

二、合理膳食的乾隆帝

饮食有节、有度是人体健康的根本，清乾隆帝在饮食生活中有规律，定时、定量、定质。乾隆帝严格遵守满族入关前的生活起居习惯。每日正餐两次，早膳卯正（上午八点多钟）进食，晚膳未正（下午两点多钟）。早晚两膳之间有一次点心，晚膳之后有一次酒膳。每晨起床后先吃粥。合理的进食时间，可以使食品的营养充分被肠胃吸收，清乾隆帝的这种饮食制度符合一天中人体生理活动能量的消耗与补充的需要。乾隆帝无论春夏秋冬，早膳前都要先吃一碗冰糖炖燕窝。外出巡幸或在宫内，仍以为常。燕窝是一种营养丰富的高级滋补品，具有“性平、甘淡、滋补元气、平火润肺”的功能，食法可蒸、煮、扒、煨、熬，可羹可汤，口味上可甜可咸

且营养成分不变。燕窝与杂质少、纯度高的冰糖清炖，既有药物治疗，又是一种滋补性的营养佳品。在早晚两正膳中，也常有燕窝菜，即燕窝红白鸭子、燕窝炒鸡丝、燕窝拌白菜、燕窝白菜滑溜鸡鸭、燕窝清蒸肥鸭。乾隆帝饮宴菜肴中以鸡、鸭、鱼、猪、羊、鹿、鹅等为主，这是延续了其祖先在东北狩猎食肉的老习惯。但乾隆帝食肉类，并非其祖先那样简单，而是要经过精选细烹然后食用。如乾隆四十三年（1778 年）出巡盛京。一行人马刚到山海关，盛京将军弘晌为讨皇帝喜欢，特进刚刚获得的鲜鹿进给皇帝。乾隆帝虽善食鹿筋、鹿尾、鹿舌、鹿肉等滋补身体，但仍十分谨慎。乾隆帝问道："今日进的鹿肥瘦?"厨役回答道："瘦。"随后乾隆帝下旨："晚膳叫双林（厨役名）做塌思哈密鹿肉。其余伺候赏用。"乾隆帝选吃瘦鹿肉，可见对饮食的讲究已达到了科学的程度。

燕 窝

自古以来，酒是人们喜爱的饮料之一。饮酒适量能促进血液循环，振奋神经，祛湿御寒，舒筋活血。乾隆帝饮酒以健身为本，因时而宜，适量饮酒。如元旦饮屠苏酒、端午饮雄黄酒、中秋饮桂花酒、重阳饮菊花酒。此外还饮一些滋补药酒：龟龄酒、松苓太平春酒、椿龄益酒、健脾滋肾状元酒等，且每次饮一小杯。即使宫廷筵宴中饮酒亦遵旧例，只限三巡。他不仅自己饮酒节制，还对筵宴用酒一减再减。原定宫廷筵宴每桌备八两玉泉酒，后改为五两。乾隆三十五年又明文规定，宫廷筵宴每桌用玉泉酒四两。

乾隆年间，清宫饮食十分丰富，但乾隆帝食杂粮、蔬菜的习惯不改。每年春季榆树发芽的时候，清宫要食榆钱饽饽、榆钱糕、榆钱饼。食榆钱是我国北方民间习俗，春季粮菜缺少，将鲜嫩的榆钱摘下和面粉蒸食，可以暂时缓解粮菜短缺。可是居住在清代皇宫里的皇帝食榆钱却是为尝鲜。乾隆帝曾作《榆钱饼》一诗："新榆小于钱，为饼脆且甘。寻官羞时物，佐膳六珍参。偶谈有所思，所思在闾里。鸠形鹄面人，此味尤难兼。草根

与树皮，辣舌充饥谙。幸不问肉糜，玉食能无饥!”乾隆帝不仅自己吃榆钱，并将此供奉神祖，食榆钱前就传旨：“宫内、圆明园等处佛堂供榆钱饽饽、榆钱糕。”宫内御膳房做的榆钱饽饽还分送后妃、皇子们，皇帝还赏给王公大臣们品尝。此外，还在二月二食用煎饼（用黄米、黄豆、绿豆磨成汁沫摊的饼）、初夏食碾转儿（嫩麦制作）、端阳节食粽子、重阳节食花糕。再有，迎季节食蔬菜更是乾隆帝的嗜好，黄瓜蘸面酱、炒鲜豌豆、蒜茄子、摊瓠榻、春不老、芥菜缨、酸黄瓜、酸韭菜、秫子米饭、粘黴团子……本来都是登不了大雅之堂的民间粗食，却为“九五之尊”的皇帝喜食。进一步体现了乾隆帝的饮食生活粗细搭配、粮菜互补的合理膳食结构。

弘历岁朝行乐图

老年人大多肠胃、肝肾功能衰弱，危及身体健康。乾隆帝亦不例外。但他善于随季节变化调整饮食，不断改变烹饪方式调换菜肴，从饮食中吸取足够的滋补成分：冬末春初，早晚两膳的菜肴中设两个火锅。农历四月初，撤去火锅换凉菜，六、七、八三个月早晚两膳增加糖拌藕、江米藕。冬季三个月食鹿肉、羊肉，夏季三伏食糊米粥、绿豆粥。全年饮食有规律，不食过冷过热物、食不过饥过饱，不暴食暴饮，这对他的健康长寿有着奇妙的作用。

三、节俭膳食的道光帝

道光（1821—1850 年）是清代第八位皇帝的年号，名旻宁。他在位之时，正是清王朝走下坡路的时期：吏治败坏，军备废弛，鸦片大量输入，造成大量白银外流，严重削弱了清王朝的统治力量。尽管清皇室成员

道光帝旻宁行乐图

的衣食穿戴都有定制，但清宫内财政支绌，道光帝不得不节衣缩食地维持皇室的日常生活。对于穿的，他要求太监穿布衣、布裤、布鞋，也经常亲自到放置衣服的老库查点后妃的衣服账目。而他自己却很少添置服饰。在吃的方面，他的饮食生活在清朝诸帝中是最俭朴的。夏天，清宫帝后每日都要吃西瓜解暑热，道光帝觉得吃西瓜浪费，在最热的三伏天明令太监："明日取消西瓜，只供水。"一日，道光帝想吃"面片儿汤"，令御膳房给他做一碗。等了半天，面片儿汤没有送来，倒是负责皇室事务的内务府却派人来向皇帝乞奏，要添置一座膳房，并且要设管理官员和招募一些相关的厨役进宫。这一系列事情，需要数千两银。当道光帝了解到，欲要设立的御膳房是为他常年供应片汤时，便拒绝了这个要求。他对来人说："前门外一饭馆至此（面片儿汤）最佳，一碗值四十文钱，可令内监往购之。"过了许久，内监复奏："饭馆已关闭多年矣。"道光帝无奈，只叹息道："朕不能以口腹之故，枉费一钱！"虽为九五之尊的皇帝，想吃一碗面片汤竟如此困难。那么，他的日常饮食又怎样呢？据档案记载，道光帝一年四季的饮食都是"五品"，即每日早晚两膳菜肴、饽饽各五品。道光五年（1825 年）正月一十八日早膳："燕窝红白鸭子一品、鸭子白菜一品、烩银丝一品、鸡蛋炒肉一品、羊肉包子一品。"晚膳是："燕窝红白鸭子一品、羊肉丝炖白菜一品、白煮鸡一品、鸭丝炖白菜一品、白糖油糕一品。"道光六年（1826 年）四月二十一日早膳："燕窝鸭子一品、鸭子白菜一品、烩金银丝一品、鸡蛋炒肉一品、羊肉馅包子一品。"晚膳是："红白

银暖锅

鸭羹一品、酒炖羊肉羊腱子一品、鸭丁炒小豆腐一品、鸡蛋炒肉一品、白糖油糕一品。”道光七年（1827 年）二月初六日早膳是：“红白鸭羹锅子一品、鸭子白菜一品、烩金银丝一品、鸡蛋炒肉一品、黑糖油糕一品（五样共使钱六吊七百二十八文）。”晚膳是：“燕窝红白鸭丝锅子一品、羊肉炖菠菜一品、海参烩鸭丝一品、鸡蛋炒肉一品、白糖油糕一品。”（五样共使钱六吊三百三十九文）

从膳单上看，道光帝的日常膳食十分单调，除了鸭子、羊肉、鸡蛋、包子、油糕，不见有别的花样。即使是岁暮的除夕和元旦的膳食，道光帝仍遵守“节俭”二字。道光七年（1827 年）的除夕（十二月三十日）早膳是：“鸭子白菜锅子一品、海参溜脊髓一品、溜野鸡丸子一品、小炒肉一品、羊肉炖菠菜一品。”第二天，即道光八年的正月初一，早膳是：“浇汤煮饽饽一品、羊肉丝酸菜锅子一品、溜鸭腰一品、鸭丁炒豆腐一品、鸡蛋炒肉一品。”当然，在道光帝的膳单中也有过“奢侈”的几页，但为数不多。那是道光帝赏赐出嫁的女儿、女婿的膳食和节日家庭筵宴。

清宫习俗中，公主（皇帝的女儿）出嫁、皇子成婚，清帝都要赏赐整桌的饭菜。道光二十五年（1845 年）五月初八日，道光的女儿出嫁。御膳房据单奏折：“赏过公主、额驸（公主的丈夫）饭菜两桌。每桌大碗菜两品：燕窝福在眼前金银鸭子、万年青蜜制奶猪。中碗四品：燕窝如意肥鸡、双喜字鸭羹、肥鸭瓤长生果、芙蓉鸡。怀碗菜四品：燕窝鸭条、鸡皮溜海参、鹿筋火腿、鲜虾丸子。碟菜四品：海参拌燕丝、碎溜小鸡、炒面鱼、云扁豆炒肉。片盘两品：挂炉鸭子、挂炉猪。饽饽四品：喜字黑糖油糕，喜字白糖油糕、喜字猪油馅馒首、喜字澄沙馅馒首。”

道光二十六年（1846 年）正月十五日，道光帝在圆明园的慎德堂与后妃们共进家宴，用黑漆长膳桌摆“燕窝白鸭丝一品、三鲜肥鸡火锅一品（此二品金火锅）、火腿白菜一品（此一品大碗）、口蘑锅烧鸭子一品、白汤猪肉丝炖黄花菜一品、汆羊肉一品（此四品中碗）、猪肉丝汤一品、豆腐片汤一品（此两品银碗）、后送鸡皮炖冻豆腐一品、炒锅渣泥一品、鸡蛋炒肉一品（此三品四号黄碗）、鹿尾片盘一品、烀猪肉片一品（此二品中暖碗）、竹节卷小馒首一品、枣条白糕一品（此二品黄碗）、金葵花盒小菜一品，随送猪肉丝面片汤、梗米干膳、鸭子粥”。

四、厌进膳食的同治帝

同治帝载淳（1862—1874 年）是清朝第十位皇帝，是咸丰帝与慈禧太后的儿子。载淳六岁继承皇帝位时，还是一个刚刚离开乳嬷的顽童。但是清宫所规定的“皇帝日常饮食口份”，并没有因为皇帝的年龄小而减少，仍按一日两正膳一酒膳供小皇帝食用。同治元年（1862 年）六月初一日的早膳膳单记载了在长春宫为载淳准备的一餐早膳：“用填漆花膳桌摆锅烧鸭子一品、肥鸡丝一品、羊肉炖豆腐一品、羊肉片炖冬瓜一品、猪肉炖白菜一品、山药黄闷肉一品、大炒肉炖鸡一品（此七品中盘）、祭神肉片汤一品（此一品银盘）、后送肉丝炖酸菜一品（三号黄盘）、肉片炖榆蘑一品、炒茄子一品（此二品四号盘）、羊肉片闷扁豆一盘、羊肉片溜黄瓜一品、肉丁豆腐干酱一盘（此四品碟）、白煮塞勒片一品、祭神肉下水一品（此二品银盘）、烹肉一品（此一品银盘）、枣汤糕一品、枣如意卷一品、黄面饺子一品（此三品黄盘）。随送羊肉丝冬瓜片面疙瘩汤、老米膳、老米溪膳、梗米粥，克食二桌、饽饽三品，菜三品共一桌，盘肉五盘一桌。”这些食品别说小皇帝一人吃不完，就是三五位年轻力壮的人

同治帝载淳垂钓图

也吃不掉。实际上，小皇帝并不吃这些丰盛的“美味佳肴”，每次用膳前，膳单上写明“太监张文亮替万岁爷用膳”的字样。张文亮不仅平时替载淳吃饭，遇到宫中有节日、万寿日、斋戒日时仍替载淳“用膳”。

同年六月初九日，是同治帝载淳父亲咸丰帝诞辰日。礼部来文具奏：“文宗显皇帝圣诞，此一日虔诚斋戒，不理刑名、禁止屠宰，相应知会内膳房可进素膳。”这天同治皇帝的早膳在养心殿设摆，黑漆膳桌上摆了“克食两品、饽饽六品、菜两品、奶子两品共一桌。炉食九盒一桌，盒内银盘两盘、黄盘七盘”。摆膳之前，总官张进福口奏：“奉旨着张文亮替吃，仍赏外边素克食。”档案记载：“早膳赏张文亮素膳一桌：（中碗二品）口蘑面筋、苏烩，（三号碗二品）口蘑白菜、烩鲜锅渣，（四号黄碗二品）酱炒豆腐干、炒瓠子，（碟二品）罗汉面筋、咸白菜炒毛豆，咸油渣果、马蹄烧饼、素豆腐汤、老米膳、梗米粥、甜浆粥。”

同治二年正月初一是传统的“过年”，皇帝的年饭摆在养心殿。皇宫过年与民间一样，膳食要比平时丰盛：“三鲜鸭子、肥鸡丝、爆鸭子、山药黄闷肉、炖肉、鱼丸子、羊肉片胡萝卜、肉片炖虾米白菜、炖松肉、肉片炖榆蘑、溜鸭腰、爆两样、小葱炒肉、大炒肉闷疙瘩片、大虾米炒韭黄、包子、如意卷、挂炉猪、五香肉、猪肉丝汤、酸辣汤、老米膳、炒膳、素梗米粥、豆汁粥、甜浆粥。”同时，添安晚膳一桌：“火锅两品：金银奶猪、八仙鸭子；大碗菜四品：燕窝‘江’字红白鸭子、燕窝‘山’字如意肥鸡、燕窝‘万’字爆鸭子、燕窝‘代’字什锦鸡；怀碗菜四品：燕窝白鸭丝、氽鲜虾丸子、鸡丝煨鱼翅、大炒肉炖榆蘑；碟菜六品：燕窝炒炉鸭子丝、溜鸽蛋、韭菜炒肉、八宝野鸡丁、青笋晾肉胚、口蘑炒鸡片；片盘两盘：挂炉鸭子、挂炉猪；饽饽两品：苹果馒首、鸭子馅包子；汤两品：燕窝鸡丝汤、三鲜汤。”因为是过年用膳，同治皇帝依例要接受母后皇太后慈安、圣母皇太后慈禧“每位晚膳一桌，克食二桌”。膳单最后仍写着：“奉两宫皇太后旨，张文亮替万岁爷吃。”

为什么总是张文亮替同治帝载淳吃“御膳”？张文亮又是谁呢？张文亮是同治皇帝身边的一名御前太监，因长着一张圆圆脸，有一张乖巧的嘴，深得慈禧的喜爱。因此，张文亮就有了替皇帝吃饭的“重托”。张文亮吃毕，还要替皇帝到母后皇太后慈安、圣母皇太后慈禧面前去谢恩、汇报“皇上进膳好”、“进得香”。御膳都让太监吃了，载淳自己吃什么呢？

同治帝载淳一日两膳吃的是母后皇太后慈安、圣母皇太后慈禧赐给他

的寿膳房食品。如档案记载的：小米粥、豆沫粥、糙米粥、羊肉丝疙瘩汤、甜浆粥、柳叶汤、面片汤、豆腐片汤等容易消化的流食。同治帝 6 岁即位到 19 岁病逝，都是处在长身体的重要时期，仅吃汤粥根本无法饱腹。他有时饿得难忍，闯进太监的住处偷太监的东西吃。有时被太监发现后，立刻被太监夺过来丢掉。有时太监也有恻隐之心，想给小皇帝一些吃食，但又怕皇太后知道怪罪，犯欺君之罪。只好装聋作哑，按照规矩办事。两太后为什么要严格控制载淳的饮食呢？

原来生在清宫的皇子、皇女，从小都营养不良。他们一生下就离开母亲，由乳母抚养。再加上清宫有一条不成文的传统，对小皇子、皇女严格控制衣食。乳母害怕小皇子、皇女生病，把古传的“要想小儿安，三分饥和寒”当成金科玉律，一味地让他们节食、少衣。但是对其中怎样和缓变通，就全不知道了。表面上是对小皇子、皇女倍加爱护，实际流弊甚多，像看死囚似地看管，以至这些小皇子、皇女饿得直哭，也不敢给吃喝惟恐吃多生病，因食致疾。年复一年，没有吸收到足够的营养，身体、身心受到不同程度的损伤。载淳就有过这样的经历，从小体弱多病，吃饭饥饱无常。继承皇位后，仍不能随心所欲地享受御膳，自己想吃的食品却无法满足。御膳房设有司房，专门负责皇帝每日饮食多寡、口味咸淡与否等情况，一一在内务府备案。如去年的某月某日所食的菜品，今年今月今日仍照单准备。每日膳食虽花样多，但味道不改，咸淡不调，令人生腻。同治帝总说御膳不好吃，可是膳房依然不换样。原因是怕膳食品种丰富，合了载淳的口味，一旦吃得过多怕生出病来。清同治帝在位十三年，前十一年两宫皇太后垂帘听政，自己有皇帝位，无皇帝权。好容易盼到 17 岁成婚后，开始亲政。但两年后——19 岁患天花病逝去。皇帝龙身贵为天子，却没有健康的体魄，年纪轻轻便一命呜呼。但是为了显示皇帝的尊严，每膳都摆样子，实为自欺欺人。清宫刻板的饮膳制度，造成极大的浪费，这不能不说是清宫饮膳制度的弊端所在。

五、暴殄膳食的慈禧

慈禧在掌权时期，生活奢侈，衣食住行处处比照康乾盛世。尤其对美食美饮，食不厌精、脍不厌细，甚至远远地超过乾隆。

慈禧的寿膳房十分庞大，设二品官做总管，统管荤局、素局、点心局、饭局和百合局，合称“五局”。五局有五首领负责，下设掌局、掌案、师傅管理。具体掌灶、后厨的厨役大小百名左右、传膳太监五十余名。另外，大太监李连英还为她主办“野味厨房”。在外雇用名厨，专供慈禧适口之味。

慈禧用膳的地方（体和殿）

慈禧晚年住储秀宫时，在西六宫的体和殿用膳。在体和殿正中地毯上铺一方油纸（以防饭菜溅油污染），上面摆黑地漆描金花的八仙炕桌，桌下垫一楠木矮桌，名叫突丝根。桌左右，靠墙设一张“接手桌”（八仙桌），各距膳桌甚远，以备放置膳菜点心粥罐之用。殿外院中设红油漆桌四张，为传菜落脚使用。盘碗为江西景德镇官窑烧制的黄龙瓷，每件都有银盖，以防菜冷。冬天有银质火碗、火锅以及暖盘保暖。各菜上都插有一件长三寸、宽五分的银牌，称“试毒牌”。如菜有毒，银牌则变色。慈禧使用的筷子为象牙镶金头，匙也是金银皆备。一声传膳，清一色的年轻伶俐的太监，挽着白布袖头，手捧黄漆彩绘云的食盒鱼贯而入。先将食盒放在院内红油漆桌上，再由太监总管指挥，依顺序捧到体和殿接手桌上。然后打开食盒端盒内的盘、碗，直接上餐桌。最后当着慈禧的面，揭开盘、碗盖，验看“试毒牌”变没变颜色。

慈禧的早晚两膳，各为四十八品菜肴，鸡鸭鱼肉样样俱全；新鲜蔬菜、瓜果梨桃无所不有。她常用的膳食有：（菜类）八仙鸭子、锅烧鸭子、红白鸭子、口蘑鸭子、金银鸭子、挂炉鸭子、三鲜鸭子，口蘑肥

鸡、锅榻鸡丝、荸荠炒鸡片、熏鸡丝、大炒肉炖鸡、三鲜鸡、蒸烧鸡、红白鸡丝、羊肉炖豆腐、羊肉炖冬瓜、羊肉片炒胡萝卜、八宝野鸡丁、猪肉炖白菜、醋烹掐菜、山药黄闷肉、酱爆肉、樨五香肘子、炖松肉、肉丁豆腐干酱、山药樱桃肉、碎溜笋鸡片、芽韭炒猪肉、溜丸子、炖熏肘子、冬菜氽丸子、羊肉丝炒疙瘩丝、羊肉片炒箭杆白等。饽饽、点心类有：江米面饽饽、藤萝糕、脂油葱花饼、发面烧饼、玫瑰方脯、小米面窝窝、椒盐卷、苹果馒首、散花糕、葫芦卷、三角饼、如意卷、竹节小馒首、梅花饼、莲花饼、千层饼、油酥火烧、烧卖、枣糖糕、白糖油糕、苜蓿糕等。（粥、汤类）老米溪膳、小米粥、粳米粥、甜浆粥、荷叶粥、糊米粥、羊肉响铃汤、豆腐片汤、金银鸭条汤、燕窝鸭丝汤、三鲜汤……慈禧对她所食的一肴一馔、一粥一汤都有严格的要求，对厨役交代的十分精细。如慈禧常食厚味膏粱，肠胃消化不好，但她一天也不能离开肉。于是她给膳房厨役下一道谕旨，要厨役做出的菜肴中要眼睛看不到肉，吃在口中要有肉。上述慈禧菜肴中的"醋烹掐菜"，就是按照这种方法泡制的，是深为慈禧喜食的一品菜肴。这品菜的原料很简单，是用新鲜的绿豆菜和猪肉馅儿。但是制作很麻烦，先挑选长短粗细一致的绿豆芽掐去头、尾，再用细细的铜丝从中间穿透掏空，将鸡肉或猪肉茸塞进绿豆芽中。寿膳房的厨役制作这菜时，小心翼翼，豆芽菜鲜嫩，掏空、填肉馅时非常容易断折。或者掏空豆芽菜时，其壁有薄有厚，填肉馅儿不匀，都属不合格。慈禧吃一口掐菜，所耗的人力物力是可想而知了。

慈禧喜食美味佳肴，不仅佳肴的味道美满足她的胃口，还要佳肴外形满足她的视觉美、佳肴的名称喜庆吉祥寓意美。即对食品的外形和名称格外讲究。在菜肴中用燕窝摆个字、用饽饽模子做花样点心，都是慈禧的独出心裁。就是对蜜饯、糖果，也要点缀点缀。如三大节（元旦、冬至、万寿合称三大节）时，慈禧用膳多达一百零八品。其中有八个中海碗，用蛋糕垫底，上用燕窝条砌成"年年如意"和"四季平安"八个字，摆在膳桌中间，为年菜。圣寿节（慈禧生日）用海碗添砌"万寿无疆 "四个字，中秋节砌"天香庆节"四个字。端午节不砌字，只用中海碗堆五毒之形，蛤蟆居中。这样的菜慈禧自己不用，仅用来赏赐他人。

六、爱吃西餐的溥仪

辛亥革命以后，退出清王朝帝位的末代皇帝溥仪仍居住在紫禁城的后半部，对内继续称“宣统”年号，过着“小朝廷”的生活。然而，红墙黄瓦隔不断溥仪对新鲜事物的向往和追求。他在紫禁城内一次次地自我革命：剪辫子、穿西装、戴眼镜……尤其是他对洋食品——西餐的垂涎，竟达到如痴如狂的地步。

当时，溥仪有两个膳房：一个是专门烹制清宫传统食品的“野意膳房”，另一个是做西餐的“番菜房”。两个膳房每天都为溥仪备膳，可是溥仪顿顿吃西餐，而对“野意膳房”的食品，却是十天半月光顾不上一次。据《溥仪档案》记载，宣统十四年（1922 年）夏天，整整一个 7 月份溥仪每天都吃“番菜”。如 7 月 12 日早膳：“面花清汤、炸木鱼配马油艾士、白蘑菇炒鸡配面包角、冷黄皮子鸭肝配生菜、白什子豌豆、煎猪排配山豆扁豆丝、点心奶油木士配烟台梨、吉士黄油、鲜果品、咖啡牛奶糖。”晚膳：“鸡茸汤加蘑菇丁、虾米小面盒、白磨炒鸡配山豆泥子、什锦炒面条、红焖牛肉配五色菜、龙须菜配酒醋什子、炒白鸭镶什锦饭俄国生菜、香桃奶油冰激凌配小点心，吉士黄油、鲜果品、咖啡牛奶糖。”13 日早膳：“挂面清汤、搅鸡子加火腿丁、焖鸽子加火腿丁、焖鸽子加山豆泥、酿西红柿、凉巴代扁豆生菜、起子油糕点心加奶油、吉士黄油、鲜果品、咖啡牛奶糖。”晚膳：“清汤加莴笋根、生菜凉鱼马油艾士、红酒烩腰子加小葱头、猪蹄焖羊肉五色菜、酿茄子西红柿汁子、烤大笋鸡配炒山豆。点心：苹果酥排、吉士黄油、鲜果品、咖啡牛奶糖。”14 日早膳是：“蛋白丝清汤、炸虾米配鲜桃、小泥肠配炒米饭、火腿冻子配水生菜、炒

溥仪用的西餐具

紫白菜加苹果、烤牛里脊白蘑菇马代拉汁子、点心蛋糕卷黄汁子、吉士黄油、鲜果品、咖啡牛奶糖。”晚膳是：“清汤加青菜丁、酿鸡子白汁子、小肠白菜、羊肉饼奶油白蘑菇汁子、烩豌豆加生笋、凉火腿加冻子、煎鸡排配山豆泥、凉虾米冻配花叶生菜、烤猪排菠菜、烤白鸭苹果泥、奶油蛋糕、香桃冰激凌小点心、吉士黄油、鲜果品、咖啡加牛奶糖。”……溥仪的西餐，每天不重样，冷食热食、有甜有咸，有煮得极烂的山豆泥子（土豆泥），也有鲜嫩的花叶生菜。肉类有烤牛排、猪排，点心有蛋糕、冰激凌。饮料是牛奶、咖啡。这样的饮食搭配，与清宫传统的饮食相比，显得不伦不类。但对溥仪来说，却有很大的吸引力。

溥仪用的咖啡具

公元 1922 年 1 月 14 日，是溥仪 16 岁生日。宫中的三位老太妃——敬懿皇贵太妃、荣惠皇贵太妃（此二位同治妃）、端康皇贵太妃（光绪的瑾妃）每人赐给他一桌当时最时尚的寿宴：“海碗菜二品：冰糖莲子、一品鸭子；大碗菜四品：清蒸炉肉、四喜丸子、烧素杂样、清汤三丝；中碗四品：红焖笋鸡、寿意鱼脯、五香羊肉、烩什锦丁；怀碗菜四品：清蒸鸭条、糟酒鱼片、烩虾仁、炒蟹肉；碟菜八品：里脊丝炒茭白、果藕杏干肉、镶山药、青酱肉、桶子鸡、卤什锦、吹捅肚、香酥鸡；片盘二品：挂炉猪、挂炉鸭子；饽饽四品：寿意白糖油糕、寿意苜蓿糕、寿意立桃、寿意百寿桃；汤一品：八仙木樨汤、寿面一大碗、面卤一碗、炸酱一钟、面码一盘。”面对如此丰盛的寿宴，溥仪只是看了看，就赏给别人吃了。原来，番膳房早已给他准备了西餐：“清汤加青茉丁、酿鸡子白汁、小肠白菜、焖小羊肉片配红萝卜、火腿配生菜、煎猪排菠萝、烤白鸭苹果泥、鸭肝大米饭马代拉酒汁子、奶油蛋糕、香桃奶油小点心、果子酱面包、鲜果品、黄油吉士、法国白兰地酒、法国红酒、法国白酒、啤酒、汽水。”

溥仪不仅平时吃西餐、过生日时吃西餐，就连他结婚宴客也用西餐。公元1922年12月1日，末代皇帝溥仪在紫禁城举行大婚典礼（清代皇帝成婚称大婚。虽然溥仪成婚已退下皇帝位，时为民国，但在历史记载中仍称大婚）。三天后，溥仪与皇后婉容在乾清宫西暖阁接受国内外来宾的祝贺，并设宴招待前来的众人。筵宴时，清朝遗老们排在养心殿吃中餐；民国要人和外国来宾则在景运门外用西式冷餐。据载，景运门外搭起两座大棚，设二百张圆桌。前一天从六国饭店（后改称北京饭店）订的牛奶蛋糕、面包、奶油布丁、沙丁鱼、牛肉、鸡肉、鸭肉等摆满圆桌，法国香槟酒、五星啤酒、山海关汽水杯盏交错。桌上还摆出香蕉、苹果、橙子、梨等水果和香烟。这次宴会中西合璧，是清宫宴会中仅有的一次。

成婚后的溥仪与一后（婉容）一妃（淑妃）常在紫禁城的丽景轩内一起用膳。婉容喜欢吃西餐，与溥仪口味相同。可是淑妃却吃不惯。溥仪为了“将就”这一后一妃的饮食，曾向两膳房下谕旨：“每日早餐番菜二份，晚中餐三份。淑妃常用中餐，可不备西餐。”即早膳同婉容一起吃西餐。晚膳，溥仪、婉容、淑妃三人一起吃中餐。可是没有多久，这种三人同桌而食的局面就维持不下去了，在饮食上，三人开始分道扬镳。

溥仪喜欢吃西餐，与他的英文老师——庄士敦有直接的关系。庄士敦原名雷金纳德·弗·约翰斯顿，苏格兰人。英国牛津大学文学硕士，能讲一口流利的汉语。公元1919年3月经李鸿章之子李经迈引荐，受聘为溥仪的英文老师。他来中国时，带来了能做西餐大菜的洋厨师。他曾向溥仪推荐洋厨子，可当时的番菜房已有能做“番菜”的厨师多人，如刘广荣、李金泉、宋景春、傅庆福等。在溥仪看来，中国的厨师做西餐，毕竟不如洋厨地道。因此，溥仪立即下“旨”：“庄教习荐洋厨一人，来时带（他）到厨房看看。遵义门（在养心殿外，原御膳房）迤西房间问合用否？问晚间能否办大餐？”“令伊（指洋厨）看野意膳房合适否？可借用庄教习的。荣大人（荣源，婉容父）宅可以借用，惟不整齐，将就使用。问伊手使家什及其菜谱怎样？预备西餐一天两次，传知郑大水（专做中餐的厨师）预备西餐清盆。买洋家什，要大餐用的，四人同桌的要一份瓷器家什，惟手使家什——杯、盘、刀、叉、匙、五味提盘等碎件均按三份，台布三份。”至于西餐桌的摆设，溥仪还“下旨”

曰："先教淑妃宫的人及御茶（膳房）前太监学习摆餐桌上菜，并监视跟盆（端菜传送）人……"为了配合洋厨师做西餐，末代皇帝溥仪的番菜膳房一次就添置了冰激凌桶两个，银餐刀叉、勺各 20 把，咖啡壶 3 把，银盘、银套碗等各 20 件。特别值得一提的是，江西景德镇特地为溥仪特别烧制了一套白地紫龙纹饰的西餐具，包括汤盆、大、中、小号盘、碗等四十多件。

第九章

皇帝的服饰

我国服装历史悠久，大约在10万年前的远古时代古人用骨针缝制兽皮和树叶遮挡风寒。随着生产力的提高，社会文明逐渐深化，人们对服装的要求已不只是满足于最基本的生活需求，而增加了美化、装饰的作用。封建社会取代奴隶社会，衣服质地由低级皮、麻向高级的丝绸发展，花色品种也日益丰富多彩。贵族们“衣必锦绣，锦必珠玉”，历次改朝换代，统治者首先要用“服饰”来表示与前朝的区别，并官修史书，将本朝等级服饰写入《舆服志》（舆，车）中。《周易·系辞》中也曾讲道：“黄帝尧舜重衣裳而治天下。”《周礼》中也有专门为奴隶主贵族享用的礼服“丝衣素纱”的规定。从历史文献记载来看，衣冠服饰的发展与历代社会制度、意识形态关系十分密切，是历代统治者“严内外、辨亲疏”，“分等级、定尊卑”的王法和治理国家的有效策略。因此，每个朝代都有各具特点的冠服制度和衣冠形式。

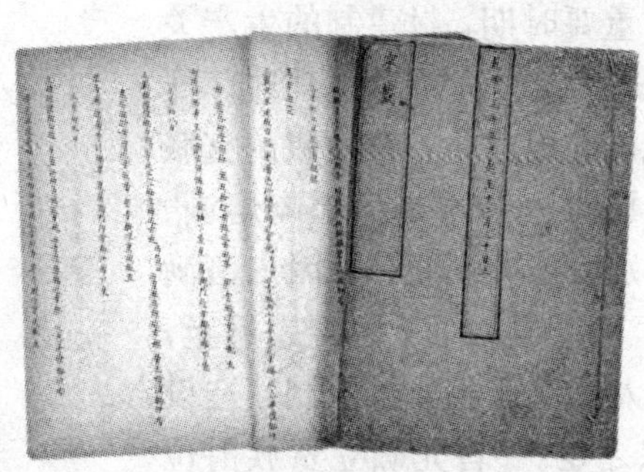

记载皇帝穿衣的《穿戴档》

清王朝是由满洲贵族建立的统治政权，他们在建立政权之初就深深地意识到：少数民族要维护和巩固对全国的统治，特别是对汉族的统治，必须建立一套完整的礼仪法规。而冠服制度正是其重要组成部分，所以清代统治者特别重

视衣冠形式，并根据实际情况不断修改冠服制度。

第一节 清代早期的服饰

后金时期的汗王努尔哈赤居住在赫图阿拉，他们仍是以农、猎为主，不谙纺织，所穿衣服仍由狩猎所获的兽皮制成。皮衣也有贵贱之分，满洲贵族用貂皮、狐皮、猪猁狲等，一般平民就用些不上讲究的狗皮、鹿皮或猫皮作衣服。朝鲜人申忠一于明万历二十三年（1595 年）曾去过赫图阿拉，亲眼看见过努尔哈赤的装束，后来著《建州图录》一书，详细地记录了努尔哈赤“头戴貂皮帽，着貂皮护颈，身穿五采龙纹天盖，上长至膝，下长至足，皆裁貂皮为缘饰。诸将亦有穿龙纹衣者，只其缘饰或以豹皮，或以水獭，或以山鼠皮”，“足登纳鹿皮靰鞡鞋，或黄色，或绿色”。此时的后金汗王的服饰，虽然不能代表后金的服饰制度，但已有了等级差别的萌芽。对于受到朝廷封爵位的大臣，头上要戴朝廷赐之金顶大凉帽，身穿有华丽文采的衣服。儿孙子侄等诸贝勒的侍卫们，夏天头上戴菊花顶凉帽，身穿有装饰的衣服。特别是对侍卫、护卫及良民等衣冠形制，努尔哈赤也较系统地做了规定，有职位和没有职位的子侄、侍卫、随侍及良民，夏天头戴菊花顶式的新式帽，身穿粗蓝葛布衣裙。对于外出行围的八旗兵，头戴小雨缨笠帽，戴帽时，禁止穿着官衣在屯街来往行走。

天命十一年（1626 年）努尔哈赤死后，皇八子——皇太极继承汗位。是时，正是后金政权由奴隶制向封建制转化的重要时期，封建制的生产关系，已经动摇和改变了后金奴隶制的经济形态。皇太极为了达到其独尊汗位的目的，制定了一系列的政治改革，把后金推向封建化，金政权的官服制度亦在其中。如他接受汉臣的建议：“……服饰一节，是皇上陶熔满、汉之第一急事。满洲国人，语言既同，贵贱自别。若夫汉官，只因未谙满语，常被讪笑，或致凌辱，至伤心堕泪者有之。皇上遇汉官，每温慰恳至，而国人反陵轹作践，将何以成一体，而招徕远人耶？宜急分辨服制、造设腰牌，比最简最易，关系最大者，皇上勿再忽之也。”首先确立贵族爵位和名号，把贵族、官僚的等级、名号，确定之后，便开始着手制定和补充努尔哈赤时期的冠服制度，对服装的颜色，穿着冠服的时间、场合作了具

体的规定。如：贝勒以上诸臣“在城中行走，冬夏俱服朝服，出外方许便服。冬月入朝，许戴元狐大帽，居家戴尖缨貂帽及貂鼠团帽；春秋入朝，许戴尖缨貂帽；夏日许戴尖缨凉帽。素缎各随其便，不得擅服黄缎及五爪龙等服，若系上赐，不在此例……”皇太极的服饰制度进一步整肃朝纲法纪，使统治机构逐步走上正轨。此次冠服制度试行了一段之后，皇太极又感到似有不足，又作了调整。

皇太极锐意改革，励精图治，革除了一系列不利于后金发展的弊端，建立有利于后金进步的制度，既加强了汗权，又缓和了满汉之间的矛盾，加速了后金封建化的进程。公元1636年，皇太极改“后金”国号为“大清”，改“女真”族名为“满洲”，年号“崇德”，从后金汗王的地位一变而为欲统治中国的清朝皇帝。就在他称帝后议定的会典中，再次对服装进行修改。这次明确规定：“凡汉人官民男女穿戴，俱照满洲式样。男人不许穿大领、大袖、戴绒帽，务要束腰；女人不许梳头、缠脚。僧、道照旧衣帽，其道士妇女，亦不许梳头、缠脚。该管牛录章京稽查，若有违者，本身及该管牛录、拨什库俱有罪。”

皇太极以金王朝的兴亡历史引以为鉴。金朝开国之初，法度详明，国家兴盛。到金熙宗合喇及完颜亮时，政权稳定，经济富足。统治者效仿汉族皇帝日日耽于酒色，夜夜宴乐无度。到了其子世宗继位，也对子孙“屡以无忘祖宗为训，衣服语言悉遵旧制，时时练习骑射，以备武功”。但为时已晚，后世子孙已是效法汉俗，对于骑射，渐至懈废，国遂灭亡。清代为不蹈历史的覆辙，皇太极便极力警惕子孙不能忘记国语、骑射，保持本民族习俗，因而就满族衣冠问题，反复叮嘱训谕。对劝他改满洲衣冠，效汉人服饰等意见，他极力驳斥，“朕试为此喻，如我等于此，聚集宽衣大袖，左佩矢，右挟弓，忽遇硕翁科罗·巴鲁图劳萨挺身突入，我等能御之乎？若废骑射，宽衣大袖，待他人割肉而后食，于尚左手之人何异耶？”在他看来，满族衣冠形制，是任何时候都不需要更改。他甚至为长久之计，不仅要本民族世代相沿，还要影响汉族衣冠改成满族式衣冠，从满族习俗。皇太极的这一思想对后代皇帝起到了重要的作用。公元1644年清朝入关建都北京，实现了统治全国的地位之后，仅一两年的时间，满族式的衣冠服饰便在全国取得了压倒一切的优势。清代帝王视保持便于骑射的满服特色为国家存亡攸关之大事。统治者的这种思想意识，决定了清代冠服制度浓厚、鲜明的满族服饰特点，并为后世子孙制定清代冠服制度奠定了坚实

的基础。

第二节 清代皇帝服饰

公元1644年，清皇室入关。清统治者为适应当时政治形势的需要，大力笼络汉族地主和贵族，一方面修订已有的冠服制度，另一方面进一步重申冠服制度的重要性。康熙皇帝在其初年时，曾对群臣说："本朝冠服，上下有章，等威有辨，自国初定制，迄今遵守。"到了乾隆朝，冠服制度在前朝不断修订的基础上，最终完善，并将冠服按照制度要求绘成彩色图式，以供严格遵守。乾隆十三年乾隆帝曾下谕旨："朕惟绘绣山龙垂手虞典，鞠衣揄翟载在周宫。服色品章，昭一代之典则，朝祭所御，礼法攸关，所系尤重，既已定为成宪，遵守百有余年，尤宜绘成图式，传示法守。自朕之朝冠、朝服、常冠、吉服以至王公大臣、九品以上官员之朝帽、朝衣，向来如何定制之处，着三和会同汪由敦、旺札勒阿岱详细商酌，考定章程，遵照式样，分析满、汉、蒙古各色绘图呈览，俟朕酌定，以垂永久。"乾隆帝的此番谕旨，表明清统治者确立清代冠服制度的指导思想和具体内容。清代各帝的衣冠服饰，都严格遵守这一规定。

皇帝的冠服分为三大类，即礼服、吉服和常服。礼服包括朝服、端罩、衮服、补服；吉服包括吉服冠、龙袍、龙褂。

礼服又称朝服，是皇帝在登基、大婚、万寿圣节、元旦、冬至、祭天、祭地等重大典礼和祭祀

皇帝礼服——黄缎绣五彩金龙朝服

活动时所穿的服装。其基本款式由披领（又称搧肩）和上衣下裳相连的袍裙相配而成。上衣衣袖由袖身、熨折素接袖、马蹄袖端三个部分组成，腰间有腰帷。下裳与上衣相接处有襞积，其右侧有正方形的衽。皇帝朝服穿用因季节不同而分冬朝服和夏朝服。冬朝服有两种，每年的十一月初一至正月十五日天气最冷的时候，皇帝穿明黄色妆花缎或以缎、绸绣制的冬朝服，衣身两肩和前胸、后背各绣正龙一条，上衣前、后列十二章，间以五色云，下平水江牙。下裳襞积绣行龙六条间绣五色彩云，下平水江牙。下裳部位和披领全部为紫貂，马蹄袖端镶素貂。除此之外，皇帝的冬朝服是另一种形式，上衣两肩及前胸、后背饰正龙各一，腰帷行龙五，衽正龙一，襞积前、后身团龙各九，裳正龙二、行龙四，披领行龙二，袖端正龙各一；列十二章，即日、月、星辰、山、龙、华虫、黼、黻在衣，宗彝、藻、火、粉米在裳，间以五色云，下幅为八宝水平。披领、袖端、下裳、侧摆和下摆用石青色织金缎或织金绸镶边，并加镶海龙裘皮边。质地为妆花缎或以缎、绸刺绣及缂丝。

清代皇帝在夏天重大典礼活动时穿夏朝服。皇帝穿的夏朝服明黄色，惟南郊祈谷、常雩用蓝，朝日用红，夕月用月色（月白，即浅蓝色）。夏朝服的形式和纹饰与第二种冬朝服完全相同，只是在披领、袖端、下裳侧摆、下摆等处将“海龙裘皮边”换成“片金绞边”，即用石青“卐”字织金缎或织金绸的整料，裁成45°斜絛镶成的衣服边。质地一般为穿纱的绒绣、纳纱绣及妆花缎、缂丝等。皇帝在春秋两季的棉、夹朝袍，形式与此相同，质地为缎、绸地绣花、妆花缎、缂丝等。

皇帝夏天穿的朝服

皇帝的衮服是一种套在龙袍外面穿的圆领、对襟平袖褂。皇帝在祭祀圜丘、祈谷、祈雨等场合穿衮服。袖和下摆略短于袍。按《大清会典》的

规定，皇帝的衮服为石青色，在石青地上绣织四团五爪正面金龙，间绣五色云、海水江牙。四团龙两肩前、后各一团。并列有日、月二章，左肩日、右肩月。前胸、后背有万寿篆文衮服。也有列四章的，前星、后山、左肩日、右肩月。皇帝的衮服有棉、夹、纱、裘四种，根据其四季的变化而更换不同质地。据《毛传》记载："衮衣，卷龙也。"又据《陈鱼传》里讲："衮与卷古同声。卷者，曲也，象龙曲形曰卷龙，画龙作服曰龙卷，加衮之服曰衮衣。玄衣而加衮曰玄衮。"可见"衮"在这里指的是衣服上的纹饰"卷龙"，衮服是因花纹形状而得名。据文献记载，皇帝穿衮龙衣，是为了弥补和补救皇帝从政方面的缺失与不足，故又称之为"补衮"。皇帝穿衮服有其深远的政治意义。衮服是既属于吉服又属于礼服的一种特殊的衣服品种。

冬天穿在朝服外的端罩

端罩是皇帝冬天穿在龙袍外面的裘皮服装，形式为圆领、对襟、平袖。袖长至腕、衣长至膝。皇帝的端罩用紫貂皮毛，衣里用金黄缎。但每年十一月初一至正月十五，皇帝穿黑狐面、金黄里端罩。端罩与衮服一样，是一种属于吉服又属于礼服的特殊衣服。

皇帝穿的吉服，又称龙袍

吉服是清代宫廷喜庆节日时穿的喜庆服装。皇帝万寿正日、皇太后万寿圣节和元旦令节的前后三日，皇帝穿吉服袍。吉服袍又称龙袍，形制为上下连属的通身袍，右衽（右大襟）、箭袖、四开裾（衣衿下摆前后、左右四开气，便于骑马）。吉服袍为明黄色，衣领和衣袖为石青色。衣通身绣五彩云，十六条金龙穿在云间，正龙八、行龙八，衣前后身各绣三条，两肩前后、两

袖袖端各正龙一，领前后正龙各一，领左右及交襟处行龙各一，下襟行龙五。并彩绣十二章及江崖海水，间绣有杂宝纹样：珊瑚枝、三宝珠、如意、卷书等。皇帝龙袍有棉、夹、纱、裘四种，以供皇帝在根据四时不同的变化，穿用不同质地的龙袍。皇帝穿龙袍时，袍外须加端罩。皇帝龙袍与朝袍有两处明显的区别：1. 龙袍没有披领，而朝袍有大披领；2. 龙袍是衣裳连属的四开裾袍，而朝袍的上衣、下裳是不相连的裙式袍。

皇帝穿的便服

常服是皇帝在平常的日子穿的服装，即便服、方便之服。皇帝在宫中穿常服的时间最多，如经筵、御门听政、恭上尊谥、恭捧册宝等都是穿着常服活动的。常服有常服袍和常服褂两种，其颜色、纹饰没有特殊的规定，随皇帝所欲。但封建社会，皇帝的衣食住行高于一切，即使是平常的便装，其颜色、文饰也都有吉祥、富贵、长寿、万福等寓意。清代入关之初，穿天蓝、宝蓝色衣褂，寓意清淡、明快，“清”与国号同字同音，因此淡蓝、宝蓝、天蓝等颜色成为宫廷服饰中领导潮流的颜色。皇帝的便服也选天蓝色、宝蓝色。

故宫收藏的宫廷画“清康熙读书像”，画的就是年轻的康熙身着宝蓝色便服的写实作品。就连皇帝礼服、吉服面用明黄或石青色，里衬也用天蓝或月白色，以应吉利之语。清代宫廷崇尚蓝色，乾隆、嘉庆朝都有这种颜色的便服，直到道光年间仍不过时。故宫藏“喜溢秋庭”图卷，描绘的就是身着宝蓝色便服的道光皇帝与后妃、子女在御苑内嬉戏休闲、共享天伦之乐的情景。除此以外，皇帝的便服颜色还有象征天下富足、生活红火的木红色、枣红色，谐音“禄”的灰绿色，以及洁净、清爽的姜黄色、浅米色等。

清代皇帝的便服衣料多选用单色织花或提花的绸、缎、纱、锦等质地。无论是织花、提花，多采用象征吉祥富贵的纹样。如团龙、团寿、团鹤，寓意“幸福”、“长寿”；蝙蝠、团寿字、盘肠、绶带纹样，寓“福寿绵长”，因蝙蝠谐音“福”、盘肠谐“长”、绶与“寿”同音。再如用“卐”（万字）字或万年青花与灵芝头组成的纹样称“万事如意”；葫芦颈上系彩带，与

皇帝的冬朝冠

“卐”（万字）字合称“子孙万代”文饰。因葫芦是爬蔓植物，连续结果，有连绵不断繁衍子孙，清代江山后继有人、永远不断的意思。

此外，清代皇帝的冠服还有外出时穿的行服、雨天时穿的雨服等。

清代服饰制度规定，穿不同的服装，头上要戴相应的冠帽。皇帝的冠帽有朝服冠、吉服冠、常服冠、行服冠。朝冠有冬夏之分。冬朝冠面为熏貂和黑狐，夏朝冠面为玉草。冬朝冠呈卷檐式，用海龙、熏貂或黑狐瓜皮制成；外部覆盖红色的丝绒线穗，正中饰柱形三层金顶。每层中间饰一等大东珠一颗。环绕金顶周围，饰以四条金龙。金龙的头上和脊背上各镶嵌一颗一等大东珠，四条金龙的口中又各衔一颗东珠。夏朝冠呈覆钵形，用玉草、藤、竹桥编制。其顶亦为柱形，共三层，每层为四金龙合抱，口中各饰一东珠，顶上端一颗大东珠。另在冠檐上，前辍金佛，嵌十五颗东珠，后辍“舍林”，前饰七颗东珠。吉服冠的顶子为满花金座，上端一颗大珍珠。常服冠为黑绒满缀红缨，红绒结顶。

皇帝祭日时戴的红珊瑚朝珠

皇帝穿朝服时要戴朝珠。朝珠由 108 颗东珠串成，每 27 颗东珠又用 4 粒红珊瑚结珠等距间隔出上、下、左、右四部分，其上部结珠呈葫芦形称“佛头”。佩戴朝珠时，佛头垂于背后，用黄绦带连接一组玉饰，称做“背云”。朝珠垂在胸前的左右红珊瑚结珠处，分别饰一和二串绿松石珠串，称为“纪念”。朝珠的构成，有着特殊的含义。108 颗珠代表一年十二个月，四个红珊瑚结珠象征春、夏、秋、冬四个季节，下垂于背后的佛头、背云，寓意“一元复始”，三串绿松石纪念表示一月中的上、中、下三个旬期。皇帝穿朝服时戴一盘东珠朝珠，皇后、皇太后穿朝服时戴一盘东珠外，还在两肩斜挂两盘红珊瑚朝珠，以示身份特殊。皇帝佩戴朝珠，还根据不同的

场合戴不同质地、不同颜色的朝珠。祭天戴青金石朝珠；祭地戴琥珀或蜜腊朝珠；祭日时，戴红珊瑚朝珠；祭月时，戴绿松石朝珠。不同质地、不同颜色的朝珠寓意天、地、日、月，而东珠、朝珠作为天地与人间的纽带，为皇帝专用。

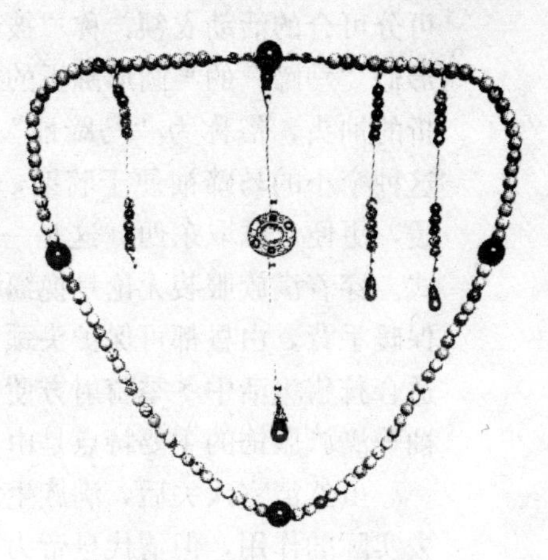

皇帝祭月时戴的绿松石朝珠

皇帝在穿戴服饰中，腰间都要系相应的“腰带”，穿朝服系朝服带、穿吉服时系吉服带。朝带有两种：一种用于大典，为明黄丝织带，带上有龙文金圆版四块，中间嵌宝石、东珠；一种用于祭祀，带上用四块金方版，嵌以东珠及各色玉、石。朝带并有垂带物品，即左右佩盼、囊、隧、鞘刀等。吉服带与朝带颜色相同，形制相似。带上的四魄金版嵌珠宝，带端的一版角带扣，列左右的二块有环，以佩带玢（音：fēn，擂墨起来的绸条）。带上拴的荷包也格外讲究。满语称荷包为“法都”，是满族人喜欢的饰物。

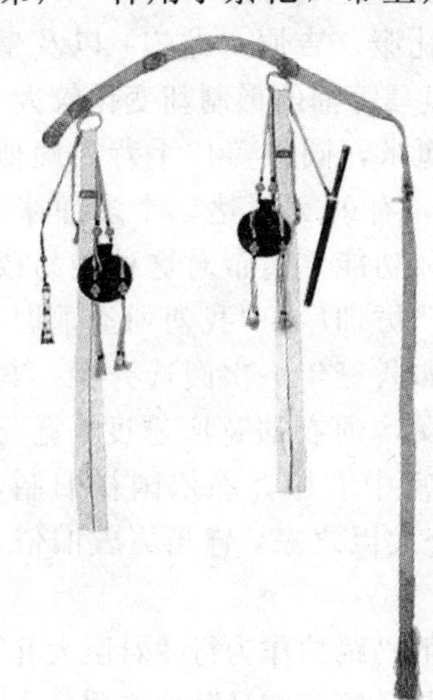

朝服带

清代皇帝的冠服与满族的生活习惯有关。清代满族世代生活在东北，是以狩猎、捕鱼、采摘为生的民族。因东北寒冷，全年无霜期很短，一年中约有八个月为冬季。因此，满族都选皮、毡、毛等材料制成衣长齐脚，宽袖偏襟的袍子以蔽风寒。他们长年累月为生活所计，设计出的衣服穿着既要舒适，又要方便骑射活动自如；既要在漫长的冬季保暖又要行动灵活方便。如满族服装宽大的袍身和骑射方便的瘦窄的衣袖相结合，是满族服饰的传统。在腰间系一条长长的腰带，使宽衣能裹体保暖，胸前还是一个存放小件物品的“仓库”。再如满族为了头和颈活动方便，长袍、短褂都无领。但是，为了冬季保暖，特在衣领处加一条

可分可合的活动衣领，称“披领”。尤其是满族服装在两袖口处各加一个形似“马蹄”的半圆形翻折的袖头，更是寒冷地区的一大发明。半圆形翻折的袖头，俗称为“马蹄袖”。马蹄袖平时挽折，需要时展开覆盖手背。这种窄小的马蹄袖便于骑射，同时衣袖的出手处较长，将手背盖住而保暖，更便于拿取东西。这是一种既具民族风格又符合实用原则的服装形式。穿着满族服装无论是挽缰驰骋，还是弯弓搭箭，披领保护头颈，箭袖保暖手背，白昼都可保护头颈、手背不至于因天气寒冷而受冻。这种设计适合狩猎生活中冬季骑射方便、实用的需要，因此说，腰带、披领、马蹄袖等满族服饰的主要特点是由其生活需要所决定的。

虽然清室入关后，满族生活环境有了变化，腰带、披领、马蹄袖已失去实际的作用，但清代皇帝为了不忘本民族的传统，将马蹄袖、腰带、披领进行装饰性的改变后保留下来，并成为冠服的重要标志。

清代冠服自皇帝、皇后到宗室官员的礼服、吉服（龙袍）以及皇帝的行服、常服等，虽然都带有马蹄袖，但马蹄袖的形制却变化较大。清代早期的马蹄袖窄小，最宽处仅有10厘米，圆口盖住手背，确似马蹄形状。到清中期以后，袖口逐渐加大，有的宽度达三十多厘米，很难看到马蹄状，同时也失去了使用的实际功能。清帝对这种轻易改变服饰形状而不守祖训的做法，不得不做严厉训斥：“我朝列圣垂训，命后嗣无改衣冠，以清语骑射为重……即如朕三年一次阅选秀女，其寒素之家，衣服尚仍俭朴，至大臣官员之女，则衣袖宽广逾度，竟与汉人妇女衣袖相似。此风渐不可长！现在宫中衣服，悉依国初旧制，乃旗人风气。日就华靡，甚属非是，各王公大臣之家，皆当力敦旧俗，倡挽时趋，不能齐家，焉能治国！”

清室入关后，冠服虽然失去实际作用，但马蹄袖作为行“君臣大礼”的表征，仍为宫廷皇帝和皇亲贵族所推崇。凡是穿带有马蹄袖衣服的人，平时将袖头挽起作装饰，一遇到行礼之时，敏捷地将“马蹄袖”翻下来，然后或行半礼或行全礼，以示尊重。这种礼节在清朝定都北京以后，已不限于满族，汉族也以此为礼。因马蹄袖的这一特殊的功能，它也由原来与衣袖为一体逐渐改为可拆卸的两部分，临时缝制在衣服袖口的出手处，上长下短。清代皇帝的吉服、便服也都设马蹄袖。即使是平袖口的服装，还要特意单做几副质料较好的箭袖“套袖”，以备需要时套在平袖之上，用过之后脱下。这种灵活、方便的“套袖”还有个美好的名称——“龙吞

口”。清代冠服的马蹄袖形式，一直保持到清朝灭亡。

满族旧俗，无论男女，穿长袍系腰带，带上都拴“活计”，荷包是活计之一。它是由满族先世出猎或游牧时随身带的“囊”（一种皮质的饭袋）演变来的。同切割用的鞘刀、点火用的火镰、擦汗用的手帕等同为出猎的必备物。随着生产力的发展，生产方式的改变，游牧、狩猎变为固定的居住与耕种，这些活计就失去原意而变为装饰。清代皇帝的活计更是质地精良，制作精美。在绸缎上绣各种图案，与衣服相配。荷包上绣的纹饰有“五谷丰登”（正月）、“五毒”（端阳节）、“鹊桥仙会”（七月）、“丹桂飘香”（中秋）、“菊花”（九月初九重阳）、“葫芦阳升”（冬至节）、“甲子重新”、“万国咸宁”（大年三十）等，以应节景。

清代皇帝冠服在保留本民族传统的同时，也吸收了历代皇帝服装的纹饰——十二章。十二章是十二种图案：日、月、星辰、山、龙、华虫、黼、黻在上衣，宗彝、藻、火、粉米在下裳。关于十二章的纹饰，早在虞舜时期，以日、月、星辰等十二章图纹或绘或绣在衣裳上，称之为服章。《虞书·益稷》中记载：“日、月、星辰、山、龙、华虫作绘，宗彝、藻、火、粉米、黼、黻绣，以五彩彰施于五色，作服汝明。”《周礼》中也记述，当时已有服章制度，天子玄衣纁裳，十二章纹。这些记载说明在周代以前，周天子已开始使用十二章图，并已成为最高统治者的权力象征。关于十二章的含义，古代《尚书》中有舜和他的臣子们讨论十二章的情况，称其“如天地之大，万物涵复载之中，如日月之明，八方囿照临之内”。到唐代，对十二章的解释更加通俗。唐崇文馆学士杨炯认为，十二章中的日、月、星辰象征圣王的光辉照耀天下各地；山能布散云雨，象征圣王降福人民；龙能千变万化，象征圣王能适时地教导人民；华虫是雉，有五彩羽毛，象征圣王的文明；宗彝是宗庙的祭器，上面画有虎、蜼（猴类），象征圣王能以武力定战乱；藻能随水上下，象征圣王能适应时代；火能烧制陶器、冶炼、烹饪，象征圣王大德日新；粉米能食，使人生存，象征圣王是万物的依赖；黼是斧头，象征圣

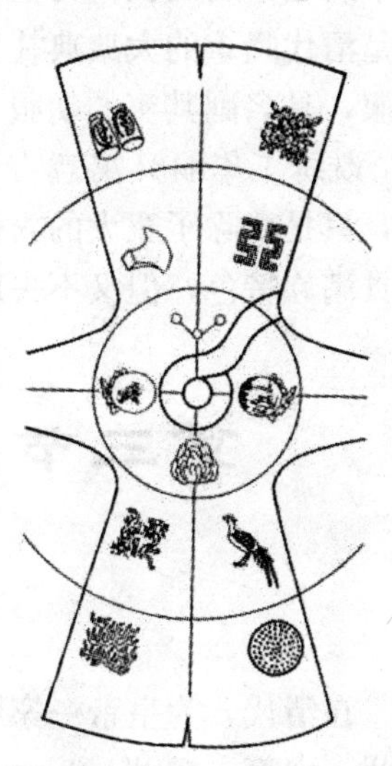

分布在吉服上的十二章

王遇事能做出决断；黻是两己相背的样子，象征君臣能相济共事。此解未必尽合古意，但都是标榜帝王神通广大的，所以被历代帝王所接受。这些对帝王的赞美，清代皇帝当然愿意全盘接受了。

礼服是以显示等级和身份的重要标志。历史上各个朝代的礼服多为上衣下裳所组成。有的是上衣下裳分属；有的是上衣和下裳相连，如春秋至汉代流行的深衣，“名曰深衣者，谓连衣裳而纯之采者。”秦汉时期，男子服装以袍为贵，袍以朝见也，说明袍是礼服。唐宋时，虽然形式略有变化，但礼服仍为袍。各个时代的礼服虽然名称不同，形式也不尽相同，但其基本形制却是一脉相承的。清代自皇帝到宗室、官员的朝袍都是以上衣和下裳相连属的长袍为主体，加上满族独特风格的马蹄袖和披领所组成。这是清代隆重的大典典礼、皇帝视朝、臣属入朝时所穿的礼服，即为朝觐之服，是名副其实的朝服。故宫博物院收藏的皇帝朝袍款式与记载基本一致，既绣工华丽又寓意吉祥，而且衣体宽大，与历代皇帝宽大的冠服相比，只是革除了宽大的衣袖而改作符合实用的窄袖和马蹄袖，使清代礼服更具满族特色，但又不失历史的延续性。

第三节　皇帝服装的织造与管理机构

在清代，为皇帝一家服务的机构称为“内务府”。内务府下设有苏州、杭州、南京、福州、广州、安徽、山东、山西、河南、长安、甘肃、四川、新疆等为皇家提供丝织品的生产基地。其中南京、苏州、杭州三地是直接为皇帝穿衣和使用服务的。三家织造又各有专长：江宁织造负责御用彩织锦缎，苏州织造负责御用的绫、绸、锦、缎、纱、罗、缂丝、刺绣；杭州织造专门织造皇帝御用袍服、丝绫、杭绸等等。三处织造形成了江南三大丝织中心，每年皇宫向三处织造下发派织、定织任务，督理织造的官员由皇帝亲自派遣。织造官员主要负责织造的经营和管理，包括所需费用的筹算、纺织原料的采办、监督缎匹的织造和运送等。

与织造事务有关的内务府机构，还有广储司和会计司。广储司负责所织办物品的种类和验收，织造花样、颜色、数目，都由广储司缎库、茶库

拟定，再交三织造处照式样承办。即皇帝的衣料由内务府广储司拟定式样颜色及应用数目奏准，对缎匹长阔尺寸、质地、花样、色泽都有明确的规定。如档案中的“敕谕”多次记载要求官局所织缎匹“务要经纬均匀，阔长合适，花样精巧，色泽鲜明”，如质量不合格，需补赔罚奉或受鞭责。内务府画师设计画样格外精心，发往江宁（南京）、苏州、杭州三处织造司分织。刺绣由如意馆画工设计彩色小样，经审后，按成品尺寸放大着色发交内务府和江南织造衙门所属的绣作进行生产。织成后“解京送本司派官挑选”查验；会计司主要负责有关织造物品的报销核算。广储司将该司的缎、茶二库所收纺织品的数目“具奏并移会户部销算”。

皇帝每天的穿戴、更衣，都要如实记录在《穿戴档》内，如乾隆二十年正月初一子时一刻，乾隆准备迎新礼，穿戴的是“黑狐皮朝冠，穿黄纡绸绣绒靠三色黑狐膁龙袍，外套黄缎绣五彩貂皮边朝服，貂皮朝端罩，松石圆朝带，左边拴带穗小荷包一个，右边拴东珠云纹大荷包。白布棉袜，鱼白春绸厚棉套裤，蓝缎羊皮黑皂靴”。到了寅初三刻，乾隆到弘德殿进膳，“换去貂皮端罩”；辰初二刻，到慈宁宫皇太后处行礼，又“换下袷朝服，更换大毛熏貂缎白苍龙教子珠顶冠，黄绎丝满地风云黑狐膁龙袍芝麻花端罩，金累丝松石大鞋带（上拴），带系小荷包一个（内装八宝两件），大荷包两个。脚穿青缎羊皮皂靴”。仅仅一个上午，皇帝三次更衣，有时一天内更换四至五次。皇帝的礼服袍褂和服饰设有专门存放的四执库（冠、袍、带、履），由宫内设的尚衣监管理。皇帝平日常用的便服和便帽，放在皇帝寝宫附近的衣服库，由随时侍候皇帝更换衣服的太监们管理。

第四节 与典制不符的服饰

尽管皇帝穿衣有时间、场合约束，但是皇帝穿衣也有不顾典制而随心所欲的时候。按规定，皇帝吉服为最高的等级明黄色，皇子和嫔等人的龙袍是香色（秋叶色）。典制中虽然服饰的颜色有等级、身份的差别，但乾隆却明确表示喜欢皇子和嫔这一等级的颜色。

乾隆十九年十二月二十九日是除夕，乾隆皇帝要在宫中神祖供像前行

辞旧岁礼。是日晚，他照例沐浴更衣。当四执库太监捧出明黄色龙袍时，他却下旨要穿“香色缂丝黑狐面龙袍”。并且说，这件龙袍“着寻常日少伺候，留至每年十二月三十日沐浴后再伺候，以后每年是为例”。如果换了别人，穿着不符合身份的服装，肯定有违制之嫌。皇帝金口玉言，为所欲为，不受制度限制。

故宫现存十二章服中，多为男朝袍，但也有女朝袍。这些带有十二章纹饰的女朝袍为清代晚期后妃所穿。它记载了清代政权变化的一段历史。咸丰十一年（1861 年）七月，咸丰帝病死承德避暑山庄，临终前把皇位交给了年仅六岁的儿子载淳，并授命八位辅政大臣辅佐小皇帝，并留给皇后慈安、皇贵妃慈禧各一枚印章，即“御赏”、“同道堂”。并规定八大臣颁发一切谕旨，必须在起首、收尾加盖这两方印，方可生效。但小皇帝载淳的生母慈禧在咸丰死后，依仗“母以子贵”升为皇太后，不甘心大权旁落，经多方密谋发动了政变，派人逮捕八大臣，并处死其首要人物。这一年是“辛酉”年，故称此事为“辛酉政变”。“辛酉政变”后，慈禧、慈安两太后在养心殿东暖阁实行垂帘听政（因中国封建社会封建礼教不允许女人公开抛头露面，故采用这一形式，遮挡一下面容）。是时，年仅六岁的同治小皇帝坐在黄纱垂幔前的宝座上，二位太后坐在黄纱垂幔后御榻上，被召见的大臣跪在皇帝面前，一般问话和最后决定都是慈禧一人。慈禧垂帘听政共有三次：第一次是同治元年（1861 年）到同治十二年（1873 年）二月，至同治大婚后亲政止，计十一年零二个月。第二次是光绪元年（1875 年）同治皇帝病逝，按规定皇位继承人应立同治帝的下一辈，但慈禧偏偏指定同治堂弟、年仅四岁的载湉继承皇位（年号光绪），两宫皇太后又以新帝年幼而再行垂帘。光绪七年慈安病故，

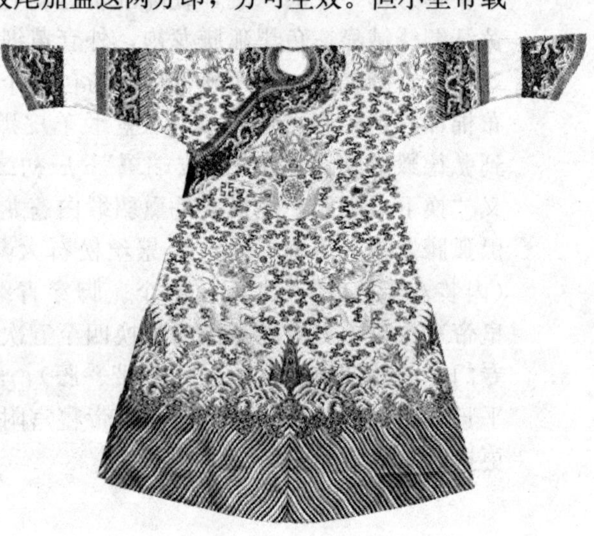

慈禧穿过的带有十二章的女朝服（不符合典制）

慈禧便一人独揽大权，直至光绪十三年正月，皇帝大婚后亲政才归政。第三次是光绪二十四年（1898 年），因光绪实行“维新变法”，慈禧太后出面干政，囚禁光绪，出面“训政”，直到光绪三十四年慈禧太后病逝为止。两次垂帘、一次训政历时四十八年之久。慈禧不是女皇胜似女皇，是幕后的皇帝。在她穿的朝服上出现彩绣十二章纹样，无疑是最高权力的明显象征，也能满足她做皇帝的欲望。实际上，这种现象的出现，标志着清晚期章服制度随着政治制度的衰落而随心所欲。

另外，清代皇帝口口声声衣冠服制遵循古礼，可是在遗留下来的许多宫廷绘画中，康熙、乾隆、嘉庆、道光等皇帝都有许多以身着汉装的形象出现在画面上。传说，有一天，乾隆皇帝穿戴了汉式帝皇的冕旒和衮服，召见王亲大臣，问：“朕似汉人否？”众人一时不知怎样答对。许久，一位老臣说道：“皇上于汉，诚似矣；而于满，则非也。”这话正说到乾隆帝的心坎里，在他的心目中满族传统的服饰不仅仅是为了御寒防暑，而具有政治色彩。他对自己的汉装形像曾多次解释，不过是“丹青游戏”，清代的冠服才是显示至尊地位和权力的象征。这说明，清代皇帝虽然推崇本民族的服装，但对汉族妆饰亦情有独钟。因为宫廷绘画多是写实的作品，水平再高的画家也不敢为皇帝画像张冠李戴。再有，清王朝入关初期强行“易服剃发”政策，极大地伤害了汉族人民的自尊心。一些汉族官员纷纷上书清廷，直陈歧视汉族的不当之处。清统治者不得不做出一些让步。清统治者身着汉装，也是利用服饰来缓和民族矛盾的一种表现。

第十章

清代后妃的美容与化妆

我国美容化妆自战国开始用“粉敷面”和“黛画眉”，由此揭开了以溢其美的序幕，历朝的化妆技术和化妆品呈现出五彩缤纷的世界。“郑国之女，粉白黛黑，见者以为神。”稍后，用红色搽面或于眉心、酒窝等处点绘图案。不同的颜色涂之于面可以使人的面部得到神奇的变化，苍白的变得红润，多皱的变得光洁，灰暗的变得漂亮，单调的变得丰富，平庸的变得神气，不合比例的变得端正。化妆品相继出现了香粉、黛石、脑脂、唇膏、香水、花露油……这是在一定历史时期，一个民族物质文化和精神文化的综合反映。但是无论是浓妆艳抹还是略施粉黛，只能使容颜得一时的滋润，要想永久保持皮肤光洁秀美，青春常在，还须要调养肌肤、营养健身。

后妃梳妆图

清代是我国封建社会最后一个王朝，政治、经济、文化的发展，为其化妆品和化妆术提供了广阔的前景。就清代后妃化妆而言，在历代流传化妆技巧的基础上，又融汇本民族营养肌肤的成分，使女性化妆成为宫廷生活的一部分。

第一节 养 颜

在人们的交往中，第一印象总是从面容上得出的。面色红润皮肤细腻并有光泽、富弹性，给人以健康美的印象。相反，一个人如果五官端正、皮肤却粗糙、面颊肌肉松弛、眼睑下垂、面黄肌瘦，或者生有痤疮、粉刺、雀斑，就大大影响了面容。即使使用化妆品来修饰面容，弥补缺陷，恐怕也难以奏效。中医历来认为，人体是一个统一的整体，影响面容的健康，病变在表，其根源在里。人体间的种种不适，都与气血、腑脏、经络有关，而气血、脏腑、经络的调整又必须依靠人体摄入足够的营养。因此养颜润面，离不开药物与食物营养。

我国传统的化妆品，基本上有两大类，一类是化学合成型，一类是植物型。战国时期，屈原的学生蝉娟身系香袋，里边装的就是铅制的香粉。粉是铅经过严密化学处理后产生的，白泽细腻可以久藏。研成粉面，加上香料即成铅粉。铅粉有毒，长期使用对人体有慢性损害。

公元 16 世纪，欧洲妇女将终生未嫁的英国女王伊丽莎白作为美貌的偶像，争相效法她的头发、眉毛和白嫩的面容。当她们使用白粉把脸擦白，在达到追求的效果的同时，化妆品之中的有害物——铅，严重地毒害了她们的皮肤。表层皮肤大量脱落，以至铅中毒而死。

这些惨痛的教训，使众多的美容化妆者纷纷求助于医学，希望得到一张健康、充满生机的容貌。

植物型的化妆品，早在我国春秋战国之际就已出现，秦汉时期成书的《神农本草经》中，曾记述多种药物具有美容的功效。如白芷“长肌肤、润泽颜色、可作面脂”。白僵蚕，能“灭黑黜、令人面色好”。自从天然植物药物型的美容化妆品问世后，营养美容提高到一个新水平。妇女化妆从单纯的求貌美上升到以营养美容，可以说是化妆美容史上的一个飞跃。唐代大医学家孙邈编撰《千金复方》明确地提出了治疗雀斑、面疮、润泽肌肤的美容八十余方，为药物医治营养美容首开先河。唐代武则天炼益母草泽面，皮肤细嫩滋润白如玉，到八十多岁高龄仍保持美的容貌。她的女儿太平公主，用桃花粉与乌鸡血调和涂面，颜色红润，皮肤光洁。到宋、明时期，在对前代的药物美容方不断认识、积累、补充、收集的同时，不断提高美容化妆的技术。宋代陈直著的《养老奉亲书》中，对老年人的健美美容作了详细的论述。明代李时珍著的《本草纲目》记载了七百多个医方，既是营养肌肤的食物，又是养颜美容的药物，因人因时因地使用，十分有效。特别是不同程度地保存在历代宫廷的秘方成为后代化妆美容所借鉴的有效验方，沿袭至今仍被使用。

一、清宫后妃营养化妆

清宫后妃营养化妆是在历代女性养颜化妆经验的基础上，又加上饮食营养，成为既有外在营养又有内在调理的养颜方。清代宫廷后妃所用的化妆品，既有国内自制的，还有从欧洲等国进口的。至于食物调理，则与本民族传统饮食习俗密切相关。

爱美是人的天性，对于美的渴求之心，莫过于长年生活在深宫皇苑的女子们了。生活在清代宫廷的女人，上至皇后下到宫女，自从入选进宫的那一天起，都把自己的命运与“美”连在一起。康熙初年，其祖母孝庄皇太后就为清宫后妃、女子的衣着化妆立下严格的制度，宫女平时不许涂脂抹粉，打扮妖艳，后妃化妆要得体，衣着首饰有等级，面色化妆要清新、自然、得体，每张面孔都应像宝石、玉器一样由里往外透着滋养的润泽。为了培养光洁的皮肤，只许晚上搽粉，白天须要洗掉，侍候皇后及各宫主位（女眷），不能喧宾夺主。说到底，生活在清代宫廷里的人要有“宫廷”气派。

何为宫廷气派呢？清宫后妃的打扮，时时处处受到封建礼教的约束，言谈举止，矜持典雅，行动坐卧有节含蓄，仪表修饰要遵守三从四德，更要与自己的身份等级相辅相成。古人云：“清水出芙蓉，天然去雕饰。”皇帝是一国之君，皇帝的权力是“神”授予的，皇帝集人、神于一体，清宫内的一切都以他为轴心而转动，皇后、妃嫔如众星拱月一样分布在皇帝左右陪衬着，因而后妃除了要忠诚、温柔、体贴、善解人意外，还应具备雍容大度的仪表，妇德纯情，妇容要像春天永驻，这样带给皇帝的永远是一片春意盎然、如花似玉、笑口常开的自然美。因此清宫后妃化妆讲究内在美与外形美的统一。内在美才能激发外在美，而内在美来源于文化修养和文化素质，使美好的精神内涵自然外化。因此，清宫后妃化妆除了讲求气

质高雅外，还有一套系列化、规范化的化妆方法。

清宫后妃以滋养皮肤为主，化淡妆。使用的化妆品，分为化妆与护肤两种。化妆包括香粉、胭脂、唇膏、黛石等。香水、花露油属于护肤化妆品。

清宫后妃春秋两季用苏杭（苏州、杭州）产的宫粉敷面，秦淮（南京、扬州）的胭脂涂腮、点唇。这两种化妆品都是用自然植物加中药和含有少量铅白粉配制而成的。历史记载，我国江南名城苏州是花的故乡，苏州人喜欢养花，女人更喜欢戴花、食花，将花制成各种化妆品，无毒、无害、无副作用，使用之后飘逸出一种纯自然的植物清香。扬州、南京等地世出美女，对制作、使用化妆品有着悠久的历史。该地调制的胭脂色如芙蓉，娇艳柔和，看上去若有若无，与肤色浑然一体。清宫后妃们便将唇膏、面霜代替宫粉、胭脂。唇膏属油脂化妆品，涂在口唇上能起到滋润柔和的作用。面霜呈稠糊状，制作原料与香粉类同，并配置白蜜调成油性、水性两种。油性适于干性皮肤，水性适于油性皮肤。夏季天气湿润、汗腺发达，皮肤表层新陈代谢较快，清宫后妃此时使用的化妆品多用清爽润肤的香水、花露水。花露水用玉兰花、玫瑰花、茉莉花蒸成花露，再加上香精，香气宜人。

清乾隆年间，英、法等国经广东海关向清宫贡进许多丁香油、檀香油、玫瑰油等天然香料，特有的植物香气，有很强的杀菌力。清宫后妃不仅用香精配制化妆品，还用香精水洗浴，能留下持久的幽香。

二、慈禧太后营养化妆

清宫后妃选用营养护肤化妆品大多是因人而异，视每个人的生理状况、接受能力等具体情况，配制中药成分的化妆品。因病而施，有疾治病，无疾养颜。慈禧一生极爱美，以美受宠。但美中不足的是，自年轻时起常患面部痉挛症，

画珐琅粉盒

象牙雕百鸟朝凤梳妆台

"面部左侧自眼以下连额肌肉时作跳动"。经御医医治效果不大，而且时有反复，慈禧大为伤心。光绪六年(1879 年）御医李德立、庄守和共同研究了金代宫廷后妃洗面用的"八白散"配方后，为慈禧配制"玉容散"。金代宫廷的八白散即为八种中草药：白丁香、白僵蚕、白牵牛、白细辛、白莲蕊、白芷、白附子、白茯苓，共研为细末，日数次洗面，面如玉润。因八味药第一字都是白字，故称"八白散"。御医们为慈禧配制的玉容散，取原八白散中的六白——白芷、白牵牛、白丁香、白僵蚕、白芷、白附子，又加上白莲蕊、鹰条白、鸽条白、防风、甘松、三奈、白敛、檀香等八味药，共研细末，用水调浓。用时捺搓面颊良久，再用热水洗净。每日二至三次。"玉容方"方中白敛、白芷均为美容要药。《神农本草经》曾记载，其能"润泽颜色可作面脂"。白牵牛、甘松、檀香、三奈，芳香宜人，专治气血失于流畅所导致的疾病。白附子与白僵蚕具有祛风之功，能疏散内侵邪风，能除面上百病。白丁香是麻雀屎，鹰条白、鸽条白均为雄性鹰、鸽的粪便，均有化积消黯作用和防皱灭痕功能。玉容方集治病、美容、营养于一体，有效地祛除了老佛爷面部疾病。一百天之后，慈禧的面部皮肤不仅得到滋养，而且变得白嫩、细腻、柔滑而富有弹性。慈禧见病情得到缓解，确有神奇功效，十分高兴。她特下谕旨，重赏御医，并将玉容散长期使用，成为她终身的化妆品。

兰透明珐琅面盆

传说，慈禧使用国外高级化妆品养颜，一日三次梳洗、三次化妆。传

说不过是人云亦云附会，慈禧虽然崇洋媚外，贪图虚荣，但她对我国传统的中医中药却十分迷信。她曾说："中国药都是以草根树皮做成的，而且我能从书上明明白白地查出什么病吃什么药，也知道他们（指御医）开的方子对不对。"至于一日三化妆，可能是指"日涂三遍玉容散"而言。利用中药治病健身养容，深得慈禧的欢心。慈禧用玉容散外，还使用"祛风润面散"、"沤子方"等中药护肤化妆品。

慈禧每日卯初（早五点）起床，辰正（早八点）早朝，在这近二个时辰中（约三个多小时），慈禧梳洗要占去很长时间。对这一点，慈禧曾和身边的女官德龄说："你一定很奇怪像我这么大年纪了，居然还花这许多时间和精神打扮自己。的确，我很喜欢打扮自己，也喜欢别人打扮得好看，小姑娘们打扮得美丽我看了就觉得高兴，于是也希望自己变得年轻些。"如何使自己变得年轻，慈禧可是花费了许多心思。除化妆外，她还非常注重皮肤的保养。皮肤与外界相接触机会较多，容易沾染脏物。再加上皮肤分泌的皮脂及排出的汗液混在一起，很快就形成污垢。如果不及时地把污垢洗掉，不仅影响美容，还会堵塞汗腺，妨碍皮肤的正常新陈代谢，使皮肤变粗糙衰老。清宫御医在后妃使用的香肥皂中加进若干中药，制成了具有洗涤去垢、滋养皮肤与保健止痒三种功效的"加味香肥皂"，倍受清宫后妃青睐。慈禧自己使用，光绪皇帝也用它洗脸沐浴。老佛爷还用加味香肥皂作为珍品赏赐给心腹重臣和宫中女子。

清代后妃用的香水瓶

肥皂在我国使用的历史很悠久，很早就有用植物皂角、猪胰子和天然碱捣碎成块作洗涤之用的先例，民间称之为"胰子"。清宫配制

的香肥皂，也是在传统配方的基础上，添加进一些中药和香料，使宫廷后妃们用这种多功能的香肥皂，除油去污，嫩面养容，还要留有香气，故称“加味香肥皂”，以别于前。清宫特制的加味香肥皂呈颗粒状，一次数粒，使用十分方便。在《老佛爷用药底簿》中记载了加味香肥皂的配方：松香三斤，木香九两六钱，丁香九两六钱，花瓣九两六钱，排草九两六钱，广零九两六钱，皂角四斤，甘松四两六钱，白莲蕊四两六钱，山奈四两八钱，白僵蚕四两八钱，廓香八钱，冰片一两五钱配制。配制方法，将这些药共研成细面，用红糖水合成小颗粒，每粒重二钱。

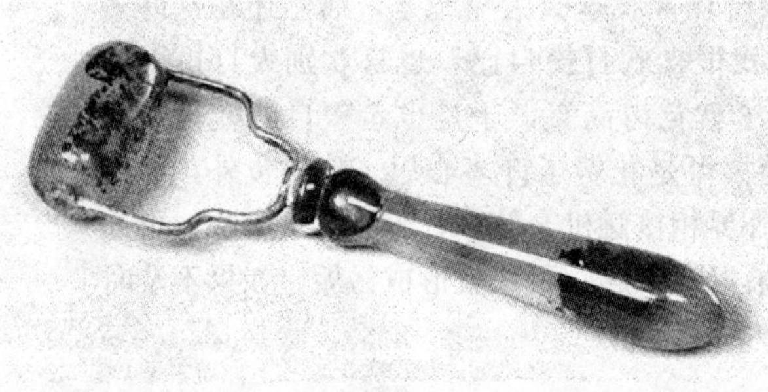
玛瑙按摩器

慈禧养颜护肤常用一种面部按摩器，又称太平车。太平车由玉器、玛瑙、青金石等名贵材料制成。太平车形制为丁字形，用玛瑙、玉石雕成圆、椭圆的珠粒排列成一横滚子，中安装一长柄。滚子在脸上穴位来回滚动，可以促进面部血液循环，使皮肤里的毛细血管扩张，增进新陈代谢。用太平车按摩面部还能调整面部神经，解除肌肉痉挛，消除疲劳。古代医家认为，玉磨面润泽光滑，除肝灭癫。《医宗金鉴》指出：“皮肤黑斑，由忧思抑郁血弱不华，火燥滞而生于面上。妇女多有之。宜以玉容散早晚洗之，常用美玉磨之，久久渐退而愈。”慈禧用香肥皂洗面，再涂玉容散，平时用太平车按摩面孔，久而久之，效果甚佳。

按理说，人到老年脸上出现一些皱纹是正常现象。可是慈禧是个“眼里容不得一粒细砂”的人，更容不下细细的皱纹。当御医们听到慈禧为自己脸上的皱纹恼怒时，人人翻阅医书药典，寻找古代美容医方；个个心怀忐忑，提心吊胆。御医张仲元查到南朝陈后主张贵妃使用的一个美容秘方，献给慈禧。此方是用一枚鸡蛋，磕一小孔，留清去黄。在蛋内装入朱砂细末，然后用蜡将小孔封住。随同其他待孵的鸡蛋一同放到鸡窝里，由母鸡孵化。等小鸡孵出壳时，将朱砂蛋取出。磕皮取药涂于面上，可使面容白里透红光滑润泽。鸡蛋清涂面，“祛面皱，令人悦色”；朱砂单用“益精神、悦泽人面”。两者配合使用，相得益彰。史传，此方最早来自于传

说中的西王母《枕中方》。后经南朝陈后主张贵妃试用，效果亦佳。流传到明朝以后又作了一些改进，将朱砂改为金银花胭脂或辰砂。涂在脸上，红艳美丽，久洗不退颜色，有“半年红”之美称。清代后妃使用此方美容，仍用蛋清、朱砂。光绪二十六（1900年）年四月至五月期间，慈禧住所储秀宫内的宫女翠喜与张妈先后从寿药房拿走朱砂一斤七两五钱，为慈禧配面药用。

慈禧养颜除外治用方外，还内服滋补药品。人参和珍珠就是她常服之药。《老佛爷用药底簿》载：“她十天服一次珍珠粉。珍珠粉这东西的分量是很重的。它的功效纯粹在皮肤上透露，可以使人的皮肤永远柔滑有光，年老的人可以和年轻人一般无二。”再有，她每日含化人参。人参具“补五脏、安精神、定魂魄、止惊悸；除邪气、明目、开心益智；久服轻身延年”等奇特的功效，久服可以达到一般药物达不到的效果。

珍珠粉

三、食用营养与养颜

清宫后妃不仅注重面部营养化妆品，更对内在营养美容颇有研究。内在营养即入口经消化系统摄取营养素，提供肌体发育，调理生理机能，促进新陈代谢，食物营养与化妆相比，较之更直接，更有益于养颜、健体和美容。

清宫后妃的食用营养来源于本民族的传统饮食习俗。一个民族的饮食习俗与传统，为所居环境所决定的。俗话说：“食能伤身，食也能养人。”只要食物合理搭配，就有合理的营养成分被肌体吸收。清代宫廷从味美到营养健身，积累了丰富的经验，形成了独到的营养美食体系。如前所述，清宫后妃对食猪肉、猪蹄、猪肉皮等菜肴有一定的偏爱。在花的季节，喜食各种草本鲜花、花蜜以及各种坚果果实等，既便利于吸收和利用，也滋润皮肤、光泽头发，功效十分显著。

我国东北盛产黄豆、绿豆、豌豆、赤豆，自古以来在东北各民族饮食生活中占重要位置。清代满族及其先祖以豆入馔，豆面饽饽、豆面剪子股饽饽、豆面卷子、豆腐、扁豆、豆粥等是他们的传统饮食。

现代科学研究表明："豆类含有丰富的蛋白质和植物脂肪，而植物脂肪中的主要成分亚油酸，是理想的肌肤类溶剂，人体内如缺乏亚油酸，皮肤就会干燥，鳞屑肥厚，生长迟缓，故亚油酸又有美肌酸之称。芝麻、黄豆、葵花籽以及花生中所含丰富的维生素，不仅能预防皮肤干燥，而且能增强皮肤对湿疹、冻疮的抵抗力。常吃芝麻、黄豆的人，大多容光焕发。"

清代后妃的饮食中有以植物盛开的鲜花烹人肴馔，可人食的花多种多样。早在满族的先祖女真人时代，就已经将野生的白芍药花嫩芽与面粉拌合蒸食，味道甚美。同时榆树钱、槐树花也如法炮制成为满族传统的美味佳肴，鲜香味美。清皇室人关，在生活方式、饮食习俗上逐渐汉化，但食花习俗却历代相传，并根据四时季节不同，采集各种植物鲜花，直接入馔或制作饮料。清宫后妃常食的花馔有：榆钱、玫瑰、荷花、桂花、菊花等等。

食鲜花将花粉一起食用，是满族饮食传统的习惯。除上述各种花卉以外，清宫廷食用的还有月季花、槐树花、玉兰花等。据研究，花与花粉中所含的糖、氨基酸比一般植物营养成分高得多，其他如蛋白质、维生素、酶类也很丰富。清后妃在进食中有意无意地食用鲜花与花粉，无疑可以得到强身健体、增长精神、消除疲劳、抵抗衰老及美颜健体的特殊功效。

后妃居住的寝宫里，条案、桌几上都设有盛蜜饯和干果的食盒，盒内分为蜜金桔、蜜橄榄。瑾妃爱吃桃脯、杏脯、苹果脯等酸甜适中的；而隆裕却喜吃蜜山楂、蜜杏干等酸性的。慈禧每到一处，后面要跟着几十个人的长队伍，有端盂的、有搬塌的、有捧衣服的，还有拿食盒的。食盒里干鲜果品、蜜饯糖果，无不俱全。用慈禧的话说，吃蜜饯就像梳妆一样，对她十分重要。

除蜜饯食品外，清宫后妃还经常食用硬果及硬果加糖制成的松籽糖、芝麻糖、花生糖、核桃沾、榛子沾、玫瑰糖、桂花糖等。按照传统的医药原理，用食用糖作主料，辅以与食物属性相适应的药物，达到以食代药的效果，使之既有美容养容的营养价值，又有医疗作用的双向调解功能，因而备受清宫后妃的喜爱。

第二节 护 发

人的身体健康与否，头发是最好的验证。一头乌黑油亮、富有弹性的秀发，给人以年轻、健康的印象。然而头发稀疏、枯黄、过早的花白、脱落，无疑会大大影响容貌和仪表。在我国漫长的美容化妆历史中，美发同样是追求美饰的重要内容。

古人讲："人之发肤，受之父母。"在几千年前的商周时代，无论男女都蓄发、养发，把头发看成是怀念父母、孝敬父母的表示。只有罪人才将头发剃去一部分，这样做是羞辱、惩罚的一种方式，剥夺了他本人对父母孝敬的权利，也被别人看作是不孝之子。中医治病，望、闻、问、切，从头发上看便能知病源所在："胆合膀胱，上荣毛发，风气盛则焦躁，汁竭则枯也。""若血盛则荣于头发，故须发美；若血气衰弱，经脉虚竭，不能荣润，故须发脱落。"肾衰、血虚、血热等病因都能反映在头发上。因此，美发也成为美貌的标准。多年以来人们重视头发的变化，发明许多养发、护头发方法。如：头发灰白，可以染发；头发稀少的用假发代替。但假发死板，无弹性。从根本上改善头发的质量，用饮食调养取得了比较成功的验方。

一、营养护发

芝麻 芝麻是油料作物，营养丰富。吃芝麻可以养发在历史上很早就享有盛名。古传，宋代大文学家苏东坡常年致力于写诗作赋、研究学问，思虑过度，吃饭无定时。日子一长，引起消化不良、食欲减退、健忘失眠、心脾虚弱等多种病症。一次他请一位名医治疗，诊脉之后名医让他服用"茯苓"单味药方。当服用第五剂药时，颇感症状大减，体力恢复。苏东坡为此心中大喜。又有一天，他遇到一位老道士，他便以茯苓单方治病而求教。道士对他说："茯苓性躁，应当掺杂胡麻一起服用。"东坡听罢问道："胡麻是何种物品？请予赐教。"那道士又说："胡麻，乃脂麻也。在《神农百草经》中列为上品，又名巨胜。其性、功用皆与茯苓同用，可以

长寿乌发。”苏东坡听后大喜，随即将那道士的话记录下来，按照老者指点将茯苓与芝麻搭配合食。健忘失眠症状减退，并自感大脑功能增强，头发更是日趋浓密、肤肌滋润……此后以芝麻为膳、入药对人体营养的作用被人认识，将芝麻视为健身、养脑的滋补上品。

芝麻烧饼 芝麻烧饼是清宫主食之一。其制法与慈禧有直接关系，吴正格先生在《满洲食俗与清宫御膳》一书中介绍得十分详细。清晚期，慈禧膳事规模空前。孔子说“食不厌精，脍不厌细”的饮食方法，慈禧已经是有过之而无不及了。一次慈禧在颐和园享乐，快到用膳的时候，慈禧通过贴身太监李连英传旨寿膳房，说吃芝麻烧饼。寿膳房的厨师们已为慈禧备办了几十样面食，可就是没有芝麻烧饼。恰巧做芝麻烧饼的厨役有事歇工，寿膳房的人都急得六神无主。他们知道慈禧的脾气，“懿旨是不得违抗的”！如有违抗，不仅一人身家性命难保，整个寿膳房的人都要遭殃。寿膳房里每个人都提心吊胆的伺候着。今天这一品芝麻烧饼，怎么也得想办法做出来！于是寿膳房司膳总管就令一位做过酥皮点心的厨役完成这项任务。这位厨役没做过芝麻烧饼，他怕不对慈禧的胃口，惹出麻烦。但事已临头，只好凭自己的经验去做。由于心情紧张出了一身冷汗，做活时手不由自主地直哆嗦，不是怕面硬了，就是怕油少了，愈是紧张愈是做不好。拿饼坯沾芝麻的时候，饼坯在芝麻罐里打了个滚，成了芝麻团。饼刚放到铛里，又慌张地将油罐子打翻，流到铛中许多油，烧饼没烙成，反而成油炸的了。重新做吧，慈禧用膳时间已到来不及了，只好把烧饼捞出来放在烤炉里再烤。烤后太监就端了上去。

这时慈禧正在知春亭、排云殿一带散心。时已傍午，又累又饥，一心想吃口烧饼。李连英忙让太监将烧饼端出来，慈禧急急地吃下去。没想到这烧饼芝麻多，经油炸、烤，酥脆威香，正合老佛爷口味。她高兴得竟连吃了好几个，并唤来李连英：“小李子，赏那位做芝麻烧饼的厨子四两白银!”

司膳总管忙将四两白银送到寿膳房，只见那位做芝麻烧饼的厨役正发呆，坐在烧炉旁魂不守舍。司膳总管进厨房，他还以为慈禧下令要处罚他呢！从此寿膳房的芝麻烧饼名声大振。在原制作方法上，又经过不断改进，创造出玫瑰麻饼、椒盐麻饼、芝麻薄脆等美味可口的营养食品，对于美发护发大有裨益。

核桃仁、松子仁 核桃仁、松子仁是养头发的坚果类。用核桃仁、松

子仁制成各种小吃也是清宫帝后常用的食品。清宫习俗，每日早、晚两顿正餐外，中间还有二次小吃。如炸核桃仁、拌核桃仁，椒盐核桃仁、玻瑶核桃仁、冰搪核桃仁、松仁穰荔枝、松仁穰山楂、松仁果脆饼、芝麻松仁薄脆、桃仁象棋饼、油酥桃仁饼、奶酥油桃仁饼、桃仁酥卷及“五仁糕”（核桃仁、松子仁、擦子仁、瓜子仁、花生仁合蒸），都是小吃的主要食品。清代后妃喜食甜食由来已久，东北茂密的花果树木林区，到处都有蜜蜂酿造蜂蜜。满民族蘸食蜂蜜佐餐小吃，养成了喜食甜食的习惯。尤其清代后妃，整日悠闲倦怠，吃些零食也可消烦解闷。时至今日在故宫博物院恢复的原状陈列室中，凡是标明后妃居住的地方都摆着装零食小吃的果盒，或置长案上，或临窗设桌摆放。在慈禧五十寿辰时居住的储秀宫内，五间房内就摆出雕漆、青玉、木嵌宝石、珐瑯、象牙等不同质地的食盒七件之多（这些室内陈设都是按照当时记录下来的陈设档案恢复的）。慈禧爱吃厚味菜肴（肉、鸡、鸭等），但她对甜食更为喜爱，她常说：“我喜欢甜食比肉更甚。”

从医药学角度来分析，核桃、松子等属硬壳果实，是补脑延缓衰老的营养食品。这些油脂类食品含不饱合脂肪酸甘油脂和维生素 B_1、磷、铁等成分，常食硬壳果实可以“温肺定喘，补肾固精，润肌，黑毛发，令人颜色娇好”。这些具有健保养发的特殊功能的食品，食之味香，又有药用良效，难怪慈禧那么偏爱呢！由于长期食硬壳植物子仁，慈禧的头发一直很好（除老年患过一段脂溢性皮炎外），就是到了七十多岁的古稀之年，头发依然油亮，极富弹性，“好像天鹅绒”。关于慈禧食用高蛋白植物油脂果实的例子还有很多，苏州采芝斋的“松仁棕子糖”，当地人一提起它，都要争着向你叙说一番作为贡品入贡清宫的历史。

光绪年间，慈禧常因“胸肋胀满、食欲不振”，一连数日茶不思，饭不想，面色苍白，浑身无力。就连梳得整整齐齐的两把头也显不出挺拔、俊美的姿色。一时间，宫内御医人心恐慌，又不知病源，难以卜方医冶。后经地方官府推荐，苏州名医曹沧州有治病的方子，愿为皇太后诊脉。于是曹沧州被传唤进宫。临行前，曹沧州准备了一些苏州特产的丝绸和采芝斋生产的松仁棕子糖作为进宫礼物敬献皇太后。病中的慈禧见小小的棕子糖色泽金黄，内含雪白的碎松籽仁，十分招人喜爱。她捡起一粒放在口中尝尝，顿觉清香爽口。慈禧询问了该糖的名称后，得知为“棕子糖”。“棕”与“众”相谐，棕子即众子，寓意吉祥。老佛爷心里一高兴，病情减轻了许多。又听医生介绍松仁棕子糖是由多种中药配成，有清痰润肺、健脑强身等作用，对体虚脱发有特殊滋养功效。慈禧心想，又尝南味又治病，吃棕子糖真是一举两得的好事。于是便将棕子糖列为“贡糖”，常年进贡皇宫。采芝斋也由此名声大震，得个“半片药店”的称号。

清宫藏营养品——大茯苓

茯苓 清代后妃饮食中还有“冬食茯苓，夏食梅汤”的传统。茯苓属植物菌类，是我国流行甚广的滋补佳品。茯苓外部粗糙呈黑褐色，内里肉质细腻乳白。将茯苓去皮、磨面，可做主食茯苓包子、茯苓糕；可做汤——黑鱼茯苓汤。民间食用茯苓肴馔十分广泛。《神农本草经》载“茯苓久服，安魂养神，不饥延年”，营养甚佳。清代宫廷后妃们尤其喜食用茯苓制成的八珍糕。八珍糕创制于明代陈氏《外科正宗》一书。原料配方用茯苓、党参、使君子等八味中药加米粉制成，故称“八珍糕”。“八珍糕”在江浙一带又称“肥儿糕”，是体虚、腹泻小儿培元益气、增进食欲的良药。清中期，乾隆初次南巡，行到江浙，地方官将此糕作为地方特产奉献皇帝品尝。乾隆帝吃罢，觉得风味奇特，香甜异常，十分赞赏。遂将配方带回清宫，如法炮制，赏给宫内后妃食用。

清代后妃除早晚请安外，无大活动，闭宫自守，经常患有闷倦、肝气不舒、茶饭不香的感觉。自从八珍糕在清宫出现，就受到后妃的喜爱，因为八珍糕是香甜可口且无药味又能治病健身的良药，非常适合“厌于药，喜于食”的后妃们的口味。除八珍糕外，清宫后妃们还用茯苓配制八珍汤以代茶饮。八珍汤配方用意仁、扁豆、茯苓、莲子、冬瓜皮、交实、炒山药、小米八样同煮熬制。长期饮用可清火、生津、健美皮肤与毛发。清代后妃中慈禧喜化妆、喜饮食，还独创茯苓夹饼。据传慈禧晚年，一次重病后身体十分虚弱，想吃茯苓作的食品。厨役们送来后，雪白的茯苓饼，如雪似玉。但吃到嘴里寡淡无味。正要大发脾气，突然眼睛看到了几案上放着的果盒。在一旁提心吊胆的李连英也随着慈禧的眼神转悠到了果盒，想起里面有各种蜜饯，于是连忙把九子食盒捧到慈禧面前，打开盒盖，拣了几样慈禧平时爱吃的蜂蜜核桃仁、桃仁夹到茯苓饼中，请太后品尝。没想到慈禧吃出兴趣，隔几日就让李连英传寿膳房做茯苓夹饼，并将茯苓夹饼

钦定为“清宫御点”。时到今日，仍受到人民的喜爱。由于清宫后妃喜食茯苓，当年宫内食用十分普遍，故宫博物院现在还存有两颗硕大的茯苓，已成为珍贵的文物了。

酸梅 清代，人们在夏季喜欢饮酸梅汤。酸梅又称乌梅和梅子，是蔷薇科植物。冬季开花，夏季熟果。鲜果用火熏制后变黑即成乌梅、酸梅，用糖渍成为化梅，盐腌后又称白梅。据日本最古老的医书《医心方》记载，乌梅“解热、除烦滋（即腹胀之类）、安定心脏，治皮肤萎缩、营养失调和衰老现象”等，甚有功效。现代科学研究表明乌梅是抗衰老的“返老还童药”，它能刺激腮腺使唾液增多，使全身组织趋向年轻化，保持新陈代谢的旺盛规律。常食乌梅可以使人面色红润，肌肤白嫩。

人的皮肤表面有皮脂腺分泌皮脂，能对毛发和皮肤起到滋润和保护的作用。一般人一昼夜能分泌大约十五克到四十克皮脂，健康人的皮肤、毛发应该是柔软、有弹性的。如果消耗掉的皮脂过多又来不及补充，皮肤就会变得粗糙，毛发也会枯黄、脱落。当然，清代后妃喜食乌（酸）梅汤，并不知道科学道理，也不可能认识到它的营养价值，只是觉得乌（酸）梅汤加白糖、桂花煮水酸甜适口，防暑解毒。清代末期，慈禧又在酸梅汤中又加上获苓、扁豆两味中药，称为“加味酸梅汤”。茯苓的营养作用前文已经提到，扁豆性温、味甘、和中健脾、清热解毒，对慈禧晚年的“脾胃不合”病症十分有效。酸梅与中药相互配伍，既能治病又可享受口福之乐，滋颜养发，确实为美容、美发之良药。

二、梳理护发

清代后妃在皇宫里过着丰衣足食的生活，宫女、太监精心伺候，饭来张口，衣来伸手。但清代满族传统习俗在生活上的影响依旧很深。她们虽然重视美发、养发，可是并不洗发。她们认为，发肤受之父母，不容损坏，洗发会掉头发。这一观点，对于现代人来说，可能很难理解。皮肤、头发接触空气、尘土，加上本身内分泌皮脂，很容易形成尘垢和油污，时间长了，皮肤发干，头发就会发痒，还容易掉发。那么清代后妃们怎样清理头发呢?

1. 梳头

每日清晨，清宫后妃们起床后的第一件事就是坐在梳妆台前，对着花

对镜梳妆的慈禧

菱镜精心梳妆。长年累月的宫廷生活，苦闷孤独，使许多妃嫔患有肝郁不舒病症。不仅影响美容还损伤头发，“色衰而爱驰”，无疑使妙龄女子增添了无限的嗟叹伤感。唯有勤理头发，充分显示自己的梳妆能力，才可能在众多的女子中显露头角。精梳、勤梳是使用梳具对头皮进行有规律有节奏的按摩，促进血液循环，使头皮中的毛细血管扩张，增新陈代谢。后妃们梳头时先用粗齿梳手把头发从根到梢通顺、通开，再用提齿篦子“篦”掉发中的垢污，然后换密齿篦子，“篦”发根与头皮屑。由于篦子齿密，极富弹性，反复“篦”头，才能解痒除垢，达到“干发浴”的效果。后妃们每天梳头，每天都要按部就班地篦头发。长发、短发都篦得干干净净。

关于篦子的来历，据说是一位名叫陈七的人发明的。他因犯案进狱，狱中潮湿，长期不洗头发长了许多虱子，咬得他奇痒难受。陈七无奈，只好用狱卒敲打囚犯丢下的破竹片，仿照木梳齿的样子，一根一根地排列整齐，再用绳捆牢。在狱中石头上将竹片头磨尖，用它篦头，篦除了虱子与发垢，从此他得到启发，出狱后专门制竹篦，成为“竹篦”祖师。

画珐琊把镜

2. **梳具**

清代后妃使用的梳具远非陈七梳篦了。清宫遗留下来的梳妆用具就质地而言有南竹、黄杨木、玳瑁、象牙等名贵材料制成。故宫博物院保存的大批梳具尤以黄扬木质地最多。据载，这种梳具产于江苏的常州。古代常州素以产梳具著称。因常州地理位置属交通要道，南临太湖，北靠长江，南来北往的行商、官民都在这里短期停留，购买当地的特产梳篦，从此常州梳具广为流传。

清光绪年间，苏州织造每年七月必到常州定制六十盒黄杨木梳具和六十柄乌木梳具，到十月连六套龙袍六百朵绢花送进皇宫，作为御用的长供。故常州梳具又有“宫梳名篦”之称。慈禧梳头最喜欢用常州制作的黄杨木梳具。这种梳具精工细作、齿尖润滑，梳头时不落头发，因而受到慈禧的赞赏。常州梳篦的制作相当讲究。仅以制篦子为例，从原料到成品要经过七十二道工序，制成后还要在篦子脊梁骨上雕花描绘、刻纹、烫样等工艺。而为清宫后妃制作梳具则更要保持精益求精的技术。

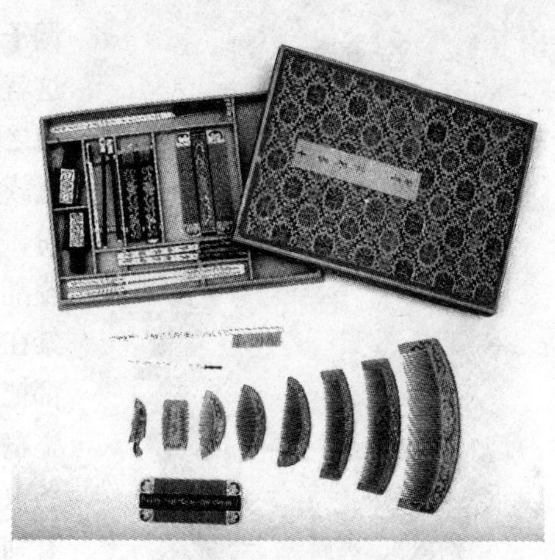

黄杨木什锦梳具

清代后妃梳两把头，梳式繁杂，要经过扎、盘、结等不同程序，最后用扁方固定成待飞的燕翅形。依据梳理时的不同部位，需要使用不同的梳具。现将故宫藏的象牙什锦梳具一套（二十五件）为例，将其名称、用途简述如下：

梳子共有九件。由小到大依序排列。大小不同，薄厚各异。一、二、三号梳（大）各为半边稀齿、半边密齿梳。其余六件，均为密齿小梳。大梳子梳通长发，中梳压两鬓发，小梳又称损子，梳额头鬓角。篦子两件：一疏齿，一密齿。疏齿先篦，最后用密齿篦头。扁针两件，分头缝用。胭脂棍两件，用作调胭脂。剔篦两件，用于清理篦子缝中污垢。长把毛刷四件，用于蘸胭脂涂腮。横把长刷四件，用于蘸头油、刨花水和清洗梳、篦。二十五件一套的梳具雕制精细，梳子背、篦子脊背、刷子把都绘有彩色描金花卉图案。二十五件梳具装在一个锦缎盒中，盒内专门设有放梳、篦、刷子、骨针等小格，用毕各回各位，排列得整齐有序。

梳具的使用早在奴隶制社会就有骨梳问世了。陕西西安半坡村遗址中的发现就证明了这一点。那时的梳子齿稀、粗糙，仅仅为了实用。稍后在战国时期，又出现彩绘霖漆的木梳子。唐代，制梳技术不断提高，梳子质地也多种多样：木、竹、象牙、金、银、玉等梳子不仅制作精巧，都带有雕饰：龙、凤、花鸟、兽头等纹饰与图形。本来是有着实际作用的梳具，却堂而皇之地戴在头上成为装饰品，这是宋代发髻装饰的一大特点。宋朝欧阳修在《南词

带钟表的容镜

调子词》中写道："凤暑金泥带，龙纹玉掌梳。"这就是当时妇女广泛的装饰。明清两代，头上插梳之俗渐弱，把头发梳得流光极平的风气日浓，贵族女子讲究"头光脸净"，不惜花费时间梳妆打扮，所谓"一日三洗两梳头"。清代皇宫还将头发凌乱，看作是有悖礼仪的大逆不道。光绪年间囚禁在冷宫的光绪妃子珍妃在大难临头去见慈禧时，都把两把抿头梳得平展展的，两鬓用刨花水梳得整整齐齐，一丝乱发都不留。因此清宫制度不仅约束后妃梳妆，对宫女们亦同样要求。一次慈禧看到宫女的发辫梳得低，就大发脾气。对所有伺候她的人说："赶快回房去，把你们的头发重新梳过。要是以后再让我看见这个样子，我就把你们的头发都剪掉！"

后妃们精心梳头，不仅使用大量梳具，同时使用梳妆台、把镜、支镜、穿衣镜等多种多样的梳妆具，就连外国进贡的钟表上也镶有容镜。后妃梳妆时照镜子，不梳妆时也照镜子，随时观察发式、首饰、面饰，稍有不当，及时修整，"正其衣冠，尊其瞻视"。如果说，清代旗人"礼多"，是指给人彬彬有礼、仪表端庄、文雅礼貌印象的话，那么清代宫廷后妃的"礼"，就不仅是礼貌待人，而是有宫廷的准则，端庄、稳健，不轻浮，不标新立异；以衣装、容颜、梳妆表现女子贤德、温顺、从容、自信。

3. 抿头

清代后妃梳的两把抿头整齐、平贴、光滑。这是边梳头边用刷子蘸头油或刨花水抹发的效果。头发经梳篦梳通后，蓬松、柔软。使用抿子抿头后，使头发长、短都粘在一起，梳起发髻后纹丝不乱。后妃使用什么护发材料梳头呢？据笔者翻阅材料，查找清人笔记，毫无蛛丝马迹。仅从故宫博物院藏清宫有关刨花、头油等实物来分析，不外是油性头发使用刨花水，干性头发使用头油。

刨花是木工用刨子刨出的木削，极薄呈卷花状，故称刨花。一般梧桐树、桃树刨出的木花浸泡后能渗出粘液。刨花泡在水里三至五日后，水呈粘液状，用来抿头，效果极佳。清代后妃还常常在刨花水中加入乌发、生

发、养发的中草药，如慈禧与光绪都用过榧子、核桃仁、侧柏叶一同捣烂如泥，泡在雪水内，用时兑以刨花水抿头，既营养头皮保护头发，还易于梳理，少掉头发。

慈禧即将步入中年时，曾一度患脂溢性脱发。这是因为她对饮食中的厚味食品，如猪、鸭、鸡及油炸煎的食品非常感兴趣。结果导致头皮层分泌的皮脂失调，头发经常油腻腻的。尽管每天用“篦子篦头”仍然掉发，慈禧十分苦恼。光绪五年（1879 年）二月，她指名传唤太医院御医李德昌为她医治头发。李德昌查阅了大量药书，特地为她配制了有八味中药的抿头方：

“香白芷（三钱）、荆穗（三钱）、白僵蚕（二钱）、薄荷（一钱五分）、霍香叶（二钱）、牙皂（二钱）、零陵香（三钱）、菊花（二钱），其制法是，将以上各味药加水熬煮，开锅后兑冰片（二分），随梳、随抿头用”。

慈禧用此方一年之后，头发大有好转。为进一步巩固治疗，再传李德昌，依据头发情况，将原方作加减修改。光绪六年（1880 年）三月，御医李德昌将原方药味中去掉“牙皂、菊花、冰片”三味药，加上“当归、侧柏”两味又出一处方，慈禧继续作抿头用。从以上两方来看，各味中药都具有护发除垢清香的效果。零陵香、香白芷可有滋润头发、乌发的功能，还有浓郁的清香味。《本草衍义》指出：零陵香可以“浸油饰头，香无以加”。牙皂是古代人的洗涤剂，用在头发上达到洗去污垢的目的，冰片、菊花是清凉去湿药，内服外用，效果良好。第二方中当归、侧柏叶均属乌发、养发之药，具有活血、营养作用。尤其当归是妇科要药，有补血、活血、通经等功效。对于妇女贫血衰弱、月经不调、痛经、子宫出血及跌打损伤、肿痛、风湿痛等有一定疗效。光绪五至六年间，慈禧四十岁有余，即将步入中年，脂溢性脱发为她爱美增添了许多思想负担。她不厌其烦地用中药药液抿头，果然收到可喜的效果。不仅脱发得到根治，还达到生发、养发、乌发的效果。直到她七十多岁时，头发仍旧又黑又亮，就像黑色天鹅绒一样。

清宫后妃中有像慈禧一样是油性头发的，也不乏是干性头发的。干性头发的后妃们多选用桂花梳头油抿发。头油品种很多，据内务府档案记载，后妃们使用的有国内苏州、杭州产的玫瑰头油、檀香头油、桂花头油、薄荷头油，也有外国进口的生发头油、西洋玫瑰头油等。无论是国产的还是进口的，这些头油都是经天然植物提练而成，清香诱人。冬

季用头油抿发，可以促进毛发皮质层的血液循环，防止因季节变化脱落头发。夏季抿头油，头皮中的植物挥发油，可使头皮分泌物迅速脱离发根，易于梳理，清洁长发，有祛除头发中的汗味，可增加清香的作用。现在故宫存有清晚期后妃遗留下来的头油若干种，从包装来看，有法国的、英国的、德国的。更多的是我国江南苏、杭、扬州等地制造的，也有的是清宫后妃托人到前门五牌楼一带商店购买的。清代后妃生活在皇宫禁苑，吃喝穿戴都是最高的享受。然而，爱美是人的本性，追求新奇亦然。对于日益兴盛的化妆品花样不断翻新，而皇宫以外的新品种更能引起她们的极大兴趣。于是通过各种渠道买进一些市间新鲜物品，打扮自己，这是非常正常的现象。

第三节 浴 身

在清代后妃中，有两位高龄皇太后：一位是顺治皇帝的母亲，孝庄皇太后，终年 75 岁；另一位是清晚期的慈禧皇太后，终年 74 岁。她们的日常生活，除重视滋补保健外，还有一个嗜好，就是浴身——洗澡。孝庄皇太后喜欢温泉沐浴，尽情享受大自然赐予的灵丹妙药，慈禧皇太后则喜欢由御医配制中药煮汤沐浴。虽然她们二人的沐浴方式不同，但效果是相同的。洗澡是当代人日常生活中不可缺少的卫生要求和生活习惯，它对人体的益处，谁都会不假思索地侃侃而谈：清洁皮肤，促进人体的血液循环，舒筋活血，驱风散寒，振奋精神……然而在距今几千年前的古代人眼里，洗澡却是一件十分神圣的事情。

一、洗澡的传说

我国民间很早就流传着暮春三月上巳日（夏历三月的第一巳日）洗澡的习俗。人们经过一个冬天的生活，迎来了春暖花开的季节。在温暖阳光的照耀下，来到河边洗涤身上的污垢，呼吸新鲜空气，身体舒适，心情舒畅。周代时，朝廷曾指定专职女巫掌管祓禊（fúxì）之事。

祓是祛除病气，也泛指扫除；禊是修洁净身。祓禊是通过洗涤身体，

达到除去凶疾的一种礼仪活动。每年春秋两季，人们都要相约到“东流水上自洁濯”，就连孔丘的学生也都在这一日三五成群地“浴乎沂、风乎舞雩，咏而归”。实际上就是沐浴一番。古人认为，水和火都是至洁之物，可以消除一切疾病和灾难。在《诗经·郑风》一篇中，就详细记载了春秋时期的郑国，在春天三月桃花水涨的时候，男女老少齐聚在溱、洧两水之上招魂续魄，秉兰草熏香，祓除不祥的生动情景。

东汉时，朝廷下令将三月上巳定为祭祀的节日，号召官民到水边洗濯，作为节日礼仪活动。帝王、后妃们与民间百姓都纷争临水除垢，祓除不祥。这种良好的卫生习俗得以推广和发扬，士大夫和文人诗友聚集水边，举行祓除活动。晋永和九年王羲之等人汇于浙江会稽兰亭，写下了脍炙人口的《兰亭序》。唐代杜甫作的《丽人行》中“三月三日天气新，长安水边多丽人”的诗句也是与“祓除污秽”的习俗有关。当然，封建贵族由于身份和尊严不可能当众解衣而浴，不过应典而已，但作为洗涤污垢的良好传统却流传下来。由此演变来的温泉浴、香汤浴都与上巳有着渊源的联系。

古人不仅在春天的暖日到河水洗浴，享受到惬意和舒适感，还利用天然温泉洗浴，洗涤洁体，滋养皮肤，正由于它治疗病疾的功能，人们将泉水称为神水、神泉。在我国温泉洗浴的历史上留下了许多美好的传说。

秦统一六国后，秦始皇沉湎于胜利之中，骄奢淫逸无一不好。一日他见一女子生得漂亮，紧追不舍，口出狂言，将该女子惹怒，一口唾液，唾到始皇眼里，他眼前漆黑一片，顿时双目失明，御医百般医治不见效。始皇心里明白，他得罪了女神。于是每日烧香叩头，祈求女神施方治目，女神见始皇忏悔心诚，使示意他去温泉洗浴，目疾可治。始皇如获至宝，命御医每天取泉水洗目，三天后即愈。

汉武帝常患皮肤病，痒痛难忍。十分烦恼。寻医求治，广贴告示。忽一夜梦中，有神人相告，有白鹿引路寻找温泉可治此病。武帝醒来，命侍从在鹿群中选一头洁白雄鹿，供他骑坐，寻觅温泉。查了三天三夜，白鹿终于在一团雾气蒸腾的丛林边停下，武帝命侍从去查看，果真见一池清泉，水如鼎沸，正是温泉。武帝连洗数日，疾消病除。武帝将泉边山坡命名为“白鹿坡”，温泉命名为“疾泉”。

唐代初年，唐太宗李世民带兵东征，多日昼夜兼程，人困马乏，太宗也疲惫不堪。当地百姓携粮草慰劳将士，还将洗浴泉眼指点出来，让他们

洗浴，以解征战疲劳。太宗先下温泉，顿觉精神爽快，于是太宗下令全军休整三天洗浴温泉，养精蓄锐。经过温泉洗浴，将士们个个精神倍增，士气大振，从而取得胜利。李世民当皇帝后，下令在此温泉处立碑建亭，以示纪念。

由于唐太宗的传奇故事，燕地温泉名声大震，一度成为帝王休养的好地方。辽代精明的萧太后，在指挥宋辽两国偃兵息戈、铸剑为犁后，曾一度久居南京（今北京）。大臣们纷纷进言，请皇太后沐浴温泉，颐养天年。战争使这位年轻时就宵衣旰食、夙夜忧思的皇太后过早地衰老了。爱美之心促使萧太后下令将燕之温泉辟为行宫。常来常往，在泉边建梳妆楼，随时洗浴，梳妆打扮。萧太后经温泉洗浴，面颜红润，肌肤细腻。时至今日，温泉边还留有当年萧太后梳妆、洗浴的遗迹……

“地不自胜因人而胜，楼不自美因人而美。”神话、神泉、神水是人们对温泉的美好赞誉。因唐明皇和杨贵妃的爱情故事而闻名的华清池，确确实实为杨贵妃香肌润发，滋养皮肤起了很大作用，成为千百年来人们向往的地方。华清池原是陕西骊山北麓山脚下的一股温泉，是周幽王与宠妃戏水游乐的地方。以后汉、魏、隋、唐都将此视为风水宝地，大加修葺。以温泉为中心，治汤井、筑池环、列宫室，为宫廷帝后沐浴之所。唐天宝年间，杨玉环受宠于玄宗，每年旧历十月玄宗偕玉环与朝廷百官家眷到此出游，直到次年二月或四月才返回长安，朝廷议事接见臣僚也都在这里举行。唐代诗人曾有“十月一日天子来，青绳御路无尘埃”、“千官扈从郦山北，万国来朝渭东水”的咏叹。在华清宫内玄宗和杨贵妃各有自己的温泉浴池，玄宗浴池御称“九龙汤”，是用晶莹如玉的白石砌成九龙吐水状，中间为白石并蒂莲，泉眼自瓮中涌出，喷注在白玉莲上，十分壮观。杨贵妃沐浴的地方为“芙蓉汤”，围绕泉眼砌石如海棠花，又称“海棠汤”。唐代诗人白居易在《长恨歌》中极为形象地描写了杨贵妃被玄宗宠爱，被赐浴温泉的娇态：“侍儿扶起娇无力，始是新承恩泽时。”明代画家仇英所绘《贵妃出浴图》，以细腻的笔调、层次分明地将雾气迷离的“芙蓉汤”内贵妃画得极其形象逼真，浑然衬托出杨贵妃浴后“娇无力”的姿态，及其洗浴后筋骨舒适的美感。诗画融为一体，呈现在人们面前。写实也罢，附会也罢，杨贵妃在温泉洗浴获得了美的享受，肌肤白嫩，发黑体香，为其姿色增添了光彩。

无独有偶，清代起源的传说也与沐浴有关，据《清史稿》记载，很久以前，长白山布尔湖里飞来三位仙女，她们是三姐妹（思库伦、正库伦和佛库伦），飞到这里沐浴。就在她们高兴地嬉戏于水中时，有只喜鹊在她们头上盘旋，小妹妹佛库伦伸出手掌，让喜鹊停在自己的手心上，谁知喜鹊将口中衔着的一枚朱果放在她的手心上。这枚朱果奇香扑鼻，光泽夺目。佛库伦禁不住朱果的诱惑，就把朱果放在自己口中，朱果刚放入口，没等品尝，就流入腹中。佛库伦自觉身怀有孕，不能同二位姐姐飞升，就留在山中。后生一男孩，体貌雄异生而能言，当他长大后，佛库伦对他说："你姓爱新觉罗，名布库里雍顺，是天帝的儿子。"说完指给他一棵大树作舟，自己就凌空飞走了。布库里雍顺按照母亲的吩咐，乘独木舟顺流而下，至三姓地方（今黑龙江依兰县）登岸，这里正值三姓部落争战，问他从何而来。布库里雍顺说："我是天帝和天女所生之子，名布库里雍顺，天帝命我来平息你们的争端。"众人见他相貌非凡，一起推他为三姓之王。这便是满族的始祖。

自古以来满蒙毗邻，各种温泉在科尔沁草原星罗棋布，使生活在这里的蒙、满、达斡尔等民族牧民饮水养畜，人丁兴旺。泉水中含有不同的矿物元素，可以治病防病。即使无病，常浴泉水，也可达到解乏爽神、营养肌肤、润泽面容的疗效。最早由蒙、满医学界提倡的温泉洗浴，就是他们长年传统生活习俗的经验总结。后来逐渐推广成为今日医学治疗有关疾病的有效方法。

兴城温泉早在百年前就遍及方圆几里地，有冷泉、温泉和热泉，由于水温不同，所具有的作用也不相同。如冷泉水可以饮，没有什么治病的成分。但在距离仅几米的另一个冷泉水则有促进食欲，帮助胃消化与利尿的功能。温泉洗浴也有不同的用途。有的能治眼疾，有的能治耳鼻，还有的能治心脏病等。当然温泉的最大功效还是具有治疗关节炎、皮肤病的神奇能力。热泉还有将生食煮熟的记载。而所有泉水的不同作用，则取决于所含矿物质的不同成分。

由于泉水的神奇功效，居住在满、蒙地区的各民族人民都受到大自然的恩惠，对洗浴坐汤依赖、迷恋。有什么大灾小病，都习惯到温泉中坐汤、浸浴，轻者二至五次，重者坐上三期（一期为七天），就能见效。清代开国皇帝努尔哈赤就非常重视温泉浴。天命十一年（1626 年）七月，努尔哈赤在征战中受伤，就到清河温泉治病，把温泉洗浴当作生活中不可

缺少的习惯。清代康熙皇帝在谈到满族洗浴的习俗时说："坐汤（沐浴）之法，唯满洲、蒙古、朝鲜最兴，所以知之甚详。"

二、清早期后妃坐汤

一个由长白天池沐浴而诞生的民族，世世代代在长白山脉富饶的土地上生殖繁衍、游牧、渔猎、耕种、采植，与天然的温泉神水结下了不解之缘。这些温泉大多存在于丛山峻岭之中，山上茂密的原始森林里栖息着珍奇异兽，漫山遍野的花丛引蝶招蜂。山丹花、芍药花、羊奶花、野百合、苦苦菜、酸不溜，姹紫嫣红。一池池泉水雾气缭绕迷迷茫茫，但温泉分布非常奇特。在初期，努尔哈赤、皇太极等满族贵族都愿意娶既貌美又有修养的蒙古公主为后、妃。庄妃的到来，深为皇太极喜爱。崇德三年，庄妃生下一皇子，取名"福临"（即后来入关的皇帝顺治）。崇德八年（1643 年）皇太极病逝，庄妃中年丧偶成了寡妇，当时 33 岁。但庄妃性格刚强，并没有沉湎于个人的悲哀之中，两度辅佐幼主，度过危机，完成了顺治入关、康熙恢复经济建设、统一全国等重大事件，开创了清王朝鼎盛时期的崭新局面。顺治帝时，称孝庄为皇太后；康熙帝时封为太皇太后。孝庄皇太后虽不干预朝政，却对国家用人、军事、征战非常关心，她呕心沥血，操劳过度，疾劳成积。但孝庄皇太后重视保养身体，利用天然温泉洗浴健体、保护皮肤，延缓衰老。在养生方面为清代宫廷后妃做出了表率。

清代后妃中最喜欢沐浴的是孝庄皇太后。孝庄太皇后名布木布泰，生在内蒙科尔沁西部，是内蒙古科尔沁贝勒之女。她从小受到良好的文化教养，聪明过人。不仅精通蒙族文化，还喜欢衣着修饰。13 岁时嫁给比她大 20 岁的皇太极为侧室福晋。皇太极继位后，晋封为庄妃，居沈阳清宫永福宫。是时，皇太极已有一后三妃。庄妃是崇德（皇太极年号）五宫中最年轻的一位。孝庄皇太后在与皇太极共同征战中，长白天池、五龙背温泉、岗子温泉、兴城温泉都曾为她洗去征尘，解除疲劳治疗疾病，养肤健身。

孝庄皇太后的晚年，洗浴坐汤之欲更浓。稍有几日不去温泉，就感到筋骨不舒服。据史传，孝庄皇太后晚年皮肤瘙痒症时犯时好。坐汤之后，感觉轻松许多。但老年人不宜在水中泡浸时间过长。坐汤会使皮肤毛细血

管过于扩张，血液过多地流到身体表面，造成大脑贫血。也许是这个原因，孝庄皇太后洗浴温泉之癖不得不受到抑制。以至皮肤瘙痒越来越重，康熙二十六年（1687年）孝庄皇太后死于此病，享年75岁。

三、清代康、雍、乾三帝与温泉

清前期的康熙、雍正、乾隆三帝也都喜欢温泉坐汤。康熙帝自幼身体强壮，喜骑马射箭。不迷信补药，认为“补药无益，而有大损”。对人参之类上品更不屑一顾。他也不主张厚味膏粱，一日两餐“每食仅一味”，“不食兼味”。而对于加强体质锻炼，提高自身抵抗能力的沐浴坐汤却十分热衷。他说：“坐汤可舒筋骨兼疗人病。”坐汤之后，他感到“揭烦除痒，异和怡性”。其祖母孝庄太皇太后在世时，常常陪侍温泉坐汤。只要他政务处理完毕，总要提前拟定赴温泉的日期行程。除北京附近的温泉外，地处承德境内的汤山温泉是康熙出塞去的次数最多的地方。据《承德县志》记载：“在府东北八十里之汤山，泉水涌自半山，温暖适宜。康熙帝每驾幸山庄，多临御焉。”（清代皇帝有夏季避暑的习惯，每到春末夏初就要到离宫“避喧听政”。北京西北郊的畅春园、圆明园和承德避暑山庄等离宫式的皇家园林都是清帝夏季避暑的地方。）汤山温泉属热河水系，康熙到承德避暑，到温泉沐浴是很方便的。康熙四十二年（1703年），康熙皇帝第一次来到汤山，就有感于温泉水质佳，能疗人以疾；（康熙四十五年）第二次再来（1706年）始建汤山温泉行宫，“爰于泉上，缭以周垣，构行宫数栋，为避暑沐浴之所。”康熙五十年（1711年）以后，康熙帝来汤山温泉的次数就更多了。据《圣祖实录》载，康熙帝先后到汤山温泉沐浴达二十多次。康熙帝不仅自己注重沐浴养生，还把坐汤这一良方介绍给他的随侍大臣们。理学名臣李光地于康熙五十年三月曾患疮毒症，“两手硬肿，匕箸俱废，且脓血多至数升，痒燥经夜不寐”。康熙得知后，建议李光地到温泉洗浴治疗。经两个疗程的坐汤后，李光地的毒症日见好转。他十分高兴地告诉康熙：“延医服药，总不如坐汤之有效。”“今脓血已干，渐可穿着衣服。两手虽未能伸缩，然已免于溃烂，自察病势，十去八九，温泉洗浴甚得人心。”

雍正帝温泉坐汤兴致甚浓。多次去温泉，不仅体验到健体颐养的效果，还对温泉的迷人景色赞不绝口，他曾作《汤泉》诗赞美曰：“凌云兰

殿郁崔嵬，绕槛涟漪温液回。养正为能恒净洁，莹心不止荡氛埃。宿含炎德东光润，只觉阳和涧底来。若绩岂徒堪愈疾，溶溶一脉万年开。”

乾隆帝对温泉沐浴不亚于其祖、其父。不仅经常光顾北京附近的温泉，就连东巡、祭祖，也到温泉凭吊一番。乾隆四十五年到盛京，中途特地来到兴城温泉驻跸。连日洗浴坐汤，以解旅途之劳。

乾隆初年，曾将康熙年间修建的温泉行宫与温泉进行了大规模的改造。康熙年间温泉在行宫之外，温泉四周凿石槽，引温泉水洗浴。乾隆却把温泉石池改建成进深宽阔的房宇，并添建了浴室。在行宫与温泉之间增修殿堂与回廊，这次修建大大方便了洗浴与休息，也为清宫后妃提供了舒适的环境。乾隆以后，帝后到此洗浴者甚少，温泉濒临荒废。到咸丰、同治时期，对温泉洗浴毫无兴趣。因此，温泉与温泉行宫便无人问津了。

四、晚清皇帝后妃洗澡

多少年来，人们对清代皇帝、皇后、妃嫔的洗浴始终是个谜。偌大的紫禁城有九千九百九十九间半房屋，究竟有几处浴室？《中华风物志》载，吉林地区有个古老的风俗，一个人一生中只洗浴三次：生下来洗一次，婚嫁时洗一次，死后洗一次。那么，发源于白山黑水间的满族皇帝洗不洗澡呢？

清代后妃除赴温泉坐汤洗浴外，一般在寝殿内用澡盆洗浴。洗浴本来的含义是洗头和洗澡，可是因当年帝后的头发都不易梳理，所以把洗澡也统称沐浴（洗浴，因清宫帝后洗澡统称沐浴，以下按此称）。浴时用清水，使用手巾、香肥皂。澡盆由南方定期制作，也有江西进贡的。这种澡盆是用藤条编成椭圆平底形，再饰以油灰涂漆。漆层很厚，据说要反复涂几十道，澡盆有不怕烫、不怕摔、不渗漏、不风裂、不变形等特点。澡盆最外漆呈朱红色，面上饰以描金花卉图案。盆长大约有120厘米，宽70厘米，高50厘米。盆中坐一个成人洗浴大小适中。洗澡时用的毛巾，又称芙蓉巾，是江南三织造之一——江宁织造为宫廷特制进贡的。芙蓉巾为麻织品，长70厘米，宽45厘米，平纹无饰，上、下两头各有编结成金钱网的穗，颜色有素白的，也有红白、兰白花格的。以上澡盆和芙蓉巾都藏于故宫博物院。洗澡

时用的香肥皂，也为清宫根据前朝成方加减味制成。故宫现有配制档案记，但实物已不复存在了。

清代后妃一年之中沐浴次数无固定安排，一般视季节、视个人爱好所定。皇帝沐浴除有讲究个人卫生外，还有典制的约束。每年皇帝要祭天、祭地、祭日、祭月、祭祖、祭陵等许多祭祀活动。祭祀之前，皇帝要沐浴净体，换上整洁的内衣，独居一室进行斋戒。每逢斋戒，皇帝不吃荤，不饮酒，不行房事，不理刑名，以表示对神祖的虔诚之意。到年底除夕下午，皇帝要到清宫四十多处神祖前行辞旧礼。临行前，要在寝宫沐浴，从头到脚、从里到外都要洗干净，换上新衣服、鞋袜、帽子等，就连腰带、荷包等都是新的，以取辞旧迎新之意。此外，夏季天气热，几乎每天要洗澡，春、秋、冬三季隔三五天洗一次。清代宫廷有专门负责皇帝洗澡的机构，叫“按摩处”，二百多人为皇帝一人提供特种服务。除为皇帝洗澡外，还负责理发、刮胡、修脚、推拿、按摩、正骨等事宜。

五、慈禧沐浴

在清宫生活中，沐浴是个人的私事，文献不记载。尤其后妃沐浴不许外传，因此无从谈起。据在慈禧身边作过侍寝的宫女荣儿亲眼目睹过慈禧沐浴的全过程，为后人了解宫廷后妃沐浴，留下了一份珍贵的历史资料：

> 储秀宫里把老太后洗澡看成是很重要的事。洗澡没有固定时间，随时听老太后的吩咐。一般大约在传晚膳后一个多小时，在宫门上锁以前。因要太监抬澡盆、担水，连洗澡的毛巾、香皂、爽身香水都是由太监捧两个托盘送来。太监把东西放下就走开，不许在寝宫逗留。司浴的四个宫女都穿一样的衣着，一样的打扮，连辫根、辫穗全一样。由掌事儿领着向上请跪安，这叫“告进”，算是当差开始。在老太后屋里当差，不管干多脏的活，头上、脚上要打扮得干净利落，所以这四个宫女，也是新鞋新袜。太监把澡盆放到廊子底下，托盘由宫女接过来，屋内铺好油布，抬进澡盆注入温水，然后请老太后宽衣……
>
> 老太后洗澡时有两个澡盆：一是两个木胎镶银的澡盆，并不十分大，直径大约不到裁尺的三尺，也是斗形的，和洗脚盆差不

多，也是用银片剪裁，用银绑钉包镶的，外形像个大腰子，为了使老太后靠近澡盆，中间凹进一块。空盆抬着觉得很轻。由外表看，两个澡盆一模一样，但盆底有暗记，熟练的宫女用手一摸就能探查出来，要切记：一个是洗上身用的，一个是洗下身用的，不可混淆。

清代宫廷后妃洗澡用的澡盆

最使人惊奇的是托盘里整齐陈列的毛巾，规规矩矩叠起来，二十五条一叠，四叠整整一百条，像小山似的摆在那里，每条都是用黄丝线绣的金龙，一叠是一种姿势，有翘首的，有回头望丹的，有戏珠的，有喷水的，毛巾边上是黄金线锁的万字不到头的花，非常美丽精致。再加上熨烫整齐，由紫红色木托盘托着，特别华丽。

老太后换上浅灰色的睡裤，自己解开上衣的纽绊，坐在椅子上等候四个宫女洗上身。这是老太后用第一个银澡盆洗上身，与其说洗澡不如说是擦澡。

四个宫女站在老太后的左右两旁开始工作了。要伺候老太后可不是件容易的事。要迅速、准确、从容，这必须有熟练的功夫。由一个宫女带头，另三个完全看头宫女的眉眼行事。由带头的宫女取来半叠毛巾浸在水里，浸透以后，先捞出四条来双手用力拧干，分发给其他宫女，然后一齐打开毛巾，平铺在手掌上轻轻地缓慢地给老太后擦胸，擦背，擦两腋，擦双臂，四个宫女各有各的部位，擦完再换毛巾，如此要换六七次，据说这样擦最重要地毛孔眼都擦开，好让身体轻松。

第二步是擦香皂，多用宫里御制的玫瑰香皂。把香皂涂满毛巾后，四个人一起动手擦起来。擦完身体，再换再擦，手法又迅速又有次序，难得的是雅雀无声，四个人互相配合，全凭眼睛说

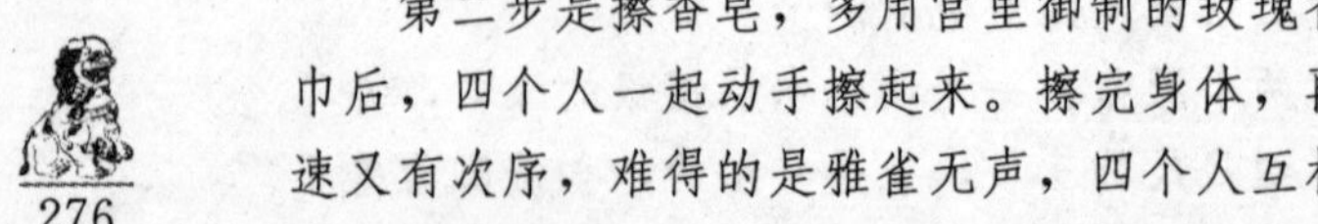

话。最困难的是给老太后擦胸的宫女，要憋着气工作，不能把气吹向老太后的脸。

第三步是擦净身子。擦完香皂以后，四名宫女放下手里的毛巾，又由托盘里拿来一叠新毛巾，浸在水里。浸透三四分钟以后，捞出拧得比较湿一些，轻轻地给老太后擦净皂沫。这要仔细擦，如果擦不干净，留有香皂的余沫在身上，待睡觉以后，皮肤会发躁、发痒，老太后就会大发脾气。然后用香水，夏天多用忍冬花露，秋冬则用玫瑰花露，需大量地用，用洁白的纯丝棉（约巴掌大小块）轻轻地在身上拍，拍得要均匀，要注意乳房下，骨头缝，脊梁沟这些地方容易积存香皂沫，将容易发痒的部位。

最后，四个宫女每人用一条干毛巾，再把身上各部分轻擦一遍……上身的沐浴才算完了。

应该特别说清楚的是，澡盆里的水要永远保持干净，把毛巾浸湿以后，捞出来就再也不许回盆里蘸水了。毛巾是用完一条扔下一条，所以洗完上身，需用五六十条毛巾，而水依然是干干净净的，澡盆里的水是随倒随添的，以此保持温度。候在廊子下面专门听消息的、干粗活的宫女听到里面的暗号，鱼贯地进来，先把洗上身的澡盆和用过的毛巾收拾干净抬走，再重新抬进另外一只浴盆。若不仔细看，这只澡盆和方才抬出的一模一样，可老太后一眼就看得出来是洗下身的。洗下身的器具绝对不能洗上身，老太后认为：此乃上身是天，下身是地，地永远不能盖过天去；上身是清、下身是浊，清浊永远不能相混淆。等洗下身浴盆抬进来的时候，老太后的下身已经赤裸了，坐在浴椅上等着别人来侍候。大致和洗上身同样的费事，等把脚擦完以后，换上软胎敞口、矮帮的逍遥履，离开洗澡椅子以后，洗澡就算完毕。常年侍候慈禧的老宫女最了解慈禧的生活习性，她说老太后洗澡，与其说是洗，不如说是熨，太后用很长的时间在额头、两颊热敷，说这样能把抬头纹的痕迹张开。七十岁的人，脸上只略显皱纹，身上的肉皮像年轻人似的白嫩，两手非常细腻滑润，这大概与她的养颜术有关。

慈禧太后一生爱美，在洗澡之中护肤，而且洗一次澡，需要众多宫女

侍候她一人享受，这不过是她奢靡享受生活的一面而已。

六、清末慈禧太后的沐浴方

浴身用清水冲洗，但是为了保养皮肤，借浴身之机增强皮肤的抵抗力，或者借浴身消除某些皮肤疾病，那就要借助于药物的功效。皮肤是人体内脏健康的一面镜子，如果内分泌紊乱、肝脾脏有病等等都可以反映于皮肤，以致肤色难看，粗糙、皱纹横生等等。人们通过内治与外去相结合的方法保护皮肤，以图青春常在、延缓衰老。内治就是找出皮肤反映的内因，对症下药医治，以调整内部机能，去除内脏之不适，达到皮肤的正常。外去就是针对皮肤外部医治除病，促进血液循环加强皮肤新陈代谢，以养护皮肤。关于皮肤的内治方法，本章第一节已着重介绍。至于外治，方法也很广，这里仅介绍慈禧太后的沐浴方。在光绪二十八年《老佛爷用药底簿》（慈禧太后在清宫中称“老佛爷”）中载有三个沐浴方：

方一：谷精草一两、茵陈一两二、石决明一两二、青皮一两五、桑校一两二、白菊花一两二、木瓜一两五、桑叶一两五。

方二：宣木瓜一两、苡仁米一两、桑校一两、茵陈六钱、白菊花一两、青皮一两、净蝉衣一两、英连四钱。

方三：宣木瓜一两、青皮一两、桑校一两五钱、石决明八钱、穀精草八钱、茵陈八钱、菊花一两、桑叶一两。

沐浴药共研，用布袋合装熬水，沐浴时用。三方均有清风热、清头目、去风湿热、去湿痒、补血益阳、祛肝火上升、抗菌、滋润毛发、润滑皮肤等作用，但药性平和不冷不热，不躁不湿，用此方沐浴后，能抑制皮肤粗糙，抗皮肤真菌，起到保护皮肤，促进皮肤血液循环等作用。

沐浴方中一、三药味相同，只是药量各有增减，据此推测，第一方用于治病，第三方用于防病。第二方中有三味药与第一、三方不同，可能用于春秋两季。春秋两季皮肤内分泌、汗腺较之夏天有所收敛，皮肤表面细菌也能得到控制，将穀精草、石决明、桑叶等清热杀菌药去掉，换上性情温和不躁不湿的苡仁米、净蝉衣、英连等营养药，是十分相宜的。由此来看，慈禧沐浴不但用药汤，而且还在不同季节选用不同的沐浴方呢！

第四节 健 美

健美是现代人提出来的，古代人讲不讲健美呢？没有明确的概念和词汇。人类在社会生产劳动中，与自然界争斗，要求有一个健壮的体魄，逐渐产生对形体美的追求，不同时期，不同民族对美有着不同的追求和不同的审美情趣。诗经中有“窈窕淑女”，唐代以妇女体态丰腴为美，宋代又以苗条为美，于是“环肥燕瘦”之美，便成为唐宋时期美女的代名词。

在人类社会发展史中，风俗习惯的形成经历了一个从简到繁的发展过程。原始社会初期人类刚刚从动物界分离出来，风俗习惯还处于萌芽状态。随着社会生产力的不断发展和人类生产活动的进步，才逐渐形成了服饰、饮食、居住等各具特色的风俗习惯。然而不同民族的风俗习惯也不是一成不变的，而是随着社会经济生活的发展而改变。在清代二百多年历史中，不同时期的风俗习惯，对妇女体形健美有着不同的审美观。

一、清入关前的形体审美观

早在女真时期满族先祖靠游牧渔猎为生，过着在马背上奔波射猎、不定居的游牧迁徙、沿江河捕鱼的生活。以肉食为主，以兽皮为衣，于是健康结实的体魄就为人们所追求、所羡慕。

清王朝的开创者努尔哈赤性格坚强，临危不惧，在战争中异常勇敢，冲锋陷阵，清代的史籍中记载了他“崇武圣功”的精神。在他的带领下，八旗宗室大多勤习骑射，跃马横刀，为清朝开国立下赫赫战功。男子在前方征战，女子在苏子河畔农耕畜牧。她们生活在大自然中，勤劳勇敢，劳动使她们身体健康，皮肤红润，不加任何修饰，一副自然的美态。公元1615年，努尔哈赤在赫图阿拉建立后金国，就是后来大清政权的前身。但当年虽然建立了政权，仍处于战争时期，上层妇女并没有丢掉骑射传统而贪图安逸。《满洲秘档》记载了一次上层妇女的冰上竞赛。

“天命十年（1625年）正月初二日（上）率众福晋，八旗、蒙古诸贝勒及其福晋，诸汉官员及其妻等，御太子河上踢行头。诸贝勒率随侍人等

踢行头两次。上与众福晋御冰之中央，命于两旁约地赛跑，先至者以金银为赏。初一等每份银二十两，二等每份十两，置银十八份，使汉官员之妻等赛跑往取，落后者十八人，每人亦赏银三两。次每份银二十两，置银八份，使蒙古小台吉之妻赛跑往取，落后者八人，每人亦赏银十两。次每份银二十两，金一两，置银十二分，使众人妻子与小台吉之妻等，诸贝勒福晋与蒙古之众福晋等均同赛跑往取。诸贝勒福晋及众人之妻，与小台吉之妻均至，蒙古福晋落后者十二人，每人亦赏金一两，银五两。间有坠于冰者，上览之大笑……”这是一次努尔哈赤举办的后金上层妇女冰上赛跑。妇女们无拘无束地在冰上跑，说明仍然保持着本民族尚武的习性。这个时期，身体强健、能骑射、能赛跑是人们追求的一种健美。

二、清入关后的形体审美观

清代入关以后，作为统治阶级的满民族皇室妇女，生活条件有了很大的改变，舒适安逸的宫廷生活取代了射猎农耕的征战生活。皇室妇女理所当然地不再参加任何生产劳动，居于深宫宅院。选秀女的制度规定之后，那些十四五岁就被选入宫中或王府的女子，一举一动都要合乎宫中、王府的规矩，所谓“做主子的有做主子的样”，“伺候人有伺候人的样”，一切活动都受约束，甚至喜怒哀乐也要受到限制。这些女子，原来由于貌美和亭亭玉立的身材，惹人喜爱而中选，为保持容颜美貌和“瘦腰枝”、“柳腰枝”的身姿体态，费尽心机追求近似于病态的“羸弱”之美。像《胤禛十二妃图》和乾隆时期后妃画像等，就能品味出清代入关前后宫廷女子形体审美的变化：前者是劳动健康的美，后者则是带有宫廷韵味的美。当然，这种变化的原因，完全决定于统治阶级的审美情趣。入关后的清代后妃，住的是深宫大院，过的是“衣来伸手，饭来张口”的享乐生活，满族传统的骑射、游泳、赛跑等体育锻炼根本无法进行，只能根据季节选择一些带有强烈宫廷色彩的活动。

踢毽子　相传东北满族是踢毽子的故乡。过去每到农闲季节，满族男女老幼都踢，有单踢、对踢、五人踢、十人踢及更多的人轮番踢。他们能踢出许多花样和技巧，时至今日仍有这一习俗。清宫后妃也保留着本民族踢毽子的传统。秋季天长，后妃们午休之后吃克食、喝茶，随后就三三两两来到御花园踢毽子。因后妃们穿的衣服宽大，踢毽子时很不方便，于

是她们都把大衣襟的下摆拉起来塞在腰搭上。她们有时比赛踢，有时对着踢。越踢越带劲，一直踢到进晚膳时才肯罢休。光绪帝的瑾妃，就非常爱踢毽子，“有时把毽子踢到前殿匾额上，便叫宫女传来太监用竹竿弄下来再接着踢”。

诩坤宫廊下的秋千环

荡秋千 荡秋千是清宫后妃春季搞的户外活动。清乾隆初年，宫廷画家陈枚曾作《月漫清游》图，以写实的笔法记录了宫廷后妃全年十二个月的游乐生活。其中二月就是“荡秋千”。现在故宫西六宫之一的诩坤宫房檐下还留有吊秋千板的大铁环，秋千板和绳索也完好地保留着。

后妃行乐图——荡秋千

抖空竹 抖空竹是清宫后妃冬季健身的活动之一。据《前清宫词》载：“上元值夜玉熙宫，歌牛朝朝乐事同。妃子自矜身手好，亲来阶下抖空中。”空竹又称空中，圆型竹制，正中有一螺旋形颈。抖空竹人两手各持一细绳连接的短棍，将细绳套住空竹颈，双手抖动，由慢渐快。至疾转时，空竹孔内发出“嗡嗡”的声音。抖空竹人随着空竹疾转，能做出许多优美的舞姿：鸽子翻身、飞燕穿云、响鸽铃等等。

纵观清宫后妃的健身运动，都是以追求形体美为前提的。而这些运动本身，又能充分体现女子身姿婀娜，体态轻盈，动作优美，因而在清宫内自始至终延续下来。

但是，在乾隆时期，也有个别宫中女子在皇帝的允许之下得到骑射锻炼的机会。

容妃，是新疆维吾尔族人，从

小练就善于骑射的本领。乾隆二十五年入宫初封和贵人，备受宠爱。乾隆帝东巡、南巡，她都随侍左右，故宫藏《威弧获鹿图卷》画的就是她与乾隆帝二人骑马追逐射鹿的情景。

和孝公主，乾隆帝最宠爱的小女儿，称十公主，乾隆六十五岁时所生。她聪明、伶俐，被视为掌上明珠，从小就培养她骑马、射箭。清昭梿《啸亭杂录》载："十公主从小爱运动，性刚毅，能弯十力弓"，"少尝男装，随上校猎，射鹿，丽色大喜，赏赐优渥。"

骑射奔跑是全身运动，不仅活动腰腿，还对颈、肩、臂、胸、腹起到舒展的作用，无疑是锻炼形体美的一种运动，但是其余众多的宫中后妃、公主，是否有这种骑射锻炼的机遇，均未见记载。

三、清代后期讲究行步美

清代后期后妃行动坐卧，受封建礼教的约束，"坐如钟，站如松"，但是满族女服、独特发式以及花盆底的鞋都对后妃走路、落坐、请安、叩头等动作有一定的限制。后妃的发式在清代后期有一字头、如意头、大拉翅，颀后还插假发燕尾，头部的装饰很有分量，加上紧护脖子，因此必须颈部挺直以支撑头部。穿着宽袍，清后期的裳衣更宽大，不显胸腰线条，女子受封建礼教约束大多是束胸（现代人认为束胸有损健康）。所以身躯也是平直的，何况还要穿上那颇有特色的满族花盆底鞋。鞋底高8—15厘米，有的底形似元宝，又称元宝底，一般高10厘米左右。有的底狭上宽，如花盆底敛口宽而得名，最高的有15厘米。元宝底的落地还较稳，花盆底的落地脚心使劲，脚尖脚跟使不上劲，有点像踩高跷的味道。若要平平稳稳地走路，还得练着走，走习惯了才稳。后妃梳妆打扮，穿好衣服、鞋，要想走得典雅、庄重、稳健，就得挺直腰板，头不能随意摆动；不能跑跳，一步步行走，只有大拉翅一角的流苏微微地摆动，体现一种有涵养、有风

清代后妃穿的花盆底鞋

度的自然美。清代后妃走步也有讲究，有莲步和云步。一般年青女子走莲步，迈的步子小，缓步行走。老年人走云步，迈的步子大些，缓慢地换腿，慢慢地行走。据说，每天晚膳后慈禧太后都要遛弯散步，走的是云步。

清宫后妃穿的元宝底鞋

满族妇女穿花盆底鞋、在清代始终保持着天足。天足，是其本民族的特色。妇女缠足作为社会习俗起于北宋，从北宋到清代近九百年中，我国妇女在封建社会的三纲五常、三从四德、男尊女卑的压迫下，还要经历缠足的折磨与痛苦。女孩大约从三四岁起就将好端端的一双脚，用一长长的布条（纵向，白丝绸条）裹上，使指骨弯折，成为尖尖的弓足，裹得越小似乎越美，不让其自然健康成长，好饱尝了缠足的折磨和痛苦。有资料记载，北宋初年并非所有女子都缠足，《太平广记》中就记载着女扮男装的故事。如：“张备为郭汾阳所任使。备死，其妻冒名张备之弟，官至御史大夫。”许多官宦家的女子也多不裹足。然而民间却将缠足作为时尚，为什么呢？一种说法，认为裹足是女子的美德，“三寸金莲”便是当时女子追求的标准。一位女子缠足是大是小，体现了女子家教、修养、道德。如果不缠足或缠足不够标准，“母以为耻，夫以为辱，甚至走亲串里传为笑谈，女子低颜自觉形秽，相习成风。”还有一种说法，是明代皇帝选美女入宫，专选不裹足的，因此民间为避选而裹足。明沈德浮《野获编》云：“向闻禁中被选之女，入内皆解去足线，别作弓样。”黄道周《三事纪略》云：“弘光（即南明福王朱由榕的年号，公元 1645 年）选婚，宣惑旨以国母须不束足。”讲的都是明代选女入宫，要么改裹足形，要么不要裹足。民间争相裹足，为了逃避选美，也是有一定道理的。

清代入关之前，在崇德三年（1638 年）七月，曾诏：“禁有效他国（注：指关内）裹足者，重治其罪之制。”入关之后，定鼎北京，顺治二年（1645 年）谕以后所生女子禁裹足。康熙三年（1664 年）又禁裹足。康熙六年，因民间女子未禁裹足，如果惩罚，牵涉面广，恐牵连无辜，下令弛禁裹足。但是，对八旗女子仍严禁裹足。

清入关后，规定三年选一次秀女，以满、蒙、汉八旗9—13岁的女孩为待选对象，挑选入宫或者为皇子选婚。一年一次选内务府所属秀女，选入宫为宫女。在挑选中从头注意到脚，嘉庆、道光、咸丰年间多次下谕旨，指示不准受汉族的服饰影响，更不能裹足。发现裹足者，不但不予入选，还要“唯父母是问”，可见满族的最高统治者防范汉化的心理。倒是八旗女子的天然之足，为她们亭亭玉立的体形增添了姿色。

据《宫女谈往录》一书中载：“旗下妇人虽然是天足（女不缠足），也并不放开了脚随意长。用一句简练的话说，要‘底平趾敛’，就是脚板要平，五个脚趾头要收敛一起，切记绝对不要大哥背二哥，若是二指叠在拇指上，将来穿鞋时，鞋前鼓起一个大包，多难看呀。底平不仅要求脚，更要求走路的姿势，既不许迈里八字，也不许迈外八字，里八字像罗圈腿，外八字容易腆肚子。旗下女人走路，要求舒胸收腹，展相大方。若是罗圈腿或腆肚子，多好的体形也就淹没了。本来梳两把头，穿上旗袍，脚下花盆底的鞋，最容易走外八字步，走路腆肚子好像怀孕几个月似，多让人笑话呀？穿花盆底鞋，还要配上合适的布袜子。慈禧曾说过：‘对鞋，对袜子一点也不能委曲，稍微不合适就全身不舒服。’袜子的用料有软缎的、白细布的。初剪左右两片，再将脚前、脚后两道合缝。缝合脚前的缝，要求剪裁技本非常高，穿起来不滚不跑才行。花盆底鞋脚尖和脚跟平坡上去，脚心处凸起接触地面平稳，保持上身直立。”老宫女的一番叙述，可以见到清末后妃保持直立美的体形，一双脚显得很重要了。因此后妃很注重脚的保养，尤其是慈禧太后用各种方法保养脚。老宫女又叙述道：“俗话说‘病从脚下生’，在储秀宫把给老太后洗脚看成是很重要的事，洗脚水是极讲究的。三伏天，天气很热，又潮湿，那就用杭菊花引煮沸后晾温了洗，可以让老太后清眩明目，全身凉爽，两腋生风，保证不中暑气。如果冬季数九天气极冷的时候，那就用木瓜汤洗，有活血的功效，四肢温和膝盖暖，全身柔暖如春。”当然根据四时变化、天气阴暗，随时加减现成的方剂。“洗脚时同时揉搓、按摩”，这样既保护了脚，又通过药物的作用达到健身。

第十一章

清宫太监的命运

时空倒转，让我们回到二三百年前的北京城。夜幕降临，浓浓的夜色笼罩着雄伟肃穆的紫禁城。皇宫内的朱门开始隆隆地层层关闭，除了一阵尖细而悠悠的喊声："下斤两！"在空中回荡，那是值宿的太监们在招呼关闭各宫宫门。然后，一切归于寂静。偌大的紫禁城，显得格外幽深、阴森。

在这高高的宫墙团团围起的宫殿中，除了皇帝和他未成年的儿子，唯一获准能在这里过夜的男人，只有太监。

太监，是指封建社会中那些被阉割而失去性能力后，在帝王宫廷内侍奉帝王及其家庭其他成员生活的男性奴婢。在史书上，太监也叫寺人、阉人、宦官、中官、内官、内侍等等，叫太监则是封建社会晚期明、清两个朝代的事情了。太监是封建社会的一个丑恶而畸形的产物，他是由封建社会的宫廷制度制造出来，而又是寄生于封建宫廷的一个怪胎。

人和人的命运是这样的不同，在封建制度下，皇帝可以拥有三宫六院七十二嫔妃，同时为了保证他对这群女人的独占，还必须让数千个男人变成残废，永远失去做男人的权利和尊严，失去家庭的温情和欢乐。这些男人一辈子将痛苦地生活在社会的阴影之中，得不到人们丝毫的怜悯和同情，而换来的则是整个社会的蔑视与轻贱。

这就是清宫太监悲惨而痛苦的命运。

第一节 撕心裂肺般的痛苦经历

鉴于明朝统治的黑暗腐败，清初的皇帝在宫廷制度上进行了一番鼎力改革，这其中也包括对宫廷之中的太监制度进行改革。

在清朝，宫廷中一般使用太监两千名上下，最多时也不过两千八百多名，这个数目比起明朝的上万名就差得远了。这些太监除了少量是被处以宫刑的战争俘虏或年幼罪犯以外，绝大部分是从民间招募而来的。

当时，直隶地区（今天河北省的青县、静海、河间、大城、南皮、任丘、涿县等地以及今天北京郊区的昌平、平谷、大兴、宛平等处）是集中出太监的地方。报名做太监的都是穷苦人家的孩子，他们的父母为生活所迫，便把他们的孩子送入宫中做了太监。特别当一个地方出了几个当太监的发了财，忽然间又置田产又盖房，这种现象不能不对那些走投无路的贫苦农民产生了极大的诱惑力，他们彼此介绍、援引，终于把自己的亲生骨肉送上了这条断子绝孙的悲惨道路上来，甚至一些已经结婚生子的青年也自愿净身做了太监。

据《大清光绪会典》记载：清宫太监的招募工作通常由总管内务府下的会计司负责。会计司下设两个“牙行”，具体负责太监的招募和“净身”手术的实施。《晚清宫廷生活见闻》是新中国成立后由北京市政协文史委员会组织编写的有关清宫生活的一本回忆录。在这本书中，有晚清宫中的老太监回忆说：光绪年间，在北京有专门干这种“净身”营生的，著名的如北长街会计

清代晚期有品级的太监

司胡同“毕五”和地安门外方砖胡同的“小刀刘”。这两家的家主都是清朝总管内务府的七品官，他们每年按季给宫中选送四十名，全年共一百六十名新太监，净身一类的手续就全由他们两家包办了。

准备当太监的孩子在做“净身”手术前，先要由净身师和孩子的家长或代理人订立文书，写明系自愿净身，生死不论，免得手术出了麻烦，净身师跟着吃官司。生死文书签完后，孩子就被送上了手术台。

关于净身阉割的方法及实施手术的过程，一些资料、包括晚清宫廷太监的回忆录都有过记载，可惜都过于简略。民间传说中对此事说得活灵活现，但其可信度却是极低的，同时我们也不忍把这种人世间最凄惨，沾满血腥气的场面现于笔端，故在此略去不记。

这种所谓的“净身”手术，实际上与农村的劁猪、骟马没什么两样。那些开牙行的人，就是一群毫无人性的“屠夫”。他们把成百上千的孩子当作猪马一样来任意阉割，也正是这些被残害的孩子的血和泪凝聚成他们源源不断的财富。可以说，进了牙行，就如同进了“鬼门关”，好端端的一个孩子，变得人不像人，鬼不成鬼的样子，除了少数人将来能够有升官、发财的机会外，绝大多数人都将在痛苦和屈辱中度过自己的一生。

牙行由于有一套专供净身用的设备，再加上专业的“净身师”积有丰富的手术及护理的经验，因此成功率是相当高的。但同时他们要收取一大笔费用，加起来大约需要近百两银子。这样一大笔钱，穷人家一般是拿不出的，于是还得立下“借据”，等孩子进宫做了太监，牙行再从他们当太监应领的“月份”银里扣回，这笔债弄不好十年都还不清。正是由于手术费高得吓人，许多穷人家付不起手术费，就铤而走险，由家长自己动手给孩子阉割。但是，在清初私自阉割则是违法的。按顺治三年所定律例，凡私自阉割者，本身及下手之人均予处斩，后来又补充规定连该管官员也一并治罪。一直到了乾隆四十八年（1783 年），直隶安肃县民王二格由于家贫，把自己十一岁的儿子王成私自净身，事发后父子均被捕收监，后经乾隆皇帝弘历亲自审讯，了解到确因家贫无奈，于是下令释放王二格父子，把王成安排到热河行宫当差，并传旨取消了严禁私自阉割这一条刑律。

尽管私自阉割不再违法了，但这仍然是十分危险的事。请想一想，那年头，没有麻药、没有消毒药、止血药之类的药品，硬把一个活蹦乱跳的孩子按在炕头上，把他要命的器官从身上生割下去，那该多么危险、多么疼痛啊！晚清太监马德清老先生回忆这难忘的酷刑时，痛苦地流下了眼

泪。他说："我九岁的那一年，有一天，我父亲哄着我，把我按在铺上，亲自下手给我净身，那可真把我疼坏了，也吓坏了，疼得我不知昏过去多少次……我不懂父亲为什么这样整治我，我也没有淘气，惹犯老人家啊！这件事，自己总不愿想，想起来，心就像挨针扎一样疼啊！"狠心的父亲，就这样亲手摧残了自己的孩子，不久，由于良心的自责，他也失踪了，从此石沉大海，杳无音讯。像这样的人间悲剧，在这种吃人的社会制度下，又何止一桩两桩？

"净身"的经历，对每个太监来说，都是一个惨痛而且挥之不去的噩梦，然而，他们万万没有想到，这仅仅是噩梦的开始。

第二节　最为下贱，虫蚁一般之人

太监们入宫后，生活水平确实有了明显的改善和提高。他们在入宫时，每个人都得到了一笔可观的安家费。入宫后，每月还可以按品级得到相应的"月薪"，按季领取一份"口粮"。根据《钦定宫中则例》规定：四品宫殿监督领侍、正侍，即敬事房大总管和总管太监，他们每月能得到银八两，米八斛（清制，一斛为五斗）。而刚刚入宫的小太监，每月也能得银二两，米一斛半。如果单从月薪这一点来比较的话，可以说清宫太监的生活水平已经不算很低了。拿一个月薪银三两的普通一等太监来比较，他折合年薪为三十六两，要比当时朝廷的九品文官的俸禄每年三十三两还要多一些。至于皇帝身边内殿、奏事处的太监，他们的年薪已达四十八两，竟然超过了七品知县。

除了按月领取薪银、米外，太监们每年还能得到名目繁多、数量不等的赏赐银两及各种物品，如果把太监一年中所得到赏赐粗略统计的话，有时甚至能远远超过他们的月薪和年薪。比如：遇到皇帝登基、亲政、大婚、万寿以及皇太后、皇后千秋寿辰、皇子或公主诞生等喜庆日子，宫中都要大大庆贺一番，宫内上下包括妈妈女子及太监等，都能得到一份赏赐。但赏赐的多少，要由当时国家的经济形势的好坏以及皇帝和各宫主子的情绪好坏来决定。如果太监把自己的主子侍候得非常满意，那他随时都

有可能得到好处，包括升官（太监中的官）和发财。不过，宫内太监的升补是有严格规定的，普通太监要想升补首领太监一般得有在宫里服役三十年的资历，破格提拔的机会并不是人人可求的，除非像安得海、李连英那样有在慈禧太后身边又深受宠信的特别机会。因此，在宫里遇到的好处绝大多数是皇帝及后妃各宫主子的赏赐。赏赐的东西也不尽相同，小到几块点心、一个荷包，大到价值千八百两银子的皮袍或漂亮的住宅等等，全在皇帝或主子们的一点头、一摆手之间。

从一无所有的乡下穷孩子，到现在的衣食锦贵，这生活简直是天上地下之分了。但是，在清朝皇室看来，太监不过是一群奴才，之所以给他们较高的生活待遇，是为了换取他们对皇室绝对忠诚、绝对听话地服务，因此对太监的管理必须严格，不容出现半点差错。在这个问题上，清朝的几个皇帝都有过明确的指示。康熙皇帝说：太监算什么，太监不过是“最为下贱，虫蚁一般之人”，把太监当成了虫子蚂蚁；乾隆皇帝也说：太监是“乡野愚民，至微极贱，得入宫闱，叨赐品秩，已属非分隆恩”，就是说太监这样卑贱的人，能够让他们进入宫中服务，还授给官职品级，已经是恩惠得很过分了。这些话，作为圣训，已经把太监是卑贱的奴才这个定位，列入了皇室的祖宗家法之中，子孙后代都要严格地遵循执行，这正是清朝太监管理最严格、宫廷秩序最稳定的重要原因吧。

第三节　数不尽的清规戒律

鉴于明朝太监干预朝政的历史教训，清朝皇室从一开始就不能容忍太监有一丝一毫地干预朝政的行为。开国之初，顺治皇帝福临在顺治十年（1653 年）就颁布了一道上谕，对太监做出了六条严厉的规定：

1. 非经差遣，不许擅出皇城；
2. 职司之外，不许干涉一事；
3. 不许招引外人；
4. 不许交接外官；
5. 不许使弟侄亲戚暗相交接；
6. 不许假弟侄名义置买田产，因而把持官府，扰害民人。

两年后，顺治皇帝福临又命工部铸成一块高134厘米、宽70厘米、厚6.5厘米的铁牌矗立在宫内交泰殿门前，上面镌刻着他的另一道严禁太监干政的上谕，其全文如下：

> 皇帝敕曰：中官之设，虽自古不废，然任使失宜，遂贻祸乱。近如明朝王振、汪直、曹吉祥、刘瑾、魏忠贤等，专擅威权，干预朝政；开厂缉事，枉杀无辜；出镇典兵，流毒边境；甚至谋为不轨，陷害忠良，煽引党类，称功诵德。以至国事日非，覆败相寻，足为鉴戒。朕今裁定内官衙门及员数职掌，法制甚明。以后但有犯法干政，窃权纳贿，嘱托内外衙门，交接满、汉官员，越分擅奏外事，上言官吏贤否者，即行凌迟处死，定不姑贷。特立铁牌，世世遵守。
>
> 顺治十二年六月二十八日

这道敕谕后来也成为清朝皇室的祖宗家法，但有触犯，多会被处以极刑。康熙元年被斩首的太监吴良辅，是第一个被祭刀的太监。吴良辅是顺治身边的亲信太监，有关他的事迹档案及文献资料中均鲜有记载，但是顺治十五年时发生了一件震动朝野的外官贿赂太监案。当事人涉及许多重要的官员包括一位被革职的大学士陈之磷，另一个主要当事人就是太监吴良辅。如果按顺治皇帝钦定的法律以及审实的案情，上述人员均应处以极刑。可是，顺治皇帝却以“若俱按迹穷究，犯罪株连甚多”为理由，免除了犯罪官员的死罪，只把他们分别革职罢官、抄家流放了事，而对此案的罪魁祸首之一的太监吴良辅，更是百般庇护，留在宫中。直到顺治十八年(1661年）正月，就在顺治皇帝临死前五天，并且自知已患绝症的情况下，依然抱病送吴良辅到悯忠寺落发出家，希冀能保全吴良辅的性命。但是，在他死后的第三天，朝廷就正式公布了据说已被篡改的遗诏。随后，就把那个已经成为皇帝“替身”的佛门弟子吴良辅绑赴刑场，斩首示众，理由就是“变易祖宗制度，把持朝政”。

乾隆三十九年（1774年），清宫内又发生奏事处太监高云从泄露职官任免档案的案件，为此乾隆皇帝异常震怒，凡牵涉此案的大学士于敏中、军机大臣舒赫德、尚书蔡新、总管内务府大臣英廉等高官都受到了严厉申

斥，左都御史观保、侍郎蒋赐棨、吴坛受到了革职处分。随后又查出高云从交接外官、嘱托外官安排其亲戚案，当即将案犯粤海关监督李文照、参将王普等革职并解京严审。同时，两案并罚，其主犯奏事处太监高云从立即被处斩。

可以说，由于清朝统治者严格遵循了严禁太监干政的制度，因此在其二百多年执政历史中，基本上没有出现太监干预朝政的现象。但是，史学界还有一种比较流行的传统看法，认为在慈禧太后垂帘听政时期，她大权独揽，实行独裁统治，并且重用包括太监在内的亲信，诸如十分有名的太监安得海、李连英等人，打击异己，这就使宫廷制度发生相应的变化，太监不许干政的祖宗家法也由此而废弛。这种传统说法并不十分准确。当时的实际情况是，虽然政治制度废弛，太监也确有结党营私之辈，公然敲诈勒索、贪污纳贿的现象比比皆是，慈禧太后对此也是一眼睁、一眼闭，听之任之。但是说到李连英、安得海之辈干预朝政，则多为传闻之言，并无实据。关于李连英的情况，在《太监李连英的宠辱一生》中已做了详细的介绍；而关于太监安得海，则是在同治八年的时候，由于“捏称钦差织办龙衣”的罪名，并违反了“非经差遣，不许擅出皇城”的祖宗家法，在山东泰安被山东巡抚丁宝桢拿获并奉旨就地正法了。由于安得海也是中国近代历史上比较有名的慈禧太后身边的宠监，因此这个案子在民间也留下了许多绘声绘色的传说。不过安得海被杀时才 26 岁，是宫中的六品蓝翎太监，并不是传说中的权威赫赫的敬事房大总管。从清宫档案中可以看到，在一段时间里，安得海确实以他的年轻伶俐，深得慈禧太后的宠爱，但由此就得出他能够干预朝政的结论，就显得过于牵强了。

总之，在清宫之中，太监的上层人物，如总管、首领太监，还是比较幸运的，他们不仅生活待遇较高，行动比较自由，而且在犯有错误过失之时，所受的处分相对来说也是比较宽松的。至于那些普通太监就完全不同了，皇帝及其他主子从来就未曾拿他们当人看待，他们只有循规蹈矩，老老实实地侍候主子，在严厉的宫规家法面前，不能有半点的逾越和反抗。在这种长期的精神压抑和桎梏下，他们的思想渐渐变得麻木、空虚，甚至出现了种种变态行为。这种悲惨的命运，并不为世人所知晓和理解，只有他们自己默默地吞咽这永无天日的痛苦。

一般来说，总管太监、首领太监及一部分御前有品级的太监，可以算得上是清宫太监中的“贵族”阶层了。他们在皇帝等主子面前是奴才，而

在其他一般太监面前则是“老爷”。他们有权有势，可以根据宫中的制度和条例管理、役使一般太监，同时他们的生活待遇也相当优厚，随时都可能得到皇帝等主子的恩宠赏赐，而且还经常能够有生财进宝的机会。更重要的是，这些上层太监常常在皇帝的特许下，程度不同地获得了部分的人身自由。根据清宫档案记载，许多敬事房的总管太监在宫外都有自己的住宅，其中有些是皇上赏赐的，也有一些是自己攒钱购置的。尽管他们大部分时间要在宫中值宿，但是仍有一定的时间，可以回到自己的私宅并和家人团聚。这种情况到了晚期更为普遍，像储秀宫的总管太监李连英在北京内外城的宅院就有四所之多。

他们之所以能得到皇帝主子的格外恩宠、眷顾，主要有以下原因：

第一，他们在长期为皇帝及其他主子服务的过程中，对其性格、脾气、爱好、习惯等等都已经揣摸得清清楚楚，主子交办的事情，无需多费口舌，都能办得妥妥帖帖。他们聪明而不失于稳重，机智中又夹杂着几分狡诈，是一些善解人意的奴才。因此他们已经成为皇帝及其他主子日常生活中不可缺少的一个组成部分。

第二，根据祖制，为防止太监干政，清朝皇室并不要求他们有多高的文化程度。因此，宫中的太监许多都是文盲，其余的也仅仅是粗通文墨而已。但是，皇宫中藏有大量金银珠宝、服装衣饰、陈设家具、珍奇古玩、书籍字画等等，都属于皇帝一人所有，这就需要有一批安全可靠并且具有一定专门技艺和知识的太监来管理这笔巨额财富。实际上，皇帝的物质享受及精神文化生活的各种需求都要通过他们来体现和执行，这就使这批有技艺和知识的太监获得比较特殊的地位。

第三，他们在服役过程中，凡出现错误过失，也同样要遭到严厉处罚，但他们每每都能习惯地接受下来。从他们多年积累的经验得知，处罚只是蒙受一时的屈辱和痛苦，而忍耐却能给他们带来一生一世的好处。他们所尊奉的信条就是“忍耐”。在清宫历史上，由于忍受不了非人的痛苦折磨，每年都有许多太监逃跑，或因生活空虚而赌博、吸毒、偷盗、斗殴的现象层出不穷，甚至由于对生活彻底绝望而走上自残自尽之路，在这些采取各种方式消极反抗的众生相之中，极少有上层太监侧身其间，据统计，这种现象连百分之一都不到。相反，他们始终能保持着心理上的稳定和平衡，在行为上循规蹈矩，绝对忠实于他们的主子，并且自觉地和不遗余力地帮助皇帝及其他主子们维持宫中的正常秩序，充当封建制度的忠实

卫道者。因此，清宫内一般中下层太监对他们这些人，除了敬畏之外，就只有反感、厌恶，甚至于痛恨了。以至于嘉庆年间天理教徒起义，在起义军攻入紫禁城后，带路的太监首先要杀死的人竟是敬事房大总管常永贵，由此看来，这也是毫不奇怪的。

第四节 漫漫长夜何处是尽头

尽管上层太监与一般普通太监之间有这样或那样的区别，却无法回避一个事实，他们同样都是被阉割而丧失了做人的权利与尊严的男性奴婢。因此，上层太监纵然权势再大、待遇再优厚，他们也同样饱尝着人类难以忍受的生理上和精神上的痛苦折磨。一位晚清时期的宫女曾经回忆说：

“可怜的老太监，已经过了五月节了，上身已经穿得很单薄了，可下身还是鼓鼓囊囊的。据说他们因为生理上缺陷，有淋尿等病，腰里不论冬夏，都要围着大毛巾，越到年老越厉害。……最明显的是膝盖上的护膝，常年缝在裤筒里，到了夏天显露得最清楚了。他们随时随地都有跪在地下的可能，不论在什么地方，假山石上，河岸旁边，该跪一定要跪，丝毫不能犹豫，所以裤筒里常年缝着护膝。阔太监秋冬的裤筒子要用最好的皮子，李连英就用金丝猴皮做裤里子，又柔软又轻松又治关节炎。”

从上述回忆中可以看到这些上层太监的另一面，没有了往日飞扬跋扈的气势，而恢复了让人感到悲惨凄凉的一个普遍太监的本来面目。

前面所说的上层太监，充其量不过占全部清宫太监的百分之十左右。就拿晚清宫中最典型的慈禧太后身边的太监来说，据光绪三十四年（1908年）的统计表明，她身边总共有四百七十六名太监，其中有官职品级的总管、首领及小太监六十七名，也不过占百分之十四而已。那么，占清宫太监百分之八十几到百分之九十的一般太监呢？他们则始终处于被压迫、被奴役的悲惨地位，从被阉割入宫的那天起，他们就失去了做人的基本权利和自由。在此后几十年的漫长岁月里，他们将要日复一日、年复一年地在严厉的宫规下毫无选择地从事着简单、枯燥的工作。稍有不慎，就可能遭到皇帝及其他主子的呵斥和打骂，重者就要受到刑罚惩处。

这些太监绝大多数是穷人家的孩子，是出于生活所迫并且希冀通过这

个途径改善自身及家庭的生活状况而进入宫廷的。他们文化素质极差，进宫后在师傅那里所学到的仅仅是宫中的礼仪、规矩和如何侍候好主子，除此之外，他们就没有什么可学的、可想的了。实际上，由于自身条件的限制，他们不仅不敢想，就是让他们去想也是无从想起。几位晚清时的清宫太监赵荣升、张修德、魏子卿都曾生动形象地介绍了自己当时的心理状态，他们回忆说："旧社会，行行有行行的苦处，最要紧的是忍耐。我们在做徒弟的时候。什么都是逆来顺受，为了自己的前程，什么委屈只有压在心里。说一句不好听的话，就是别把自己当人看。可是千千万万干这一行的人，真的'出息'的有几个呢？真的'出息'了的人，回想自己当年的委屈，就要捞本，好好地享受一番，把当年自己受的，转给下一辈人。"

由此可见，清宫太监的心理是有一个发展演变过程的，归纳起来，大体上可以分为三个阶段。

第一阶段是太监初入宫阶段。作为贫穷人家的孩子，之所以卖身入宫，或是养家或是糊口，总是要有所图的。皇家宫廷，对于他们来说是十分神秘而又充满苦涩、希望的地方。进宫伊始，富丽豪华的皇室生活的表面现象使这些穷孩子惶恐、惊叹、新奇，再加上内心原有的企盼，就构成了最初阶段比较稳定的心理状态，因此，他们情绪稳定，驯服听话，努力学习和掌握宫中的一切礼仪和规章制度。但是，这个阶段的时间非常短暂。

第二阶段是清宫太监心理最不稳定的阶段。随着时间的推移，新太监逐步了解了皇家宫廷究竟是怎么一回事，也渐渐明白自己的身份和地位。而对着无情的生活现实，最初稳定的心理状态迅即被打破了，并且分化为不同的心理状态。其中一部分人，由于比较聪明和灵巧，很快得到了皇帝及其他主子的赏识和提拔，这使他们对未来重新燃起了希望。但这仅仅是一小部分人。另外一部分人，在最初的希望完全破灭以后，并不甘心就这样了此一生。于是，他们以各种方式同命运进行抗争，其中逃亡是清宫太监最普遍的一种主动积极的抗争方式。但是，自清初以来在全国已经建立起十分完备的保甲户籍制度，对这些有着明显特征的太监来说，犹如天罗地网一般，没有内务府颁发的路引和执照，他们寸步难行，因此许多逃出宫的太监东躲西藏，最终还是因为走投无路而自行投回领罪。可是在这种高压政策下，太监们依然不断地逃亡，一次被抓回，第二次照样还跑，有的太监逃跑竟达七次之多。再有就是造反，嘉庆十八年（1813 年）九月十五日，林清、李文成领导的天理教起义，曾一度攻进了清王朝统治者的

大本营——紫禁城，在这次起义斗争中，数十名太监参与了天理教组织，其中刘得财、刘金等五名太监作为内应，直接参与了攻打紫禁城的战斗。尽管在清宫档案中看到这些太监在被捕后表现都十分低劣，但这次事件在整个清代宫廷史中寥若晨星，是绝无仅有的一次。更多的太监是有意无意地采取了被动消极的抗争方式，如许多人参予赌博、斗殴、偷盗、吸毒甚至自残、自尽等违反宫规破坏宫内秩序的活动，虽然也表明了这些太监自身素质的低下，但同时更应该看到这是一般太监心理失衡的一种表现形式。这一部分敢于与命运抗争的太监人数不少，可是在强大的皇权和根深蒂固的封建制度面前，太监无疑是太渺小了，命运已经注定他们永远是输家而无法取胜。实际上，多数太监在这种情况下，依然保持着消极的忍耐态度，正如前面几位晚清太监回忆中所说的那样逆来顺受，因为他们总是抱着一线希望，等待着命运中的奇迹出现。

第三阶段是清宫太监的心理状态重新趋于稳定的阶段。在这个阶段，那些敢于抗争的太监经过多次失败后已感到筋疲力尽和麻木，而那些本来就安心忍耐的太监这时就更加习惯于命运的安排了，更何况他们已经“多年的媳妇熬成了婆”，完全把心理上的不平衡转嫁发泄给那些做徒弟的新太监身上了。

第五节　大太监李连英的荣辱一生

在谈到清宫太监的命运时，根本无法回避清宫中一个举足轻重的人物，这就是传奇太监李连英的荣辱一生。作为一个太监，他的皇室奴婢身份和千百个同行一样，是无法更改的。他们一样有着苦难、屈辱的童年，有着残缺的身体和残缺的生活，一样享受不到家庭和亲情的温暖。所不同的是，由于受到了慈禧太后的赏识和宠信，李连英的后半生发生了奇迹般的变化，正是在慈禧太后的庇荫下，他得到宫内前所未有的权力和地位，金钱财富也滚滚而来。然而也正是由于得益于慈禧太后的惠顾，李连英也和他的主子慈禧太后一样，成了中国近代史上一个臭名昭著的人物。

李连英生于道光二十八年（1848 年）十月十七日。他的父亲是直隶

(今河北省)河间府大城县李家村的一个贫苦农民，有五个儿子，李连英则是其中的老二。在李连英幼年时，由于生活所迫，举家迁往京师，开了一家熟皮作坊维持生计。后来李连英出名后，民间为嘲笑讥讽李连英，给他起了个绰号叫“皮硝李”，并且绘声绘色地演绎了一段有关“皮硝李”入宫的故事，这个故事见于《清朝野史大观》一书中的《清宫遗闻》：

“皮硝李者，孝钦后之梳头房太监也。名莲英，直隶河间府人。本一亡赖子。幼失怙恃，落拓不羁。曾以私贩硝磺入县狱。后脱羁绊，改业补皮鞋，此皮硝李三字徽号所由来也。河间本太监出产地，太监沈兰玉向与有故，先为内监，见而怜之。莲英遂恳其引进。适孝钦后闻京市盛行一新式髻，饬梳头房太监仿之，屡易人，不称旨。兰玉偶在闼闼房（他坦）言及，闼闼房者，内监之公共休憩所，莲英尝至此访兰玉者也。既聆孝钦后梳新髻事，遂出外周览于妓寮中，刻意揣摹。数日，技成，挽兰玉为之介绍。兰玉竟荐之，而莲英遂从此得幸矣。”

慈禧出巡（左前为李连英）

这个民间流传的故事十分荒诞无稽。且不说按清宫典制，在后妃宫中根本就没有梳头太监这个差使，更不用说清宫的后妃实际上是关在鸟笼中的金丝雀，就是给了她天大的胆子，也不敢擅学宫外发型、发式和任意收容太监的。这里要说的是，故事中的主人公应该是一个成年人，而生活实际中的李连英，这时还是一个花季少年。

据李连英死后的墓志碑文中记载：“公姓李氏，讳连英，字灵杰。平舒世家也。”

近百年来，史家著述及民间传说中都将李连英的名字误写成“莲英”，却不知这个舛误源于何时何处。碑文继续说：

“年九岁入内廷充役使，循守规矩，有若成人。”

李连英生于道光二十八年，九岁入宫，按时间推算，应该是咸丰七年

(1857年)，而据清宫内务府档案也可以印证此说，档案中是这样记载的：李连英“咸丰七年十月十一日由郑亲王端华门上送进，年13岁”。进宫的时间相同，而年龄却比碑文中大了4岁。两种记述，似都很可靠，孰是孰非，已无从查考，只能姑且存疑。但是，在清代，贫苦人家的孩子投充做太监，为了保证能顺利入选，虚报年岁也是司空见惯的事情，而李连英长得又少年老成，所以还是9岁一说更为贴切一些。

无论是9岁，还是13岁，都还是一个纯真活泼的孩子的欢乐时光，但他已经没有了幸福的童年。当他被送上手术台，接受“净身“手术的那一瞬间，他所面对的是“净身师”——一个冷若冰霜的陌生男子，他所承受的是撕心裂肺般的痛苦，他已经永远告别了母亲温暖的怀抱和童年的欢乐，和千百个太监一样，走上了痛苦屈辱一生的不归路。

民间传说多为杜撰，但是专家学者也没有丝毫地同情与可怜，他们也异口同声地说李连英的发迹源自于“善梳新髻”，其中撰著《清代通史》的肖　山老先生在述及“光绪前期之政治”时谈道，李连英“以善梳新髻得幸，东宫既殂，晋为总管”。而1987年再版的《国朝宫史》出版说明中也提出，太监李连英“以善梳新髻受到慈禧宠幸，由梳头房太监擢总管太监，居然赐二品顶戴”。这些显然也是不准确的。那么，李连英究竟如何，从一个不满10岁的小太监爬到在宫内权威赫赫的一代宠监的呢？还是让我们从清宫秘档中来追寻李连英发展的轨迹吧。

在清宫档案中，有李连英从一名小太监到二品总管太监的详细而准确的记录，从这些记录中我们可以看到：

李连英在咸丰七年进宫后，起名李进喜，分配在奏事处当差。咸丰十年四月，他被调至东路景仁宫当差。同年八月，英法联军进攻北京，李连英随咸丰皇帝御驾逃往热河。第二年辛酉政变时，有一种说法是，李连英曾为慈禧太后与恭亲王奕䜣通风报信。当时，冒死为两宫太后通风报信者计有四种说法，其中之一就是李连英。但是李连英当时年纪幼小，更重要的是他根本未在两宫皇太后前当差（当时慈安太后居东路钟粹宫，慈禧太后居西路储秀宫，李连英为东路景仁宫小太监），所以说他参与政变活动的理由显然不充分。在李连英死后的墓志碑文中记述这一段历史时，也仅仅提到“公以童年随扈奔走跋涉，虽艰苦备尝，未曾言念及之”，从未提及半点功劳。

同治三年（1864年）四月二十日，李连英被调到长春宫慈禧太后御

前当差。这时，正值长春宫小太监安得海红得发紫之际。安得海与李连英同年入宫，年龄比李连英大一岁，入宫后即分到懿贵妃（即后来的慈禧太后）的储秀宫当差，由于他生就聪明伶俐，深得慈禧太后喜爱，并得了一个十分亲昵的爱称："灵珊"（慈禧太后酷爱给身边小太监起名，如曾给身边四个小太监起名：得平、得安、得如、得意，以取"平安如意"之意，李连英的"连英"也是慈禧起的。但自此之后，未见慈禧再给其他太监起名）。因此，尽管二人系属同年，差距却在逐渐拉开加大。如同治七年七月，安得海被赏戴七品顶戴，而李连英才刚刚得到八品顶戴，两个月后，安得海就又被赏戴六品顶戴蓝翎。不过，安得海很快就因为少年得志，狂妄恃宠，不能自重，终以违背祖制，擅离京师私逃之罪于同治八年（1869年）八月初七日被山东巡抚丁宝桢在济南正法。但是，李连英也并不像民间传说的那样，迅速取代了安得海的位置，而是遭到了安得海一案的拖累，和全宫所有的有官职太监一起受到了罚俸处分。一个月后，当其他太监陆续被解除处分之际，他又因"滑濑不当差"被革去八品顶戴及钱粮，直到十二月才被解除处分，并恢复了八品顶戴及钱粮。可见这一时期，李连英并没有得到慈禧太后的格外青睐和赏识。但是，李连英毕竟是一个十分聪明灵巧的人，正如墓志碑文中所说"聪颖有大过人者"的那样，他很快就通过安得海的遭遇，弄明白一个问题，这就是如何摆正主子和奴才之间的关系。安得海是由于过分恃才邀宠而送掉了性命，这个惨痛的教训，被李连英牢牢地记在了心里。因此，他不仅学会了揣摸主子的心理性格、习惯爱好的方法，能够千方百计地讨主子喜欢，同时还能时时处处谨慎小心，"事上以敬，事下以宽，如是有年，未尝稍懈"。看起来这正是李连英继安得海之后成功的秘诀。

同治十一年（1872年）起，李连英开始进入了发迹的时期。就在这一年的九月二十一日，他被赏戴六品顶戴花翎，食"月薪"银八两五钱。同治十三年以后，李连英似乎已进入了一个更加光辉灿烂的升迁时期，在这一年的三月十日，他被任命为储秀宫掌案首领大太监，按清宫旧制，太监进宫服役满三十年没有大过失者，才能选补首领太监，可是李连英此时进宫服役仅十七年，就已成为众多太监之中的佼佼者，足可见慈禧太后对其恩眷之深。同年九月十五日，李连英又被赏戴四品顶戴花翎，十一月十二日，又被加赏貂皮马褂。光绪五年十二月二十八日，31岁的李连英被任命为储秀宫四品花翎总管，赏食月薪二十两；七年十月十四日，李连英

再度奉旨被赏加三品顶戴花翎，赏月薪二十八两；十年十月初一日，赏食三十八两月薪；十六年六月十七日，再奉旨加添银十两，共食月薪银四十八两；光绪二十年正月初一，李连英奉旨被赏加二品顶戴花翎。至此，李连英的升迁之路似乎也因此到了登峰造极的地步而暂告一段落。自同治十一年起到光绪二十年止，在这短短的二十多年的时间里，他从一个极普通的八品太监一跃升为二品花翎总管，月薪也从八两五钱增到四十八两，其升迁之迅速、待遇之高，是任何人无可比拟的。比如同是储秀宫总管太监，在光绪十一年，李连英月薪为三十八两银子，而刘得印只有二十四两；又比如，在光绪七年前后，身为储秀宫三品花翎总管的李连英，就已经与敬事房三品花翎大总管李双喜平起平座了，一份清宫档案文件的记载表明，这一年的十二月，李连英与李双喜就受到了大荷包三双、小荷包六个、一两重银锞六个、五钱重银锞六个完全相同的赏赐。类似这样的情况在这一时期是数不胜数的。

在慈禧太后与李连英之间，几十年所形成的主仆关系与感情是非同一般的。慈禧太后可以说是一个权力欲极强、顺我者昌、逆我者亡的心狠手辣的独裁者，然而这并不是她性格的全部。在她性格的另一面里，她最害怕的是孤独、寂寞，时时需要有人陪伴她消磨从政以外的无聊时光。晚清宫廷太监刘兴桥、赵荣升、冯乐庭等人曾在《晚清宫廷生活见闻》一书中回忆说：

“清代末年，女主里寡妇多，当权的西太后虽然有好多事要做，但是日子过得看起来也是怪无聊的。她闲下来的时候，写写字，画点画，看看戏……心神也像没有着落似的。能解西太后心烦的是太监李连英，李连英最会服侍她，成了她离不开的人。他两人的感情看起来非常密切。”

“就我们知道，每天三顿饭，早晚起居，她俩都互派太监或当面问候：‘进得好?’‘吃得香?’有时候，西太后还亲自来到李连英的寝室，招呼：‘连英啊！咱们遛弯去呀！’李连英便出来陪她去玩。她俩走在前边，其余的人远远地随在后面。西太后有时还把李连英召来她的寝宫，谈些黄老长生之术，两人常常谈到深夜。”

几十年来，在慈禧太后身边所有的奴婢中，除了早年被丁宝桢处死的安得海以外，唯属李连英能善解人意了，这也是李连英尽管早已是二品顶戴花翎，但他始终是慈禧太后身边的总管太监，而没有离开慈禧太后去担任敬事房大总管的缘故吧。

清朝宫规严厉，即使受到慈禧太后格外恩宠的李连英，在出现过失、犯了错误之时，同样要受到处分及惩罚。光绪六年十一月，李连英因做错了差务被摘去顶戴，并罚月银六个月。一个月后，慈禧太后格外开恩，赏还了他的四品顶戴，但是月银照旧扣罚。光绪九年七月，李连英自己本人传旨，因犯有失查过失而自罚月银一年。光绪十一年十二月，又因失查本处首领误班而被罚月银六个月。许多人可能认为，慈禧太后那么宠爱李连英，这个惩罚仅是比划一下，装装门面而已。然而据清宫档案所记，从光绪十二年的正月起，敬事房按月收到了李连英交来的罚银整六个月，共计二百零四两。从这里也可以看到慈禧太后为人的一个侧面，尽管她大权独揽、乾纲独断，但是她更深悟治人之道，在执行制度上从不因人而宜，即使是再亲信的太监，该罚的照罚不误，从不宽容须臾。同时，我们又能看到一个时时刻刻谨慎小心、处处低调做人，特别是在慈禧太后面前低调做人的李连英。这更是几十年来慈禧太后对他深信不疑，长宠不衰的重要原因之一。

光绪二十年（1894 年），慈禧太后下旨赏给李连英二品顶戴花翎，一时间朝野皆为之侧目，觉得把一个刑余的阉人提升到与朝廷大员等同的位置上，是太过分了。实际上人们往往习惯于把太监与朝廷官员的品级混为一谈，孰不知这就大错而特错了。

朝廷中宗室王公有着高贵的血统及崇隆的政治地位，而各级文武大臣或正途出身（科举考试）、或军功、或世袭，无论其出身如何，他们都已置身于国家政治活动之中，是对国家政治有发言权并且行使管理权的统治集团成员之一。相反，对于太监来说，无论是总管、还是首领，他们的政治地位根本无法与那些朝臣相比。实际上，太监的官职品级，并不属于国家官员范畴，他们只不过是皇室私家奴仆的首领，职权范围也仅限于宫闱之中。在皇帝及王公大臣眼里，太监不过是“最为下贱，虫蚁一般之人”（康熙皇帝语），按乾隆皇帝的说法，太监“乃乡野愚民，至微极贱，得入宫闱。叨赐品秩，已属非分隆恩”，因此他们只能是最听话、最驯服的奴才，在政治权力及地位上，是绝不允许太监逾越雷池半步的。这也包括晚期的慈禧太后，尽管她可以格外地眷顾李连英，给他二品顶戴，并赏赐他无法计量的财富，但她始终没有，甚至连想也没想过让她的宠监李连英去干预哪怕是一点点的朝政。至于野史传闻及一些史学著作中说李连英在宫中数十年“干预国政，广植私党，反对戊戌变法，构陷帝党及维新派”等

种种罪状，应该说多是捕风捉影、道听途说并且是未加证实的消息，而把这些实际上并不确切的消息全加在李连英的头上，就很容易地使他像他的主子慈禧太后一样，成为中国近代史上的臭名昭著的人物了。

由于慈禧太后对李连英的宠信与日俱增，就必然引起朝野各派势力的关注和议论。一般趋炎附势的卑鄙官员，确实不乏有走李连英门路的人，他们千方百计地送礼请托，希冀李连英能在慈禧太后面前美言几句，以达到升官发财之目的。据故宫博物院著名清史专家朱家溍撰文说，他曾亲耳听到清宫后裔恭亲王之孙、著名画家溥心畲说过，李连英之所以能聚敛发财，往往是内务府官员替他造声势。那些掮客式的内务府官员到处游说等待外放的官员，动员他们走总管李连英的门路。李连英是一个非常狡黠的人，送上门来的钱财当然照收不误，可是在慈禧太后面前他是一句话也不会多说的，因为他清楚地知道，在慈禧太后这个刚愎自用、喜怒无常的主子面前，奴才的多嘴饶舌将会得到什么后果，他才不会傻到干这种蠢事呢。实际上这种外放官员，只要钱花到了点子上，已经预备引见了，那么无论走不走李连英的门路，都肯定会得到外缺的。但是通过那些掮客造成的声势，就都以为是李连英发挥多大作用了。作为李连英来说，他只是一心一意地伺候太后老佛爷，如果有人参奏他交接外官，纳贿干政，太后绝然不会相信。这可是一举两得的好事，一是保证慈禧太后恩宠不衰，二是财源滚滚而来，李连英当然是乐得其成了。正是李连英身边的这批人，有意无意地为其摇旗呐喊，除了自身能从中得到了许多好处外，更多的是给李连英在公众心目中的形象多抹了一点丑恶的颜色。

而另一批自诩为封建正统卫道的官吏则对李连英的青云直上感到惶恐不安，他们深怕长此发展下去，会重蹈历朝历代太监干政的覆辙，为此他们纷纷上书，希望慈禧太后能虚贤纳谏，遏抑李连英势力的膨胀和发展。还是在同治初年，慈禧太后因宠信小太监安得海而屡遭物议，言官频上奏章，劝谏她亲贤远宦。慈禧太后出自于稳定政局、安抚人心的考虑，曾以谦和大度的姿态接受了言官的劝告。而这时情况已大不相同，过去对她有所制约的政治力量已经削弱或不复存在，同时她对控制朝政以及驾驭各派政治势力有绝对的信心和充分的把握，完全没必要再摆出政治家那一套雍容大度，来听取言官们喋喋不休的说教了。因此，我行我素的慈禧太后毫不客气地拒绝了这些所谓“义正辞严”的批评。

李连英第一次遭到朝臣猛烈抨击是在光绪十二年（1886 年）。这一年

的四月，北洋大臣李鸿章以北洋海军已编练成军，奏请钦派大臣校阅。慈禧太后当即派总理海军大臣醇亲王奕譞亲往巡阅北洋各海口。由于奕譞是光绪皇帝的生父，身份崇隆，因此加派太监、御医随行，“以时调护”。奕譞是一个城府极深而且非常谨慎之人，在慈禧太后召见之时，他主动要求派太后身边的宠监——储秀宫总管李连英随行，以表明心迹，减少太后对自己的猜忌。此举正中慈禧太后下怀，立即得到她的允准。于是，奕譞四月十三日行抵天津，会同北洋大臣李鸿章乘兵轮出海，先后巡视了大沽、旅顺口、威海卫、烟台等处，五月初一日回京复命并奏报巡阅情况。此行一切顺利。唯因太监李连英随行校阅水师，在朝廷掀起了一阵波澜。

按照清朝的制度，由亲王主持这样规模的阅兵大典，同时另派太监随行，在历史上并无先例。据说：

“李鸿章为之设行台，王与李连英居处一切无轩轻。惟阅兵时，王坐于前，连英立于后而已。于是丁汝昌、卫汝贵、卫汝成、叶志超、赵桂林、龚照玙诸人，皆奉贽连英门下，称受业。”

消息一传开，舆论一片哗然。两个多月后，监察御史朱一新于八月二十四日借山东、山西、河北等省发生水灾，遂以遇灾修省为由，上折谏曰：“我朝家法，严驭宦寺。世祖宫中立铁牌，更亿万年，昭为法守。圣母垂帘，安得海假采办出京，立置重典。皇上登极，张得喜等情罪尤重，谪配为奴。是以纲纪肃然，罔敢恣肆。今夏巡阅海军。太监李连英随至天津，道路哗传，士庶骇谔，意深宫或别有不得已苦衷，匪外廷所能喻。然宗藩至戚，阅军大典，而令刑余之辈厕乎其间，其将何以诘戎兵崇体制？”

在折中朱一新还反复强调阉官是“巧于奉迎而昧于大义”之辈。他们“售其小忠小信”，“阴窃作福作威之柄”，为此，希望不要重蹈唐朝太监监军之覆辙。

奏折呈上后，慈禧太后极为不满。第二天，她就颁了一道长达六百多字的懿旨，亲自为李连英辩解，并斥责朱一新是“危词耸听”和“附会不经”，要求拿出确证并回奏说明“深宫或别有不得已苦衷”是什么意思。由于朱一新也只是听说，拿不出李连英干预政事的实据，又无端触及朝廷及皇室中最敏感、最微妙之处，在慈禧太后的淫威高压下，他在回奏中无法说清楚，实际上也不敢说清楚此事的原委，只好轻描淡写地答复。折呈上后，慈禧太后益加愤怒，又发懿旨，大骂朱一新“书生迂拘”，“才识执谬”，并下令把他降为主事。

事后，许多人都认为慈禧太后是明显地偏袒太监李连英，对朱一新的打击压抑是不公正的。那么，李连英是否在随行巡阅海军过程中交接外官、干预政事了呢，醇亲王是一口否定，但众人却异口同声咬定此事，唯有晚清诗人王小航力证李连英并无此事，他在《方家园杂咏二十首并记事》中说：

“及王赴烟台阅海军，懿旨赐杏黄轿。王不敢乘而心益加惕，力请派李连英偕往。出宫后，每见文武各员，皆命李连英随见。王意在避本生擅权之嫌也。而连英怵于安得海之祸，布靴布衣，每日手执王之旱烟筒，大皮烟荷包，侍立装烟。退则入王之夹室中，不见一人。时直鲁两省卑鄙官员，欲乘机逢迎大总管者，皆大失所望。王之左右与李连英皆一介不取而归，王大赞赏之。”

按王小航的说法，李连英又完全是一个谨慎本分的贤良太监了。但是，这样基本站在太监一边的评价在一个完全被封建正统思想统治的社会中是太少见了。

两年以后，李连英又受到了第二次激烈的抨击。光绪十四年（1888年），江苏学政王先谦以太监李连英招摇奏请惩戒，他在折中说：

“宦寺之患，自古为昭，本朝法制森严，从无太监揽权害事。皇太后垂帘听政，一禀前谟，毫不宽假，此天下臣民所共知共见者。乃有总管太监李连英，秉性奸回，肆无忌惮，其平日秽声劣迹，不敢形诸奏牍。惟思太监给使宫禁，得以日近天颜，或因奔走微长，偶邀宸顾，度以事理所有。独该太监夸张恩遇，大肆招摇，致太监篦小李之名，倾动中外，惊骇物听，此即其不安分之证明。易曰：履霜坚冰，渐也。皇太后、皇上于制治保邦之道，靡不勤求夙夜，遇事防维。今宵小横行，已有端兆，若不严加惩办，无以振纲纪而肃群情。”

王先谦，湖南长沙人，字益吾，曾任国子监祭酒、江苏学政等职，是近代有名的史学家。王先谦参劾太监李连英，虽然言词激烈，却没有提出任何实证。而慈禧太后碍于朱一新案时曾说过：“如仅只李连英一人之事，

无论如何诬枉断不因宫监而加罪言官。”同时迫于朝廷内外的压力，措帘归政在即，因此顾不上与王先谦过多理论，这倒使他博得一个“直言”的好名声。

光绪二十年（1894年），甲午战败，全国舆论大哗。慑于慈禧太后的淫威，无人敢直接批评她本人，于是北洋大臣、直隶总督李鸿章就成了替罪羊和众矢之的。陕西道御史恩溥、福建道御史安维峻、吏科给事中褚成博等人纷纷上折，参奏李鸿章及北洋将领贻误军机、丧权辱国，同时，他们也再次捎到了李连英。其中许多人都提到这样一个“事实”，就是太监李连英由于受贿而出面包庇了北洋这批无能的将帅，于是人们似乎都相信了太监李连英此时已公然把持朝政这个“事实”。其实，谁都清楚，包庇北洋将帅的并不是做奴才的李连英，而是做主子的慈禧太后，只不过谁也不敢直说罢了。到了这一年的十一月，终于有人向慈禧太后挑战了，这个人就是御史安维峻。安维峻在奏折中尖锐地指出，人们都说“和议出自皇太后，李连英实左右之”，我就不敢相信，因为太后已经归政了，要还牵制政事，就上对不起祖宗，下对不起天下臣民了。李连英是什么人？他哪敢干预政事？如果这是真的，祖宗家法岂能容？他这是十足的反话，说穿了就是直接要求慈禧太后不要再牵制皇帝并且严厉处置李鸿章。此折一上，慈禧太后异常震怒，马上以皇帝名义发谕：

> “军国要事，仰承懿训遵行，天下共谅。安维峻封奏，托诸传闻，竟有皇太后遇事牵制之语，妄言无忌，恐开离间之端，命革职发往军台。”

这场风波，在慈禧太后的干预下，又平平安安地渡过了。

总之，作为慈禧太后的宠监和奴才，置身在错综复杂的政治漩涡中，李连英没有权力选择，也没有任何资格申辩，只能默默地忍受这一切。

慈禧太后与光绪皇帝政见不和，是众所周知的。那么李连英在慈禧太后和光绪皇帝之间采取什么态度呢？有人说，他是慈禧太后的宠监，当然是完全站在太后一边，反对变法，甚至还有人说光绪皇帝就是由李连英下毒最后毒死的。但是也有人说，李连英生性圆滑，八面玲珑，两面讨好，不但慈禧太后喜欢他，光绪皇帝因为从小就受到他的看护，也十分喜欢他，叫他“谙达”（满语：老伙伴、也有师傅的意思），还夸他“忠心事

主”。晚清诗人王小航在《杂咏》第十三首中写道：

“炎凉世态不堪论，蔑主惟知太后尊。
丙夜垂裳恭待旦，膝前呜咽老黄门。”

诗中讲述的故事是：庚子乱后，两宫西逃回銮至保定行宫。慈禧太后寝殿极华美，而光绪皇帝寝殿极冷落，李连英侍候太后睡后前来探望，见光绪在灯前苦坐，一问，才知被褥均无。此时已值隆冬季节，根本无法入睡。见到此景，李连英抱着光绪的腿，哭着说：“奴才们罪该万死！”并将自己用的被褥让与光绪使用。光绪回到北京后，回忆西逃过程中所受的苦，曾说：“要没有李谙达，我就活不到今天。”据说，戊戌变法后，李连英因出言谨慎，不敢附和，虽未招致太后怀疑其忠诚，但感情上多少有些生分。所以在他的墓志碑文中写道，李连英自回銮后，“自思可告之无罪，已萌退志。”这个说法，是意味深长的。

光绪三十四年（1908年）十月二十二日，慈禧太后死于西苑的仪鸾殿。在办理慈禧太后的丧仪之后，离慈禧太后死日还不到一百天，李连英就于宣统元年（1909年）的二月初二日离开了皇宫，这时他在皇宫内已生活了五十多年。在他的墓志碑文中是这样说的：“及太上孝钦显皇后升遐，公之退志决矣。”由此可见，李连英是主动提出离宫的。据清宫档案记载，当时内宫主政的隆裕太后，为感谢他宫中服役多年，准其“原品休致”。就是可以带原薪六十两钱粮米退休，这个待遇相当于我们今天的离休，而在当时，可以说在太监中是绝无仅有的。

围绕李连英出宫及身后各事，社会上又有许多传说。有人说他自光绪皇帝的弟弟醇亲王载沣监国摄政以后，恐遭报复，而退居宫外，以保全自己的脑袋；也有人说，李连英死后，宫中太监纷纷抢夺其遗产，隆裕太后下令查办，将其悉数充公，并用于宫中大兴土木，购置西式家具，等等。类似这样的传闻，一时非常盛行，这些诋毁多出自于一种感性的发泄而已。更奇的还有人说，李连英生前得罪了许多人，出宫后就深居简出，怕人报复，但最终还是被人在后海附近暗杀，落了个身首异处的下场。在讲这个故事的时候，还暗示了这桩凶杀案与民国初年任步军统领的江朝宗有关。但仔细查阅江朝宗的档案履历，发现李连英死的时候（公元1911年3月），江朝宗还远在陕西汉中总兵任上，可见这些传说纯属无稽之谈。

李连英出宫两年后，于宣统三年（1911 年）二月初四日悄悄病死在北京自己的寓所里，时年 64 岁。而此时绵延了二百多年的大清帝国，也已经风雨飘摇，危在旦夕了。尽管如此，清宫隆裕太后对这个一辈子为其当牛作马的忠顺奴才的死，还是十分伤悼，于是下令赐银千两，赏埋京西恩济庄太监茔地。

李连英死后的丧葬规格也是最高的。他的坟墓被允准建在恩济庄太监茔地中一个独立的院落里，前面有石柱桥及牌坊，牌坊横眉上书“钦赐李大总管之墓”，院内东西侧各有亭子一座。由于是太监，不敢僭制，其墓顶用三合土（即糯米浆合沙土、黄土、白灰而成）建筑。他的墓碑是用汉白玉制成，高 3.5 米，宽 1 米许，其规格实为历朝太监无法比拟了。唯有一条，因为生前名声不好，那些名臣显官、文人清士难觅一人为其撰写墓志碑文，无奈只好由晚辈子侄代笔，来进行一番自我吹捧和美化了。这也是传奇太监李连英荣辱一生的最后缺憾了。

公元 1911 年，辛亥革命爆发，绵延了二千多年的封建王朝最终退出了历史舞台。根据民国的《优待皇室条例》，清朝的最后一个退位皇帝溥仪在紫禁城继续盘桓了十三年。公元 1924 年，北洋直系将领冯玉祥发动了北京政变，并把溥仪驱逐出宫，直到此时，伴随着封建的宫廷制度而产生的畸形怪胎——太监制度也最后寿终正寝了。

几千年来，帝王将相、文人骚客、才子佳人，无一不在历史的长河中留下自己的印迹与位置。但是作为太监这样一个身体被摧残、人格被侮辱、地位卑贱的奴婢群体，却无法享受到同等的待遇。根深蒂固的封建正统文化根本不屑于表现他们，给予他们更多的是轻蔑、嘲弄和厌弃。这就是太监的命运。

第十二章

紫禁城内的神仙佛道

紫禁城既是皇权威仪的象征，也是明清帝后生活的家。这里面有冠冕堂皇，也有私人情感；既有国家大事，更有家庭琐碎。就像皇帝本人一样，既是一个政治的核心，又是一个有血有肉的个体。但是政治家、皇帝是他与生俱来的角色，类似于遗传的性质，他无法摆脱；他个人的情感、欲求、宗教信仰则属私人生活范畴。由于他的政治角色，他必须放弃，至少也要隐藏自己的个人情感，不能表露出来。所以当我们走进紫禁城，就像走进了一个皇帝的办公室，看到的、听到的、了解到的都是天子神秘的威仪、至高无上的尊严和权力、等级森严的规制和奢华刻板的生活，没有个人色彩，没有主观的东西，都是皇权政治，都是军国大事以及皇帝的威仪奢侈。这样的紫禁城是真实的吗？从小就生活在紫禁城深宫大院内的皇帝从来不会有精神的空虚吗？他不会有死亡的恐惧吗？他从来不会有孤独和厌倦的感觉吗？作为一个有思想有灵魂的个体，他当然与今天的我们一样有着同样的困惑。那么，如何能满足他对精神生活的渴求呢？对当时的人们来说宗教是最好的选择。中国很早以来就是一个多宗教并存的国家，人们信仰着道教、佛教，学习儒家的经典并努力实践，清代帝王还有满民族自己的原始祭祀活动——萨满教。本章将淹没在金顶红墙中鲜为人知的宗教殿堂一一指点出来，介绍其中的陈设、举行过的仪式以及发生过的事，从中感受紫禁城的主人——帝后们曾经有过的信仰生活。

第一节 太和殿中的佛道护国镇宅符咒

在数量众多的紫禁城建筑中，宗教建筑分布极有规律：从纵向看，中轴线一带主体建筑内宗教痕迹很少，越往两边佛道教建筑越多，尤以外东路和外西路两处最为集中；从横向看，外朝几乎没有宗教建筑的存在，所有带宗教性质的大小建筑和佛道龛供均集中在内庭。中轴线一带，尤其是外朝的前三殿是皇权政治至高无上的象征，而内朝的内东路和内西路以及外东路和外西路都不是紫禁城中的主体建筑，属于帝后妃嫔的私人活动区。这样从紫禁城的建筑布局上就已经很明显地将宗教作为私人生活的内容与帝国政治隔离开来。

从午门进入故宫，也就进入了宫中外朝部分，依次看到高大的太和门、东西两侧的体仁阁和弘义阁以及前三殿（太和殿、中和殿、保和殿），往两边伸展还有文华殿和武英殿等，这是紫禁城的政治活动中心，是帝国威仪的象征。

太和殿藻井上方所供牌位正面和背面

萨满教女神像

在这一区域中，我们找不到任何宗教建筑。不过并不是完全没有宗教痕迹存在。在庄严的太和殿顶棚的大梁上，即悬挂轩辕镜的藻井的正上方，供奉了一座镇宅灵符。灵符用桃木制作，前置香炉、蜡台两个、花瓶两个组成的五供，其正面刻藏传佛教格鲁派的本尊神大威德金刚之《佛说大威德八字秘密心陀罗尼》的咒文和以大威德金刚为本尊曼陀罗内外轮的十二位眷属伴神，下方两边分别刻白伞盖佛母的心咒和观世音菩萨的心咒。再下方刻有道教标志性的八卦图。其背面刻《太上秘法镇宅灵符》，排列了难以识读的道教符咒。

这座镇符有两点非常有意思：首先，它是佛道合一的，既有佛教的大威德金刚咒、白伞盖佛母咒和观世音菩萨咒，还有道教的灵符。其次，它出现在象征帝国威严的太和殿大梁上。这与清代宗教发展状况和皇帝的信仰都有相当大的关系。清代中国的三大文化流派：儒家、释家和道家三教合一的趋势已经非常普遍，这不仅表现在各文化间相互吸收和渗透进程加快，在信仰活动中，各派尊神的混合也相当流行，宫中也不例外。例如，遇有诸如祈雨的活动时，宫中往往将和尚、道士、喇嘛集中到同一处祭雨场所各念各的经，各做各的法事，并没有人提出任何异议，这说明当时人们已经习以为常了。而且就在雨花阁这座重要的藏传佛教佛堂（详见下文）顶层的梁上也绘画了色彩鲜艳的八卦图。清高宗对此并没有异议，这说明他当时的态度以及宫中佛道融合的状况。查阅汉文佛教大藏经我们可以发现，此处的大威德金刚咒是出自唐代印度僧人菩提流志译的《文殊师利宝藏陀罗尼经》。根据佛教的传统，大威德金刚是文殊菩萨的忿怒化身，法力广大，在藏传佛教中此尊的地位更高。西藏传说，当人世间有死神阎

黄铜大威德金刚像

魔作怪，伤害百姓时，文殊菩萨应众生的祈请化身多头多臂多腿的形象与阎魔展开激烈的战斗，并最终降伏阎魔。所以大威德金刚又有降阎魔尊的称号。长期以来（至少从元代开始），西藏称呼汉地的皇帝为曼殊室利大皇帝，即文殊菩萨大皇帝。也就是说，皇帝是文殊菩萨的化身，大威德金刚自然也是皇帝威严的化身。皇帝、文殊菩萨和大威德金刚这种三位一体的关系在整个蒙藏地区被普遍接受。所以这座镇宅符咒除了有道教和佛教的护宅安家的功能以外，还有更为广泛的意义需要领会。正如佛在为秘密金刚主讲解这部经时所反复强调的那样，信仰和唪诵大威德金刚咒可以使那些信仰佛教的国王寿命长远，福报无尽，国家安宁，人民祥和。后宫妃嫔、朝中大臣尽心辅助，大国四境风调雨顺，没有任何兵甲之乱和灾异发生，人们的一切罪过都能自然消除，福乐安康。所以此咒与其他咒不同的是它将家国一体，从更广泛的意义上来作为镇宅符咒使用。正如太和殿是帝王家国天下的象征一样，这座镇宅符咒也绝不仅仅是保护太和殿、保护紫禁城，更重要的是它有祈请佛道神灵保佑整个帝国的安宁和长治久安，人民的安居乐业的含义。

符咒供奉的年代还不能完全确定，有人考证可能是在雍正九年（1731年）前后。清世宗对于佛道均有兴趣，他曾亲证过密教的修行过程，并将藏文的大威德金刚的经典汉译，同时还组织编订汉文大藏经。对于佛典颇有研究。而在太和殿上供奉镇宅符咒可能与江西龙虎山正一派真人娄近垣的影响有关。龙虎山的天师道是道教中三山符箓派之一，娄近垣从小拜该派名师学习，成为天师派的高道。雍正五年（1727 年），因他既擅长于道教的符箓咒术，又颇有道家理论的修养，很得清世宗的赏识，甚至在他御选的佛教文集中将这位道士的论著也一并收入，大加赞赏。雍正后期（九

年至十三年间）道教的祭祀活动在宫中相当活跃也与此人有很大的关系。

这座集汉地佛教、西藏佛教以及道教于一体的镇宅符咒可能反映了宫中宗教的真实状态和雍正帝的宗教情感。

第二节　内廷的萨满祭祀与玄天上帝崇拜

穿过前三殿，到达乾清门广场，这是外朝与内廷的分界。如果继续沿着中轴线往北和东西两个方向去就进入了内廷。到了内庭区就相当于进入了帝后的私人生活区，在这一区域，帝后的宗教生活十分丰富。乾清宫、交泰殿和坤宁宫是中轴线上的三大殿，称为后三宫，明代乾清宫是皇帝生活区，一度作为日常处理政务的场所，坤宁宫是皇后作为国母，母仪天下的象征。由于政治上的象征意义十分明显，故这里的宗教场所也不多。雍正时期，在乾清宫的月台上建了板房作为祭祀斗坛的地方。乾隆时期，每年十二月份按照惯例由十八名喇嘛为乾清宫和坤宁宫做羊腰油的巴苓供器三日。巴苓器是藏传佛教中最常见的一种供器，多在寒冷的季节用凝固的酥油加上香料和颜料雕刻出佛教供器的形象，装饰佛教吉祥图案和咒语作为特别的供器使用，青海塔尔寺非常有名的酥油花，就是佛教巴苓艺术的展示。可见在乾清宫也有供佛的地方，只是具体地点还不清楚。内廷中最为重要的宗教场所是坤宁宫，即清代萨满祭祀的地方。

乾隆帝至坤宁宫祭神档簿

坤宁宫在明代是皇后的寝宫，清顺治时已经作了改动。清入关前，萨满教是满族的主要信仰。定鼎北京以后，满族的传统信仰成为国体的一部分，先是在西长安街建

立堂子，作为京城满族皇帝和贵族萨满祭祀的最高场所，又在坤宁宫设立萨满祭祀神位，作为皇室私家供祭场所，这些基本都是入关以前后金政权在盛京（今沈阳）时的旧制，只在一些细节上略有变化，照搬到北京而已。如在盛京的清宁宫也设有萨满祭祀神堂，同时也作为皇帝和皇后的寝宫使用；北京坤宁宫基本不作寝宫用，只保留了东间作为皇帝大婚的新房。另外，清宫中萨满祭祀虽然已经成为一种定式，也有一定之规，但时日一长，也出现了一些新问题。比如：主持萨满祭祀的司祝以前都是土生土长的满族人，满语流利，而且能根据不同的场合和目的，及时新编祝辞，后世司祝长期居住京城，满语不熟，所诵祝辞只是靠前辈口传相延，时间一长难免发音不准，如不纠正，则极易失去本音本义，丧失祭祀的意义。而且，祭神中司祝即兴发挥的现象也不利于宫中祭祀规范化的要求。另外，满族萨满祭祀除了吸收周围民族的信仰成分之外，主要是满民族对自然神的崇拜，不同的部族会有不同的崇拜对象，清宫萨满祭祀的对象实际上是不同部族一些重要神灵崇拜糅杂混合的产物，一些尊神祝词虽然流传下来，但是由于祭祀者对其崇拜对象已经不熟悉，甚至连崇拜对象是谁都不清楚，一些人对于祭祀仪式中传统的仪轨的形成和意义也不甚了了。鉴于此，乾隆十二年（1747 年），清高宗下令编纂完成了一部满文《满洲祭神祭天典礼》，将满族萨满祭祀正本清源，并将其活动规范化和制度化。乾隆四十二年（1777 年），将其译为汉文，并收在《四库全书》中。

根据这个经典的记载，坤宁宫萨满的祭祀活动主要有：每年正月初一日三更，皇帝、皇后到坤宁宫朝祭和夕祭神位前拈香行礼，称为行元旦礼。坤宁宫元旦行礼，帝后几乎每次都亲自出席，有时帝后率王、贝勒、贝子等出席磕头，仪式最为隆重，其他活动帝后不一定都出席。日祭，也就是常祭，除了皇上祭祀坛庙、斋戒和忌辰、清明等禁止宰杀的日子以及每年十二月二十六日坤宁宫的神位送到堂子祭祀后，宫内的日祭就会暂停外，几乎每天都有的祭祀，以净水献神，主要包括朝祭、夕祭、背灯祭。月祭：每年正月初三，每月初一是月祭的时间，祭祀内容以朝祭、夕祭、背灯祭的仪式为主，加上次日的祭天仪式。月祭的仪式最为古老，它包括了萨满祭祀的所有内容。报祭和大祭：报祭在每年春秋二季立杆祭前二日进行，其仪式与日祭相同，报祭是大祭前的准备和演练。大祭是每年春秋二季在堂子内立杆祭祀时（每年春秋二季月初，或二、四、八、十月，或在该月上旬选择吉日于堂子立杆大祭），坤宁宫进行的大型祭祀活动。大

祭的第二天在坤宁宫前庭举行祭天活动，至此，整个大祭才正式结束。另外，一年春夏秋冬四季还有献神活动，在宫外西边陈设白马二匹，东边陈设牛二头，并在宫内的朝祭神位前供桌上铺设缎布，上面供献金银；再移到夕祭神位前，三天之后，除银留下外，其余金、缎布、牛、马全部出售，将卖得银两再买猪祭神祭天。坤宁宫树柳枝求福神，包括朝祭求福、夕祭求福、为婴儿求福（包括朝祭和夕祭），主要为皇帝、皇后和皇子等求福祭祀；背灯祭献鲜祭祀，包括春季献雏鸡，夏季献子鹅，秋季献鱼，冬季献雉等；祭马神室祭祀也几乎每天都有活动举行，头一天为皇帝所乘的马匹举行朝祭和夕祭仪式，次日为皇帝的马群繁衍不息而祭。总之，坤宁宫一年四季祭祀频繁。

清宫显然将这种游牧民族对自然神信仰的崇拜仪式作了进一步的程式化和规范化。例如：传统满民族的迁徙不定的特点决定了他们的祭祀可以随时随地进行，而不像清宫中这样地点固定。这个古老的特点即使在清宫中也还是有所保留。以紫禁城为例，萨满祭祀的场所包括坤宁宫和神武门内往西的祭马神房，还有宫城边上的堂子。皇帝到达热河、盛京和畅春园时也会临时有祭神活动。已经成年且有了亲王、郡王等爵位的皇子在府宅中独立祭神，尚未成年在紫禁城中居住的皇子居室内均设有神龛，并在庭院中设神杆祭祀。因此，紫禁城中除了皇帝、皇后的萨满祭祀场所外，在南熏殿、咸安宫等处还有宫中皇子们的祭神点。清入关前和入关后相当长时间，有这样一种规定：每年春秋二季皇帝立杆祭神过两三天后，亲王以下，入八分公以上的皇室亲贵按班次由清宁宫或坤宁宫恭请朝祭和夕祭神位到各自府宅中进行祭祀。另外，在立杆祭祀那天，堂子祭祀完成以后，各位皇室亲贵轮流将神位请回各家祭祀。直到月底才回到宫中。这种情况，一直到康熙五十七年（1718年）圣祖才下令停止这种轮流作庄祭祀神位的传统，以提高皇权的威信。雍正时期，世宗允许怡亲王允祥恭请神位至王府内祭祀，在当时已经是莫大的恩宠，一般人是不会有这种待遇的，这是一种特例。到乾隆时期，正式颁布祭祀规程以

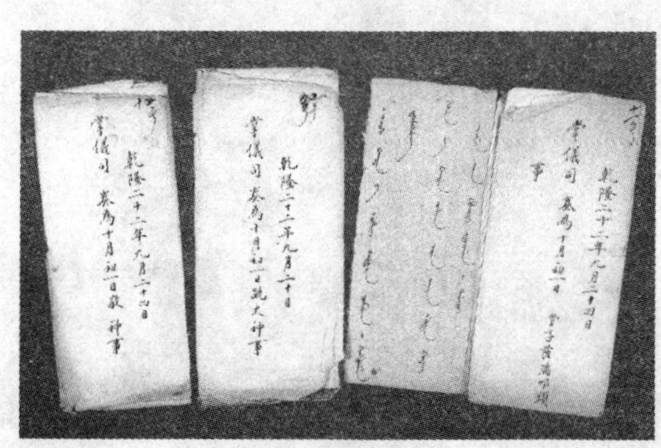

祭堂子等奏件档案

坤宁宫内的萨满祭祀场所

后，再也没有出现过这种情况。

明代坤宁宫是皇后居住的正宫，共有九间，清朝入关以后，为了满足供神和祭祀的空间要求，将坤宁宫的明间和西间共四间改造成萨满祭祀的神堂，正门也由正中移到东一间，剩下东暖阁两间作为皇帝大婚时临时居住的洞房。这与满族寝宫和萨满祭祀并住的传统是一致的。神堂的东北角隔出一小间，内有煮祭肉蒸糕的三口大锅，锅台前窗棂钉子上挂着煮福肉的匙、铲、钩等铁厨器，东南角的东墙上供有灶君神位。厨外墙边放有做供品打糕的打糕石和榆木榔头。神堂南北西三面围炕，这是典型的关外满族居室的传统。西炕西墙正中供奉朝祭之神，北炕北墙西角供夕祭神位。另外，坤宁宫神堂西墙外还有一间存放佛亭、神像和祭祀用品的专室。坤宁宫门前，交泰殿后还保存着当时立杆祭祀的石础。

坤宁宫祭祀的对象都是以朝祭神和夕祭神为中心。朝祭神为释迦牟尼佛、观世音菩萨、关圣帝君；夕祭神为穆哩罕神、画像神、蒙古神。显然，像释迦牟尼佛、观世音菩萨、关圣帝君等尊神吸收了汉民族信仰的特点。其神位的设置是这样的，在朝祭神位供奉的西山墙上部正中钉有雕龙头髹金红漆三角架一对，祭祀前以黄棉线绳穿系其上，悬挂镶红片金黄缎神幔。神幔

萨满祭祀布偶神像

南边摆放供佛用的髹金小佛亭子一个。靠近佛亭在神幔上向东悬挂观世音菩萨像、关圣帝君像。朝祭结束后，菩萨和关帝像分别放入红漆、黄漆木筒中，放在西山墙绘花红漆抽屉桌上，等下次祭祀展开。夕祭神位供奉在北炕上，祭祀前将一个黑漆架放在炕上北墙根，用黄棉线绳系上镶红片金青缎神幔。将穆哩罕神自西向东放在架上。画像神悬挂在神幔正中。蒙古神是一对布偶神，放在黑漆架左边（东边）一个有靠背的漆座上，座上铺红片金褥。夕祭神位均坐北向南。祭祀完成后，将画像、蒙古神、穆哩罕神装入红漆匣内，放在绘花黑漆桌上。

在上述的祭祀仪式中有两个主要活动内容是不可缺少的：一是通过歌舞来赞神或者说是悦神，即求得神灵的帮助和支持；二供奉煮熟整猪取悦神灵。宫中祭祀用猪数量很大，除了停止祭祀的几天外，每次祭祀都要用猪。如：日祭中朝祭二猪、夕祭二猪。大祭第二天的祭天用猪五头。一年下来，用猪数多达500头。祭祀用猪多从宫外购得，先在神位前献过，在殿内宰杀后放在神厨的铁锅内煮熟，切成细块，放上一双筷子，供在神位前的供桌上。等祭祀活动结束后，将撤下的肉盛于铜盘内，于长桌前依次摆放，帝后在场时，由帝后食，帝后不在场时，由值班大臣、侍卫等食。遇上祭天时，还要立神杆祭祀。坤宁门外东南立一楠木神杆，杆长一丈三尺，杆上有半径七寸、高六寸的楠木圆斗。祭前，将杆向西倒卸下，将旧祭物取下，穿上新猪颈骨，将精肉、胆均洒米装入楠木斗内，立起神杆。宫内的神杆并不像堂子神杆那样使用从延庆采集来的松木，一年一换，而是长期使用。神杆圆斗内的东西多被乌鸦食用。因为满族人相信，乌鸦就是他们的祖先。所以立杆祭祀有祭祖的意义。

萨满教是整个北方草原民族普遍存在的一种多神崇拜的信仰，对于这种信仰是否属于宗教还有很多的议论，因为它不符合宗教的基本概念，属于一种比较原始的自然神崇拜信仰。但它对于清帝而言，这种信仰一直保存在坤宁宫皇后居住的场所，其政治意义恐怕要多于宗教意义。

坤宁宫后是御花园，中轴线上有一处道教建筑——钦安殿。根据明代实录的记载，明成祖修建了钦安殿，为的是供奉道教北方神玄天上帝。弘治十一年（1498年），钦安殿重修，嘉靖十四年（1535年），明世宗为之增建围墙和天一门，形成了今天的规模。有专家认为，整个御花园并不是皇家取境自然的园林特色，而是以钦安殿为中轴的对称布局，究其原因，其构思的核心是为了突出北方真武大帝的供奉。例如在御花园的东北角和

钦安殿内景

西北角原来各有乾清宫东西七所两种建筑，表现北方七宿拱卫玄天上帝的天象，后世将七所改为五所，到清代，乾西五所也已经改得面目全非。尽管如此，当初御花园的布局有突出玄天上帝崇拜的思想是毋庸置疑的。

钦安殿的主神是玄天上帝，也叫玄武大帝，真武大帝。本是古代神话传说中的北方星宿神，与青龙、白虎、朱雀合起来组成四个方位的神。据说上天二十八宿中北方七宿形状很像龟蛇形象，所以北方神玄武常有龟蛇相伴。龟蛇身上均有鳞甲，很像过去武士们穿的铠甲。因此民间又传说玄武是镇守北方的神将。宋元以来，民间对真武大帝的信仰非常盛行，促使他最后成为道教的重要尊神。道藏经典中宣称真武曾经脱胎降生为净乐国太子，长大后入太和山修道 42 年，功成飞升。玉帝听说了他的勇猛事迹，命他镇守北方，统领神兵降妖伏魔。世人如果遇有灾难，只要供奉真武大帝，念诵他的真经，真武大帝就会显灵，驱邪伏魔，获福众生。其形象是披散着长发，手持长剑，脚踏龟蛇，身着黑色大袍，他的侍从们都身着黑衣。在道教中，黑色主水，即能生水，有生水灭火的职能，是保护皇宫免于火灾之神。殿内正中供着三座大龛，均罩黑缎绣幔，龛内各供一尊一人多高的玄天上帝坐像。正中的一尊为明亮的黄铜镀金造像，尊神面相超逸，

形容洒脱。手持铁剑，披发，着长黑袍端坐。从此尊的细部特点来看，应是明代的原物，极可能是成祖时期的旧物。两边两尊大小相当，但艺术水平则差出很多，显然是清代的作品。据钦安殿的档案记载，这些像以及两边的关公像和春夏秋冬神牌均是乾隆三十二年（1767年）增供的造像。

紫禁城对玄天上帝的崇拜始盛于明成祖时期。在明太祖朱元璋去世后，其孙即位，为建文帝，当时还是在北京驻扎作为燕王的朱棣借故起兵到南京争夺皇帝宝座。据记载，起兵时，他借助了这位北方神将的威名大造舆论。据明代史书的记载，当朱棣集合部下将士，祭旗誓师准备出发时，突然风云四起，天昏地暗，天上旌旗蔽日，有披发神将显现。朱棣问他的谋士姚广孝："天上是何神将?"姚广孝说："这就是我的上师真武天神!"于是，朱棣自己也散发披肩，仗剑相迎，仿效玄天形象，以鼓舞士气。将士士气大振，以为有天神相助，无事不成。在后来的作战中，他又制造了好几次真武神护佑的神话。由于真武大帝护佑之功，燕王登上宝座成为明成祖以后，极力将自己神化，在武当山仿自己的形象造玄天上帝像一尊，其形象可以与钦安殿的铜像相比较，二者也极为相似。可见钦安殿玄天上帝像也有明成祖的影子。这样我们就能很好地理解为什么宫中对玄天上帝的崇拜如此流行并打破常规将其安置在中轴线上了。明代宫廷中有关钦安殿的玄天上帝还有一则传说，明世宗时宫中大火，玄天上帝从龛中走下来，站在东北角上默默救火，据说现在石头上还

玄天上帝及眷属画像

留有两只脚印。晚期明毅宗时决意打击宫中的宗教活动，将很多的佛教和道教造像法器移出宫外供奉，唯独钦安殿一点没动，可见其地位之高。

现在钦安殿内除了正中大像外，还有一些明代遗物，如：做法事用来召摄神魔的木神牌和青玉神牌、明代的大缸，可能是用来盛放净水使用的。还有几尊铜铸众神，作文臣、武将打扮，分别执七星旗、宝剑、经函等，其西南角所挂大钟铸有“大明弘治庚戌季秋吉日制”款，是明孝宗弘治三年（1490年）所铸。

清代虽然对于道教的热情较明代有所减弱，但是宫中道教活动并没有明显减少，尤其是对玄天上帝的崇拜直接从明代继承下来。满族兴起于东北的白山黑水之间，以一个弱小的民族建立一个强大帝国，他们自然将自己的北方发祥地与玄天上帝的护持联系起来，所以宫中对它的崇拜丝毫不减。康熙五十二年（1713年），钦安殿内部陈设糟朽，清圣祖下令从内府拨出银两更新陈设并进行了局部维修，并为26名道士、太监更换了道袍。雍正元年（1723年），皇太后突然去世，清世宗特别下令让皇家道士在钦安殿内陈设香灯，跪诵《高上玉皇本行集经》、《太上诸品仙经》、《朝礼太乙慈尊宝忏》，为皇太后的亡灵作追荐仪式，所以将其中的铜五供（香炉、花觚一对、蜡阡一对）、瓷供碗等法器均重新烧制更新。到乾隆时期，钦安殿也多次增加了供器。除了将钦安殿的主尊从一尊明代玄天上帝像增加到三尊外，还在中龛两侧供奉从广东贡来的一对珐琊太平有象（大象驮宝瓶）。在中龛前供一雕漆盒，上书“大清乾隆季敬制”，内装一函，内供二部道经：一部经叫《御书黄庭内景经》，是乾隆十年（1745年）在圆明园的九洲清晏清高宗御笔亲书；第二部经叫《御书黄庭外景经》，是乾隆九年高宗御笔。二十七年（1762年）在钦安殿供奉了大鼓，三十五年（1770年），钦安殿安幡杆，并在杆上

清宫铜嵌石五供祭器

放置道经用来祈福。

钦安殿的祭祀活动更是频繁。至少从康熙年开始，钦安殿已经成了宫中道教祭祀活动的中心。这里的祭祀活动分为两类：一类是固定活动；另一类是临时活动。固定活动有每月朔、望（初一、十五日）由宫殿监派人在钦安殿拈香祭祀；立春、立夏、立秋、立冬在殿中设供案，奉安神牌，帝后、妃嫔等行礼；元旦皇帝亲自到钦安殿拈香；二月初一日祭日；七月初七日七夕祭牛郎织女；八月十五日祭月。这是一年四季必有的活动，但临时活动也不少，康熙五十七年（1718 年）皇太后去世，于正月三十日举办七天冲举道场；雍正十三年（1735 年），清世宗六十大寿，钦安殿大作祝寿法事七天。其他如帝后生辰、忌辰等日活动都极为频繁，如清仁宗去世后，宣宗为他做了一套完整的道教法事；仁宗是七月二十五日去世的，八月初一日至初十日连做九天道场；于九月十九日到二十五日做了七天六十日道场；于十月二十九日到十一月初五日做七日百日道场；于次年七月十九日到二十五日做七天周年道场，于九月初八日到初十日做三天冲举道场。其他相似的活动之频繁可想而知。钦安殿设有正副掌坛太监保证日常供香和洒扫活动。除一些小型固定活动由宫殿监负责之外，大型活动则由江西龙虎山正一道在北京的提点主持，如著名的正一高道娄近垣因深得清世宗的信任，被封为龙虎山四品提点，兼掌皇家道观正大光明殿、东岳庙和钦安殿。

围绕钦安殿一带还有一些道教场所。如钦安殿西边的澄瑞亭供斗坛，后面的位育斋除正中一间供佛外，两边都作为法官（做道场道士的称呼）临时休息室。前面的千秋亭作为举办道教法事的场地。与之相对的万春亭供关公。斗坛的供奉是一个很复杂的宗教现象，它是一个道教祭祀活动，主供道教的斗姆之神，但由于它的神格与佛教中的摩利支天相近，往往混在一起，所以宫中斗坛内藏传佛教中的摩利支天和道教的斗姆一同供奉，在雍正在位后期，特别是九年以后流行，宫中如乾清宫、养心殿和中正殿都设有斗坛。另外，在东六宫中也有一处道教殿堂——玄穹宝殿。这里供奉的是道教的最高神昊天上帝。此殿据考证在明代是内库房，并没有道教场所，顺治时，改建为道观，乾隆十六年（1751 年），曾经对其进行过较大规模的装修。相比而言，这里的道教活动不如钦安殿频繁，活动要少得多，常见的有天腊道场、天诞道场和万寿平安道场等。其中天腊道场是由宫外道士举办，其余则由太监道士完成。昊天上帝在道教神系中地位很

高，但是在信众中知名度并不高，其临时活动除了帝后生辰、忌辰外，还有祈雨的功能。这两处道教殿堂基本上就是紫禁城中主要道场。

第三节 皇帝的私人佛堂

紫禁城中重要道场以佛教为主，尤其是藏传佛教的佛堂数量最多。穿过乾清门广场西侧的隆宗门，便进入了紫禁城的外西路。在这一带有两个重要的佛教区，往西北去是中正殿一区，这是皇帝的佛教区。往正西去是皇太后佛教区。

我们先介绍皇帝佛教区。这一区有一座标志性的建筑——雨花阁。雨花阁修建于乾隆十四年（1749 年），第二年基本完工。以后内部陈设和装修陆续进行。它是清高宗建筑最早的藏传佛教佛堂之一。

故宫最大的佛堂——雨花阁

这是一座高耸的建筑，顶上有一个铜甘露宝瓶，铜瓦覆盖，四个屋脊上安了四条奔走的铜龙，在阳光的照耀下十分醒目。从它的南门春华门进去，

站在它的面前，我们只能仰视它的丰采了。从外表看它是一座纯汉式的建筑，共是三层（从里面看它有四层，最下一层和第二层之间有一夹层），最高一层挂匾："雨花阁"（清宫档案中常作雨华阁），铜瓦覆盖，第二层挂匾："普明圆觉"，最下一层匾在抱厦内，名为"智珠心印"。沿着大殿的四周转一圈，我们很容易找到作为藏传佛教殿堂的痕迹：细看其檐下的金汁绘西番莲纹装饰图案、柱头所挂的怪兽面、柱间跃动的龙身、椽头的郎扎体梵文咒、檐下所挂小铃铛和镶嵌的木板雕双龙戏珠纹饰等，都具有浓厚的藏传佛教建筑的装饰特点和象征意义。在第一层檐上，东西两侧各有木雕红色佛塔八座，应是释迦牟尼佛八圣迹的象征。传统将释迦牟尼的一生从出家至涅槃分为八个重要的时期，每个时期分别用一座塔来表示，这就是八种圣迹塔的起源，这种八塔供奉的形式从未见于汉地寺庙建筑中，而在西藏大寺院中往往将八座大塔安排在寺院入口处的正前方，雨花阁显然是借鉴了这种形式，但又根据宫中地方较窄的特点将其移到大殿两侧上面，既体现了西藏的特点，又符合宫中的特色。

雨花阁一层檀香木雕圣观音像

推开厚重的大门，进入了一个清凉的世界，这是雨花阁的前抱厦，正面有匾联："智珠心印"，两边有一对联："花布妙香霏四种，金涂杰阁现诸天"，均是清高宗御笔，紫檀木雕刻字体并镶嵌而成，时间愈长，其色愈黑，愈发古朴雅致。正面有一排佛塔，正中一座是紫檀木塔，正中供奉着从西藏进贡来的旧铜佛像，两侧是两座粉彩磁塔，内部供奉着无量寿佛，再外两侧是描金木塔，其中供奉了数百尊泥制的小救度佛母像，右塔供绿度母，左塔供白度母。再外两侧各是一座珐琊塔，供无量寿佛。在众塔的包围中，供奉着林林总总的供器，都有一人多高，有珊瑚树、铜五供等。供器正面有一龛，龛内原供三尊金佛，可能是在清末遗失。供桌上的坚果、吉祥八宝、小铜佛像等依然保持着乾隆时

铜间镀金章嘉国师像

期的原状。正龛右侧供奉着一座银质藏式大塔，左侧供奉一尊檀香木圣观音菩萨像。这尊雕像的来历非同寻常。我们知道，在布达拉宫有这样一尊神秘而神圣的圣观音像，五世达赖喇嘛修建布达拉宫时专辟一殿来供奉它，就叫圣观音殿。据西藏传说，此像是公元7世纪时用尼泊尔南边境内产的一株栴檀树所造的四尊观音像中的一尊，这四尊观音像分别叫满愿、顶阁、彩金和世自在观音。满愿观音像现在保存在西藏自治区吉隆县境内的观音寺内。世自在观音，也就是我们所说的圣观音像保存在布达拉宫内。剩下的两尊保存在尼泊尔。圣观音菩萨到西藏后一直作为圣物供奉，虽历经历史沧桑，却未丝毫损伤。三世达赖喇嘛时，作为礼物送给蒙古王供奉，但此像走到哪里，哪里就灾害频繁，直到五世达赖喇嘛大力修建布达拉宫后，才回到拉萨，从此未尝移动过。这种复杂的经历，使这尊像蒙上了更加神秘的色彩。历辈达赖喇嘛常让人做其模型，送给尊贵的客人和重要的寺庙。例如，雍和宫于乾隆九年（1744年）改建为藏传佛教寺庙，此事在当时极为轰动，西藏方面极为关注，纷纷上书送礼品表示祝贺，圣观音像的复制品就被作为贺礼送进，供奉在雍和宫。乾隆十七年（1752年），此像作为达赖喇嘛的贺礼从西藏送进宫中供奉。从其造像的艺术特点来看，此像的确有尼泊尔古代7—8世纪造像艺术的特点，如独特的发髻、方形耳环、冠中站立的佛像、面庞略有一些女性味道等。显然附在此尊造像上的神圣传说中也有历史真实的一面，即这尊造像不是西藏的作品，而是一尊古代尼泊尔的舶

雨花阁一层的坛城

来品，流入西藏后被神圣化而已。在圣观音菩萨前的供桌上，供奉着六世班禅大师给清高宗写的奏书和他献来的一幅吉祥天母的唐卡。六世班禅大师于乾隆四十五年（1780 年）从西藏千里迢迢赶来北京为清高宗七十大寿祝嘏，后不幸在北京去世。这些遗物都是六世班禅大师进京朝觐这一历史事件的重要见证。

在前厅的最后部分有三座高达 4 米的大坛城。雨花阁坛城是在大殿陈设完成之后，于乾隆十九年（1754 年）设计和供奉的。开始做之前，西藏布达拉宫已经做完了三个分别供奉着密集金刚、上乐金刚、大威德金刚的大坛城，均用贵金属铸成。清高宗还派人送去宫中所做的牌坊给这些坛城作为装饰，以示庆贺，所以宫中拿到这些坛城的蓝本很容易，而且也有很多这样的先例。可以肯定，这些坛城就是以布达拉宫的坛城为模本制作的。这些坛城均是由色彩纯正的官烧珐瑯零件组合而成，反映出当时高超的珐瑯烧制技术，可以想见，当时的制造成本极为昂贵。坛城外面罩以紫檀木框玻璃罩，下承汉白玉石台座，共用紫檀木九万三千二百余斤，费银二万余两。紫檀木除宫中旧购的外，还专门从广州海关新购了五万六千四百余斤，以补不足，其中分别供奉的是藏传佛教格鲁派所推崇的三大本尊：正中为密集金刚、左边是大威德金刚、右边是上乐金刚。坛城后面是三个落地罩门，木雕盘龙式，表面髹漆。过罩门，进入了一个光线晦暗的空间。从前厅部分来看，一层大殿本来高大宽敞，但一层后部隔出一个阁楼，称为仙楼。仙楼栏杆正面有乾隆御笔泥金书大字，曰："西方极乐世界阿弥陀佛道场"，两边分别为磁青纸泥金书满、蒙、藏三种文字的阿弥陀经一节，指示佛堂的第一、二层所供佛像的特殊含义：即应以供奉阿弥陀佛为主题的佛教尊神为主，跟宫中其他很多佛堂一样，为皇室祈寿、为国运长久而祈祷是其重要的内容之一。

这样从后部开始直到顶层共分为四层。为什么要这样做呢？这还要从藏传佛教密教修行的思想说起。藏传佛教历史悠久，形成很多不同的教派，如元代推崇萨迦派，明代较重嘎玛嘎举派，清代对格鲁派（黄教）格外宠信。所以清宫所有的藏传佛教佛堂均是格鲁派教义的体现，基本不存在其他教派的影响。根据格鲁派教义，密教修行应遵循由浅入深、循序渐进的原则，因此该派将密教修行的过程由浅至深共分了四个阶段：即事部、行部、瑜伽部和无上瑜伽部。每一部都有核心的经典必修，重要的密修仪式要实践，这些修行仪轨和密教经典所反映的主要尊神就成为这些不

雨花阁一层正龛所供铜像

同修行阶段的标志。雨花阁后部的四层所要反映的正是这种修行理论，但它不是将经典搬来供奉，而是将这些经典所反映的主要尊神做成立体的铜佛像供奉在每一层的中龛内，以代表密教修行所应遵循的重要经典和仪轨。清高宗对于密教四部思想的了解多半来自于他的国师三世章嘉呼图克图，雨花阁修建的设计思想也与他有密切的关系。章嘉活佛系从康熙时来京任职，因为调和蒙古各部纷争贡献突出，深得清圣祖的赞赏，赐封为国师，成为内蒙古到青海广大地区藏传佛教的最高领袖。至三世转世时，清世宗将他接进宫中与皇子弘历朝夕相处，二人感情颇深，清高宗弘历即位当年（乾隆元年，即公元 1736 年），就任命三世章嘉作为北京的掌印扎萨克达喇嘛，成为中央认可的最高阶位的大喇嘛。大约在乾隆十年（1745 年）左右，章嘉为他授秘密上乐金刚灌顶，二人结为上师与弟子的关系。章嘉学识超群，深得清高宗信赖，宫中很多佛教活动都离不开他的影响，成为清高宗发展宫中藏传佛教的顾问和导师。雨花阁就是其中一例。

现将逐层情况简要介绍如下：

第一层又称智珠心印层，正龛中间供奉九尊铜佛。龛的左右外侧是金泥书满、蒙、藏、汉四体文字对照的题记。汉文内容为：“此层供奉智行品佛，应念智行品内无量寿佛、四臂观世音菩萨、尊胜佛母、白救度佛母、

积光佛母、大悲观世音菩萨、绿救度佛母、随求佛母、白伞盖佛母等经。”

现将龛中9佛的排列位置列表如下：

西	随求佛母	大悲观世音菩萨	白救度佛母	四臂观世音菩萨	无量寿佛	尊胜佛母	积光佛母	绿救度佛母	白伞盖佛母	东

智行品，又称事部，是密教修行的第一阶段，所以诸尊面相慈和，形同常人，多作菩萨妆束，对初修密法的人来说，他们跟显教之神差异不大，心理上易于接受，不会产生太大的反差。由于这一层有为皇帝祝寿的主题（前面提到的仙楼栏杆正面所书的阿弥陀佛道场），诸神都具有强烈的吉祥福寿神的色彩，如无量寿佛、四臂观音菩萨和大悲观世音菩萨（即十一面观世音菩萨）、观音菩萨化现的白度母和绿度母等。其余的神也多是消灾祛病、护教保国类的神，如尊胜佛母、白伞盖佛母、积光佛母等。

铜像背后龛内墙上挂五方佛唐卡一幅。正龛左侧分别挂供护卫坛城十方护法神中的9位，相对的左边挂供的是21位度母中的9尊。其余的12位度母分布在二楼。西藏传统观音是男像，度母是女像，度母是从观音的泪水（也有说是从目光中）中化现出来的，他们慈悲的性格与观音没有什么两样，只是表现为女性，这种女性的度母更像是汉地的观音，因为汉地传统将观音表现为女性形象。观音菩萨神通广大，普渡众生，度母继承了他的职责和神通，所以跟观音一样有数量众多的变化身。21位度母中各位成员形象差别很大，表现的是她在救渡众生时所显示的不同形象，与观音一样，她们甚至还有108种度母变化像的说法。在佛教传统中，一种神形象越多，就表明该神越受信众的欢迎。观音和度母就是这样的尊神。

另外，宫中的唐卡除了绘画技法和所用的材料与西藏略有不同外，最大的不同是，清宫佛堂中，一面墙上的几幅唐卡往往裱成一大堂挂供，而在西藏它们虽然挂供在一起，但各自分开，并不连在一起。

每年的三月初八日、六月初八日、九月十五日和十二月十五日有喇嘛十五名在这里念诵释迦佛坛城经。

穿过正龛两侧的小门，是雨华殿的后抱厦，两边各有楼梯上二层仙

楼。这层正龛中也供奉着九尊铜佛，龛头的汉文题记曰：“此层供奉行德品佛，应念行德品内宏光显耀菩提佛、佛眼佛母、无我佛母、白衣佛母、蓝救度佛母、显行手持金刚、伏魔手持金刚，蓝摧碎金刚、白马头金刚、无量寿佛等经。”

现将龛中9尊佛像的排列位置列表如下：

西	蓝摧碎金刚	显行手持金刚	白衣佛母	佛眼佛母	宏光显耀菩提佛	无我佛母	蓝救度佛母	伏魔手持金刚	白马头金刚	东

行德品，即行部。这一层的主神是居中的宏光显耀菩提佛，它有一个更常用的名称叫“毗卢遮那现证佛”，或称：毗卢佛、大日如来等，是《大日经》的本尊神。其他8位尊神中有4位佛母和4位金刚忿怒式的神，与第一层形成鲜明的对照。随着密教修行的深入，这两类神会逐渐占据主导地位，代替温和慈祥的尊神。这是密法修行的需要，更是密教理论发展的标志。

每月初六日此层有放乌卜藏仪式。放乌卜藏是一种放烟祭神的活动，是西藏传统祭神驱邪的宗教仪式，在清宫中也极为盛行。

第一层和第二层中龛均供佛9尊，代表汉字的吉祥字“久”的发音，象征生命长久，天寿无极，国祚长远。

雨花阁二层正龛所供铜像

由于是夹层，空间低矮，光线愈发显暗，站在龛前手几乎可能摸到天花顶。有灯照看，可以仔细观察到独特的天花图案：每个方格内是郎扎体梵文的观音菩萨的六字真言咒，其间用十字金刚杵装饰，

具有浓厚的密教色彩。两侧各面墙体上均有唐卡挂供。除了有度母外，还有各种菩萨形象，这些唐卡随着墙面大小而设计，宽窄有度，大小不一，颇具匠心。由于长年供在黑暗之中，这些唐卡虽然历经二百余年却色彩鲜艳如新，恍如新绘，令人感叹。

第三层也叫普明圆觉层，正龛中供奉着 5 尊铜佛。龛头汉文题记为："此层供奉瑜伽品佛，应念瑜伽品内金刚界毗卢佛、成就佛、最上功德佛、普慧毗卢佛、度生佛。"

现将诸神排列的位置列表如下：

西	普慧毗卢佛	成就佛	金刚界毗卢佛	最上功德佛	度生佛	东

瑜伽部所供的神灵最常见的就是我们所熟悉的五方佛，即以毗卢遮那佛（大日如来，佛族）为中心，统摄阿闳佛（不动佛，刚族），宝生佛（宝族），阿弥陀佛（莲花族），成就佛（羯磨族），象征五佛五智的格局。此龛的中心神即是这个五方佛系统中佛族的代表金刚界毗卢佛。但它并没有完全按照五方佛的内容来布局，而是从西藏的信仰习惯出发，选择了另外一些经典的重要尊神一起供奉，如《一切恶趣清净仪轨》是宣示不堕恶趣、救度善趣的经典，颇受追求解脱的质朴的藏族信徒的偏爱，故流传极广。在一

雨花阁三层正龛所供铜像

般藏民的思想中，成佛毕竟是可望而不可及的事，他们最大的愿望就是尽早脱离六道轮回之苦，最少也不应堕入三恶趣的极坏界中，对普慧毗卢佛的信仰正好有此功效。其他尊神也是同样的情况。

此层供器中有一个小神牌极为引人注目，这就是清圣祖的“圣祖仁皇大成功德佛”泥金神牌，背面是高宗御笔五言古诗一首。这个神牌怎么会供在这里呢？原来，紫禁城西华门外北长街路东有一座鲜有人知的寺庙福佑寺。在清代，这里可是重要的皇家佛堂。清世祖时其幼子玄烨出生后不久，为了避痘（当时北方流行的天花病，由于传染性极强，往往致人死命，所以未出痘之前不可住在宫中），与奶妈住在此处。顺治帝去世后在讨论哪个皇子即位的问题时，年仅八岁的玄烨由于顺利出痘，有了对天花的免疫力，所以幸运被选为新的继位者，这就是清圣祖，或称康熙皇帝。圣祖去世后，清世宗将他的避痘所改为寺庙，这就是福佑寺。这个寺庙就是供奉圣祖灵位神牌的地方，长期驻守喇嘛。民国时，该寺收归国有，辟为班禅大师驻京的办事处，这些神牌只好改挪它处，于是溥仪命人将神牌供在雨花阁第三层。

明成化写经

此层还供奉了一件极为精美的明成化年写经。此经是乾隆五十八年（1793 年）三月二十二日供奉在这里的。此经是典型的藏式经典的装帧形式。梵夹装，长方形页面两面书写经文。此经与众不同的地方在于，它上下护经板是象牙雕刻的，护经板面上雕满了西番莲纹和佛教尊神，上护经板主要有密教本尊中最常见的上乐金刚、喜金刚、时轮金刚等多面多臂拥抱明妃的无上瑜伽部秘密形象，其一侧面刻有“大明成化年制”的款识，可证此经是明宫旧物，下护经板以布禄金刚等财神为主。另外，从经典的外侧也可以看到，四面殊绘佛教护法神和云气、人物等图案，这样的绘画除了有更加繁复的装饰效果外，还有一个独特的功能，即当经页放置错乱以后，观察外面图案是否完整就能察觉出来。仅从这一点来看，就可以看出此经制作独

具匠心，基本可以肯定这是明宪宗御用之物。打开护经板，有内护经板，上面用泥金字堆写出经名，两行文字，上面是藏文，下面是汉文。根据档案此经汉文名作《诸佛施食好事经》，施食是佛教供养饿鬼的一种仪式，此经以这方面的内容为主，不仅包括经典本身，而且还有仪轨的汉文注解，可能包括了当时明宫中主要日常藏传佛教祭祀活动的仪式。有意思的是，金汁抄写的经文以藏文为主，汉文除了小字注解文字外，与藏文对应的汉文只是藏文读音，并无汉文翻译。可以想像，明宪宗可能为了能诵读藏文经特别下令让人将其藏文经的发音用汉文注出。据明代史书记载，宪宗笃信藏传佛教，他常召藏僧进宫诵经做法事，赏赐也极为丰厚，赐封大国师、国师、禅师等称号，吸引了很多西藏的僧人纷纷来京居住，对当时宫廷的影响很大。成化时此经的制作是当时明宫藏传佛教极盛和奢华的反映。

每年二月初八日（即佛诞日）和八月初八日有十名喇嘛在这层念诵毗卢佛坛城经。

第四层中龛仅供奉三尊铜佛，龛头汉文题记为：“此层供奉无上品佛，应念无上品内秘密佛、威罗瓦金刚、上乐王佛等经。”

三尊铜佛的排列位置如下：

西	威罗瓦金刚	密集金刚	上乐金刚	东

此层中龛供奉的三位主尊、龛内的唐卡所绘尊神与一楼所供的三大坛城中本尊的次序完全一致：居中的密集金刚三头六臂，全跏趺坐，拥抱明妃可触金刚母。威罗瓦金刚九面三十四臂十六足，立姿拥抱明妃若浪玛，主面为牛头，最上有冷笑文

雨花阁四层正龛所供铜像

殊菩萨面，暗示此尊跟文殊菩萨的特殊关系。它是格鲁派最具有威力的守护神之一。上乐金刚四面十二臂，立姿拥抱明妃金刚亥母，广受西藏各教派的崇信。这三尊铜像各配了一座木雕的印度样式的背光宝座，形式古朴，造型典雅。背光后面有题记称，这些佛像都是乾隆十四年（即雨花阁开始修建的时间）奉特旨铸造。在正龛背后的墙上有一个大大的“佛”字，时间久远，字迹略有模糊，墨道里填的金色也基本脱落了，只有一些残余的金光，上面有“乾隆御笔”的印章。

以上三尊系金刚族最重要的神祇。在无上瑜伽部，金刚族诸神的地位达到鼎盛，双身忿怒造像成为主流，暗示藏传佛教修行中神秘而古老的性崇拜思想的存在。在西藏，无论是以其为修行对象的僧人或是一般信众，对此三尊均极为熟悉，且特别尊崇。

每年四月初八日有喇嘛十五名在这里念诵大怖畏（即大威德）坛城经。

总之，从元代藏传佛教引入汉地以来，清代的雨花阁第一次完整而系统地用立体造像的形式表现了密宗四部及其神系的思想。这在西藏也是绝对见不到的。也就是说，此楼与其他单纯功利性的烧香念佛的佛堂不同，它具有浓重的宣示教理成分，反映出清高宗对藏传佛教教理的初步探讨和思考。

八国联军侵略北京时，曾有侵略军进入雨花阁抢掠，但只是拿走了一些坛城里的小供器和嵌饰，匆匆而去，雨花阁原状基本未受损。总之，雨花阁是紫禁城中规模最大、建筑最为宏伟的藏传佛教佛堂，但由于它空间狭窄，并没有很多佛教活动在这里举行。

雨花阁前两侧各有两座双层配殿。东配殿曾经供奉了章嘉国师的银像，其中还有清高宗佛装像的挂屏；西配殿是六世班禅画像的供奉处。清高宗对六世班禅一行十分赞赏，在他不幸去世后，在他所到之处都挂有他的画像或供奉他的遗物，以寄托哀思。雨花阁后东北角是梵宗楼，是与雨花阁同时设计建设的，楼下供文殊菩萨，楼上供大威德金刚，楼上供箱内还收供了六世班禅大师来北京时向清高宗所献的火药枪，还有他所用过的马鞍、衣物等。此楼有明显的文殊菩萨崇拜的观念，藏传佛教中，大威德金刚是文殊菩萨为降伏作乱的阎魔，顺应百姓的祈请，化身与阎魔相近的形象，战而胜之，所以大威德金刚与文殊菩萨是一动一静、一寂一忿的关系，均是藏传佛教最重要的尊神。每月初一、十五日在这里供奉龙眼、白

果、松子、榛子、荔枝各一碗。

往后是昭福门，门内有一个大空场，正北是宝华殿，供奉救度佛母的佛殿。清晚期将通向后面中正殿的后门改为突出的单间后抱厦，供了一座铜佛亭，上有咸丰帝亲书“敬佛”二字。大殿前有一个空场，两边各立一座嘛呢杆，每年宫中仿西藏传统用绢印经咒和神像系在杆绳上作为祭祀活动的一部分。这里每年正月初三由 26 名喇嘛唪威胜天王经一日，并在十二月初七至初九约有 300 名喇嘛在宝华殿的左右配殿（即中正殿前东西配殿）唪救度佛母经，初十喇嘛 100 名在此念诵财宝天王等经。宝华殿后面就是中正殿和建福宫废墟，民国小朝廷溥仪时期，一场突如其来的大火将其焚毁一空。据说，清末太监们经常偷卖这里的器物，被溥仪发现，在他打算彻底清查的前一天，太监们为掩盖其丑行而纵火。无数的金银珠宝、绘画尊像、楼阁殿堂化为灰土。

宝华殿外景

现在我们看到雨花阁的壮观，却不知中正殿曾经是紫禁城藏传佛教活动的中心，其在宫廷藏传佛教中的地位要高得多。根据一些记载，中正殿在明代是一处道教场所，俗称道教三大殿，从永乐朝开始就是供奉道教神像的场所。清入关以后，将这一区由道教殿堂改为佛教寺庙，改供西藏佛教造像。康熙三十六年（1697 年）正式设立了中正殿念经处，作为管

理宫中藏传佛教法事活动和造佛像、画唐卡（西藏佛教卷轴画）的场所。这里每天都有京城和来自藏区和蒙区的喇嘛画匠（清代史料称他们是画佛像喇嘛）进宫服役，白天进宫干活，晚上各回寺庙休息，从内务府领取相应的报酬。雨花阁和其他宫中佛堂中的唐卡绘画、佛像制作主要都是由他们来完成的。清宫中佛教活动十分频繁，除了有每日、每月、每年定期必须举行的法事活动外，一些临时性的法事也相当多，如帝后忌辰、生辰，或遇有日食、月食等不祥天象、遇时不雨、淫雨不止、为新寺庙开光等，都会举行相应的法事来祈福或消灾，这些活动的经费预算、喇嘛召集、活动的时间安排、各相关部门的协调均由中正殿念经处统一管理。中正殿本身既是一个管理机构，又是一个佛教艺术中心，也是一个佛堂。

按照惯例，京城重要的皇家寺院每年元旦都要举行嗪迎新年吉祥经的活动。届时，到京朝觐的内外蒙古大活佛、驻京大喇嘛等均被编成不同小组在皇宫中念经，在定期的佛事活动中，以中正殿念经仪式最为庄重，其中至少有两项活动皇帝都要亲自参加：

一是腊八日，在中正殿下西边，设小金殿，也就是黄氊圆帐房。高宗圣驾出席，身边有御前大臣左右侍从，所有的喇嘛聚集在殿下嗪经。达赖喇嘛的代表和章嘉胡图克图来到高宗面前，为他拂拭衣冠，表示将他身上的邪恶不祥完全袯除，这种仪式活动藏文称为洞黎，是吉祥的意思，俗称为送岁。

二是十二月二十九或二十七、八等日子，中正殿前殿陈设各种供器和法物以及冠袍带履等法衣，当高宗圣驾来到小金殿时，喇嘛184人手上拿着五色纸旗，旋转着嗪诵护法经。又有喇嘛演扮二十八宿神及十二生相，或又有喇嘛扮演一头鹿（代表“禄”的音），众神将其抓获而共同分享，暗含“得禄”之义。大殿旁束草为偶像，佛事结束以后，众喇嘛抬着稻草人出门，送到神武门外，将其焚毁，表示一举将宫中鬼魅赶走，保佑皇室平安，国家安宁。这是一种藏族舞蹈，称为跳步扎，俗称打鬼。也有用面做人形，而不用草。这种打鬼仪式是清高宗从西藏直接引进的。这种念经活动将持续三日，每日念经喇嘛36名，三日共108名。这是紫禁城中规模最大的佛事活动了。另外，二十八日、二十九日、三十日每天都有36名喇嘛在殿前嗪迎新年禧经，三天共计108名喇嘛（这是佛教中一个神圣的数字，这样的安排肯定是为了迎合这一点）。

另外，像中正殿这种大殿都设有太监喇嘛，负责佛堂中的日常洒扫香

供，遇有大型法事就列入唪经队伍一起念经。最初这些太监喇嘛的大多数是通过中正殿念经处行文礼部，通过礼部征寻在河北近郊或山东一带净过身的人，待征召的新太监进宫后，被安排在北海永安寺学习，在熟练诵读约二十部佛教经典后，才能当太监喇嘛。学习过程相当艰苦，有些太监或天资稍劣，学习不好；或生性懒惰，不好好学习还会受到责打。乾隆后期，改由宫中太监内挑选出来一部分学经，不再招募新太监当太监喇嘛。

第四节 皇太后的佛道世界

下面我们要到皇太后区。这一区以慈宁宫为中心，南有慈宁花园，西面和西北有寿康宫、寿安宫和英华殿。这些宫殿中分布着一些鲜为人知的大小佛堂。其中最重要的是慈宁宫及其花园和英华殿。

慈宁宫一区从明代开始就是佛教活动区。到明世宗时期，由于他笃信道教，开始打击宫中的佛教活动。嘉靖十五年（1536 年）五月十一日他下令将宫中佛堂大善殿拆毁，改建为皇太后宫（即今慈宁宫），并将殿内所存的头盖骨（藏传佛教称嘎布拉碗）、佛骨、佛牙和各种法物一把火烧个干净。据时人记载，当时殿内上下存有旧塑佛像，都是一些“备诸淫亵之像”（藏传佛教无上瑜伽派的双身神，即俗称的“欢喜佛”），据统计当时共熔化金银铜佛一百六十九座。清代顺治、康熙到乾隆三朝分别经过三次修缮，形成现在的规模。清代慈宁宫大殿仅供奉了一座佛龛，后殿供了三尊高大的三世佛

慈宁宫后殿外景

和一组罗汉像，殿内有清圣祖题匾“万寿无疆”。解放后这里的佛像拆往现在河南洛阳白马寺供奉。后殿两侧也是佛堂，供擦擦佛像。慈宁宫有定期的一些念经和供巴苓活动。

慈宁花园是一个佛堂相当集中的地区。从北面进去，穿堂门右侧是慈荫楼，楼上供奉着全套藏文甘珠尔经，出穿堂门向南第一座形制方正、带有藏式寺庙檐下回廊的是咸若馆，里面三面有踏垛（木台阶式供台），108函藏文甘珠尔经就供奉在这里，墙上都是木制小佛龛，密密麻麻排满了泥制小无量寿佛（也叫擦擦佛）。大殿东配楼叫吉云楼，供有万余尊随求佛母的擦擦佛像，从四壁、天花顶上、柱间，到处都是，进入其间，如同来到佛国天界。西边是宝相楼，也叫六品佛楼，下文会详细介绍到。咸若馆前的空场就是慈宁花园的法事活动举行地。每逢有大型的唪经活动举行，喇嘛从咸若馆内抬出厚重的藏文经函，展开诵读，读毕再重新包好，供回殿内。

这里的佛事活动和太监喇嘛的数量与中正殿一样多，可见地位之高。由于慈宁宫一区所供的佛像既有汉传佛教（慈宁宫及其后殿），又有藏传佛教的，所以慈宁宫既设有太监喇嘛六名又设有太监和尚六名，住在由内务府提供的宫外房内，并不像其他殿的太监和尚、喇嘛那样住在宫中佛堂边上。太监和尚定期每天四次到慈宁宫念《金刚经》，太监喇嘛则在慈宁花园咸若馆前做法事，主要做巴苓供，平时上香念经活动十分频繁，每月初一、初六、初七、初八、十三、十五、二十五日，每日喇嘛七名，每月二十三日喇嘛二十一名在此念经。遇有皇太后、皇后、嫔妃生辰忌日等还要专门在慈宁花园念诵七日《药师经》。慈宁宫这一地区的汉传佛教传统主要是从明代延袭下来的，并不是清代创立的。而从满族入关以来，顺治的母亲、圣祖的奶奶、著名的孝庄

咸若馆内景

(太)皇太后就住在这里，她来自蒙古族，笃信藏传佛教，因此慈宁花园的藏传佛教传统的形成与她有密切的关系。康熙二十五年(1686年)，圣祖还特别让人为她造了一尊四臂观世音菩萨，至今仍保存完整。圣祖早年对佛教并没有明显的信仰倾向，对于皇太子参与佛事活动也屡加斥责和限制，但对于孝庄皇太后的佛教信仰则出于孝道并不干涉，甚至十分容忍。有一次，孝庄皇太后发生中风，圣祖急令御医前去诊断，孝庄清醒后，让人找来他的亲信喇嘛乃宁活佛为他诊治。可知，孝庄皇太后不仅信佛，而且还有自己私人高僧作为指导。清高宗重修慈宁宫时还特别在东围房南边建了一个小佛堂，专门供奉孝庄皇太后的灵位，不时派人念经。

乾隆四十二年(1777年)，清高宗下令将慈宁宫的太监喇嘛和太监和尚全部撤消，太监和尚移住中南海的万善殿服务。万善殿在顺治时期是清世祖与南方禅师一起修禅问道的地方，一直是汉传佛教的佛堂；乾隆时期改为宫中太监和尚的学校，成为专门培养宫中太监和尚的地方，皇家汉传佛教寺庙缺太监和尚时就从这里选派和尚前往学习。所以，慈宁宫太监和尚移住万善殿也是临时过渡，当其他皇家佛堂需要太监和尚时自然由他们补充。太监喇嘛改由中正殿念经处管理，如果遇有太监喇嘛缺出，就由他们补用，慈宁宫一区所有的佛事活动均由中正殿念经处调配，统一举行。这表明慈宁宫的佛事活动在乾隆后期有衰落的迹象。

英华殿位于外西路寿安宫的北边，是明宫以供奉藏传佛教佛像、绘画为主的佛堂，但这里最有名的不是佛像雕塑也不是绘画，而是院内种植的七棵菩提树。此树为明神宗的母亲孝定皇太后亲手种下的。在古印度佛教传说中，释迦牟尼就是坐在菩提树下成道的，后来的佛教艺术中常以菩提树象征佛的存在，因此用菩提子做成的念珠有特别的意义。遇有万寿节、元旦等重大节日，太后就让僧人们在英华殿内作佛事，佛事结束时，一人扮作护法大将韦陀，抱杵面北而立，其余的人身披缨络，击大鼓，吹长号、海螺等各种佛教乐器，高声赞唱经咒。到夜晚，这里按五个方向设立佛会，立五色伞，数十人鱼贯而入，

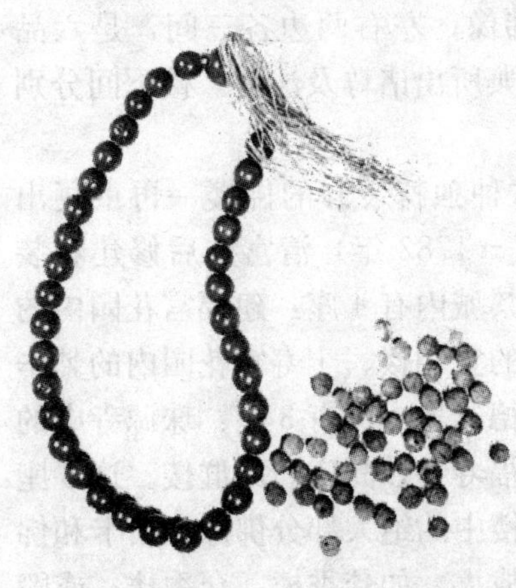

英华殿菩提子做的手串

来回穿梭，不断变幻阵式，速度越来越快，令人目不暇接。明《天启宫词》有诗赞叹云："此日英华法事停，鸣螺棒杵尽倾城。弓鞋不使连环变，彻底招花自在行。"清代，清高宗对英华殿的菩提树也颇为赞赏，并在二树间建碑亭，亭中立石碑一座，上镌御笔《英华殿菩提诗》，诗云："何年毕钵罗，植兹清虚境。经寻有旁枝，蟠拏芝幢影。翩翩集佳鸟，团团覆金井。灵根天所遗，嘉荫越以静。我闻菩提种，物物皆具领。此树独擅名，无奈非平等。举一堪例诸，树以无知省。"他还经常让人用英华殿所产的菩提子来做佛念珠，采摘菩提叶抄写佛经等。二树现今仍在，枝繁叶茂，树影婆娑。每年秋天都可以在树下捡到菩提子。如今，大殿内只剩下三座空佛龛和台座，只有几幅唐卡可以算是其中旧物了。英华殿也是清宫历史最为悠久的皇太后等女眷拜佛的重要去处。

上面提到的宝相楼，档案中也称其为六品佛楼。什么叫六品呢？在雨花阁部分，我们提到过密教修行的四部（四个阶段），也就是事部（智行品）、行部（行德品）、瑜伽部（瑜伽品）、无上瑜伽部（无上瑜伽品）。根据格鲁派的理论，无上瑜伽品又可以再分为两个小阶段：无上瑜伽品父续和无上瑜伽品母续。他们还强调，密教修行之前，首先要深刻学习和理解佛教基本教义，树立对佛教的坚定信仰，同时培养强烈的慈悲心和菩萨普渡众生的胸怀，才有资格和基础进修密法。所以他们将佛教修行分成了六个阶段：般若品（大乘佛教的智慧）和密教修行的五个阶段，通称六品。宫中六品佛楼的内部陈设比较统一，共七间，包括楼上下两部分，明间上供宗喀巴大师像，下供佛龛、塔或旃檀佛像；左右两边各三间，是六品间，每一间楼上分别供奉各部经典以及经典所出诸尊及法器，楼下间分别供奉各式佛塔一座。

六品佛楼是清宫重要的建筑形式，这种独特装修的佛楼一再重复出现，从乾隆二十二年至四十七年间（1757－1782年）清宫先后修建和装修了同样的六品佛楼达8处之多，其中紫禁城内有4座：建福宫花园内的慧曜楼、中正殿后淡远楼、慈宁宫花园内的宝相楼、宁寿宫花园内的梵华楼；长春园有1座：含经堂西梵香楼；承德避暑山庄有3座：珠源寺中的众香楼、普陀宗乘寺大红台西群楼、须弥福寿寺妙高庄严西群楼。这8座六品佛楼命运各不相同，其中，唯有梵华楼中的绝大部分佛像、唐卡和佛塔，甚至法器保存至今，其他各处或毁于战火，如梵香楼、众香楼；或毁于火灾，如慧曜楼、淡远楼；或楼虽在，但内中一切供器佛像、佛塔已荡

然无存，如普陀宗乘寺及须弥福寿寺；或文物流散在外，难获镜圆，如宝相楼。宝相楼虽保存了楼上供案上的九尊佛像，楼下的佛塔及唐卡，但楼上佛格中的732尊铜佛像在抗日战争时期随大批文物南迁，后留存于南京博物院，其详情难以知悉。所以我们的介绍还要以梵华楼为主。

宁寿宫内的梵华楼

从乾清门广场往东，出景运门外，过箭亭，就能看到一组建筑，这就是宁寿宫一区。这一区始建于康熙时期，乾隆三十六年（1771年）大规模增建，主要是清高宗为自己将来在位六十年以后准备退位当太上皇而建。梵华楼就在它的最北端一个不起眼的角落。它的位置与建福宫花园中第一座六品佛楼——慧曜楼东西相对。这里也像建福宫花园一样在高低错落的建筑中布置了大小多处佛堂。梵华楼只是其中很普通的一座，从外部丝毫看不出来它是一座佛堂。可能正是由于它不引人注目所以能够历经历史沧桑，基本完整地保存至今。

梵华楼是一座两层楼的建筑，楼下供一尊铜佛像，三面墙上挂释迦牟尼佛传故事的唐卡三轴，楼上供一尊檀香木胎红漆雕格鲁派大师宗喀巴像，三面墙上挂了有关他传记的唐卡。两边各三品间，由西向东，西三间分别代表：般若品、无上瑜伽部父续品和无上瑜伽部母续品。东三间分别代表：瑜伽品、行德品、智行品。上下六间每间均有满、蒙、汉、藏四体文字的题记，指明此间所供佛像或唐卡的内容及经典依据。每一品间按照

西藏佛堂都罡法式的格局模式，正中供珐琊塔一座，六间共有六座珐琊塔。六品佛楼中，以建福宫花园的慧曜楼建设最早，也最豪华，它楼下的6座塔分别用紫檀木、金、银、铜、玻璃、珐琊6种不同的材料制造，造价之昂贵，令人惊叹，可惜这些国宝级的佛塔连同佛堂均毁于大火之中。这些佛塔高昂的成本连清高宗也觉得负担不起，在以后的六品佛楼中陆续全部改供珐琊佛塔。梵华楼中第一间是覆体式塔，形式简洁，没有供佛；其他各间有密檐式塔、汉式楼阁塔、金刚宝座式塔、喇嘛塔等形式，无一重复，塔腹中均供有佛像。围绕着每一座塔，三面墙壁上均挂唐卡，唐卡的内容以本品重要的护法神为主。上有天井，直通二楼，楼上每间的东西两面墙上各有六十一个小佛龛，每龛中各供一尊红铜铸造小佛像，每间有小佛像122尊，全楼共有小佛像732尊。楼上正中（北墙）条案上各供9尊大铜佛像，都是此间重要的尊神，全楼共有六品铜佛像786尊。条案背后的墙上挂供一幅唐卡，所绘画的内容与供桌上的九尊一一对应。

梵华楼内佛塔

全楼上下具体供佛情况如下表所示：

	第一间	第二间	第三间	第四间	第五间	第六间
品　间	大乘般若品	无上阳体根本品	无上阴体根本品	瑜伽根本经品	德行根本品	功行根本品
楼上所供中心主尊	释迦牟尼佛	密集不动金刚佛	上乐王佛	普慧毗卢佛	宏光显耀菩提佛	无量寿佛
楼下唐卡所供中心主尊	白勇保护法	六臂勇保护法	宫室勇保护法	吉祥天母护法	红勇保护法	骑狮勇保护法
楼下珐塔内所供主尊		密集不动金刚佛	上乐王佛	药师七佛	摩利支天	尊胜佛母

楼上的这些小佛像都是批量生产，属于乾隆时期宫廷佛教造像中较少艺术性的作品，但它的价值体现在佛像的名称上。这些佛像形象各不相同，特征清晰，法器众多。在铜像莲花座的正面刻有每一尊的汉字名号，背后刻有它所属的某一品。我们知道，藏传佛教神众之多是其他任何宗教所不能比拟的。有学者甚至戏言，藏传佛教尊神的数量就是无数，因为总有新的神被创造出来。所以研究藏传佛教最大的难题之一就是如何识别不同的神，并给出它们正确的名号。梵华楼的尊神多选自曼陀罗和一些重要的组合神。由于每一尊佛像正面有汉文佛名，背面有所属品间，这些铜造像成为藏传佛教造像中目前最系统和重要的资料。根据这些造像我们不仅可以辨认出众多的佛像尊神，而且可以直接知道它归属于哪个品，哪个曼陀罗或神的组合，这是以前任何图像学资料所不可能做到的。梵华楼数量众多的尊神可以作为这种研究最重要、最直观的材料，可以想见它们的重要性。

梵华楼上小龛内所供铜佛像

六品佛楼工程浩大，数量如此之多，而长期湮没无闻，知者甚少，究其原因，主要在于六品佛楼是供佛而非礼佛处，室内室外空间狭窄，无法举行大型活动，因而各种史料记载不到。我们查阅清宫内务府的档案未见有大型活动记载，每年只是与其他宫中佛堂一样，定期上香，专人管理清扫而已。只有乾隆四十五年六世班禅来北京时曾到此拜佛，这是唯一的一次有历史意义的记载。六品佛楼实际上可以看作是雨花阁佛堂建设思路的延续，也是清高宗对于藏传佛教理解日趋深入的标志。由于这种六品佛楼具有很高的理论化色彩，所以我们很少能看到在其中有任何大的宗教活动的记载。这是宫中佛堂比较独特的一点。

从功利的角度看，乾隆皇帝耗费巨大财力，建造六品佛楼，梳理庞杂的藏传佛教神系，反映出他对藏传佛教信仰的高度热情和世俗心态。佛教

信徒都知道，供佛亦是一种福田，功德不小。工布查布编纂的《造像量度经续补·九造像福》中阐述最详。经中提到："若发信心念佛功德而造佛像，一切业障皆得消除。于生死中速出无碍……此人随于何乘而起愿乐，即于此乘而得解脱。若但为成佛不求余报，虽有重障而得速灭，虽在生死而无苦难，乃至当证无上菩提，获清净土，具诸相好，所得寿命，常有无尽。"这与清宫佛堂中多供无量寿佛、白伞盖佛母、药师佛、财宝天王等祈求财福吉祥、祛病免灾在心理上是完全相同的。

六品佛楼得以建成，章嘉国师功不可没。以梵华楼为例，藏传佛教神系纷繁复杂，要将其条理出来，工程浩大，在西藏本土也无先例，况且六品佛楼还要求将黄教的根本思想通过佛堂的布局、诸品神系的安排以及诸神图像学特征具像地、立体地表现出来，其难度可想而知。设计者必须对黄教教义有广泛而深刻的理解，对藏传佛教神系有清晰的认识和把握，对图像学有极为丰富的知识和实践经验，将这一切条件集中于一身的人非章嘉国师莫属。梵华楼就是他的精美作品。

第五节　宫中佛堂与皇帝信仰

以上只是蜻蜓点水式地将紫禁城中重要的佛堂及其功用作了简单的介绍。宫中佛堂远不止这些。

养心殿内佛堂内景

例如：养心殿在西六宫内，是清帝办公的重要场所，也是他们的卧室所在地。就在养心殿西暖阁后半部分，也就是在著名三希堂的后面，隐藏了一座小型仙楼式的佛堂，仙楼上供奉了藏传佛教的主要本尊神，如上乐金刚、密集金刚、大威

德金刚和五方佛等，每位本尊神都有一个相对独立的小隔间供奉，墙上挂满了配供的唐卡，仙楼环绕着一座木塔，塔内供铜无量寿佛。在后建的宁寿宫花园的养心殿也有布局和内容完全一样的一座佛堂。同样，在养心殿东西配殿从雍正朝就开始供佛，高宗修建宁寿宫花园时也同样将养性殿的东西殿改为佛堂。由于这一地区的重要地位，除了皇帝本人，没有其他人可能进入，所以我们完全可以排除皇帝为了政治作秀而建的可能，仅剩下一种可能，那就是皇帝本人的需要，建在他的旁边是为了便于经常性的拜佛活动。同样的，在圆明园和承德避暑山庄，只要是皇帝经常停留、居住的地方就有佛堂设置。

重华宫崇敬殿佛堂

另外，上文提到过，清代皇帝有将其先祖居所改为寺庙的习惯。如：清圣祖的避痘所改成了福佑寺，清世宗的雍王府改为雍和宫，迄今仍是北京城里最有名的藏传佛教寺院。弘历在当皇子时，住在重华宫，他的斋号叫“乐善堂”，就在重华宫的前殿——崇敬殿。崇敬殿东西暖阁各有一个佛堂。东暖阁是康熙时设立的，佛龛上还保留了清圣祖的御笔匾额和对联，匾曰：“意叶心香。”联曰：“莲花贝叶因心见，忍草禅枝到处生。”西暖阁是乾隆时期设立的，清高宗御笔匾曰：“吉云持地。”联曰：“满字一如心得月，梵言半偈舌生莲。”从这一对佛堂的陈设中，我们

可以看出祖孙两代对佛教的态度其实并没有很大的差别，只不过人们对清高宗信佛教知道得多一些，而不太承认清圣祖对佛教也同样是情有独钟。

我们知道，在建福宫花园有：慧曜楼、吉云楼（与慈宁花园中的吉云楼为同名异楼）、妙莲花室、如是室、凝晖堂等大小供佛场所，凝晖堂、如是室每年还有喇嘛做巴苓供奉的活动。在宁寿宫花园内有梵华楼、佛日楼、颐和轩东暖阁、乐寿堂楼上小佛龛、粹赏楼、养和精舍、云光楼、抑斋等处供佛。东六宫的毓庆宫是皇太子嘉庆读书的地方，这里面也有很多供佛的地方。寿康宫是皇太后的住处，其前殿的配殿中也有佛堂存在。紫禁城中这种供佛场所其实数量很多，只是有些缺少文献记载，我们还了解不多，但是需要提醒的是，宫中纯粹用于供佛的场所毕竟不多，大多数只是在殿堂一角取一个斋室名用来供佛而已。如：粹赏楼、抑斋、玉粹轩等处均有供佛像和唐卡的记载，但是这些地方并非全是佛堂。

通过上面的介绍，我们对紫禁城的宗教殿堂已经有一个比较清晰的轮廓。现在我们回到文章开头的问题，紫禁城中同时有萨满、佛教、道教建筑和宗教活动的存在，究竟说明了什么呢？明清两代帝后究竟有没有自己的个人信仰呢？

就个人信仰而言，汉族出身的明代皇帝明显受到更多的儒家思想束缚，从皇族的成员到朝中大臣，甚至普通臣民都希望皇帝是一位实现儒家理想的政治家，英明的君主，没有个人的宗教倾向。但是正如我们所知道的，明代皇帝个性非常鲜明，对于宗教有着强烈的追求和精神渴望，所以明代诸帝总是徘徊在佛教（汉传佛教和藏传佛教）和道教之间，不同时期，对于宗教的态度变化非常之大，如明武宗时对藏传佛教极为崇信，藏僧可以随意出入宫禁，他还召集信众，在宫中亲自演法，自封为“大庆法王”。明世宗刚即位时采取了一系列措施打击佛道过分泛滥的积弊，但几年后，态度突变，成为一名虔诚的道教信仰者，宫中的道教迷信活动达到登峰造极的地步。他深居内宫，不理国政达 20 年之久，专意斋醮修玄，甚至自号为“灵霄上清统雷元阳妙一飞玄真君”，与武宗有同样的癖好。晚年更加痴迷，凡是国家大事都由道坛扶乩求仙的结果来决定。他先后招数百名幼女进宫为他炼制丹药，最后身死丹毒，方才醒悟。他死之后，道教受到打击，对宫中的影响被削弱。再如：明毅宗即位时，受当时西洋传教士与朝廷中西洋学推崇者的影响一度信奉天主教。崇祯五年（1632 年），他下令让人将宫中历代供奉的佛道造像用麻绳、铁索拖曳出宫。此

举当然引起朝野上下的强烈反响，更是触怒了宫中崇拜佛道的传统势力。后来他的第五子慈焕身染重病，不幸去世。此事对他的打击很大，遂改奉佛教、道教。崇祯十四年（1641 年），他又下令将以前移出宫的佛像搬回宫中供奉，一切又恢复到从前的老样子。这种激烈的信仰变化对于帝国的民族政策、宗教政策影响很大，甚至直接影响到国家的稳定。紫禁城中佛道殿堂也是屡兴屡废。

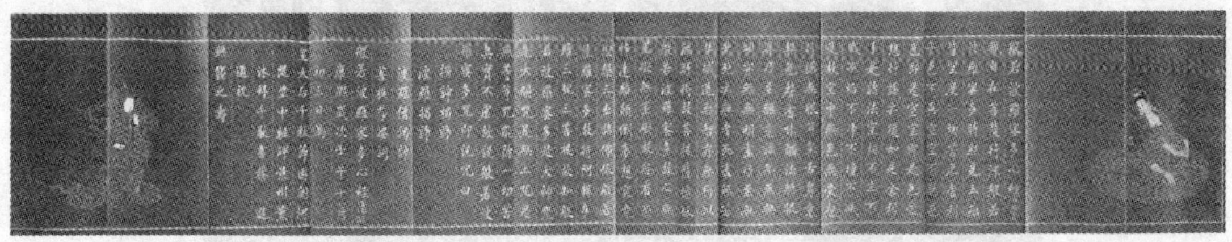

康熙御笔《心经》

相对而言，清代诸帝对于佛道的态度要成熟得多。我们大多数人可能都知道清人关第一位皇帝清世祖信奉汉地禅宗，曾在中南海万善殿接待禅宗大师，过从甚密，在宫禁万善殿中间佛法大意，遂心仪神往，并曾一度削发欲出家为僧，甚至死后都是采取了佛教的火化仪式。康熙三十年（1661 年）以后是圣祖信仰的一个大转折。这年开始，喀尔喀蒙古的大活佛哲布尊丹巴随他进京，一住就是十多年，圣祖与他交往很频繁，对他的才学十分欣赏。据说，圣祖身体欠佳时，还在哲布尊丹巴面前接受了无量寿佛灌顶仪式，拜他为师，修习藏传佛教的密法。他中晚年抄写《心经》每月两本，从未间断，直到去世为止。圣祖对于道教有特别的爱好是众所周知的事。他身边养了一些道士为他炼制丹药，对于道教的扶乩、算卦等事也极为热情。清世宗对于禅宗也有很深的造诣，在他修密参禅过程中也曾得到二世章嘉国师的指点。同时他还招集道士进宫炼丹，以求长生，有人认为最后他就暴死在服丹上。他们尽管有比较明确的宗教态度，但是并没有影响帝国的政治。高宗对于宗教的信仰我们已经反复提到过。其他皇帝的宗教倾向并不明显。目前传统学者们还不大承认清圣祖、清高宗对于佛教，尤其是藏传佛教有个人的信仰。这是一个复杂的学术问题。这里，我们不想过多参与这种争论。仅从紫禁城佛堂的情况来看，清代皇帝的佛教信仰是不可怀疑的，只不过他们在处理个人信仰与帝国统治的关系时表现得不像明代皇帝那样情绪化而已。换句话说，清帝对于佛教的信仰与前

哲布尊丹巴活佛像

朝帝王并没有明显的区别，他们一方面利用宗教的手段治理天下，另一方面宗教也成为他们生活中不可缺少的精神支柱。这就是皇帝作为政治家和普通个人之间的双重人格的体现。

第十三章

清代宫廷医药档案探秘

第一节　清代太医院

中医药学的发展源远流长。中国历代统治者都非常重视对医药的管理。据史书记载，黄帝时使用歧伯管理医药事务。周朝时设有医师、上士、下士，掌医务之政令。秦及两汉有太医令丞，主管医药。隋唐设太医署，宋设太医局。到了金代始设太医院。以后元、明、清都相沿设立太医院。

清入关后，依据明制，于顺治元年设立太医院，为正五品衙门，设院使一人，左、右院判各一人，御医十人，吏目三十名，医士四十人，医生二十名，以上均为汉缺。乾隆五十八年，特设满洲大臣一人，管理院务。以后历朝，医官人员各有增减。

清太医院官署仍沿明代太医院旧址，即在正阳门内以东东交民巷内。到了清末庚子年，因八国联军侵占北京，以后依据《辛丑条约》将此地划入各国驻华使馆区。因此，在地安门外以东，在协巡总局地址上建立了新署。

太医院供太昊伏羲氏、炎帝神农氏、黄帝轩辕氏等先医像，每年二月十一日上甲日，于本院之景惠殿祭先医。另外，为了便于御医们在宫中值班，于紫禁城东墙里侧，上驷院之北，设立“他坦”一处，（他坦，满语，休息处所之意）为御医在宫中值班休息之处。今已无存。

太医院的职掌是“掌考九科之术，率其属以供医事”。太医院主要为皇帝嫔妃、王子公主、王公大臣及宫内人员治病、施药。

太医院医术分九科：大方脉科、小方脉科、伤寒科、妇人科、疮疡科、针灸科、眼科、口齿科、正骨科。医官、医士、医生各专一科，轮班入直。

太医入直，给事宫中者，叫宫直。给事外廷者叫六直。宫直于内药房。六直即在宁寿宫、慈宁宫、乾清宫、钟粹宫、寿康宫、寿安宫六处待命，给宫内太监、嬷嬷等杂差看病。皇帝在圆明园、避暑山庄等处，御医都要随行奉侍。

太医院设有教习厅以培养医务人才。于御医、吏目内择学品兼优者，充当教习。凡进院业医及医官子弟，均送教习厅学习。同治六年，又设医学馆，派教习厅三人，按春秋二季考试医士、恩粮、肄业生，列定等次，按名顶补。六年一大考，除院使、院判及内廷侍直御医以外，凡八九品吏目、医士、恩粮、肄业等员一律考试。太医院堂官核其文理医学，分别去留。

太医院教习厅和医学馆培养人才的方法，大都以内经、脉诀、本草等书为基本教材，这种方法因循守旧。到了光绪三十四年，太医院院使张仲元奏请开办医学堂，教材中西医兼备，同时智育、体育、德育并重，以培养医药通才，供职内廷。计划先办中学班，学制五年。续办高等班，学制八年。中学班以中医为主课，兼学算学、生理、英文、理化、西医大要等。高等班以西医为主课，兼学中国医学、中医大要等。这样以中西医学兼备，培养医学通才的新方法是太医院历史上一次创举，也是中国医学一次重要的改革。

宫中设御药房，于顺治十年设于东华门内东三所，是宫廷的医药机构，初由总管首领太监管理。康熙三十年改归内务府管理。设有管理大臣、主事、委署主事等官员，以管理御药房事务。另外宫内还设有寿药房，专为同治帝瑜、珣、瑨三妃设置的药房。御药房、寿药房统称内药房。另设外药房即生药库。生药房初隶礼部，顺治十六年改归太医院管理。由院官一人，统领库务。设库役十名。顺治十八年定，生药库复隶礼部，但仍由太医院选委医士二人，管理药库，买办药材，两年更换一次。

关于宫中药材的来源，一般由下列三个渠道得来：

1. 由各省出产药材的地方征收而来。其征收实物者，谓之“本色药

材”。折价银两者，谓之“折色药材”。《康熙十三年浙江布政使陈秉直造报各府解本折药材数目册》中，杭州府之白芍、白术，台州府之乌药、猪牙皂等为本色。册中所列殭蚕、蔓荆子、草决明为折色。

2. 由京城地方药商采买。一般均按定例给价，令药商采办，由太医官验视，择佳交进，令内药房医生切造炮制。如乐姓同仁堂即为交纳宫中药材商号之一。从乾隆时起，同仁堂就承担此项任务。同治时，内药房“专用咀片药味，以及纸张大赤金等项，均系传取同仁堂拣选上好纯洁药味，以备供内廷应用”。同仁堂不仅供应内廷生药，清末它的丸散膏丹也被宫中抄存。如清宫档案中有一册《同仁堂丸散膏丹配方》（光绪十一年六月初四日，同仁堂抄来）。其中列有“朱砂安神丸”等九十二方。另列“碧云散”等九方，末附“益寿比天膏”一方，共102方。

3. 各省督抚大员，就其地土特产品，照例进贡而来。如云南省之茯苓，广东省之橘红，四川省之冬虫夏草，奉天、吉林所产人参等，都由当地军政大员按期进贡，交御药房使用。

第二节 现存于世的宫廷医药档案概况

宫廷医药档案主要是太医院、御药房等宫廷医药机构在其职能活动中形成的。这些档案有：

1. 太医院的御医为皇帝、皇后、妃嫔、皇子、公主、太监、宫女及部分亲信王公大臣的诊病记录，即“脉案”。脉案中详细记录了御医们为帝后嫔妃等请脉诊病的时间、诊脉治病的情况以及治疗的处方等。现存有雍正、乾隆、嘉庆、道光、咸丰、同治、光绪、宣统诸帝及慈禧太后、恭亲王奕訢，并历朝后妃、皇子、公主、太监、宫女的脉案。这些系统的脉案是研究清宫医案的第一手材料。

2. 皇帝、皇后、嫔妃、皇子、公主、太监、宫女及部分亲信王公大臣的用药底簿、配方秘本等。例如历朝皇帝赏赐臣工的《五食丸底簿》、《配方档》、《乾清宫传药档》、《储秀宫传药档》、《寿安宫传药档》等。还有乾隆时期的《万岁爷用药底簿》、《惇妃用药底簿》，道光时期《皇后进

药用药底簿》、《琳贵妃进药底簿》，咸丰时期《璷嫔进药用药底簿》、《钟郡王进药用药底簿》、《孚郡王进药用药底簿》，同治时期《万岁爷天花喜进药用药底簿》，光绪时期《老佛爷进药用药底簿》、《太医院配方档》，宣统时期《皇上进药底簿》等。

3. 太医院、御药房、寿药房等为人事、财务和医药的管理而形成的庶务档案。人事方面有太医院、御药房官员、御医、苏拉医生、药商、笔帖式等花名册、出入紫禁城门照，及升迁奖惩等记录。财务方面有宫内及颐和园日用账、官员俸饷册和领取药价、月例银两簿。各宫药价、纸张、饭食银两册等。关于药物管理方面有《黄兰册底簿》，为光宣时期，每年奏销进用药味的稿簿。乾隆四年十月奏准，嗣后所用药味数目斤两，每三个月奏销一次。奏准后，向户部领取钱粮。乾隆五年奏准，每年进用药味，分“旧存”、“新收”、“开除”、“实在”开列数目，缮造黄册，于次年五月具奏，《黄兰册底簿》就是遵例奏销一年内进用药味的汇总底册。

乾隆五年奏准，进用药味各立专档，每月一次将用存数目呈明存案。因此有《咀片药味档》，即每月进用咀片药味的记载。《进到药味档》即每月购进药味存用各数的记载。《交药档》记载清宫等处传用药物账。《经药档》记各处唸经用药情况。《催药档》为药库催同仁堂等药商交药的催票底稿。《上传档》为同治帝传用药味档。还有皇帝出巡、谒陵随扈备带药物器皿、纸张的清册等。

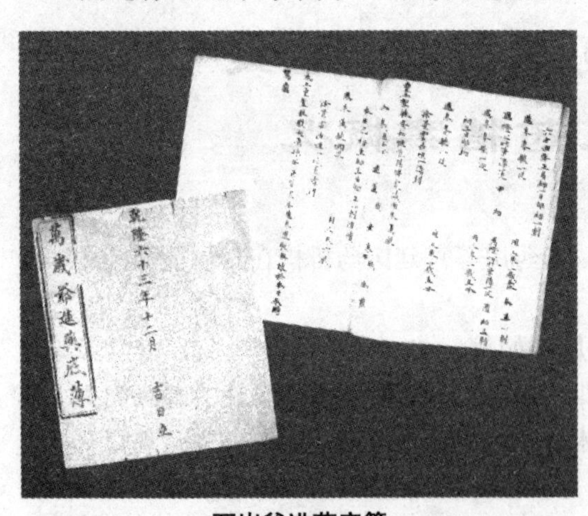

万岁爷进药底簿

《暑差档》记每年按例自小暑至处暑分别于紫禁城乾清门和中南海的西苑门外，及寿安宫、养心殿、颐和园等处每日安设香薷汤各一次，以备当差的王公大臣、宫中人员服用，以防暑降温。光绪《香薷汤方》如下：

香薷一两五钱、甘草一两五钱、扁豆一两五钱、赤苓一两、黄芪二钱、厚朴二钱、陈皮二钱、菊花一钱，以水熬汤（见《慈禧光绪医案选》）。

4. 医药文物。御药房档案中，有《旨意查核药房总档》一册以及有

关文书，专记自雍正以后，御药房熔化、新造、现存银器皿以及所存人参等重要药品数目等。现在保存下来的有当年御药房配置丸散膏丹的银质器皿和模具，有设计精巧、携带方便的药袋、药柜；有当年备用的牛宝、马宝、猴宝、狗宝、蜘蛛宝等罕见的名贵药材；还有西洋传教士进贡的西药和葡萄酒；太医院购置的西洋人体解剖模型、化验用的显微镜、消毒用的蒸汽发生器、比较准确的天平，这些名贵药材和文物至今仍保存在故宫博物院内。

太医院、御药房、寿药房的档案，总共有48458件（册）。这些档案按档案学来源原则的观点，应划为太医院全宗，集中统一进行整理编目。但这些档案都分散宫中各处或内务府等全宗档案中。文献馆在最初整理中，以存放地点为标准，分别放入“宫中档案”及相关全宗中，进行整理编目。今后可以做《太医院、御药房档案专题目录索引》，以弥补这一缺点。

宫廷医药档案，除太医院、御药房档案之外，还有宫中朱批奏折和军机处录副奏折，皇帝有关医药的朱批谕旨，例如康熙、雍正、乾隆诸帝有关引进西医和西药的朱批；有关太医院院判及御医的征召任用、对御医治疗疾病的申斥或褒奖等等，它对研究清宫医案也是很重要的材料。

清代各帝的起居注及御茶膳房的各项记录等，反映了帝后的起居饮食等生活情况，亦是研究清宫医案的不可缺少的参考材料。

下面仅就各朝脉案及宫中医药配方加以重点叙述和研究。

第三节　清宫脉案

太医给皇帝及赴各宫看病，须由御药房太监带领御医赴各宫请脉。御医诊视皇帝疾病，须会同内监就内局合药，将药帖连名封记。然后据本开载本方药性治症之方，于月日之下，医官、内监书名，以进御览。凡进药奏本既具，随即登簿，并于年月下书名，由内监收掌，以凭稽考。煎调御药，太医院官与内监监视，以两服药合为一服，俟熟，分入两器，其一器御医先尝，次院判尝，再次内监尝。尝饮后认为无毒、正常，然后将另一器的药送皇帝喝。

太医在宫内为皇太后、皇后、贵妃、妃、嫔、贵人等诊治疾病，处方用药必须将患者姓名、医者姓名，都一一登记入册，以备查考。就是给宫中的太监、嬷嬷、宫女等看病，亦是如此。不过宫中使用人等，一般不立个人专册，而是以某官若干人为一册（光绪八年二月十七日立《长春宫总管、首领、太监等用药底簿》）。

药　盒

太医院官除了给宫中各主位看病以外，也奉命给王公大臣看病。一般皇帝要派侍卫带同御医前往诊视，王公大臣所患何病以及如何治疗，都要明白回奏皇帝知道。

另外，军前需医，太医院奉旨也要差官驰驿前往，并由兵部官送至军前。凡文武会试，太医院要送通晓医理熟谙大方脉科、外科各一员，入场供事。又诊视刑部狱囚，亦由太医院派医生两名应差。

在太医院医事活动中，形成了大量的脉案，即今天病人的病历。现在的脉案中有清朝各代皇帝及后妃、皇子、公主、宫女、太监等人的脉案，也有王公文武大臣、藩部首领的脉案。其中有内、外、妇、幼、专科、杂病等各种病例，是今天研究中医史的极难得的稀世珍贵史料。

以下分述清代各朝的医案：

后妃常备药品

顺治朝

满族在入关之前，经济、文化都较汉族落后，在诊治疾病方面，还存在着浓厚的求神占卜的落后习俗。甚至到了清入关后顺治九年，对于中药的用途效用，在宫廷中还发生过幼稚

的争论。如有的官员认为："金石之味，不可以宜人。盖人有老少虚实，药有温凉泄补，倘用不得当，则养人老反是害人。"但这些落后愚昧的意见，在实践中逐步被善于学习先进文化的满族统治者所抛弃。

顺治时期，北京一带天花流行。长期处严寒地带的满族，乍一入关，由于素来没有这种免疫力，致使许多满人染痘死亡。因此当时从宫廷到民间，经常把人们分为出过天花和未出过天花的两类。前者叫"热身子"，后者称"生身子"。人们往往"谈痘变色"。对出过天花而侥幸活下来的人来说，犹如逃脱了一生最大的火难。当时，宫中一旦发现了天花，皇帝便迅速出宫避痘。例如顺治十二年，因皇后出疹，顺治帝便急忙去南海子居住避疫。有的王公也吓得避住京城西北的鞏华城。凡遇"民间出痘者，即令驱逐城外四十里"。

顺治帝在位十八年。在福临去世前考虑继承皇位人选时，是否出过天花，是选择皇位继承人重要条件之一。因玄烨从小出过天花，有终身免疫力，所以最终选择他继承皇位，这就是以后的康熙皇帝。

据《汤若望传》记载，在选择顺治帝的继承人时，最初想从兄弟中选。但是皇太后和亲王的意见，要从皇子中选一位继承人。皇帝使人问汤若望的意见。汤若望"完全立于皇太后一方面。而认为被皇太后选择的一位皇太子，最为合适的继承者"。"皇帝最后受到汤若望的劝促，舍去一位年龄较长的皇子（福全），而封一位庶出的，还不到七岁的皇子（玄烨）为帝位之继承者"。所以如此选择，"是因为这位年龄较幼的太子，在髫龄时已出过天花，不会再受到这病症的伤害"。

康熙朝

到了康熙时期，清廷统治者已普遍认识到"种痘"能增强抵抗力的道理。提倡普及种痘免疫。康熙帝曾说过："国初，人多畏出痘，至朕得种痘方，诸子女及尔等子女皆以种痘得无恙。今边外四十九旗及喀尔喀诸藩，俱命种痘，凡种痘者皆得善愈。尝记初种，年老人尚以为怪，朕坚意为之，遂全此千万人之生者，岂偶然耶！"

康熙帝是一位好学敏求、勇于吸收外来文化的君主。他不仅积极学习西方的天文、数学等自然科学，而且对西方的医学也很感兴趣。他亲自批谕广东巡抚杨琳："西洋人若有各样学问或行医者，必着速送至京

中。”康熙时在宫廷供职的西洋人，像汤若望、利类思、罗怀中、张诚、巴明多、冯秉正、乌尔达等都会西医，而且有的有很高医学造诣。如汤若望配制的“延生保命丹”，法国传教士翻译的法人皮理的《人体解剖学》，利类思、安文思和南怀仁等著的《西方要纪》等都具有很高的医学水平。康熙帝经常请他们到宫中讲解西方知识，如请法国人白晋讲人体解剖学等。

这些西方传教士不仅带来了西方的医学知识，而且还带来了西洋药材，康熙三十二年，康熙帝染上了疟病，西洋传教士洪若翰（1687 年来华）、刘应（1687 年来华）进呈金鸡纳霜（即奎宁）给皇帝治病。《燕京开教略》记载，当时“皇上以未达药性，派四大臣亲验，先令患疾者服之，皆愈，四大臣亲自服少许，亦觉无害，遂请皇上进用，不日虐瘳……特于皇城西安门赐广厦一所”。所赐西安门广厦，即北堂。

从宫中医案中记载，康熙中年以后，还得过唇瘤、心悸等病，都被传教士治好。康熙帝疟疾治愈后，他把金鸡纳霜作为“圣药”赏赐他的臣下。如赐给江宁织造曹寅，曹寅是《红楼梦》作者曹雪芹的祖父，曾于康熙五十一年七月，患上疟疾，曾向皇上讨求金鸡纳霜。康熙得知后，派驿马将此药飞递给曹寅，并在曹寅求药的奏折上朱批：“疟疾若未转泻痢还无妨，若转了，此药用不得，须要认真。”可是曹寅没等药送到就一命呜呼了。

康熙帝对这些传教士也非常关心，经常在宫中宴请他们。他们如有疾病，皇帝即命太医院御医给他们治病。康熙二十六年十一月，南怀仁病笃，康熙帝几次派御医去诊脉治疗。康熙三十年四月初二日，安多患病，康熙帝得知后，即派太医孙徽百亲去诊治。初三日，又遣侍卫赵昌到堂慰问，并下旨道：“安多之病，着王元佐医治，须小心调理。”康熙五十二年五月意大利德理格患病。与德理格交往较深的皇三子曾派去太医院高明的御医，命其小心为其治病。结果德理格的病很快被治好了。

康熙朝宫廷的医疗活动，无疑促进了中西医学和文化的交流。

雍正朝

雍正帝最看重御医的医疗水平，他曾亲笔谕示各省督抚大员：“可留心访问有内外科好医生与深透修养之人，……倘遇缘访得时，必委曲开

导，令其乐从方好。不可迫之以势，厚赠以安其家。一面奏闻，一面着人优待送至京城，朕有用处。竭力代朕访求之，不必存疑难之怀；便荐送非人，朕亦不怪也。朕自试用之道。如闻有他省之人，可速将姓名来历密奏以闻，朕再传谕该督抚访查。不可视为具文从事。从留神博闻广访，以副朕意，缜密为之。”雍正帝当时连连下了八道朱谕，可见其寻求名医的迫切心情。

第四节 乾隆皇帝长寿秘方

乾隆皇帝是清朝入关后第四代皇帝。生于康熙五十年（1711年）八月十三日，卒于嘉庆四年（1799年）正月初三日。在位60年，退位后又当了三年太上皇，终年89岁，是中国所有皇帝中寿命最长的。

乾隆一朝的文治武功可谓达于极盛。乾隆帝自称“文治武功”为古今第一人。他晚年对自己功业和长寿非常志得满意，曾说：“自汉以来，帝王登古稀者惟汉武帝、梁武帝、唐明皇、宋高宗、元世祖、明太祖。六帝之中，惟梁武帝、宋高宗、元世祖年登八十。而三帝之中，惟元世祖可称贤主，然亦未能如余之五世一堂。”他于乾隆四十五年七旬万寿时，特撰《古稀说》，刻“古稀天子之宝”玉玺。又刻“五福五代堂古稀天子宝”并特作“八征耄念之宝记”。乾隆五十七年，命镌“十全老人之宝”，并特作“十全记”。甚为自豪和洋洋得意。

乾隆五十八年八月十三日是乾隆帝八十三岁寿辰之日。在这一天，乾隆皇帝在避暑山庄的澹泊敬诚殿举行了隆重的庆典。据参加庆典的英国首次访华使团副使乔治·斯当东所写的《英使谒见乾隆纪实》中说：“皇帝说，他今年八十三岁了，身体仍然很健康，希望英王陛下也能同他一样长寿。他看上去确实很健康，不像一个已经统治国事五十七年之久的样子。典礼结束后，皇帝精神矍铄地从宝座上走下，健步走上肩舆，毫无衰老状态。”英使马戛尔尼在访华日记中，也记载：“所见乾隆皇帝八十三岁高龄，帝威风凛然，而亲爱谦让之德流露于外，待余等可谓殷勤尽致，观其风神，年虽矍铄可以凌驾少年人，望之如六十岁人。”这些记载足以证明乾隆皇帝长寿而又健康。根据清宫乾隆帝临终脉案，陈可冀院士研究分

析，乾隆皇帝最终“系衰老而故，并无痼疾”。如乾隆六十三年十二月十五日脉案：“皇上圣脉安和，心气宁，今止汤药。议每日早进参脉饮内再加人参五分，共一钱五分，麦冬仍用二钱。”嘉庆四年（乾隆六十四年）正月初一日卯初一刻脉案：“皇上圣脉安和，惟气弱脾虚。议用参莲饮。人参一钱五分，建莲三钱，老米一钱炒，水煎。”时隔二日，于正月初三日辰时，乾隆皇帝老死。

关于乾隆帝长寿的秘诀，后世有多种记载和传说。现在分析，乾隆皇帝长寿的因素可能是多方面的。但首要的是他经常应用长寿医方和养生方法。乾隆皇帝所用的长寿方有：

1. 龟龄集方

共33种药。将上药为末，制成紫色为度，每限五厘，黄酒送下，浑身燥热，百窍通和，丹田微暖，委阳立兴。

2. 龟龄酒方

将前33味药，共成粗末，用烧酒30斤，江米窝儿白酒20斤制取。

3. 松龄太平酒方

近20种药，用玉泉酒20斤等三种酒，上药入布袋内，煮一炷香。

4. 椿龄益寿药酒方

连翘2两、侧柏1两、槐花1两、当归1两、地榆1两、陈皮1两、条芩1两、厚朴1两、仓术1两、松仁4两、冰糖1斤，共合1处，盛入布袋内，用烧酒25斤、白酒25斤，将药入酒内，蒸三炷香，埋入地内，一月后为度出用。

5. 健脾滋肾方

九香虫1两5钱、杜仲8钱（盐水炒断丝）、车前子3钱（微炒）、广陈皮4钱、怀山药1两、鹿茸1对（去毛切片），上药盛装，用甜酒5斤、烧酒5斤，煮三炷香时取起，凉水泡一夜，取出，随量酌饮，大有裨益。将上药取出晒干或焙为末，炼蜜为丸。每服2钱，以淡盐汤送下后，用上酒三杯更妙。

6. 秘授固本仙方

近40种药，如法制作，为末，共和一处。用金樱子去皮及毛、子净一斤，入炒锅，换水，煮至味淡，去渣，将汁滤净，慢火熬成膏，化入真

鹿角胶八两，在膏内和煎末药，再加炼蜜，于石臼内杵千余下，为丸如梧桐子大，每当早晚各服三钱，温酒下。若火旺者，加龟版胶四两，黄柏、知母各二两（盐酒炒），入前方中。

“以上六首长寿医方，均是补益之品。”“有的业已证明对老年的若干常见病的预防和治疗有一定的实用价值，有的则尚待研究。”

近年来由清代御医后裔研究总结出乾隆帝十六字长寿秘诀：吐纳肺腑、活动筋骨、“十常”“四勿”、适时进补。

吐纳肺腑：每天黎明即起，到空气清新的地方，吸入新鲜空气，呼出体内浑浊气体，促进身心健康。

活动筋骨：注重身体锻炼，增强抗病能力，常年坚持运动。乾隆帝喜欢游山玩水，骑马射箭。他曾六次南巡，晚年尚喜好狩猎，这些活动与乾隆帝的健康长寿有密切关系。

“十常”“四勿”：身体的十个部位要经常活动，四件事应注意节制。

“十常”即齿常叩、津常咽、耳常弹、鼻常揉、睛常运、面常搓、足常摩、腹常旋、肢常伸、肛常提。

“四勿”即食勿言、卧勿语、饮勿醉、色勿迷。

适时进补：人到晚年，新陈代谢功能减退，适当地用一些营养丰富的滋补品，增加营养，延年益寿。

第五节 同治皇帝医案

同治帝载淳为清朝入关后第八代皇帝，是咸丰皇帝与叶赫那拉氏（慈禧太后）的独生子。生于咸丰六年（1856 年）三月二十三日，咸丰十一年十月初九日即位，时年六岁。因皇帝年幼由两宫皇太后垂帘听政。同治十二年（1873 年）亲政，时年 18 岁。同治十三年十二月初五日病逝，享年 19 岁。

关于同治帝的死因，社会各界有不同的说法。一说死于梅毒，说同治帝经常微服夜游，出东华门寻花问柳，结果染上梅毒，不治而亡。一说死于疥疮。一说死于天花。所谓众说纷纭，莫衷一是。

从清宫档案记载，同治帝死于天花，是毫无疑问的。

现存的清宫医药档案中，有一份《万岁爷进药用药底簿》，它详细记载了自同治十三年十月三十日下午载淳得病，召御医李德立、庄守和入宫请脉起，直至十二月初五日夜载淳去世止，前后三十七天的脉案和所开的处方共用了一百零六服药的情况。这本脉案是敬事房太监根据当时御医请脉记录和所开的处方，眷抄汇辑成册的。它是我们今天了解同治帝死因的第一手真实的材料。

据这份脉案记载，同治十三年十月三十日同治帝得病卧床，当天下午，太医院院判李德立和御医庄守和请脉的情况是“脉息浮数而细。系风瘟闭束，阴气不足，不能外透之症。以致发热头眩，胸满烦闷，身酸腿软，皮肤发出疹形未透，有时气堵作厥”。御医认为“疹形”即出天花，于是开出了用生地、元参、牛蒡子、芦根等十二味药配制的益阳清解散，进行避风调理。此药服后，很有疗效。御医们继用“清解利咽汤”进行调理，服药后疗效也很好。第二天午刻，皇帝“脉息浮洪，头面周身疹中夹杂之痘颗粒透出”，病情明显好转。皇太后令宫中供起痘母娘娘之神，并焚香鼎礼膜拜。宫中之人胸前悬挂红绡，祈祝皇帝平安。内外王公大臣奏折要用黄面红里并呈递如意以示吉祥。然后以“幡盖香花鼓乐”隆重的仪式，送痘神娘娘出大清门外。

从十月三十日至十一月初七日，皇帝的痘疾经过御医们精心治疗和护理，病情“由险渐化为安”。

但是在十一月初八日，本已体质虚弱的同治帝，又“微感风寒”，“以致咳嗽鼻塞，心虚不寐，浸浆皮皱”，从此以后，病情越来越重。到十一月十六日卯刻，又出现了一新症状，“肾虚赤浊，余毒加湿，袭入筋络。以致腰软重痛，微肿，不易转坐，腿痛筋挛，屈而不伸”，这时痘毒已“袭入筋络”。御医们急用加固肾阴的方子，用“益肾消毒饮”、“扶元清解饮”等加以治疗。

皇帝的病情一天一天加重。到了十一月二十五日，载淳身上痘痈溃烂流脓不止，针对皇帝的蔓肿和串溃病症，御医们共议用“外用熨洗”的方案进行治疗。这个药方用十二味药配制。

木香一两、当归一两、肉桂五钱、生附子五钱、川贝五钱、草乌五钱、苍术五钱、煅龙骨五钱、白芷一两、山甲五钱、炙乳香一两、透骨草一两。共研粗末，分两布袋装药。猪蹄二支、葱白三支切段，熬汤两大碗，煮药布袋，熨洗疮处。温热易回阳提毒换脓，气血通畅。

经过几番熨洗，不但没有疗效，而且病情日益严重。十二月初三日皇帝的脉案是“皇上脉息弦数。面颊红肿见消，各处溃浓尚可。惟牙龈如昨，上唇连左腮颊紫黑硬肿，势欲作脓。口干食少，口喷臭气。胸满肋口，溺赤便粘”。

十二月初四日脉案：“皇上脉息弦数无力。上唇肿木，腮紫肿硬处敷药，屡揭伤皮，不能作脓，时流血水。自亥至卯溃深分许。牙龈黑臭，势恐口疳穿腮；毒热内忧，减食少寐，理必耗伤气血。今议用益气消毒饮，减去茯苓、香附、白芷，加当归三钱、朱茯神三钱、炒枣仁三钱一贴。外敷消毒止血散，竭力调理。”结果全无疗效。

十二月初五日，即同治帝生命的最后一天，这天的第一个脉案：“皇上脉息弦数无力，毒火凝结，神气日耗，上唇未消，腮颊顽腐紫黑。蔓及口角。随未流血，亦无正脓。牙龈黑糜，臭气仍然。呛欬流血，少寐减食。精神恍惚，腰间溃脓微稀。此由毒攻肺胃，正气日形消耗所致。诚恐毒热内陷，正气不支生变。今议用益气育神汤，佐解毒之品一贴。若寝食渐佳，结毒渐化，方有转机。”然而进药后，仍是毒未渐化，机未好转。相反至申刻时，“六脉散微无根”，“偶因气不运痰，厥闭脱败”。因此，急用“生脉饮”。到了酉刻，皇帝“六脉已绝，灌生脉饮不能下咽。元气脱败，于酉时崩逝”。这样同治帝病了三十六天，于同治十三年初五日酉时（即公元 1874 年 1 月 12 日下午六时前后）病死于紫禁城养心殿东暖阁内间。

从上述同治帝脉案可见，同治帝死于天花是确凿无疑的。

同治帝出天花，帝师翁同龢是当时的见证人。《翁同龢日记》所记看到同治帝的病情和《脉案》所记基本上是一致的。如十一月初二日，翁记“闻传蟒袍补褂，圣躬有天花之喜”等等。

但是社会上也有一些人士认为，同治帝“实则为淫创耳。太后不知恶疾，强以天花治之，愈治愈重”。

为慎重起见，公元 1979 年 8 月，中国第一历史档案馆将档案中发现的《万岁爷进药用药底簿》送中医研究院和北京医院鉴定，并写出正式的论断材料：关于鉴定清朝档案《万岁爷进药用药底簿》同治帝患何病病故问题，我们请本院中医科主任魏龙骧、副主任李文瑞、吕秉仁，主治医刘沈秋，皮科副主任周光霁，及外科主治医于学智、李玉山、王在同等同志审阅研究。经大家讨论，一致认为：

清同治帝系患天花（痘疹）病故。其病程：病之初期为天花（痘疹）；病之中期为痘疹之毒所致“痘后痈毒”；病之后期为痘疹余毒所致“走马牙疳”；最后为毒热内陷而死。根据：

（一）天花（痘疹）：据《万岁爷进药用药底簿》记载，清同治帝初期“发热头眩，胸满闷，身酸腿软，皮肤发出疹形……头面周身疹中夹杂之痘颗粒透出，系属天花……”符合《痘疹心法全书》有关天花（痘疹）“出痘形症”、“痘出五脏形症”等论述。

（二）痘后痈毒：据《万岁爷进药用药底簿》记载，清同治皇帝病之中期，“皇上天花二十朝……腰间红肿溃破，浸流脓水……”符合《痘疹心法全书·痘中杂证》有关痘后“余毒未尽，痘毒生，轻则疮疖，重为痈……”的论述。

（三）走马牙疳：据《万岁爷进药用药底簿》记载，病之后期“腮紫肿硬……时流血水……溃深分许，牙龈黑臭，势恐口疳穿腮，毒热内扰……”符合《中国医学大辞典》走马牙疳条“痘疹余毒所致，初则口有臭气，渐至齿黑，热盛则龈烂，热血迸出，血聚成脓……腮漏见骨而死”的论述。

北京医院医务处

一九七九年八月十五日

通过“脉案”所记载淳病的分析，同治帝生前并没有“遗诏”。《清稗类钞》等野史记载，说载淳死前“召军机大臣李鸿藻，与鸿藻谋，以贝勒载澍最贤，令入承大统，口授遗诏，命鸿藻在御榻侧书之，凡千余言，所以防孝钦者甚至。诏草成，穆宗闻之曰‘甚善！’”以后李鸿藻到孝钦处告密。孝钦大怒，令“断御前医药饮食”。“移时，报上崩矣”。这些记闻没有任何根据。以理而论，对于早已失去知觉、痘痈流脓而且痉挛的小皇帝来说，与大臣密谋写遗诏的行动是不可思议的。

第六节 光绪皇帝与慈禧太后脉案

清光绪三十四年十月二十一日酉时，即公元1908年11月14日傍晚，光绪皇帝在瀛台涵元殿去世。时年仅38岁。第二天，即十月二十二日未刻，慈禧皇太后在中南海仪鸾殿宾天。一国之君与掌握中国实权达半个世纪的统治者，在24小时内相继去世，这不能不引起时人的种种议论，加之光绪帝与慈禧太后在政治上的矛盾与冲突，更加使人惑疑这其中有不可告人之处。于是种种议论不翼而飞：

一种说法是，光绪帝是被慈禧太后谋害致死。如《清室外记》、《清稗类钞》、《崇陵传信录》都持这种说法。说慈禧太后在病危期间，惟恐自己死后，光绪帝从新掌权，继续推行新法，于已不利，所以指使太监李连英下毒手，先把光绪帝害死。

另一种说法是，光绪帝是被袁世凯进药毒死的。溥仪在《我的前半生》谈道："我还听见一个叫李长安的老太监说起光绪之死的疑案。照他说，光绪在死之前一天还是好好的，只是因为用了一剂药就坏了，后来才知道这剂药是袁世凯叫人送来……还有一种传说是西太后自知病将不起，他不甘心死在光绪前面，所以下了毒手。这也是可能的。"

再一种说法是，光绪帝是正常的病死。如《德宗实录》、《光绪朝东华录》、《清史稿·德宗本纪》等都持这种说法。

笔者认为，当时社会种种传说，因没有根据，都不可信，就是末代皇帝溥仪和老太监的话也不可信。唯一可信的是清宫光绪和慈禧的脉案及光绪帝自述的《病原》等档案材料。

从光绪帝早年的脉案及自述的《病原》可知，光绪帝自幼多病，且有长期的遗精史，身体素质较差。他在《病原》写道："遗精之病将二十年，前数年每月必发十数次，近数年每月不过二三次。……其耳鸣脑响亦将近十年。"据光绪十年、十二年之脉案，可知光绪帝经常患感冒及脾胃病，汤药、丸药鲜有不用之时。

光绪二十四年、二十五年初以后，病情突然加重，体质每况愈下。据

光绪二十五年脉案：“正月初二日，朱琨、门定鳌、庄守和、张仲元请得：皇上脉息左寸关沉稍数，右寸关沉滑而数，两尺细弱，沉取尤甚。面黄青黄而滞，左鼻孔内肿痛渐消，干燥稍减，时或涕见黑丝，鼻下又起小疡，头觉眩晕，坐久则疼。左边颊颐发木，耳后项筋酸痛，腭间偏左粟泡呛破，漱口时或带血丝，咽喉觉搅，左边似欲起泡，右边微痛，咽物痛觉减轻，其味仍见发咸，舌胎中灰边黄，左牙疼痛较甚，唇焦起皮，口渴思饮，喉痒呛咳，气不舒畅，心烦而悸，不耐事扰，时作太息。目中白睛红丝未净，视物朦胧，左眼尤甚，眼泡时而发胀。耳内觉聋，时作轰声。胸中发堵，呼吸语言丹田气觉不足。腹中窄狭，少腹时见气憋，下部较空，推揉按摩稍觉舒畅。气短懒言，两肩坠痛。夜寐少眠，醒后筋脉觉僵，难以转侧。梦闻金声偶或滑精。坐立稍久则腰膝酸痛。劳累稍多则心神迷惑，心中无因自觉发笑。进膳不香，消化不快，精神欠佳。肢体倦怠，加以劳累，腰酸腿疼愈甚。下部潮湿寒凉，大便燥结，小水频数，时或艰口不利等症……”

光绪帝病情加重，实与当时的政治斗争有关。光绪二十四年四月至八月间，光绪帝发动了戊戌变法运动，但很快被以慈禧太后为首的顽固派镇压下去。随之光绪帝被幽禁瀛台，失去自由，精神受到很大刺激，所以脉案中有“气不舒畅，心烦而悸，夜寐少眠”。医学分析，光绪帝此时患有严重的神经官能症和关节炎以及血液系统的疾病。

以后光绪帝病情日益加重，直至光绪三十四年春，宫中御医已均无良方起此沉病，于是征江苏名医陈秉钧、曹元恒来京如宫诊视，但亦无疗效。军机处于当年五月又向直隶、两江、湖广、山东、河南、山西等省征召名医。光绪三十四年八月，山东、河南、两广、陕甘、四川等省又根据军机处的电旨解到丹皮、广陈皮、甘枸杞、川续断、苏芡实、北洪参、苡米、桑寄生、杭白芍、茯苓等名中药材，为光绪帝治病。各省先后保荐有吕用宾、周景涛、杜钟骏、施焕、张鹏年等名医来京，但经这些名医诊治，病情不但没有好转，而且越来越重。光绪三十四年十二月二十一日子刻，光绪帝已进入弥留状态。当时御医张仲元等“请得皇上脉如丝欲绝。肢冷，气陷，二目上翻，神识已迷，牙齿紧闭，势已将脱。谨拟生脉饮，以尽血忱：人参一钱、麦冬三钱、五味子一钱。水煎灌服”。以后又经御医疹治无效，终于在十月二十一日酉正二刻三分，光绪皇帝“龙驭上宾”。

综上所述，光绪帝的死因，“仍为虚劳之病日久，脏腑功能过于亏损，

心、肝、脾、肺、肾五脏俱病，阴阳两虚，气血双耗，终以阳散阴涸，出现阴阳离绝而亡。以现代医学而论，由于长期慢性消耗性疾病，导致抵抗力下降，出现了多系统的病疾。其直接的死亡原因，可能是心肺功能的慢性衰竭，合并急性感染所致。”慈禧太后虽操军国大事四十多年，但晚年身体仍很健康。《慈禧外纪》载：“虽以七十之高年，而毫不呈衰老状者也。然此外亦无大病，精神尚好，语言如昔，仍每日勤劳国政。太后常自言能享高寿。”

但是自光绪三十四年六月以后，慈禧太后的身体突然不适。到了九月又患腹泻症。据慈禧太后十月初六日脉案载：“张仲元、李德源、戴家瑜请得皇太后脉息左关弦缓，右寸关较前稍干。肠胃未和，寅卯辰连水泻三次，身肢力软。总由肺不制节，水走肠间，脾运迟慢，是以食后口杂等症未减。”十月初十日是慈禧太后 74 岁寿辰，连续庆贺六天，慈禧太后都亲自参加，影响病情加重。十月二十一日光绪帝病逝，慈禧太后的病情进一步加重。十月二十一日，御医张仲元、戴家瑜“请得皇太后六脉已绝，于未正三刻升遐”。很显然慈禧太后死于老年病。

综上所述，光绪帝与慈禧太后都是因病而死，属于正常死亡，当时社会上各种传言都是无根据的讹传。

第十四章

清朝的三大节日及宫中习俗

中国封建社会有一整套完备的礼制。就内容而言，素有古、嘉、宾、军、凶五礼之说。而五礼之中的嘉礼，也叫“仪礼”，是专门用于皇帝登基、节庆朝贺、册封婚嫁的礼仪规制，清代的三大节日礼仪，就是嘉礼的重要内容。

元旦为一岁之始，冬至为一阳之始，万寿是人君之始。元旦、冬至、万寿作为三大节日，被历代统治者所重视。

第一节　三大节的来历

一、元　旦

元旦一词，最早出自南朝梁人《雅乐歌》：“四气新元旦，万寿初今朝。”元旦又称正旦、正日、正朔、朔旦等。元旦是一年开始的第一天，但将哪一天做岁首，我国历代就不一样了。

据《史记》记载：夏代以正月初一为元旦，商代以十二月初一日为元旦，周朝以十一月初一日为元旦。秦统一中国后，定为夏历十月初一日为岁首。汉朝初年仍沿用秦代历制，到了汉元封七年（公元前 104 年），汉武帝命司马迁、落下闳等人另作太初历，仍以夏历的正月初一日为岁首。

以后历代相沿，直到清朝。辛亥革命后，我国改为公历纪年。1949 年 9 月 27 日中国人民政治协商会议第一届全体会议通过使用“公元纪年法”，将阴历正月初一日改为春节，将阳历一月一日定为元旦。

元旦的到来，标志旧的一年的结束和新的一年的开始，所以这是一年之中的第一个、也是最重要的一个时令节日，是除旧布新的节日。正因为它是这样一个具有特殊意义的节日，所以仪俗和礼数也就格外的多，其中包括宫廷对此的礼仪习俗。

在秦汉时代，元旦的活动最突出的特点是带有浓厚的巫术和宗教色彩，如贴门神、驱傩等。到了金朝，每逢元旦，除有一些宗教习俗活动外，还有一些朝会。皇帝御座，鸣鞭报时后，接受皇太子及文武百官参拜、致辞，奏乐后，皇帝要举酒宴饮百官。

宋朝时期，元旦日，朝廷下令免收公、私房租，准许京城百姓“关扑”（主要是赌博）三天。朝廷要举行正旦大朝会，皇帝端坐大庆殿，接受朝贺，并赐宴。

到了明代，年节活动开始从宗教迷信的笼罩束缚中解脱出来，发展成为礼仪性、娱乐性的文化活动。如元旦的爆竹，原本是一种驱鬼巫术，此时已演变成为节日欢乐的象征，大傩原来是打鬼巫术，明代时其中的宗教成分锐减，而演变成为一种民间节日小戏。

清代，按照规制，每逢元旦要举行朝贺仪式和各种筵宴。这些礼仪筵宴名目繁多、仪节繁缛，又有明显的政治目的，因而是直接服务于封建统治的手段之一。

二、冬 至

冬至又名冬节、大冬、亚岁、小年。冬至是我国古代一个重要的节气，时间在每年公历 12 月 22 日（或 23 日），是我国所处的北半球全年中白天最短、黑夜最长的一天，过了冬至日，昼夜的短长便渐渐转化，因此，古时冬至日也称“长至”。作为一个节气，过了冬至，各地气候进入最寒冷的时节。因此，人们常把冬至作为寒冷时节到来的标志。

俗话说：“冬至大似年。”作为一个节日，我国古代的人们一直是把冬至当作另一个新年来过的。考察历史，冬至节令由来已久。周朝以夏历十一月为正月，秦代承袭周制以冬至为岁首，这就是把冬至视为“过年”、

“过小年”的历史原因。相传，先秦君王每逢冬至都不过问国家大事，而要听五天音乐，百姓亦可在家中作乐。汉代称冬至为“冬节”、“日至”，这一日，帝王们亦要在宫中听“八音”，衙署要休假并举行庆贺活动，谓之“贺冬”。南北朝时，将冬至称作“亚岁”，又称“岁首”。《颜氏家训》卷六载：“南人冬至，岁首，不诣丧家。”唐宋时期，由于生产技术的进步，物质生活水平较前大为提高，故朝野时兴大过冬至节，这无疑是其经济发展的必然结果。据《东京梦华录》卷十载：“十一月冬至，京师最重此节，虽至贫者，一年之间，积累假借，至此日更易新衣，备办饮食，享祀先祖，官放关扑，庆贺往来，一如年节。”北宋开始皇帝冬至节祭天，大典仪式隆重且繁杂，并延续至明清时期，被统治者视祭天为“国之大典”。明清两朝建都北京，每年冬至前一天，祭天仪式在南郊天坛的圜丘举行。祭祀活动从午夜开始，设祭坛，树天灯等。从此时起附近的寺观，不得鸣钟击鼓，居民不得燃放爆竹，以表敬肃之至诚。祭天多由皇帝亲祭，故有“冬至郊天礼数隆，鸾旗象辇出洪宫”的竹枝词，可见当时礼仪之隆重。

三、万　寿

万寿为人君之始，万寿节指封建时代君主的生日。中国是以孝道治天下，所以作为“民之父母”的帝王们的生日，历朝都非常重视。在中国，祝寿的风俗开始的很早，金文中有多种写法的“寿”字出现，这说明商周时期已有了祝寿之风。

唐朝以前，帝王们的生日还没有形成一个固定的节日，因而也没有专门庆祝帝王生日的礼仪。到了唐玄宗开元十七年（729 年），尚书左丞相源乾曜、右丞相张说率文武百官上表，请以玄宗生日八月五日那天为“千秋节”。此后，唐朝皇帝除德宗外，都有自己的生日名称。如肃宗生日叫“天成地平节”，武宗生日叫“庆阳节”，宣宗生日叫“寿昌节”，昭宗生日叫“嘉会节”等等。在皇帝生日时，全国放假三日，举行庆祝活动，“朝野同欢”。在京城，群臣向皇帝祝寿，献上美酒甘露并各式礼品，皇帝亦按等级高低赏赐百官。经历宋、元两朝，到明代时，就将皇帝生日——万寿节，与“元旦”、“冬至”并称三大节，清朝亦然。这样，把“天子”的生日与“朝岁”、“祭天”的节日并列起来，便增加了“万寿节”的庄严气氛，使其带有了更加崇高的意义。

早在唐朝，除了为皇帝祝寿外，也为皇太后、皇后祝寿。从宋代开始，又为皇太子祝寿。在清代，把皇帝生日称为万寿节，皇太后生日称为圣寿节，而皇后、皇贵妃生日则称为千秋节。在清朝，皇帝的威严高到了无以复加的地步。清代诸帝生日庆贺礼仪繁琐，规模盛大，前所未有。"万寿节"这天"普天同庆"，京师与各直隶省都"各建道场，诵经祝寿"，京中百官分队而列，"望阙叩头"。其中，要数康熙五十二年（1713 年）康熙六十寿辰时最为隆重，以后的乾隆、嘉庆等帝生日时，有众多的属国使臣参加，慈禧太后大寿时，则更有英法外国使臣早递恭贺万寿国书，这说明随着时代的演进，中国与外界交往日益增多，中国帝王们的生日祝贺也有着愈来愈多的内容。

第二节　三大节庆贺礼仪

一、三大节太和殿庆贺仪

所谓贺，就是指以礼相庆、相贺。据《诗经·大雅》载："受天之佑，四方来贺。"皇帝于每年的元旦、冬至和万寿节日御太和殿，受王公、文武百官参拜、庆贺，称为大朝。清朝的朝贺仪始自天命元年（1616 年）。太祖努尔哈赤始行元旦庆贺礼。顺治八年（1651 年）四月，清廷定元旦、冬至、万寿节为三大节，并制定了朝仪，这套朝贺礼仪到康熙年间趋于完善，并延续至清末。

清代三大节百官朝贺皇帝的礼仪活动是从半夜子时开始的。据《帝京岁时纪胜》记载："夜子初交，门外宝炬争辉，玉珂竞响。肩舆簇簇，车马辚辚，百官趋朝。"综观清代的朝贺仪式，基本沿用明朝的礼制，只是在某些方面有所改动，而陈设礼仪完备，气势规模浩大，等级制度森严，肃穆隆重华贵，是清代朝贺礼仪的鲜明特点。

朝贺仪式于当天五鼓，銮仪卫率官校陈设卤簿于太和殿前，陈设步辇于太和门外，陈设大驾于午门外，陈设驯象于大驾之南，陈设仗马于丹墀中道左右；教坊司陈设中和韶乐队于太和殿东西檐下，陈设丹陛乐队于太和门东西檐下；礼部官在太和殿东设置黄案；仪制司郎中、内阁中书分别

将在京王公百官贺表、笔砚带入殿内，安放在表案和笔砚案上。

天将明时，王公百官先在午门外集合，然后在礼部官员引导下进入各自位置。王公百官进朝，例有立位和拜位。立位南北横排，东西面，拜位东西横排，南北面。王公在丹墀上，其余百官在丹墀下院子内，百官立位在卤簿外，拜位在卤簿内，外国使臣立于西班之末。丹墀内设有铜质品级山。按正、从九品排列，东西各十八排，旁有纠仪御史及礼部司官多人辨百官朝位。钦天监官报时后，礼部尚书、侍郎至乾清门，请皇帝御殿。午门鸣钟鼓。皇帝具礼服乘舆出乾清门，由保和殿御中和殿升座，由侍班、导从各官行三跪九叩礼。侍班各官先就位，皇帝在中和韶乐声中升太和殿宝座。升座后，乐止。阶下三鸣鞭，鸣赞官赞排班，丹陛大乐奏乐，王公百官从立位至拜位序立。赞跪，皆跪，乐止。宣表官捧表至太和殿檐下正中跪，大学士二人左右跪。展表宣读简短贺词，进表于案，退。丹陛大乐奏乐。王公百官行三跪九叩礼，复原位立，外国陪臣另行三跪九叩礼毕，复原位立，乐止。皇帝赐群臣及外国陪臣坐，王公由左右门进入太和殿坐。其余百官就立位处坐，跪行一叩礼。进皇帝茶，皇帝赐群臣茶，坐饮毕，行一叩礼。阶下三鸣鞭，皇帝在中和韶乐声中降座，百官以次退。太和殿朝贺仪式完毕。

二、三大节内廷庆贺仪

皇帝在太和殿受群臣朝贺后，要继续在乾清宫行内朝礼。当日，在乾清宫前檐下设中和韶乐。在乾清门内设丹陛大乐。宫殿监奏请皇后率领妃、嫔等着礼服，等候在乾清宫东西暖阁。当皇上回到乾清宫时，奏起中和韶乐，皇上升乾清宫宝座后，乐止。宫门垂帘，宫殿监引皇后率众妃嫔行六肃三跪三拜礼，同时奏丹陛大乐，礼毕，乐止。皇后等退出还宫。升帘，宫殿监再引皇子、皇孙等在丹陛行三跪九叩礼。宫内各处首领太监在东西丹墀相随行礼。礼毕，退立两旁，中和韶乐奏乐，皇帝起座，乐止。皇子皆退。

三、太和殿筵宴仪

每年元旦、冬至和万寿节，朝贺礼仪结束后，皇帝要在太和殿举行筵

宴，而筵宴的承办是由光禄寺和内务府负责的。

太和殿筵宴之前，首先要在殿内宝座前设皇帝用的金龙大宴桌。殿内再设前引大臣、后扈大臣、豹尾班侍卫、起居注官、内外王公、额驸以及一、二品文武大臣和台吉、塔布囊、伯克等人员的宴桌105张。太和殿前檐下的东西两侧，陈放中和韶乐和理藩院尚书、侍郎及都察院左都御史、副都御史等人的宴桌。太和殿前丹陛上的御道正中，南向张一黄幕，内设大坫，大坫内预备大铜火盆二个，上放大铁锅两口，一口准备盛肉，另一口装水备温酒，丹陛上共设宴桌43张，在这里入宴的是二品以上的世爵、侍卫大臣、内务府大臣及喜起舞、庆隆舞大臣等。丹墀内设皇帝的法驾卤簿如同大朝之仪。卤簿之外，各设八个蓝布幕棚，棚下设三品以下文武官员的宴桌，外国使臣的宴桌设在西班之末，太和门内檐下，东西两侧设丹陛大乐。

太和殿筵宴原设宴桌210席，用羊百只、酒百瓶。乾隆四十五年（1780年）裁减宴桌十九桌，羊十八品，酒十八瓶。嘉庆朝以后，太和殿筵宴的桌张，根据实际情况又有所增减。太和殿筵宴，皇帝御用筵宴归内务府备办，其他宴桌由大臣们按规定恭进，若不敷用，再由光禄寺负责增备。大臣恭进宴桌多少，在筵宴之前，要先行文宗人府报明大臣的名爵，应进桌张，以及羊、酒数目，宗人府汇总送礼部查核后，奏明皇帝阅览。

太和殿筵宴之日，王公大臣均朝服，按朝班排立。吉时到，礼部堂官奏请皇帝礼服御殿。此时，午门上钟鼓齐鸣，太和殿前檐下的中和韶乐奏“元平之章”。皇帝升座后，乐止。阶下三鸣鞭，王公大臣各入本位，向皇帝一叩礼，坐下后，一整套繁缛的进茶、进酒、进馔、进舞仪式开始。进茶时，丹陛清乐奏“海宇升平日之章”。进酒时，丹陛清乐奏“玉殿云开之章”，进馔时，和韶乐奏“万象清宁之章”。然后进庆隆舞，包括扬烈舞及喜起舞。舞毕，笳吹，番部合奏人员奏蒙古乐曲，此时由掌仪司官员，“引朝鲜、回部各掷倒使人，金川、番子、番童等，陈百戏”，表演杂技，这时筵宴进入高潮。最后丹陛大乐奏，群臣行一跪三叩礼，和韶乐奏，鸣鞭，皇帝还宫。众皆出，宴毕。

四、乾清宫家宴仪

在清代每逢三大节时，举行太和殿文武百官的筵宴后，还要在乾清宫

举行家宴。这个宴会是由皇后、妃嫔等人陪宴的。届时，乾清宫东西檐下设中和韶乐及中和清乐，乾清门内东西檐下设丹陛大乐及丹陛清乐。宫殿监率所司将皇帝用金龙大宴桌摆于御座前，皇帝座位两边，分摆头桌、二桌、三桌……左尊右卑，皇后、妃嫔等均按地位和身份依次入位立。届时，宫殿监奏请皇帝升座，中和韶乐奏“元平之章”，升座毕，乐止。皇后以下各就本位行一拜礼。丹陛大乐奏“雍平之章”，礼毕，乐止。皇后以下各入座进馔，丹陛清乐奏“海宇升平日之章”，乐毕。承应宴戏，进果，中和清乐奏“万象清宁之章”，乐止，进酒，丹陛清乐奏“玉殿云开之章”。皇帝进酒时，皇后以下均出座，跪，行一拜礼，乐止，仍各入座。承应宴戏毕，皇后以下出座谢宴，行二肃一跪一拜礼，丹陛大乐奏“雍平之章”，礼毕，乐止。宫殿监奏“宴毕”，皇帝起座还便殿。中和韶乐奏，乐止。皇后以下各还本宫。

乾隆皇帝在位 60 年，统治巩固。85 岁高龄之时，又主动举行了传位大典，过起了太上皇生活。三年之后，方才寿终正寝。在其做太上皇期间，遇三大节日，亦要举行太上皇帝三大节朝贺活动。仪制威严而隆重。此外，在三大节时对皇太后也要行朝贺礼仪，遇皇太后圣寿亦要举行筵宴活动。

五、冬至郊祀礼仪

郊祀也是冬至节礼仪活动之一，一般是在冬至节朝贺仪活动前一天进行。《清通典》载：“礼莫大乎敬天，莫隆於郊祀。”

清王朝的冬至郊祀，自清太祖努尔哈赤时已行。天聪十年（1636年），清太宗于盛京之德盛门外设圜丘，内治门外建方泽，坛壝之制始备。清入关后规定：“正月上辛祈谷，孟夏常雩，冬至圜丘，皆祭昊天上帝。”郊天祭祀主神是昊天上帝，上帝之东西两翼设诸配位，即清代自太祖努尔哈赤以来的先祖神牌，按左昭右穆之制排列。祭天因是国家最重要的事情，所以除特殊情况外，皇帝都要亲往行礼。

祭祀前三天，皇帝先在宫内斋戒三日，在郊祀前一天，皇帝要阅视郊天祝版，如起居注所记：“康熙二十一年十一月二十二日乙丑早，上于保和殿视郊天祝版毕回宫。”这一日，由内务府、太常寺设神座于圜丘，第一层，正位供昊天上帝，配位供的是皇帝的祖先牌位。第二层，从位供的

是太明神、夜明神、星辰神和云、雨、风、雷神，并陈牲俎、供器、供物等于神厨、神库。是夜，陈供物于各神位前，设中和韶乐于第三层。皇帝在这一日还要到天坛行“省牲礼”，之后，夜宿天坛之斋宫。

祀日，日出前七刻，由礼部先奉祝版至坛，次自皇穹宇请各神位奉安于坛上之神座。礼部、太常寺官请皇帝出斋宫，经盥洗至拜位。祭天仪式随即开始。

典仪官高唱“燔柴迎帝神”，东西燔柴炉内举火，西南望灯高悬，乐奏“始平之章”，跳八佾舞。赞礼官接唱“升坛”，导引皇帝升一层，至香案前跪上炷香，又向神位、配位，三上香，行三跪九叩礼，礼毕，复祀位。皇帝在赞礼官导引下依次举行了“奠玉帛”、“进俎”、“初献”礼后，皇帝上升一层，至昊天上帝神位前献爵。读祝官在祝版案前朗读满文祝文，行礼，至列圣位前上香，献帛，献爵，皇帝复位。典仪官又先后唱“行亚献礼”，“行终献礼”，乐队奏“嘉平之章”、“永平之章”，皇帝均至正位、配位前行礼，并跪献酒，礼毕复位。

三献完毕，典仪官接唱“受福祚”，皇帝至正位前，接受奉爵官和奉胙官奉上的祭酒、祭肉，受饮后，行三叩礼。典仪官唱“撤馔”，乐队奏“熙平之章”，皇帝率群臣行三跪九叩礼，撤馔送神。典仪官唱“望燎”，由赞引官导引皇帝至望燎位，由奉祀官、奉帛官、奉馔官、奉香官等依次将祝版、玉帛、馔品、瓣香等送至燎所焚烧。

典仪官唱“送帝神”，乐队奏“太平之章”，礼成。赞引官恭导皇帝出，至具服台帏幄内更衣，盥洗休息后，乘舆离坛，钟楼鸣钟，直到銮驾回宫为止。

六、进表笺仪

清代每逢三大节日，在京王公百官，在外将军、都统、总督、巡抚等，纷纷向皇帝、皇后并皇太后进书，表示节日祝贺，其中进呈皇帝、皇太后的称为“贺表”，进呈皇后的称为“贺笺”。顺治八年清廷将元旦、冬至、万寿定为三大节日后，即颁发庆贺表笺式样，以后不论是表或笺，均由内阁撰拟定式，颁发给中央与地方官员，届时文武百官均须照依定式进呈，故表笺的文式雷同，文字千篇一律，都是些歌功颂德的话语。

如嘉庆十四年（1809 年）十月初六日，内阁颁发庆贺嘉庆帝万寿表

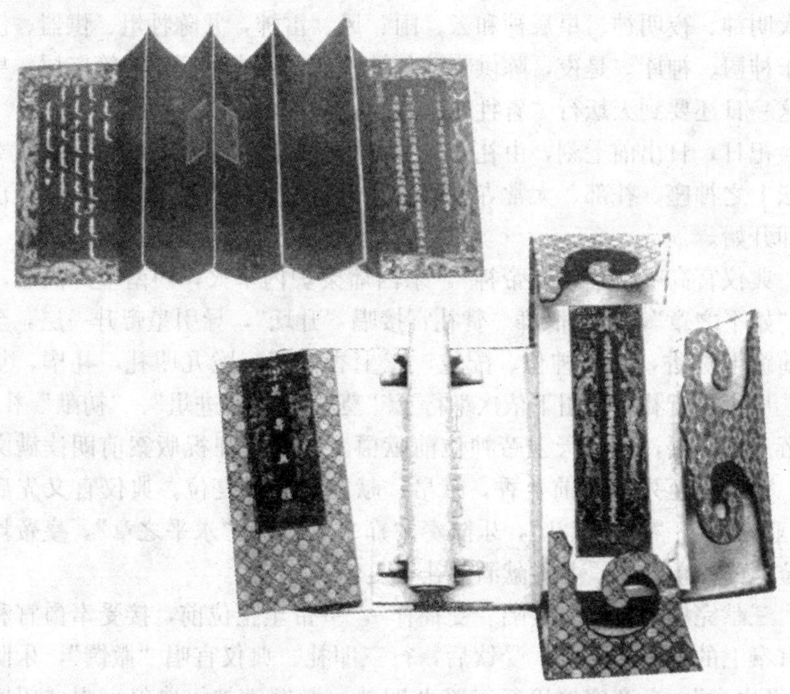

光绪二十年（1894 年）十月初十日光绪帝向慈禧太后进的贺表

式："臣某等诚欢诚忭稽首顿首上贺，伏从德统乾元，首正六龙之位，建用皇极肇开五福之先。恭惟皇帝陛下，率育苍生，诞膺景命，萝图席瑞共球集而万国来同，黼扆凝厘陬澨恬而八方和会，恭遇五旬庆节洪开万寿贞符著占绎大衍之筹，椿纪增泰元之筴太平有象庆祚无疆，臣等幸际，昌辰胪抒祝悃，伏愿玉烛长调溥时雍于九牧，金瓯永固绵泰运於万年，臣等无任瞻天仰圣欢忭之至，谨奉表称贺以闻。"

官员在上表笺时，照例要录正副两份。正本为卷状，副本为折状，二者同时装进黄绫封套内，封套正面上书"恭进万寿贺表"，下注进表人官衔、姓名并加盖印章。

在三大节庆贺活动时，照例于太和殿左楹设表案，表案上陈放着表文，皇帝御殿后，经宣表行礼后，将表笺送内阁收贮。

乾隆六十年，乾隆帝谕令，废止向皇后进笺文，以后一律改为进贺表。

第三节 三大节令宫中习俗

清朝廷围绕三大节日不但制定了许多朝贺礼仪和宫廷筵宴礼仪，而且在宫中亦形成了许多习俗。

一、开笔书福

清朝皇帝亲笔写“福”字，始于康熙朝。当时康熙帝亲书福字，赐编修查慎行。到年节时，康熙帝开笔书福，颁赐给后妃、近支王公大臣和内外大臣，以示皇帝对臣子的恩宠。开笔仪式，先由奏事处把受赐福字的王公大臣、内廷翰林的名字写在名签上呈进皇帝，御笔朱圈人名，吉日颁福，到开写福字日，由内阁传集颁赐之人到紫禁城乾清门下肃立等候。皇帝在重华宫漱芳斋、乾清宫升座开笔书福字，书毕，受赐者进至御案前跪下，叩头接过，由太监二人恭捧前行，随出，受字人依次跪领如仪。雍正时期，雍正皇帝书福颁行直省将军并督抚。据雍正二年（1724年）四月二十七日江南学政法海奏称：“江南学政法海谨奏，为谢恩事。圣主赏御书大福字，奴才法海谨跪受谢恩。法海我荷蒙圣主鸿恩甚重，何能报答。将朱批折一件一并谨奏以闻。”雍正皇帝为赐福字云：“年末冬日封印之日，政务略有余闲，朕手书‘福’字，赐内外大臣，诸臣奏谢皆称受朕赐福之

皇帝书写的“福”字

恩。此世俗之言，非正理也。朕何能以福赐诸臣哉？有是人人各有其福也。朕之每年颁赐福字者，盖欲诸臣触目惊心，时时存可以获福之心，行可以获福之事。”到了乾隆时期，开笔书福成了常例。乾隆帝每年腊月初一为书福字吉日。这一日，乾隆皇帝亲御重华宫，书写第一个福字，挂在乾清宫正殿。其所用之笔系黑漆管，管上镌有四个字“赐福苍生”。它预意着“福乃天下之公，非一身一家之私，封疆大吏董率文武，必所辖地方家给人足，乐业安居，始足为一省之福，推而至于天下，莫不皆然。”以前写福字，多在除夕前数日，自乾隆二年（1737 年）以后，定为每年腊月初一日开笔书福，遂以为常。

二、腊八粥

进入腊月的第一个节日是“腊八节”。腊八系佛教节日，相传夏历十二月初八日，是释迦牟尼的成道日，佛寺常于该日举行诵经，并效法佛成道前牧女献乳糜的传说故事，取香谷及果实等造粥供佛，名腊八粥。后演变为一种习俗，以夏历十二月初八日吃腊八粥。《燕京岁时记·腊八粥》载：“腊八粥者，用黄米、白米、江米、小米、菱角米、栗子、红豇豆、去皮枣泥等，合水煮熟，外用染红桃仁、杏仁、瓜子、花生、榛穰、松子及白糖、红糖、琐琐葡萄，以作点染。”清宫每逢腊八则派亲王、郡王或大臣到雍和宫管理煮粥、供粥、献粥、施粥等事。在宫内，初八日在中正殿前左方设黄毡圆帐房一座，名曰小金殿，皇帝升殿，御前大臣侍于左右，众喇嘛在殿外唪经，由达赖喇嘛或章嘉胡图克图活佛，为皇帝拂拭衣冠，以袚不祥，俗谓之送岁。

三、九九消寒图

冬至是一年中阳气渐升、阴气渐降的转枢之日，冬至日以后便进入寒冷的“数九”天气。在明清两朝的皇宫中，非常盛行一种文字游戏——“九九消寒图”，借以打发难熬的严冬天气。在明代，宫廷的“九九消寒图”，是一张图纸，从冬至日起，每日由宫眷涂一圈，其方法是把显示在圆圈上的“上阴、下晴、左风、右雨、雪点当中”等黑白符号，圈涂尽，则九九完，也就预示着明媚春天的来临。

另外，明宫中还有一种“九九消寒图”是画素梅一枝，梅花八十一朵，作勾圈五瓣梅花形，每九朵花纳一格，全图横竖均作三格，合共九格，以示九九之数。具体方法与上述同，分别阴、晴、风、雨、雪，视气候每日染一朵，朵尽而九尽，但较涂圆圈更为雅致，染完的素梅不但好看，而且犹如一幅精心构思、技法独特的梅花图。

清沿明制，宫廷中盛行填写九九消寒图。每年冬至节前，各宫均挂出由懋勤殿翰臣事先双钩成幅，裱成纸屏，题名“管城春满”的消寒图，自冬至日起，由内值翰林诸臣，按日用丹朱填廓一笔，每填完一个字便过一九，九个字填完，即冬去春来，万物复苏时节。在清代宫廷中消寒图的种类很多，有些图样别出匠心，争奇斗巧，多是文墨雅兴之作，用以记时消遣。清道光年间，道光帝御书“管城春满”消寒图，在图上挥笔写下“亭前垂柳珍重待春风”九个字。这九个字，每字均九笔，符合九九之数，又寓含着迎春之意，另一种“管城春满”消寒图，其九个字为“春前庭柏风送香盈室”，即在每笔道内用蝇头楷书细注当日早晚天气变化及对身体的影响，如“终日凉风侵入皮肤如刀刺”、“二月初二日晴冷北风吹”、“天朗气清日和风舒春景”等等，颇有雅趣。在中国第一历史档案馆还珍藏着一幅消寒诗图，形同“九九消寒图”。全诗共 252 字，按诗句顺序所画出的图案，亦围绕着“雁南飞哉柳芽待春来”九个字，每字均为九笔，而绘制近似葫芦形，全诗从远古的“三皇治世”到“我国大清作金銮”，描绘了中国几千年历史长河中重大事件，从中不难看出作者的一番心思。全文如下：

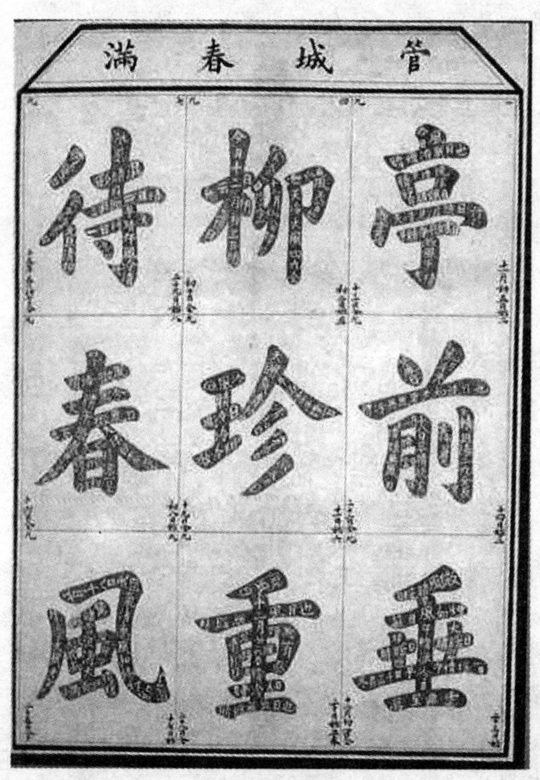

九九消寒图

头九初寒才是冬，三皇治世万物生；尧汤舜禹传桀事，武王伐纣列国分。

二九朔风冷难当，临潼窦宝各逞强；王翦一怒平六国，一统江山秦始皇。

三九纷纷降雪霜，斩蛇起义汉刘邦；霸王力举千斤鼎，弃职归山张子房。

四九滴水冻成冰，青梅煮酒论英雄；孙权独占江南地，鼎足三分属晋公。

五九迎春地气通，红拂私奔出深宫；英雄奇遇张忠俭，李渊出现太原城。

六九春分天渐长，咬金聚会在瓦岗；茂公又把江山定，秦琼敬德保唐王。

七九南来雁北飞，探母回令是彦辉；夤（yín，深）夜母子得相会，相会不该转回归。

八九河开绿水流，洪武永乐南北游；伯温辞朝归山去，崇祯无福天下丢。

九九八十一日完，闯王造反到顺天；三桂令兵下南去，我国大清坐金銮。

逊帝溥仪时期，更有仿此葫芦形式来抒发其内心情感的消寒诗图——“管城春满”，兹录于此，可窥一斑：

冬至头九天气寒，项城有意坐金銮；中华帝国号洪宪，施行专制改江山。

二九朔风冷凄凄，杨度进奉衮龙衣；谋杀总统沈金鉴，假造民意梁士诒。

三九天寒冷似冰，筹备大典帝制兴；滇黔桂粤皆反对，阴谋炸死

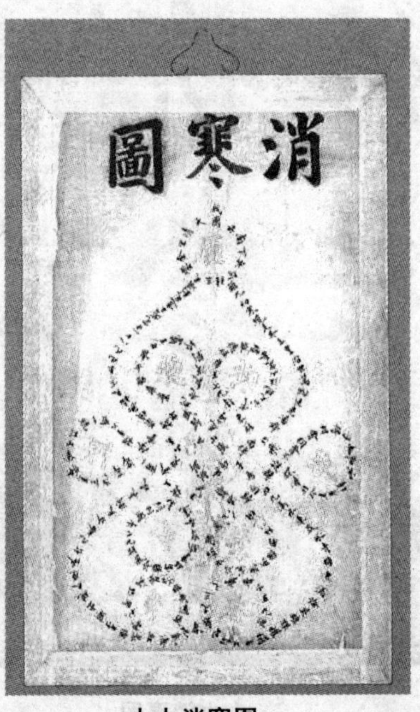

九九消寒图

郑汝成。

四九霜雪飞满天，误国害民朱启钤；拆毁民房修马路，万古千秋骂汉奸。

五九天寒冷难当，黄陂不受武义王；溥伦赏食双王俸，拐款独立龙济光。

六九迎春地气通，南海改建新华宫；商界承办提灯会，帝国万岁信口称。

七九河开河不开，各省反对不来财；中交两行停兑现，民国灾祸一齐来。

八九雁来到惊蛰，登极坐殿算白说；九五未登身先丧，遗下臭名骂董卓。

消寒已尽九九完，黎大总统掌兵权。

对于宫廷中的这一文字游戏，当时的文人夏仁虎曾作过一首诗，以反映当时宫眷们期盼春天的心情："亭前垂柳待春风，珍重亲涂一画红。九九图成春已至，宸居真可亮天工。"

四、放爆竹

清宫规定，每年十二月十七日（后改为十九日）开始放爆竹，到十二月二十四日以后，若皇帝出宫、入宫，每过一门，太监即放爆竹一声。

爆竹亦称炮仗、纸炮。每年除夕、元旦寅刻或子时，皇帝即乘轿前往各处拈香行礼，此时，皇帝轿子每过一门均要放爆竹，以示对诸神的敬意，亦表示接神。接神之后，自王公及百官，均进宫朝贺，互道新喜。兹摘录光绪三十一年（1905年）十二月三十日除夕礼仪档案一节，以飨读者："除夕寅初，请驾净面冠服毕，诣天地前拈香，西佛堂拈香毕，至东暖阁少坐。寅正，上从吉祥门乘轿，放炮仗；由琼苑西门至天一门拈斗香，次诣钦安殿拈香，放炮仗；至千秋亭拈香，诣斗坛拈香，乘轿；由殿后至万春亭拈香毕，乘轿；由琼苑东门至天穹宝殿拈香，放炮仗，乘轿；由基化门……"

五、祭灶

进入腊月二十日之后，过年的气氛一天浓似一天，祭灶是腊月民间与宫中的重大祭祀活动，也是人们在一年之中的主要祭祀仪式之一。

灶神也叫灶君、灶王、灶菩萨。灶神来历，传说不一，皆无确证。《礼记》说，孟冬之月有“五祀”，指祀门、祀灶、祀户、祀井、祀中霤。汉武帝初年，大臣以祀灶可化丹砂为黄金，以黄金为器皿可益寿，益寿可见蓬莱仙者进言，皇帝才开始亲自祭灶。

清代宫中每年于十二月二十三日于坤宁宫煮祭肉之大灶前祭灶神，要设供案，安神牌，备香烛，供品多达 32 种，并由南苑猎取黄羊一只，由盛京内务府进贡麦芽糖作为贡品。届时，皇帝、皇后先后到坤宁宫佛前、神前、灶神前拈香行礼。祭灶这天晚上，亲王、郡王、贝勒等大员在内廷有值宿任务的，亦给假回家祭灶，以级别较低的散秩大臣代替值宿。

六、贴春联

春联也叫对联、门对，是悬挂或张贴在楹柱门户之上的联语。春联的来源即是桃符。最初人们以桃木刻成人形悬挂于门旁以辟邪，后来这种辟邪偶像蜕化为画在桃木板上的守卫门户之神，或在木板上书写门神名字，或写其他吉祥词语。再后来改为以纸书联语。

清代宫廷每年十二月二十六日于各处张贴春联。因为满族人崇尚白色，故春联例以白纸或白绢书写，蓝边包于外，红条镶于内。张贴春联，无疑给年节创造了一种氛围。清富察敦崇《燕京岁时记》载：“春联者，即桃符也。自入腊之后，即有文人墨客，在市肆檐下，书写春联，以图润笔。祭灶之后，则渐次粘挂，千门万户焕然一新。”

七、挂门神

每年十二月二十六日规定在清宫各处张挂门神，于第二年二月初三日撤下贮存库中。这也是民间流传已久的风俗。据汉应劭《风俗通》讲，黄帝时期的书中曾记载，上古有神荼、郁垒两兄弟是专管百鬼的，遇有害人

宫廷门神

的恶鬼必捉之喂虎。他们是鬼域的克星。战国时代即有刻桃木为人形，悬挂门旁，以镇制百鬼，不知这人形是否像神荼、郁垒二兄弟。到了唐代，唐太宗生病，命秦叔保、尉迟敬德两将军，戎装立于门外，一夜无事，乃令画此二人像挂于门上，后亦成为辟邪的门神。清宫所挂门神均先装裱在安有铜饰件的框内，在粗绢或布上绘制，用黄绫沿边。先期，由工部奏闻皇帝，至日，外朝三大殿等处，由工部、内务府官员督同匠役人等张挂。其内廷等处，由门神库太监先期报知宫殿监，宫殿监传齐营造司首领太监，自乾清门至各门各宫张挂。所绘门神有四种，即金瓜武门神、五谷丰登文门神、福寿双全仙子门神、童子门神等。

八、张挂宫训图

每年十二月二十六日，在张挂门神、贴春联之日，宫殿监传知后妃居住的东西六宫首领各挂宫训图一份于东、西宫墙，每图皆画古代有封建美德的后妃故事一则，作为后妃的榜样，教育后妃遵守三纲五常，实行孝道。至次年二月收门神之日撤下，收贮于景阳宫后的学诗堂。各宫挂有不同的宫训图，景仁宫：燕姞梦兰图；承乾宫：徐妃直谏图；钟粹宫：许后奉案图；延禧宫：曹后重农图；永和宫：樊姬练猎图；景阳宫：马后练衣图，永寿宫：班姬辞辇图；翊坤宫：昭容评诗图；储秀宫：西陵教蚕图；启祥宫：姜后脱簪图；长春宫：太姒诲子图；盛福宫：婕妤当熊图。

九、进春帖子

每年立春之前，由军机大臣、南书房翰林等官员向皇帝进春帖子词。岁内立春者，在二十日以前进，新岁立春者，在二十日以后进。所谓春帖

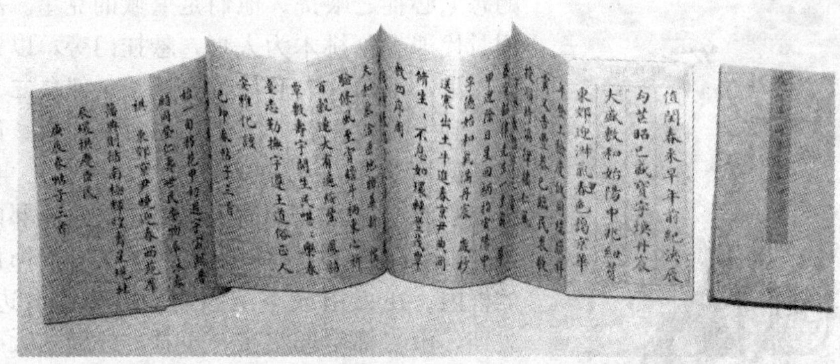

春帖子册页底子

子，系这些官员以黄色小折细书，或五言绝句，或七绝二首。届时交懋勤殿首领太监恭呈御览后，陈设乾清宫西暖阁温室内案上。将旧岁春帖子词换出收贮懋勤殿。清初进春帖子几首无定数，至乾隆二十五年（1760 年）才定为五言绝句一首，七绝二首。兹录乾隆四十年（1775 年）大学士于敏中七绝两首："旃蒙协洽数来匀，轩纪延开四十春。律琯预调椢鼓应，郊台伫奏凯歌新。斯干三阁诀天阊，文汇渊源圣治昌。喜及协风初至日，先来东壁咏琳琊。"

十、除夕拈香、元旦拈香行礼

每年除夕和元旦，皇帝的主要活动是到处拈香礼佛和敬祖，以求神保佑在新的一年内事事吉祥如意。除夕日寅时（早晨四点）、元旦日丑时（早晨二点）皇帝起床，盥洗，穿冠服毕，到养心殿寅字桌、团圆桌、神牌前、天地前、东西佛堂拈香行礼，并依次前往天一门、钦安殿、千秋亭、斗坛、万春亭、天穹宝殿、妙莲华室、凝晖堂、广生楼、奉先殿、堂子、乾清宫东庑圣人前、药王前、坤宁宫之西案、北案、灶君前、东暖阁佛前、承前宫、毓庆宫、乾清宫东暖阁、建福宫等处前代帝后御容或神牌前、佛前、养心殿太阳佛前、乐寿堂佛前、大高殿、寿皇殿历代帝后前拈香行礼。皇帝所到之处均由爆竹声前导，其间亦穿插其他礼仪。

十一、元旦开笔

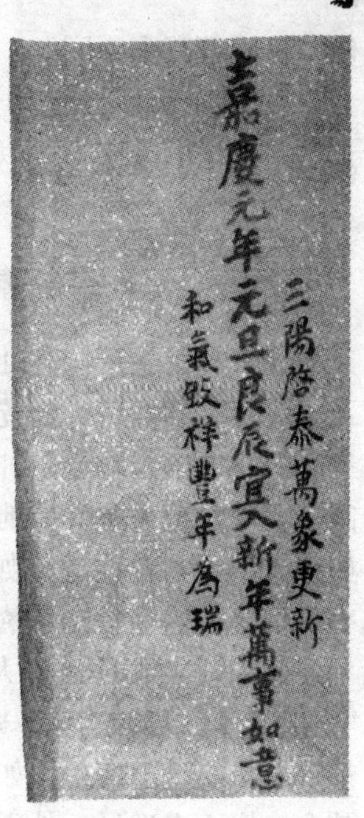

三陽啓泰萬象更新
嘉慶元年元旦良辰宜入新年萬事如意
和氣致祥豐年為瑞

嘉庆帝手书“元旦开笔”

清朝自雍正帝开始，每岁元旦丑时（凌晨二点）皇帝起床，净面、穿冠服后，到养心殿各处拈香毕，至东暖阁临窗宝座处，行元旦开笔仪式。此时，在东暖阁内清宫饮酒器——“金瓯永固”杯，业已置放在紫檀长案上，杯内盛满屠苏酒，旁边蜡台上置有玉烛一支，皇帝亲手点燃蜡烛，拿起笔管上刻有“万年青”的毛笔，先御朱砂，后染墨翰，书写吉语，以祈一年政和事理，江山永固。例如：乾隆三十五年，元旦开笔笺所书，中间一行朱笔为“三十五年元旦宜入新年万事如意”，左边一行书为“和气致祥丰年有瑞”，右边一行书为“三羊启泰万象维新”。开笔仪式结束后，所用万年青笔、玉烛长灯和金瓯永固杯等均收贮起来，以备来年再用。

年夜子时饮屠苏酒用的
“金瓯永固”杯

十二、浏览时宪书

时宪书，即民用历书，制定于明末，清顺治二年（1645 年）颁行，乾隆时期因避弘历讳，改称“时宪书”。

皇帝用的时宪书，写本名曰“上书”。其第一页书以节气，第二页为年神、方位，第三页列六十花甲，第四页列六合，末二页纪年，与颁行本同。每日于五行下注明阴阳，于除危后添注“宝、义、专、制、伐”五字，乃五行生克之义。在每日下只注吉神，不注恶煞，每日宜忌及款识

俱与民间颁行本不同。

在每年元旦，皇帝于养心殿东暖阁明窗开笔后，接续要翻看一遍由钦天监新进呈的时宪书，以象征授时省岁之意。

十三、元旦道新喜、递如意

元旦日，皇帝向各处神、佛前代帝后行礼毕，到太和殿受王公、大臣及文武百官朝贺后，到乾清宫升座，接受皇后及宫眷的朝拜，皇后行六肃三跪三拜礼毕，跪递一种取兆吉祥之义的礼物——如意。如意有玉制或金制、珊瑚、檀香木等质地。如意头上图案多是吉祥图案，镌柿子者称事事如意，镌灵芝者称灵芝如意。光绪三十一年（1905 年）元旦，光绪皇帝率皇后等在乐寿堂向慈禧皇太后跪拜行礼，并呈递“万年吉祥如意”。

此外，年节时王公大臣亦有进呈如意之礼。据《竹叶亭杂记》载：“嘉庆元年（1796 年），贝勒、贝子、公等以至部院侍郎、散秩大臣、副都统俱纷纷呈递两份（如意）。”于是加以限制，宗室王公等准以进如意，其余一概不准进呈，外省人员向有年例备礼进贡，仍照例而行。

除上述所列习俗外，还有诸如制椒屏岁轴、得禄、打鬼、岁终送荷包、除夕鸣秋虫、元旦进吉祥饽饽、元旦写心经等，所有这些习俗说明了一个很重要的事实，即我国是一个历史悠久、民族众多的国家。深厚的历史文化根基、众多民族间的交流和融合，孕育出了多种多样的节日及其节庆礼仪和习俗。它们既丰富了我国各族人民的节庆活动，也成为封建统治阶级巩固其统治的工具。

第十五章

皇家体育和宫廷戏曲活动

第一节 皇家体育和旅游活动

清代皇室非常注意养生之道，经常举行一些丰富多彩的体育活动。这些活动大多是在传统体育的基础上延续和发展起来的。

一、弓马骑射为国本

现在的高考考试分文科和理科，清朝的科举考试则分文举和武举。武举科考除了考文化之外，还要考马、箭、刀、石。这既是清朝皇帝遵循历代的旧制，也是清朝统治天下的武器。两万多年以前，中华先民们已经开始使用弓箭来猎取飞禽走兽。发明弓箭以后，狩猎的效率就有了很大的提高。后来，原始农业和原始畜牧开始大大发展起来，人们学会了种植庄稼，畜牧牲畜，生活资料有了更为充分的保障。由于大量畜养牲畜，狩猎就不再像以前那样重要了，于是弓箭在人们现实生活中的作用也逐渐不再像以前那样重要了。以后人们弯弓射箭是为了玩玩射箭技艺，以显示一下自己的本领，是娱乐意义上的游戏活动。但其中仍然保留原始狩猎的印记。如清代满族中盛行的射鹄等游戏活动。

骑马射箭是满族最基本的技能特长，满族最早是游牧民族，祖祖辈辈

驰骋在茫茫的草原上，满洲统治者是马上打天下，马上得天下。从努尔哈赤以祖父遗甲十三副起兵，统一女真各部，建立地方政权；到皇太极重创明军，为清朝入关铺平道路；及至顺治帝入关后对中国大陆的统一，玄烨进一步巩固清朝统治，为后来“康乾盛世”打下了坚实的基础，无一不以八旗将士的精湛武功与勇猛士气，作为可靠后盾。所以清朝统治者一向视弓马骑射与国语为国本，对立国安邦至关重要。康熙皇帝“自幼强健，筋力颇佳，能挽十五力弓，发十三握箭，用兵临戎之事，皆所优为”。他还要求皇子们精通箭法，将射箭作为皇子们每日的必修课。他说：“朕谨识祖宗家训，文武要务并行，讲肄骑射不敢少废，故令皇太子、皇子等既课以诗书，兼令娴习骑射。”为保持满族的特色，防止轻视国语骑射，他强调加强行猎。康熙皇帝每年带大批官员到木兰围场，不仅围猎消闲，而且将行围与习武和考察武员结合起来。他说：“围猎以讲武事，必不可废。”特别是当他看到一些八旗贵胄入关后渐渐丢掉习武的传统，而国内还有许多不安定因素存在，便更加重视习武了。按照旧制，宗室习射，由亲王至闲散宗室10岁以上，左翼以每月初七、十七、二十七日，右翼以每月初二、十二、二十二日，在镶黄旗教场演习骑射。觉罗成员也必须参加这项活动。自20岁以上有品秩宗室，每步

乾隆帝骑射图

皇帝御用马鞍

射两次，兼骑射一次。每年春秋两季，各擐甲习射两次。由宗人府考其勤惰优劣注册，劣者交族长学长给限学习，如仍怠惰者参处，成绩优异者题奏。王以下、闲散宗室及觉罗以上、王等护卫，每年习射，于七月十七日起至次年四月十七日止。由本府王公监视。每次考验骑射，也就是宗室成员的大比武。届时衣冠竞会，旌麾并举，骏马骄风，雕弓替月，弦声响处，箭飞如蝗。乾隆皇帝一向注意武事，曾说“弓矢乃八旗旧俗，而神武实万世之家风”。为“不忘本族习俗”，于雍正八年在奉先殿南面修建一座箭亭，于亭内东西各立一块石碑，碑上镌有乾隆皇帝与嘉庆皇帝的亲书谕旨，乾隆皇帝在谕旨中告诫满清贵族“衣服语言，悉遵旧制”，“操演技勇，时时练习骑射”。并告诫子孙要“永垂法守”。嘉庆十三年（1808年），清仁宗颙琰再次告诫文武大臣及子孙后代“勿酣酒肆，勿入赌场，不效漠俗”。紫禁城内的箭亭建起后，乾隆和嘉庆皇帝都曾在这里射过箭，操演过武艺。每当皇帝及其子孙在这里跑马射箭时，亭前摆起箭靶，八扇大门全部打开，人站在亭内开弓放箭，列队两边的武士摇旗擂鼓助威，情景十分热闹。据说道光皇帝的骑术至精。咸丰皇帝尽管体弱，骑术亦娴。这一施教方针，正是为了使他们能继承祖辈传统，掌握武功，强身健体，以保清朝长治久安。

为了有更多优秀的技艺高超的武士为国效力，历代国君纷纷举行各种比赛活动来选拔人才。后来便建立了武举科考制度。顺治初年，便向天下颁诏开科举士。清朝武举考试也是经过童试、乡试、会试、殿试几个阶段。清朝武举考试的时间是：子、午、卯、酉年的十月举办乡试；辰、戌、丑、未年的九月举办会试。殿试是武举考试中最高一级的考试，时间是在会试后的十月份举行。武举考试的内容分两部分：一是内场试策；二是外场试策，犹如现在考试中的笔试和实际操作。内场试策在紫禁城的保和殿，初由皇帝钦命三题由考生们论答。但后来由于武试者多不能文，至嘉庆以后改为默写《武经》。外场试策对武举考生最为重要，其水平的高低对是否中举最为关键。外场试策的地点在西苑的紫光阁，试策的内容是马、箭、刀、石。考试分二天进行：第一天测试马、步箭；第二天测试弓、刀、石。乾隆帝把射箭作为考武举的头等项目，并规定首场马箭射毡球，二场步射布侯（箭靶），均发九矢。马射中二矢，步射中三矢为合格，再开弓、舞刀、掇石试技勇。随着考试等级由低级向高级迈进，考试难度也在不断地加强亦有所变化。据许友根著的《武举制度史略》一书记载：

乡试外场的考试分三场进行：首场考试马箭。箭靶是用芦苇裹芦席为芯，外包红布，高约五尺，圆筒形状，直径约一尺五寸。考试时，在跑马道旁设三个箭靶，各距三十步。考生纵马三次发九矢，中靶两次为合格。其间亦有以中靶三次、四次为合格的规定。二场试步箭。树大侯，高七尺，宽五尺。初以距离八十步，后改为五十步，考生发九矢中布侯三次为合格。其间亦有以中布侯二次、四次为合格的规定。马、步箭箭头皆用铁制。马、步箭之后，再开硬弓、舞刀、掇石以试技勇。乡试技勇自清初设立，其间顺治十七年（1660 年）曾停试技勇，康熙十三年（1674 年）恢复。从乾隆二十五年（1760 年）开始，马、步箭考试作了一些改动，规定各发六矢，增马射地毬一矢。马箭弓以三力（十斤为一力）为准，步射弓以五力为率，可以增加力数但不能减少。马箭纵马二次射六箭，中三次者为合格，缺一不准试步箭。步箭布侯改高五尺，宽二尺五寸，距离二十步，射六箭，中二次者为合格，缺一不得再考弓、刀、石。为了对马、步箭合格者进行再评量，在未考弓、刀、石之前，还要试马射地毬一箭。球形如斗状，直径约二尺，用皮或毡做成，放在马道旁的土墩上。这个土墩高约一尺，平面约三尺。射中后，球要落在墩下，如球未落墩下则以不中论。箭头是用扁圆木制成。但若步箭初中足合格之额即不再射，后亦改令六箭全射，以中数多少选。技勇考试所用之弓的重量有八力、十力、十二力之分，超过十二力的为出号弓，力气大的还可以增加二三力，但以十五力为限。刀有八十斤、一百斤、一百二十斤。石有二百斤、二百五十斤、三百斤者。各以三号、二号、头号分等考试。要求弓必三次开满，刀要前后舞花，掇石则须高举过顶。三项皆是三号为不合格，必须有一两项是头号或二号者才为合格，遂为永制。

参加过殿试并考中的武进士，还要参加引见和传胪。传胪典礼在太和殿举行，皇帝亲临现场，赐第一甲武进士及第，赐第二甲武进士出身，赐第三甲武进士出身。还钦定第一甲的三名武进士为状元、榜眼、探花。清朝从武举考试之始，考中的武进士人数很多，每科考中的人数不同，凡是中举的武进士都会被清廷录用，封官加爵。

清朝中后期开始，民族矛盾日益尖锐。随着资本主义列强对中国的不断侵入，面对敌人船坚炮利，清朝的马、箭、刀、石如以卵击石，毫无抵御能力。于是一些爱国的仁人志士开始提议“师夷长技以制夷”，学习西方人的长处，发展自己的武器。同时提出改革武举科考，主张变试马、

箭、刀、石为试枪炮。还有一部分人提出废除武科。光绪十一年（1885年）五月，直隶总督李鸿章在天津创办了北洋武备学堂。一批优秀的清军官兵被推荐入学，他们在学堂中学习战阵攻守之法，学习先进武器的使用技能。当他们能征善战、文武兼备地走出学堂后，对那些虽骁勇强悍而不懂运筹谋略的武进士的任用又是一次不小的冲击。朝野上下围绕武科的存废问题，经过多次反反复复的争论。光绪二十七年（1901年），清王朝在内外的压迫下，终于下决心停罢武科。七月十六日，光绪皇帝颁发谕旨："谓武科一途，本因前明旧制，相沿以久，流弊滋多。而所习硬弓、刀、石及马、步射皆与兵事无涉，施之今日亦无所用，自应变通，力求实际。嗣后，武生童考试及武科乡、会试，著即一律永远停止，所有武举人、武进士均定投标学习……"

清代武举考试制度虽然停止了，但其弓、箭、刀、石项目依旧存在，今天它已成为人们喜闻乐见的健身活动，有些已成为国际体育比赛的项目之一。

二、冰嬉场上竞技高超

乾隆四十四年十二月初四日上幸瀛台阅冰技。嘉庆十三年十二月五日上幸北海冰嬉……这是清宫档案《起居注》中记载的史料。这样的记载在清宫档案中还是很多的。冰嬉是冰上活动的统称，如清代把滑冰、冰上射箭、冰上球类、溜冰车等等都称做冰嬉。清代每年逢冬至开始到三九期间，北海的太液池或中南海的瀛台水面上逐渐封冻。于是，清宫中就开始筹备冰嬉活动了。演员是从驻京八旗将士和内务府上三旗官兵中挑选

冰嬉图

的，约 1400—1600 名，他们都是技艺高超的冰上骄子，这些选手要进行队形、花样、技艺等训练。“腊八”前后，表演和比赛便正式拉开序幕，皇帝由王公贵族和文武百官陪同前往表演地点校阅观赏。表演者在悠扬、欢快的乐曲声中，在彩棚、彩灯、彩旗的衬托下，在晶莹剔透的冰面上表演各种优美高超的动作，举行各种形式的比赛。

冰上体育运动是我国古代体育的一个重要内容之一，特别是我国的北方，冬季里滴水成冰非常寒冷，冰上运动很早便开始在那里流行，并成为包括满族在内的各族人民冬季体育活动的重要形式。清朝建立后，冰上活动与其他许多体育运动一样，最早也是被列为军事训练项目中，并有专门溜冰的兵种，滑冰则作为每年冬天皇帝检阅军队技艺的项目之一。当代表满洲八个旗的队伍，身着八旗服装，背上安插着八旗的旗帜，在晶莹的冰场上滑翔时，道道白光映照出他们矫健、彪悍、勇猛的身影。随着清朝的统治进入稳定时期，原来纯属军事演习性质的溜冰，也逐渐演变为专供皇宫贵族娱乐的竞技活动，乾隆朝前后为最盛时期。这时的冰上活动，既保留了军事集体表演的大型规模，又侧重于个人的技巧表演，具有规模大、花样方式多、技巧水平高等特点。

冰嬉图——冬季健身

清代冰上运动的项目很多，而为皇帝表演的宫廷冰戏主要有以下几种：第一种是速度滑冰。表演者在冰场上如星驰电掣，姿势有扁弯子式、大弯子式、大外匁式、跑冰式等。第二种是技艺滑冰。表演者集刚、柔、难、险为一身，滑冰者优美的姿态有“人蝎子”、“金鸡独立”、“哪吒探

海”、“鹞子翻身”、“仙猴献桃”、“童子拜观音”等。还有双人花样滑冰——“双飞燕”的翩翩起舞的形象。更有八旗官兵和纯真少年，行飞叉、要刀、弄幡、缘竿、使棒、冰上倒立、叠罗汉等杂技滑冰。第三种是冰球比赛。两势对垒，抛球挣抢，人们在球场上纵情地奔跑追逐，一会儿长距离疾驰，一会儿又骤然突破，竞争十分激烈，表现出以智勇取胜的团队精神。第四种是射箭。远距离的箭射百发百中，精湛的射技使人啧啧称绝。

每年冬至过后，选手们开始集训。内务府也开始预备冰鞋、行头、弓箭、球架。清代滑冰的装束与现在相比有很大的不同。服装有的身着马褂，有的外穿背心，膝部裹着皮护膝。冰刀亦比较简易，早期是在木板下镶钢条或钢片，绑在鞋下。后发展为单刀式和双刀式。滑冰中有多种套路，有速滑、花样滑及技艺滑等几种。可谓八仙过海，各显神通。同时还要为帝后准备好冰床。冰床为船形，制作极为讲究，坚固而华丽。床上罩有黄缎盖，如同车棚，床中铺有貂皮宝座，宝座下设有火盆，虽三九寒冬，床上却温暖如春。腊八前后，选定黄道吉日，命人先在“运动场”上做好各种准备工作，如摆放礼炮、设置旌门、排列队形等。当时的运动场地点并不固定，有时在五龙亭附近，有时在阐福寺附近，有时在瀛台附近，完全取决于冰层的薄厚和冰质光滑、坚硬程度。比赛和表演当日，皇帝亲临现场。当皇帝换乘的大轿辇，由人力缓缓牵引，行至湖心时，冰戏运动员们高举大旗，爆竹齐鸣，身着彩装、腰挂弓箭的欢迎队伍迎面飞一般滑到皇帝面前跪拜行礼，然后表演各种花样。

其中有速度滑冰表演。选出的八旗兵在距皇帝冰床二三里之外列队待命，树大纛（旗的名称），待炮声一响，只见运动员们从树纛处蜂拥而出，他们争先恐后地滑向皇帝的冰床，事先有侍卫立在冰床前，将选手们一一拉住。皇帝则按照到达御前的先后顺序分别进行奖赏。

最有意思的是冰上踢球表演。参加的八旗兵脚蹬有铁齿的冰鞋，穿着红色和黄色服装排成两队，按左红右黄站立。御前侍卫将事先准备好的用真皮做成的皮球踢入队列中，众兵一哄而上，呐喊着奋力向球的落点滑去，你争我夺，夺得球者再用力抛出，众人再抢。八旗兵们喧笑着、嬉戏着、追逐着，场面非常热闹，喊声震天，皇帝和贵族王公们也都被其所感染而陶醉其中了。这样反复多次，最后的胜利是属于挣抢最勇猛和得球最多的人，他们得到了皇帝的重奖，其余的人

也都得到了小小赏赐。

还有一项表演也非常精彩，就是射球。中国古代许多少数民族素以游牧、狩猎为生，射技对他们说来非常重要，因此这些少数民族中的投射游戏十分普及。如古代有射柳、射兔、射天球等。又如清代的满族也素以射箭、骑马著称。所谓“国家创业，以弧矢威天下，故八旗以骑射为本务，而士大夫家居亦以射为娱”。随着清朝的建立，这些游戏形式也被带入北京。特别是射球，因为球是圆的，抛接击打起来需要一定的技巧，因此球经常被用来作为一种游戏器具，以球为戏具而产生的传统游戏活动也特别多。如：汉代皇室中就有蹴鞠。它是将比赛分两队，双方各有十二名队员参加，以踢进球门之球数的多少决定胜负。清代，蹴鞠与溜冰结合在一起，出现了一种“冰上蹴鞠”的活动，即：众人群起而争，边滑边踢球，互相追逐嬉戏。这实际上是一种非常讲究技巧的古代冰球运动。

射球的方法是由八旗兵按照不同的颜色组成队伍，每队有一人举小旗在前，两个人持弓箭随其后，执旗者一二百人，持弓箭者倍之。在靠近御坐处设有三个饰有彩旗的旌门，各门上方正中悬一彩球，曰天球；下置一球，曰地球。待号令一发，各支队伍盘旋曲折在冰上穿行，前有彩旗随风飘扬引路，弓箭射手奔向旌门，有的身躯微弯，扬弓搭箭准备射箭，有的滑过旌门，回首仰射，一射天球，一射地球。旗手射手你追我赶，疾若闪电，紧张而有规则，热烈而不混乱。随着一个个彩球落地，四周响起阵阵欢呼声。表演结果评出三个等次，分别赏赐银两。其中三箭皆中者为一等，三箭二中者为二等，三箭一中者为三等。未入等次者亦有赏赐。

清代把冰上运动视为“国俗”，并作为重要典制记载于《钦定大清会典》之中。正如乾隆皇帝所说：“冰嬉为国制所重。”在故宫博物院珍藏着多幅反映当时宫廷冰上表演的《冰嬉图》。如金昆等人合绘的《冰嬉图》，主要描绘滑冰射箭比赛的场面。

三、“摔跤”——皇帝智取奸臣的武器

清朝康熙初年，以陪伴皇帝娱乐为名，在八旗子弟中挑选了十来个长得机灵、身体强壮的十多岁孩子入宫。他们每天在宫里练习扑跌游戏、掌握摔跤技巧，康熙帝也混在其中。康熙八年（1669 年）五月十六日，皇

宫中发生了一件关系皇帝的尊严以及大清江山社稷的重大事件，康熙皇帝将自己的辅政大臣鳌拜擒拿革职。而康熙帝擒拿两朝重臣鳌拜所使用的就是满族人传统的体育项目“布库”，汉族人称之为“摔跤”的伎俩，这充分展现了年仅16岁的皇帝的智谋与胆略。

至于鳌拜其人，史料记载的已很详细，康熙皇帝擒拿鳌拜的主要原因是他专横跋扈，结党营私，康亲王杰书等遵旨审判鳌拜集团的罪行，列罪30条。最后康熙帝念鳌拜效力年久不忍加诛，著革职、籍没、拘禁。为了表彰这些青壮年的功绩，为了使摔跤这种满、蒙族所喜爱的一种运动发展下去，清康熙年间成立“善扑营”，专门挑选八旗勇士入营，演练摔跤、射箭、骑马等技艺。善扑营设总理大臣，由皇帝挑选，无定员。下设协理事务翼长、笔帖式、翼长等，负责录选、供应等。善扑营演习的技艺主要分三种：善扑、勇射、骑马。其中，善扑设200名，表演摔跤；勇射设50名，表演射箭；骑马设50名。另外，设教习24名，分管训练。届时为皇帝宴乐时表演，凡遇皇帝出巡，与护军等一同随班护卫。此后善扑营便成为公开正式建制，历朝相沿。

善扑即摔跤，满语为“布库”，蒙语为“布克”。这是一个专门培养训练勇士的机构。“布库”们平日在营里锻炼身手，研究技艺。不仅各个练出一套独有的绝招，还创出多种多样的练习基本功的器具和方法。表演时，各个威风凛凛，身段矫健。皇帝对跤技出众，仪表不俗，为宫廷多次争得荣耀的“布库”，都赐予殊遇，并授予为御前“布库”。

摔跤在古代又叫“角抵”，是我国一项传统的体育活动。到隋唐又有“相扑”和角力之称。南朝的刘守时期，即公元420—479年，传入日本，现在已成为日本特色的体育项目。清朝乾隆皇帝在诗中曾解释说：“相扑之戏，蒙古所最重，筵宴时必陈之。国朝亦以是练习健士，谓之‘布库’。蒙古语谓之‘布克’。”摔跤也是满族人一种喜闻乐见的体育形式，是节庆之日必不可少

摔　跤

的娱乐活动。满族人原本就是一个游牧民族，他们性格豪爽、奔放。平时在部族中经常举行摔跤活动，以显示自己高超的武艺和健壮的体魄。进入中原以后，依然恪守祖先的遗训。特别是社会安定的时期，皇帝仍教育皇族人保持满族人的作风。康熙年间特成立了“善扑营”，选一些身手好，聪明精干的小伙子，进行武功训练，其任务就是保护皇帝及皇宫的安全。每逢皇帝接见、宴请藩属国国王、使臣时，都要举行大规模摔跤比赛表演。另外，清帝每年巡幸塞北围场狩猎，称“大猕”。康熙年间，圣祖建承德避暑山庄，蒙古王公献出山庄迤北木兰之牧地，供皇帝秋时大猕。自此，清帝每年到这里举行“木兰秋猕”，遂成为典制。且每次狩猎后，在离宫（承德避暑山庄）筵宴群臣时，都要举办大规模的摔跤比赛，这些“布库”此时便一显身手。此外，在每年农历腊月二十三日祭灶，跤手们要在养心殿前为清帝表演一次摔跤，名为“撩灶”。每年农历腊月二十三日，是我国传统的“小除夕”，俗称“小年”。民间流传着这样的说法，即腊月二十三日夜里，灶神要回天宫向玉皇大帝汇报一年来的情况，各家各户都要办置香烛供品为他送行。这一天，皇家也无例外地安排了祭灶活动。做法是：清廷派使臣在京郊的南苑收养包括黄羊在内的动物，腊月二十二日，内务府派人到南苑猎取黄羊，二十三日运回宫中，并宰杀后放在坤宁宫祭灶，即所谓“黄羊祭灶”。供桌上还摆放各种样式的“灶糖”，据说这是为了让灶王爷嘴上甜甜的，好在玉皇大帝面前为各家多说“好话”。到正月初九日，清帝还要在中南海紫光阁观看本营扑户与外客（多为蒙民）比跤，名为“客灶”，以表示和各兄弟民族团结联欢，是接福迎祥的一次春节友谊跤赛。当时一些王公贵族也深深地喜爱上了这项运动，据说乾隆皇帝有个胞弟就酷喜跤术，他勤学苦练，臂力过人，在一次摔跤中，他竟然摔死了一名著名跤手。

清代宫中的摔跤形式有两种：一种是满族式摔跤。摔跤人各个戗茬儿剃头，刮得脑瓜皮呈浅豆绿色，一直刮到腮际，小跤辫盘在脑后，身着短衣，腰间束布带，长裤，长靴。摔跤时，其中一人只要把对方摔倒就是胜者。另一种是蒙族式摔跤。摔跤人身着短裤，赤膊，赤足。摔跤时，其中一人要把对方打翻在地，头和双肩挨地就是败者。可惜的是当时没有照相机，无法将这些勇士们矫健的身影留给后人；而可喜的是，这些激烈、精彩的打斗场面被当时在皇宫中服务的西洋画家郎世宁绘制出来。这幅图叫《塞宴四事图》，其中描写的是清朝乾隆皇帝在承德避暑山庄筵宴时举行的

摔跤等活动场面，画中绘制的人物惟妙惟肖，生动逼真。皇上盘足坐在主位上，摔跤者或撞、或推、或摔、或翻姿态各异，即有以力取胜，亦有以巧见长。《紫禁城》期刊中登载了刘静的一篇文章，其中介绍了故宫博物院收藏的绘制有宫廷摔跤的八块木制刻板，这八块刻板实际就是宫廷摔跤的八种姿势。下面介绍几种动作：

1. 抄腿抓带动作。右边之人向前探身，双手抄起左边之人的左腿，想把对方搬倒。左边之人叉腿，左手抓住对方的腰带，右手揪住其肩，似乎是即使被对方的抄腿式所掀倒，但对方也不会因此而占到便宜，肯定会在倒下的同时将其一同拽倒。

2. 左边的摔跤手右手绰住对方左腿，左手以揣手式伸入对方左衣襟之内，抓住其衣服，一绰一提，顺势将对方摔倒，使对方双手着地，半躺半坐侧卧于地。

3. 跪腿得合式。双方抓胸搭背作摔跤状。左边之人左腿直立，右腿上抬，脚尖勾住对方左腿的脚腕，左手拽住对方肩头，右手扭住其小臂，似要将对方撩倒，右边之人虽然左腿被勾，右腿弯曲呈半蹲之状，但是他左手抓住了对方胸襟，右手抓住其后腰之带，与对方僵持。

清朝皇帝提倡、推广摔跤这一运动，有着极其深远的意义，对国家安危起着重要的作用，而且它不断地提醒着爱新觉罗的子孙们不忘祖制，巩固好大清的江山。

四、清朝最大的旅游团队

清朝康熙、乾隆两位皇帝可称得上是旅游专家，他们的足迹踏遍了东西南北大好河山，许多名胜古迹都留下了他们的身影。每一次游历，随行者可谓是前呼后拥、车水马龙。人员之多，队伍之庞大，堪称旅游团队之首。在清宫档案中记载皇帝旅游情况的档案非常多，有些被集中在一起形成专档，如《木兰档》、《南巡档》，还有大臣为歌颂皇帝南巡而写的《诗册》等。康熙皇帝执政生涯六十一年，曾3次谒祖陵，5次上五台山，6次巡江南，57次至避暑山庄及塞外行围，45次谒东陵，10余次巡畿甸阅视海口工程，29次往白洋淀水围。乾隆皇帝执政生涯六十年另三年太上皇，曾4次谒祖陵，6次上五台山，6次巡江南，8次巡山东祭孔、登泰山，52次至避暑山庄及塞外行围，62次谒东陵，到明陵、盘山、天津等地14次。

清廷将皇帝出游称为出巡或巡幸，并按照地理方位分为北巡、西巡、东巡、南巡等。

北巡 指皇帝到塞北行围打猎并视察蒙古各部落。清统治者十分重视与蒙古各部落的关系，为此康熙皇帝把自己的6位公主下嫁塞北。他自己多次北巡与蒙古各部、各旗首领会见、赐宴、加封，多次对蒙古各旗发放赈济，亲自组织并主持举行了蒙古各部落会盟。康熙朝围场、避暑山庄建成后，皇帝们便在行围打猎后召见、赏赐蒙古各部王公。乾隆皇帝北巡途中，曾到蒙古族游牧地区进行大规模狩猎活动，最北到达了吉林南部。

西巡 指皇帝到山西上五台山拜佛。五台山又称五峰、清凉山，是中国佛教四大名山之一。其中东台有望海寺；西台有挂月峰，法雷寺；南台有锦绣峰，云集寺；北台有斗峰，灵应寺；中台有翠岩峰，演教寺。据说五台山是文殊菩萨宣讲佛法的地方，康熙皇帝4次巡五台山，目的是为了求文殊菩萨保佑他的祖母、生母健康长寿。此外，清政府奉行扶植黄教的方针，五台山菩萨顶大喇嘛位居黄教第六位，乾隆皇帝每次奉皇太后西巡，都要给以菩萨顶为首的各黄教寺院赏赐大量钱物。

西巡路线 乾隆时西巡从静宜园出发，经黄新庄、半壁店、长堤等地，沿途谒泰陵。有时从圆明园出发，到西陵谒陵，向西出长城岭至五台。乾隆六巡五台，每次时间分别在二月、三月、九月，来回路程所用的时间为35—39天不等。西巡在五郎村、法华村、瑞村等地围猎，

东巡 指皇帝到山东登泰山、谒孔林、祭孔庙。清朝皇帝重视儒、释、道各派学说，孔子是儒家学派的鼻祖，因此对孔子优礼有加。乾隆皇帝尊他为“至圣先师”。不仅在京师国子监旁盖有孔子庙，还多次亲临孔子的家乡曲阜向其顶礼膜拜，并多次拨款修葺孔庙。泰山号称“五岳之尊”，历代帝王都曾在此祭祀天地，清朝皇帝亦是多次拜祭。特别是遇有重大的事件，如乾隆四十一年平定金川之战告捷，以此为由乾隆皇帝开始第四次东巡。乾隆皇帝曾在泰山后作诗《别岳》：“登岳快晴明，别岳遇风雨。此事亦偶然，何足陈谀语。况兹遍郊麦，青青二寸许。待泽正斯时，渴望愁农父。狂风惯吹云，细雨未沾土。彭怒不肯让，如膏亦奚补。连年水旱灾，偏萃于齐鲁。纵发带粟施，岂救流离苦。哀哉茕独民，惭为汝父母。”当皇帝在泰山观看旭日冉冉，作诗曰：“天柱既孤高，日观乃并峻。峥嵘成左幛，嵂崒凌千仞。破晓登丹梯，尘衣为一振。卧牛车盖状，传言殊未信。海水讵涌金，朝云刚染晕。无烦夸父追，却忆童子问。寄兴在寥

阔，擒词亦腾奋。”另外，皇帝在南巡途中路过山东，亦亲祭泰山或派官员代祭。如康熙南巡时曾三次祀泰山之神。

东巡时间一般在41—65天左右。有时沿途要谒东、西陵，进行围猎等活动。谒祖陵，指皇帝到盛京祭拜祖先的墓地，是皇帝出巡重要内容之一，也有学者将其归并于东巡。盛京（今辽宁）是“龙兴之地”，在那里留有满洲祖先的三个陵墓。永陵为努尔哈赤的世祖猛哥帖木儿、曾祖福满、祖父觉昌安、父亲塔克世之墓（今辽宁新宾）；福陵为清太祖努尔哈赤及皇后叶赫那拉氏之墓（今辽阳城东二十里的石咀山下）；昭陵为清太宗皇太极及皇后博尔济吉特氏之墓（今辽阳城东部）。顺治皇帝入关以后，因忙于创业和征战，无暇回老家拜祭祖陵。康熙、乾隆时期史称康乾盛世，皇帝更加怀念祖先的功德，眷恋家乡的山水。两位皇帝先后谒祖陵7次，从中体会祖宗肇迹兴王的磨难，得到他们在天之灵的保佑。并多次对三陵及盛京皇宫（今沈阳故宫）进行修缮。以后的皇帝亦纷纷效仿。

乾隆皇帝一生四次谒祖陵，每次时间为66—153天不等。供帝、后、嫔、妃乘坐及装载各项物品的车辆约300左右，仅这项就需用银几万两。各类随行者约6000—10000人，随营更换的马约500匹，准备围猎马5000—6000匹之多。

南巡 是指皇帝到江浙一带了解社会状况。清康熙、乾隆皇帝都曾六次南巡。眺望江南山川之佳秀、民物之丰富是其南巡的目的之一；视察黄河水患（黄河自古以来多次冲决泛滥，遗害无穷），治理浙江海潮（浙江海塘形成了江流海潮的冲击，而造成潮灾）是其南巡的目的之二；了解民情，缓解社会矛盾与冲突是其南巡的目的之三。

康、乾两朝皇帝每次南巡所用的时间略有不同，如康熙六次南巡的时间每次在2—4个月左右，最长的一次用了119天。乾隆六次南巡时间每次在3—4个月左右，最长的一次用了128天。皇帝每次南巡随驾的皇亲、大臣等人很多，场面浩大，如康熙第三次南巡，除了皇太后外，还有皇长子允禔、皇三子允祉、皇五子允祺、皇八子允禩、皇十三子允祥、皇十四子允禵等6位皇子。乾隆第一次南巡的随行大臣、侍卫、护军等约3202人。马匹6690匹，加上江浙为南巡人员备用的4000匹，共10690匹。御用船5只；官用各类船只441只。此外每次乾隆南巡乘坐的御舟共用纤夫3600人。骡马大车400余辆。骆驼800—900只。沿途经水、旱路往返共5840里。长长的队伍彩旗招展，达数公里。所经过的道路叫御道，铺设

御道要求非常严格讲究。帮宽三尺，中心正路宽一丈六尺，两旁马路各七尺。路面要求坚实、平整、笔直。此外，凡是石桥、石板，都要黄土铺垫。经过地方一律清水泼街。御道沿途彩棚相望，行宫景点相连，一片繁荣景象。因此每次南巡前要做一两年的准备。

南巡花费的银两巨大，难以统计。根据大臣上的奏折推算，第一次南巡的花费，包括沿途修路、修筑行宫、征用车马、饭食菜蔬、奖赏官员百姓等等，用银约100万两。第二次南巡用银约76万两。这仅仅是到江苏一省所用，并不包括沿途直隶、山东、浙江等省。

此外，乾隆皇帝南巡途中曾绕道江宁祭奠明孝陵，过泰安则祭东岳，经黄河则祭河神，还前往曲阜祭孔庙。

清朝皇帝在南巡活动中付出许多艰辛，同时也给他们带来了不少乐趣。如果说康熙皇帝南巡注重的是治理黄河、体察民情，那么乾隆皇帝除此之外，更注重游山玩水、写诗弄词。乾隆十分喜爱江南美景，每次南巡都带有画师随行，将其喜爱之美景摹绘成图，在圆明园及承德避暑山庄仿建。江南有四大名园：南京的瞻园、海宁的安澜园、杭州的小有天园、苏州的狮子林，都被移植到圆明园中。不仅如此，又派人将苏州的狮子林仿建于承德避暑山庄。至于西湖十景，更是实景仿制，原名照搬。乾隆皇帝初次南巡，在杭州住的时间最长，其中的原因之一是他对西湖美景实难忘怀。有一天他召见随从大臣，问他说：朕准备回京，但又实在舍不得西湖，你有什么好办法？这位大臣想了半天说：京城以西有玉泉山，群山环抱中有一水池，与西湖很像，如加以规划改建，圣上就会常常看到西湖美景了。乾隆皇帝听到后非常高兴，立即下令寻觅画工绘制西湖图，但这些画工画的图都不令皇帝满意，后来大臣们向皇帝介绍了江苏有名的画家沈生的一副《西湖图》，皇帝看过大喜，便召见沈生，请他负责仿图改造玉泉山，并欲起名“圆明”。以上所说地方就是现在颐和园昆明湖的前身。由于此地地势比较低洼，附近玉泉、龙泉的水都汇集在这里，形成湖泊，又叫瓮山泊、大泊湖，是当时北京近郊一带难得的水域。其岸边树木茂盛，夏天环湖十余里都是荷蒲菱芡，远近村落在长堤翠柳中若隐若现，附近水田棋布，很像江南的风光。乾隆十五年（1750年），这一年正值乾隆皇帝的母亲皇太后钮祜禄氏六十岁寿辰，一向“以孝治天下”的乾隆帝为了给母后祝寿，不惜花费大量银两，动用大批物力及能工巧匠，逐步将此地建为供皇太后享用的皇家园林——清漪园，并在第二年将瓮山改名万寿

山，将西湖改称昆明湖。当时为了引水入城，还曾把西山卧佛寺、碧云寺附近几处泉水，引至玉泉山下，同注昆明湖。

乾隆皇帝曾被苏、杭之市街的繁华景色所吸引，欲在京西仿造苏、杭市景。在乾隆的母亲孝圣皇太后七十寿辰时，他以皇太后喜欢江南景色为由（因皇后曾随乾隆帝四次南巡），在万寿寺旁建一条苏州街，其中仿照江南街市坊巷，长至数里。清代诗人王闿运有诗曰："谁道江南风景佳，移天缩地在君怀。"又将圆明园之东建筑为市街以资买卖，特别是在每年元旦生意更为火爆。据说仿造的市街古玩、估衣、酒肆、茶炉样样俱全，街中小贩携小筐售瓜子、卖鲜花者无所不有。每逢新年，皇上特别恩准满汉大臣入园游玩、购物、会友，自己亦去市街，入酒馆、请宗室等作客，甚至叫窑妓侑酒，酒后有店小二报账，俨然苏、杭市景。在正月十三日至十八日，还举办灯会，其灯具或在苏、杭购买或仿制。每当这时皇上必到场，玩到深夜，看着街中各处悬灯，使整个街道光明如昼，再看街上手持各式各样奇巧灯饰的人群，皇上甚至乐不思蜀。

在东巡中还发生了一件因"情"而引发的事件，即乾隆皇后富察氏之死。乾隆皇后富察氏16岁与时为皇子的弘历成婚，二人感情非常好，弘历即皇位以后被立为皇后，统领六宫。富察氏一生克勤克俭，遵从祖制，对太后非常孝顺，与嫔妃相处融洽。乾隆皇帝生病时，她亲自侍候，直至皇帝痊愈，因而深得乾隆皇帝的敬重和喜爱。乾隆十三年三月，皇帝奉皇太后巡幸山东，恭谒孔庙并祭泰山，皇后随往。由于一路奔波劳顿，返回济南后，富察氏因偶感风寒而御体不佳，皇帝一行便在济南暂停，歇息几日后，皇后的病情好转，东巡大军便取水路回銮。然而，三月正是春夏之交，水面上温度很低，恰逢当时阴雨绵绵，又因过度赶路，第二天皇后的病情加重，遂至不起，到了德州后，于当夜亥时（晚9—11时）崩逝。乾隆与皇后夫妻恩爱、伉俪情深。富察氏在17—20岁期间为乾隆皇帝连生2女1子，也正是这个原因，使其身体非常虚弱。特别是乾隆十一年富察氏所生皇七子永琮在襁褓之中不幸染上天花死亡，使其心情异常沉重。人在体质虚弱时，抵抗力也会下降，很容易受到疾病的侵袭。皇后之死对乾隆皇帝精神上造成了沉重的打击，使其悲痛万分，乾隆皇帝命众人兼程回京，这一年他38岁。富察氏的丧葬典礼十分隆重，梓宫被送往长春宫悼祭。乾隆皇帝特作诗赋悼念富察氏，字字情真意切，句句催人泪下，并赐富察氏谥号为孝贤皇后。过分的伤心是由动"情"所至，使一向宽仁的乾

隆皇帝变得严刑峻法。在这一年里，众多大臣仅仅因为一时言行欠妥而遭申斥，轻者被降级、革职，重者被处死。朝野上下惶恐万分，实际上官员的有些行为在过去并不算是多么大的事情，皇帝也不会因此而迁怒。

在一些野史的记载中，对孝贤皇后的死因有另一种说法。一说弘历东巡途经德州，招引数十名娼妓登舟，饮酒作乐，十分放纵。此时恰逢皇后富察氏登舟，见这般情景，勃然大怒，讥讽之言激烈，乾隆皇帝哪里受得了这样的顶撞，当众责怪富察氏嫉妒心重，揪着她的头发用脚踢踹。富察氏受不了如此侮辱，怀着怨恨跳水而死。二说富察氏因自己的嫂子与乾隆皇帝私通，非常气愤。在东巡的路上，一日二人同宿舟中，无意谈起此事，富察氏言语激烈，乾隆皇帝大怒，逼其跳水自尽。至于富察氏因何而死，现无从考证，但说她是体质虚弱、低温受寒所致的可能性最大。

第二节 宫廷戏曲活动

看戏，是清宫帝后生活中一项很重要的活动，既可满足自身消遣娱乐的需要，又可在笼络亲贵廷臣、外藩使节中起一定作用。承应此项任务的机构是升平署，升平署在各种节气、节日、帝后生日、大婚等吉日组织安排演出。宫廷戏曲活动与民间演出相比，带有鲜明的宫廷特色。

一、庞大的演职员队伍

乾隆初年，升平署的前身南府成立后，挑选聪明伶俐、年轻貌美、嗓音纯正的太监在府内学艺。有时因宫内太监不敷演出任务，也常于民间挑选名伶进宫应差。道光七年（1827 年），宫中应差的民间演员达 176 名，由于演出任务不多，演员们赋闲无事，于是被全体退回原籍。学戏的学生有内外之分，太监称内学学生，外边民籍者称外学学生。清末，由于慈禧太后偏好京剧，在同治至光绪九年之前的时间里，她所在的宁寿宫太监们组织了一个“普天同庆”科班，称作“本家”。宫中庆典演戏，由内学、外学和“本家”轮流承差。内学和外学由升平署管理，“本家”则不受升平署领导，他们随时接受慈禧指派的演出任务。据中国第一历史档案馆所

存档案史料不完全记载，光绪元年（1875 年）宫内有演职员 165 人，到光绪十八年（1892 年）突破 200 人，光绪三十年（1904 年）最多，达 254 人，再加上“普天同庆”科班，演职员人数就相当可观了。另外，关于民籍学生（外学）队伍的变化，可分为三个时期，光绪元年（1875 年）至光绪七年（1881 年）民籍演员仅十几人，最多时 19 人。光绪八年（1882 年）至光绪十九年（1893 年）人数每年都在四五十人左右。自光绪三十年（1904 年）起，人数骤增至 70 人以上。宫外各戏班中，凡享有盛名的演员，无一例外都被招至宫内承应戏差。如著名的新老生三杰谭鑫培、孙菊仙、汪桂芬；旦角演员王瑶卿、陈德霖；小生演员徐小香、朱素云；老旦龚云甫、谢宝云；武生杨月楼、杨小楼；花脸钱金福、金秀山等都曾常年供奉内廷。中国第一历史档案馆现存的《月戏档》中详细记载了众多民籍演员入宫应差的情况：光绪十二年（1886 年）二月十五日挑选李燕云（武旦）、李连重（净）、孙菊仙（老生）、时小福（旦角）入宫。光绪十四年（1888 年）十一月初七挑选杨月楼（老生）、王桂花（小生）入宫。光绪十六年（1890 年）五月二十五日挑选谭鑫培（老生）、孙秀华（老生兼丑角）、陈得霖（青衣）、罗寿山（丑角）入宫。光绪十八年（1892 年）十一月二十六日挑选相九箫（旦角）、刘七儿（丑角）、龙长胜（老生）入宫。光绪十八年（1892 年）十二月初三挑选侯俊山（旦角）入宫。光绪二十六年（1900 年）正月初六挑选朱四十（武旦）、李子山（旦角）、李七儿（净）入宫。光绪三十年（1904 年）三月二十九日挑选陆华云（小生）、金秀山（净）、瑞得宝（武老生）、孙培亭（老生）、王子实（丑角）入宫。光绪三十年（1904 年）十一月挑选王瑶卿（旦角）、沈小金（净）、钱金福（净）、訾

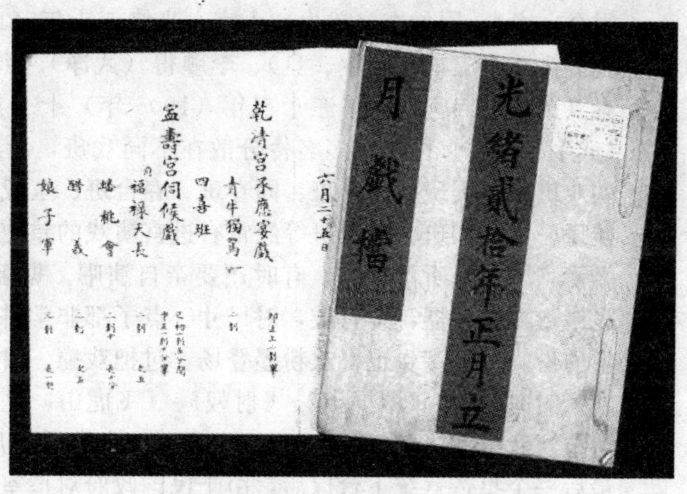

清代晚期宫廷唱戏的档案

得全（净）、周如奎（武生）入宫。光绪三十年（1904 年）十一月二十九日挑选李玉福（小生、旦）、李顺得（武净）、龚云甫（老旦）、傅恒泰（武丑）入宫。光绪三十二年（1906 年）十一月十五日挑选杨小楼（武生）入宫。由于众多名伶分散在不同戏班，所以当时民间名气较大的戏班如三庆班、四喜班、同春班、春台班、玉成班、义顺和班、小丹桂班、宝胜和班、福寿班等经常有进宫演戏的差使。帝后及王公大臣们酷爱京剧，光听不过瘾，有时还要亲自演唱。据名鼓师鲍桂山先生说：光绪帝喜欢乐器，爱打鼓，对尺寸、点子都非常讲究，够得上在场上做活的份。王室亲贵也喜欢粉墨登场，过把戏瘾。肃亲王善耆和他的儿子在家时时扮演，《翠屏山》、《射戟》、《飞虎山》是他们最喜欢演的。载涛擅演武生戏，《金钱豹》、《水帘洞》演来身手不凡。公元 1911 年中国最后一个皇帝宣统下台以后，由于民国政府对皇室采取优待政策，允许保留宫内小朝廷，一些近代著名京剧演员都曾被召入宫中，为皇室演出。据档案记载，梅兰芳、尚小云、谭小培、郝寿臣、余叔岩、小翠花、姜妙香、马连良等都曾入宫演出他们的拿手好戏。名扬中外的京剧大师梅兰芳和著名武生杨小楼演出的《霸王别姬》，梅兰芳演出的《天女散花》、《黛玉葬花》、《虹霓关》及其他演员演出的剧目，有很多至今常演不衰，成为京剧艺术殿堂的经典剧目。

二、丰富的演出剧目

宫中演戏，除有昆腔、秦腔、乱弹（京剧）等不同剧种外，还有在不同场合不同时节上演的专门剧目，如元旦佳节宗亲宴、廷臣宴、皇室家宴演宴戏。宴戏有：《景星协庆》、《海不扬波》、《万花向荣》、《青牛独驾》、《御苑献福》等。帝后生日演寿戏，寿戏有：《万寿无疆》、《灵山称庆》、《万福云集》、《福禄寿》、《年年康泰》等。年节月令演节戏，节戏有：元旦演《喜朝五位岁发四时》等。立春演《早春朝贺对雪题诗》等。上元节演《紫姑占福》等。燕九演《圣母巡行群仙赴会》等。花朝演《千春燕喜百花献寿》等。浴佛演《六祖讲经长沙求子》等。端午节演《灵符济世采药降魔》等。七夕演《七襄报章》、《仕女乞巧》等。中元演《佛旨度魔王答佛》等。中秋演《丹桂飘香霓裳献舞》等。重阳节演《九华品菊众美飞霞》等。颁朔演《花甲天开鸿禧日久》等。冬至演《玉女献盒金仙奏乐》等。腊八演

《仙翁放鹤洛阳赠丹》等。祀灶演《太和报最司命锡喜》、《蒙正祭灶》等。除夕演《善门集灰》、《如愿迎新》等。宴戏、寿戏、节戏还有很多，不再一一列举，这些戏基本都是吉祥戏，有很多可以互相通用。一般由宫内太监在每场戏之前或之后演，也叫做开团场戏，正式演出是有故事情节的连台本戏或折子戏。由内外学演员排演的本戏、折子戏剧目十分丰富，最著名的有内廷"四大本戏"，如《劝善金科》演目莲救母的故事，《升平宝筏》演唐僧取经的故事，《鼎峙春秋》演三国的故事，《忠义璇图》演水浒传的故事。除此以外，还有《封神天榜》、《楚汉春秋》、《征西异传》、《昭代箫韶》、《杨家将故事》等历史故事剧目。除了大型的连台本戏，还有相当数量的折子戏。光绪三十四年（1908年），就是慈禧太后、光绪皇帝去世的当年，著名京剧老生演员谭鑫培和武生演员杨小楼多次奉旨在宁寿宫、颐年殿、纯一斋、颐乐殿中演戏。从正月初八日开始，至十月十五日，10个多月谭鑫培演了69出戏，杨小楼演了140出戏，十月十五日以后，慈禧、光绪先后病倒，病情一天比一天重，无法再看戏，十月二十一日、二十二日先后去世。宫内演戏时间一般在上午九点三刻，也有七点半就开始演，演到下午三点多，有时延长到五点多，因为每出折子戏时间不长，大多半小时左右，所以每天能演好几出戏。帝后看戏，是绝不会从头看到尾的，有时在屋里溜达溜达站会儿、有时出外遛个弯儿，或是睡会儿觉，可台上的戏照唱不误。安排什么时间演哪些戏也有学问。慈禧爱听的戏、爱看的演员必须排在她最有精神的时候，如果安排在睡觉的时候演，管事的就要挨骂了。中国第一历史档案馆保存着一件当时的演出目录，内有"本家目录"和"外学目录"，所记演出剧目是很全的。记有"乱弹"（京剧）89出、"武戏"85出、"昆腔"31出、"纣子"10出、"本戏"4出、"节戏"40出。另外，这件档案中还记录了老生演员谭鑫培演出的58出及王凤卿34出、杨小楼36出、王瑶卿29出、朱素云25出、杨得福35出、李宝琴19出、侯俊山21出、朱四十和朱裕康15出、龚云甫和谢宝云17出、金秀山32出、孙培亭37出、得保20出、罗寿山7出，共达380余出剧目（内有重复戏目）。这件档案只包括"本家"和外学演出目录，还未包括"内学"演出目录。现将"本家"所演武戏介绍如下：战宛城、溪黄庄、曾家楼、长坂坡、取金陵、殷家堡、飞杈阵、莲花洞、画春园、蟠桃会、四杰村、丁甲山、剑峰山、草桥关、艳阳楼、花蝴蝶、恶虎村、普求山、赵家楼、无底洞、霸王庄、钱塘县、双包案、八蜡庙、金沙滩、泗卅城、界牌关、摩天岭、飞波岛、摇钱树、嘉兴府、十字坡、蜈蚣岭、白水滩、恶虎庄、十美图、朝金顶、红桃山、快活林、武文华、落马湖、淮安府、英雄会、昊天关、反西凉、罗四虎、朱仙镇。著名老生演员谭鑫培嗓音高亢，世称“谭叫天”，慈禧非常爱看他演出的戏，宫内很多太监演员纷纷效仿他，一时间，无生不谭成为时尚。谭鑫培演出目录有：平顶山、绝缨会、李陵碑、伐东吴、琼林宴、状元谱、除三害、失街亭、打嵩、清官册、竹廉寨、斩子、卖马、盗宗卷、教子、银空山、赶三关、盘河战、樊城昭关、牧羊圈、捉放、洪羊洞、雄州关、法门寺、战长沙、乌盆计、战太平、朱仙镇、滚钉板、探母回令、庆顶珠、定军山、胭脂雪、战蒲关、一门忠烈、一捧雪、戏妻、阳平关、汾河湾、南天门、黄金台、芦花河、宝莲灯、寄子、搜孤救孤、天雷报、审刺客、醉写、御碑亭、绑子上殿、跑坡、连宫寨、雪杯圆、骂郎、审头刺汤、七星灯、善宝庄、法场换子。

由于宫内演出剧目丰富，使京剧各行当角色得以充分的展示和发挥，为丰富生、旦、净、丑各行当的表演内涵，提高演员的表演技艺提供了更多的机会，所有剧目除少部分属迷信糟粕外，绝大部分寄托人类追求美好的善良愿望，嫉恶如仇的侠肝义胆和保家卫国的反抗精神，具有积极的意义。宫廷演出剧目丰富，这些剧本不论是来自宫内御用文人，还是来自民间戏班，演出前都要经升平署专人审阅，修订润色，再精抄呈进，从而提高了剧本的文学性，为剧目的稳定提供保证，从而能流传后世。

畅音阁大戏台

三、优越的演出条件

内廷的戏曲演出不仅演员队伍庞大、演出剧目众多，而且具有优越的演出条件。首先，有设备良好的齐全的戏台。紫禁城宫内有养性殿的畅音阁大戏台、漱芳斋院内戏台、长春宫院内戏台，这些是院子里的戏台，室内还有小戏台，如漱芳斋内的风雅存小戏台、乾隆花园内倦勤斋内的小戏台、中南海中的颐年殿、紫光阁、纯一斋都是慈禧观戏的场所。另外，在颐和园有德和园戏台、在避暑山庄有清音阁戏台，这两处戏台和宫内的畅音阁戏台是清末宫廷三个规模最大的戏台。其中有的戏台建上、中、下三层，剧情需要时，人物和布景可以从上降下，或从下升上，表现天兵天将等从天而降或水神海仙从水中浮起。为了演出效果逼真，宫里不惜花费大量银两置办砌末（道具布景）和行头（戏装）以满足演戏的需要。光绪十年（1884年）十月初十日，是慈禧五十大寿庆典日。为此，内务府、工部、礼部、吏部等各衙门早早地为庆贺寿辰开始了紧张忙碌的准备。其中重要一项是为慈禧演戏重新制作大量砌末行头。包括为吉祥戏“地涌金莲”制作五地井现大金莲花五个；为寿戏“福寿延年”制作蓬莱软硬山峰一份，万福金寿字八宝云帐大小四份，画布天地宫帐幔、条桌、画布云套八份，大小板凳云套十二份，椅子云套四份；为“宝塔凌空”制作福台、禄台、寿台，修理前台犄角上下万寿灯，青云万仙祝寿夹布台衣一份，竹式万寿无疆夹布台衣一份，还有各种椅子板凳。另外还有福星帽十六顶，禄星帽十六顶，寿星套

漱芳斋戏台

头四十个，额勒忒十顶，黄牡丹花神帽一顶，帅盔四顶，翠额子十六个，箍子冠牡丹头两个，各样花素巾四十四顶，大页巾十六顶，马夫扎巾三十顶，黑黄老虎帽十六顶，花素罗帽三十项，杂色陀头发三十顶，小犄角发二十顶，和尚帽三十顶，皮金箍三十个，毡帽十三顶，彩绸二十四条，狐狸尾十六对，雉鸡翎十二对，数珠二十盘，大小髯七十二口，玻璃带三十二条，鹿衣子九份，蛤蚧衣子二份，青鸾衣子六份，青龙衣子二份，蝴蝶衣子六份，熊衣三份，狗衣子二份，灵芝三十二对，荷花二十四对，富贵花二十四对，花树柳树八棵，小盘桃十一个，夹纸大斧十个，夹纸金斗八个，金刚琵琶一个，大喜字八面，八仙彩一份，乌春簸箕四份，匾光子二十四个，大帐子二架，夹纸大锤八对，木寿字八对，出彩小莲花十二对，瓶一个，水桶一对，藤牌八个，福禄寿灯、串子灯、笼灯、牌楼灯一份，各样长短把子枪刀一百七十三件，木器一份，计一百六十四件。以上道具交内务府工程处盔头作办理，所有为演戏制作的各色行头道具共用银五十一万五千一百二十三两。慈禧五十寿辰，戏台上下装饰富丽堂皇，砌末道具置办一新，仅福禄寿灯就悬挂了四百五十多盏。从九月十二日起，一直演到十月十七日，慈禧太后、光绪皇帝以及王公大臣、皇亲国戚都兴致勃勃地在宫内看戏。光绪二十六年（1900 年）七月，八国联军攻陷北京，升平署存收的衣靠盔杂行头砌末旗帜被德国兵或土匪抢去，所剩无几。光绪二十七年（1901 年）十一月慈禧光绪回京，升平署总管恐临时有演出差使，只好又花费大量银两赶快制作，以保证清宫演戏时能够照常使用豪华奇丽的大型机关布景，使那些具有神话色彩的剧目演起来更加逼真好看，这是一般民间戏班所不能比拟的。

四、严酷的管理制度

太监学戏是很苦的，尤其是小太监们被选进升平署学戏，署里根据每个人情况，分配学习不同行当。灵性高的，学得快点，罪少受点。悟性差的，挨打受骂是家常便饭。小太监耿进喜在宁寿宫当差，宫里成立“普天同庆”科班，慈禧看他是块演戏的料，就派他跟杨隆寿学武戏，跟王桂官学小生。耿进喜年龄小，练得苦时，想起家里的亲人，就想找机会逃跑，但谈何容易。每次逃跑不成，挨一顿打还得接着练。自光绪二十一年（1895 年）到光绪三十年（1904 年），升平署逃走太监达一百四十五人，

其中太监王贞贵就逃跑五次。光绪二十三年（1897年）一年之中，有二十六人逃跑，王昌良和王万海两个太监都曾逃过3次，逃跑现象严重，造成升平署演员人数匮乏。为了控制太监逃跑，早在道光七年（1827年）二月就制定了较之他处更为严厉的《升平署逃走太监治罪条例》。初次逃走又自己回来的责四十板，送回原处当差，不准告假外出。初次逃走被获者及二次逃走俱系自行投回者，均责六十板，仍交原处当差半年，不准告假外出。二次逃走太监，内有一次投回者，责八十板，仍交原处当差，一年不准告假外出。二次逃走俱系被获者，责一百板，仍交原处当差，二年不准告假外出。三次、四次、五次逃走，无论投回或被获俱责一百板。三次逃走者枷号一个月，四次逃走者枷号二个月，五次逃走者枷号三个月，均仍交原处当差，二年不准告假外出。六次逃走者，无论投回或被获，俱永远枷号示惩。处罚严厉是严厉，但有时也有例外。升平署十九岁小太监王山明因向太监班进喜索要欠银而发生口角，王被班殴打，心里又委屈又气愤，看到皇帝到后宫院散步就向皇帝哭诉，按例惊动圣驾要打一百板，并发配边疆给官员为奴。慎刑司将处理意见呈报后，皇帝在报告上批道："现在升平署差务乏人，王山明之罪虽系按例定拟，惟既将发遣，将来赦回亦难学艺。"因此改发遣为："在升平署门外枷号两个月，满日责八十板，仍交原处当差。"小太监受罚期满后，继续在宫里演戏，过着吃喝有保证的日子。这是沾了唱戏的光。

为了保证演员承应戏差，宫里规定，严禁升平署太监吸食鸦片。宣统元年（1909年），对署内吸食鸦片的太监，"限半年断净"，大部分太监能够遵旨断烟，后来不知从哪儿传来的消息又听说将戒烟时间延长十年。于是又有已断复吸的情况。皇太后隆裕听说后非常生气，叫大太监把他们找来，骂他们不知自爱，命他们立即断净，如"仍旧因循观望，不能实力断净者，定将该处首领从严治罪，并将吸烟之人加等治罪"。并添派人员严密监视。

民籍演员入宫演戏，规矩也相当多。首先，组建戏班或戏班重建复出，均要向民间戏班的管理机构精忠庙提出申请，由精忠庙负责人即庙首上报升平署，待批准后方可演戏。对于私立戏班，擅贴戏报演出，或戏班经批准后，于花名册外又私募角色瞒而不报或旧有戏班已歇业又复出演唱的，规定限期报庙，不遵办者要予惩办，还要向庙首问罪。因此庙首的责任是很重的。京剧开山祖师——程长庚，名椿（1811—1879年），是京剧

第一代老生演员。道光二十年（1840年）由安徽入京。在京总领三庆班、四喜班、春台班和春班四大徽班，并担任三庆班的班主。程长庚在京期间长期担任精忠庙庙首，由于他制订梨园会章，治班严整，人皆称为“大老板”。他演戏严肃认真，艺术上精益求精，素有“徽班领袖、京剧鼻祖”之称。他与同期的老生演员余三胜、张二奎被誉为“老生三杰”、“京剧三鼎甲”。他为京剧的形成作出了重要贡献，在戏曲界和人民大众中享有很高的声誉。

清代，京师梨园大小戏班成立或复出，均要出具甘结。甘结是单位或个人向官署立以书面文字，保证其行为真实，并无虚言欺饰，否则甘愿受罚的结文。甘结的内容包括：戏班名称、承领人姓名及班中各角色来历清白与否等。同治二年（1863年）十一月，大兴县民崔成业申请成立双和秦腔戏班。程长庚接到呈报的甘结后，经详查，事实与所报相符，遂与其他二位庙首刘宝山、周启元联名为双和秦腔戏班出具加结，请求“恩准伊等挂牌演唱”。程长庚任庙首期间，奉命对当时梨园规矩废弛、屡起争端的现象进行整顿。档案中记载了这样一件事：

据四喜班领班潘昆山报告，本班老生周玉恒以病为由，未经准许，擅自转至春台班演唱，这在当时是违反梨园行规的。程长庚接到报告，遂令两班班主及当事人周玉恒速到精忠庙解决。四喜班领班潘昆山很快到精忠庙等候解决问题，而春台班领班及周玉恒连催不至，只派一外行肖凤奎来精忠庙搪塞，且出言不逊，态度十分不好。程长庚经仔细询问，了解到周玉恒在四喜班演出期间其包银、零钱、车钱都按时支用，戏班并无拖欠，周玉恒擅自转班毫无道理，给戏班排戏演戏造成困难。程长庚决定对春台班不遵行规、擅自接纳他班演员、抗拒管理、藐视行规的行为严加惩治，于是将此情况及时上禀，请求内务府升平署速派差役拘传春台班领班及周玉恒究办。光绪四年（1878年），程长庚已年近七旬，遇有内务府传办事件，往往感到力不从心，难以顾承周全。程见三庆班徐忻、杨久昌老成谙练，力保徐、杨二人帮办庙中事务。内务府负责管理精忠庙官员接到程长庚的禀，了解俱为实情，遂接受了程长庚的建议，发出告示，“嗣后，遇有传办及讲庙事件，即著会同程椿、刘宝山妥协办理”，并晓谕梨园中人一起遵守，不得违反。京剧创始人程长庚于光绪五年（1879年）十二月十三日病故，消息传来，梨园界及票界无不为失去这样一位优秀艺术大师感到痛惜。徐忻、杨久昌、刘宝山认为庙中事务繁多纷杂，庙首一缺不宜

久悬，经与其他同仁商量，保举四喜班老生演员王九龄充任。

京剧戏班管理如此严格，一方面保证了民间的正常演出，另外对入宫演出也起了一定的安全保证作用。演员入宫演戏，都执有腰牌。升平署档案中有近30册腰牌档，记载民籍演员或为演戏出入宫门的人员领取腰牌的情况，腰牌上刻有人名、年龄、面貌（面黄有须或面黄无须），谭鑫培、孙菊仙均有腰牌记载。光绪二十年，谭鑫培的腰牌上刻有“谭鑫培，42岁，面黄无须”；孙菊仙的腰牌上刻有“孙菊仙，47岁，面黄无须”。按照规定，腰牌只准本人使用，不得转借。腰牌每三年更换一次，旧腰牌照例上缴。除木质腰牌外，还有起同样作用的纸质门照，清末著名老生演员汪桂芬、花脸演员侯俊山、青衣陈得霖使用的门照都有保存。

凡在宫中升平署注册领取钱粮者，必须随召随到，无故不到，就要受惩罚。轻则罚钱粮，每人责打一百竹竿，重则断掉你的演戏生涯。光绪十九年（1893年）六月一日承应戏，民籍演员穆长寿未到，初二日总管太监派人传唤，穆已无踪影。原来，穆不愿在宫内演出，逃往上海，在上海戏园演唱，慈禧太后得到奏报，十分生气，觉得一个小小的戏子竟敢不听招呼，拒绝演出，即发懿旨，限期拿获。后来，得知穆在上海演出，急发通知，令上海官府缉拿押解回京。后穆终被缉拿回京。首先革去外学钱粮，交慎刑司枷号三个月，期满后只准在京自谋生业，不准在外省演唱。因此，只要你在升平署注了册，就等于卖给了宫里，逃到天边，也逃不出老佛爷的手心，穆长寿的艺术生涯就这样结束了。

皇上、太后看戏，要用“串贯”，也就是要对照戏本看，串贯上用各色笔记载剧目名称、演出时间、人物扮相、唱词念白、板式锣鼓、武打套数以及眼神表情、动作招法、四声韵律，尖团字音等等，要求演员按照“串贯”一丝不差的演。演员演出时，遇有犯忌的字眼，应该灵活变通。有一次，谭鑫培演《战太平》有一句唱词是“大将难免阵头亡”，因正是宫中庆典，谭鑫培灵机一动，临时改为“大将临阵也风光”，还受到慈禧的重赏。而旦角演员孙怡云就没有那么幸运了。有一次，他在宫里演《玉堂春》，有一句“羊入虎口有去无还”，孙怡云脑子不灵，没加改动，惹恼了慈禧，当即把他轰出宫去，孙怡云还不知道是怎么回事。戏本一般不用戏班旧用的，而要重新另写，当日传，次日呈递，戏本每半篇写四行，曲文字微大些，道白字小一些，还要留打曲谱的地方。慈禧和光绪爱看戏，也懂戏，曾多次下旨对剧目演出提出十分严格并近乎苛刻的要求。光绪三

十年（1904 年）三月，太监喜春传光绪帝旨意："再唱升帐高台之戏，添开门刀，多派龙套。""再唱昭君之时，添跑竹马。""以后再唱长坂坡，随彩人样，添四将军。""以后派将，按一边一个，不准一顺边派。"光绪十年（1884 年）十月二十四日内学总管传慈禧口谕："内学上场人等没有神气，上下场好松走，不许跑，以后俱各提起神来，好松唱，不准刚，如若不遵者，重责不饶。"口气之严厉，令演戏太监个个心惊，不敢有丝毫大意。孙菊仙嗓音洪亮沉厚，是与谭鑫培同期的著名老生演员，帝后看他演戏要求也十分苛刻，"凡孙菊仙承戏，词调不准稍减，莫违。"皇家看戏，很讲排场，光绪十年正月，光绪帝要求升平署"十月预备灯戏，午灯人要多，踮灯八方，灯上写寿字，午灯用八吉祥，中间用大牌楼，要万寿无疆字样，两旁八字踮，灯人要多，要亮、要花哨，午灯踮灯俱要亮，俱要宝盖灯穗，龙灯四条，绣球要大，要凌分，要点三支蜡"，"以后跳灵官不放炮仗"，"漱芳斋戏台帮台上安戏衣二份，用铜卯钉一百五十个，铜铀锁眼钱各一百五十个，得时交衣库"。

以上几例，足见清末宫廷演戏近似苛刻的挑剔和要求。这从另一个方面也推动了戏剧表演更加规范和体系化，从而使京剧表演在唱念做打各方面变得更加圆熟和精巧。中国古代戏曲从先秦时期的孕育阶段，到清代戏曲的繁荣阶段，这中间经历从产生、发展、成熟、繁荣及清末地方戏、京剧的勃兴。这些无一不是因为其有深厚的群众基础。艺术的底蕴永远是在民间，民间那五彩斑斓的生活造就了那个时代一批优秀演员。而演员们的入宫演出与宫廷特有的条件相结合，又极大地丰富了戏曲艺术的表现力，提高了演员们的艺术水平，客观上推动了戏曲艺术的发展。

图书在版编目（CIP）数据

紫禁城：皇家生活全景/秦国经、苑洪琪主编．—北京：时事出版社，2005

ISBN 7-80009-949-0

Ⅰ．紫… Ⅱ．①秦… ②苑… Ⅲ．宫廷—生活—中国—明清时代 Ⅳ．K248.066

中国版本图书馆 CIP 数据核字（2005）第 123364 号

出版发行：时事出版社
地　　址：北京市海淀区万寿寺甲 2 号
邮　　编：100081
发行热线：（010） 88547590　88547591
读者服务部：（010） 88547595
传　　真：（010） 68418647
电子邮箱：shishichubanshe@sina.com
网　　址：www.sspublish.net
印　　刷：北京昌平百善印刷厂

开本：787×1092　1/16　印张：26.125　字数：428 千字
2006 年 1 月第 1 版　2006 年 10 月第 3 次印刷
定价：45.00 元